住房和城乡建设领域"十四五"热点培训教材

建设工程全过程法律风险防控

唐长华 著

中国建筑工业出版社

图书在版编目（CIP）数据

建设工程全过程法律风险防控 / 唐长华著. —北京：中国建筑工业出版社，2023.10
住房和城乡建设领域"十四五"热点培训教材
ISBN 978-7-112-29104-5

Ⅰ.①建… Ⅱ.①唐… Ⅲ.①建筑法—风险管理—中国—教材 Ⅳ.① D922.297.4

中国国家版本馆 CIP 数据核字（2023）第 167742 号

责任编辑：葛又畅
责任校对：党　蕾

住房和城乡建设领域"十四五"热点培训教材
建设工程全过程法律风险防控
唐长华　著

*

中国建筑工业出版社出版、发行（北京海淀三里河路9号）
各地新华书店、建筑书店经销
北京建筑工业印刷有限公司制版
北京圣夫亚美印刷有限公司印刷

*

开本：787 毫米×1092 毫米　1/16　印张：22　字数：442 千字
2023 年 10 月第一版　　2023 年 10 月第一次印刷
定价：90.00 元
ISBN 978-7-112-29104-5
（41829）

版权所有　翻印必究
如有内容及印装质量问题，请联系本社读者服务中心退换
电话：（010）58337283　　QQ：2885381756
（地址：北京海淀三里河路9号中国建筑工业出版社604室　邮政编码：100037）

序
—— 一切都是水到渠成

唐长华律师是我的实习指导律师,在我眼中,唐律师是一位既严厉又宽容的师傅。

他的严厉在于对我的指导非常严格。记得刚开始实习时,我草拟的法律文书,唐律师审查十分细致,连标点符号都要一一纠正。起初我以为他在找茬,故意为难我,后来我才慢慢明白,我找对了师傅。严师才可出高徒。

八年前我刚入行时,作为毫无经验的小白,唐律师给了我无限的宽容。唐律师说,他两个小时就可写出一篇高质量的法律文书,而修改我写的法律文书往往需要半天。虽然他嘴上这样"嫌弃",但每次都是耐心指导,这一点我很感激唐律师,至少我现在的法律文书写作水平还能见人。

唐律师法律功底深厚,专业能力突出,在过去17年的职业生涯中,他积累了丰富的办案经验与技巧,尤其擅长融合诉讼与非诉方法,整合各种资源,实现当事人利益最大化。在办案过程中,他思维开阔,面对复杂疑难案件,总能迅速找到突破点,提出解决问题的完美方案;在庭审中,他能够迅速抓住对方的漏洞精准提问,紧扣争议焦点,轻松应对激烈的抗辩;在长时间的法律讲座中,他能全程脱稿,胜任自如;在文章撰写方面,他总有自己的独到见解,令人赞叹。

不少当事人慕唐律师之专业能力、勤勉尽责而来。他本可在律师业务上继续做精做强,大展宏图,但他却义无反顾,应中国建筑工业出版社之邀撰写新书。我曾不解地问他,第一本著作《穿透工程价款——建设工程承包人收取工程价款实战指南》写了三年,推掉了不少案件,耗费了无数心血,熬出了太多白发,再次专注新书写作,定会少办很多案件,会不会得不偿失?唐律师回答,目前市面上还没有他所撰写的这类书籍,通过这本新书,分享自己的办案经验、服务建设工程企业的心得及多年的研究成果,帮到更多的建设工程企业防控法律风险,进行合规管理,解决疑难问题,给法官、律师、工程人、合规管理人才等专业人士以启发、借鉴,这也是律师的价值所在。那一刻，我为唐律师的情怀所折服。这就是唐长华，一位有着强大意志力、执行力及社会责任感的专业律师。

通读唐律师的新书《建设工程全过程法律风险防控》后，我知道他的付出没有白费，一切都是水到渠成。我惊讶一个律师竟然能将工程造价、工程法律与合规管理融合至近乎完美的程度，简直不可想象。

通读唐律师的新书《建设工程全过程法律风险防控》后，我认为，本书是唐律师用心写就的一本工程法律类实战新书，能有效帮助建设工程企业解决在建设工程全过程中所遇到的难点、痛点问题。我曾惊讶有人竟说唐律师的著作是纸上谈兵，无实战价值，殊不知全国各地有很多建设工程企业通过学习《穿透工程价款——建设工程承包人收取工程价款实战指南》，解决了很多实际问题；很多法官、仲裁员是唐律师的读者、学员，他们早已在案件裁决上引用了唐律师在《穿透工程价款——建设工程承包人收取工程价款实战指南》一书中的研究成果。我相信，本书的出版定能帮助更多建设工程企业、专业人才开拓视野，解决很多长期未能解决的工程造价、工程法律、合规管理方面的难题。

通读唐律师的新书《建设工程全过程法律风险防控》后，我发现，唐律师将他多年办理建设工程类诉讼尤其是非诉案件的经验全盘托出，将服务建设工程企业的细节毫无保留地进行分享。我曾迷惑的几大问题在本书中都能找到答案：一是唐律师服务过的不少建设工程企业，不惜重金委托唐律师起草、审核一份合同、法律意见书等文书；二是唐律师在接待工程类客户咨询时，明明可以受理一单建设工程合同纠纷案件，但他却经常将专业意见毫无保留地传授给客户，有时连咨询费都未收。这需要何等的情怀！

唐律师写书太累了，令同事们很心疼。他出版第一本书后，我们希望他写更多高质量的新书；可现在，我们都希望他近期内不要再写书。他的专业能力早已有目共睹，无需再写书证明自己。

为师傅骄傲！

师傅嘱托我写序，我诚惶诚恐写了上面的文字。

广东建朗律师事务所律师，李玉琴

二〇二三年七月十日

前 言

建设工程问题都是法律问题，而归根到底是造价问题。

首先，本书是一部工程造价方面的作品。

全书从建设工程承包人角度，秉承控制工程造价、追求工程利润的目的而展开。相比笔者独著的另一本关于造价的图书《穿透工程价款——建设工程承包人收取工程价款实战指南》，本书最大的特点是：工程造价控制贯穿于建设工程全过程，更契合建设工程承包人的需要。笔者何其有幸，一不小心填补了这方面的市场空白，为广大读者全面解读建设工程全过程工程造价，做了工程人、造价人、法律人想做而做不了的工作。在书中笔者毫无保留地向读者朋友们分享了多年来对于施工企业参与投标的不平衡报价、成本低廉的融资渠道、"甲供材"与"甲控材"造价控制、承包人可得利益损失赔偿、监理签证、工程量清单漏项签证、工期索赔计算、费用索赔计算、停工索赔计算、口头指令的索赔、发包人指定分包人的索赔、质量保证金返还、分包工程价款结算、固定价调整及鉴定、固定总价合同发包人委托审价工程价款结算、固定价合同未完工程价款结算、施工中途合同解除已完工程价款结算、工程量清单漏项工程价款结算、未约定变更或签证工程价款结算、发包人已签批认可材料价格工程价款结算、"营改增"工程造价计算等方面的研究成果、实战经验，能够有效帮助建设工程承包人解决建设工程全过程工程造价方面的疑难杂症。

其次，本书是一部工程法律方面的作品。

全书从建设工程承包人角度，从建设工程投标前尽职调查、投标文件的制作，分包工程招标，工程变更、情势变更，建设工程施工合同的签订、履行、终止，"三边工程"、工程监理签认、协助发包人分包，工程质量责任，开工日期、竣工日期、工期延误、工期顺延、停工，隐蔽工程的检查，工程签证的司法认定、实际施工人的签证、口头签证的补救、分包合同外签证、项目经理签证，工程索赔、发包人拖延组织验收、工程甩项验收，留置或拒绝交付建设工程、发包人擅自使用建设工程、发包人逾期签发工程接收证书、发包人逾期接收工程、建设工程施工合同中途解除工程交付，提交竣工结算报告、资料，工程价款结算、结算审核、结算复核、结算审计，投标报价环节税务法律风险、签订合同环节税务法律风险、劳务分包环节税务法律风险、增值税纳税义务发生时间税务法律风险、虚开增值税专用发票税务法律风险、建设工程母公司（总公司）中标子公司（分公司）施工税务法律风险、建设工程黑白合同税务法律风险、建设工程公司转款到股东个人账户的税务法律风险，实际施工人的认定、举证责任、法律风险、法律权利，劳动合同工法律风险、劳务派遣用工法律风险、劳务外包用工法律风险等方面全方位剖析建设工程全过程的法律风险及防控措施，帮助建设工程企业预防、识别、评估、报告和应对法律风险，提高其防控建设工程全过程法律风险的意识与能力。

再次，本书是一部合规管理方面的作品。

本书书名为《建设工程全过程法律风险防控》，但笔者写作本书的目的不仅是帮助建设工程企业防控建设工程全过程的法律风险，还是为了防控建设工程企业本身及建设工程全过程的合规风险，帮助建设工程企业制定合规管理制度，识别、审查、应对合规风险，进行责任追究、考核评价等活动，促进建设工程企业依法合规经营。可以说，本书对于建设工程企业来说，是一个完整的合规管理体系，每章节又独立成篇，可以直接用于对建设工程企业及其相关人员进行合规知识、合规管理技能的培训。

本书还能有效帮助建设工程企业将其合规管理制度延伸到商业合作伙伴包括建设单位、实际施工人、材料供应商、机械设备供应商或出租方、劳务分包单位、劳务派遣单位、招标代理机构、造价咨询公司等主体的合规管理中，促使商业合作伙伴进行合规管理，促进其合规经营，最终实现合作共赢的目的。

因此，完全可以说，在本书中笔者在工程造价、工程法律、合规管理的融合方面，作了大胆的有益的探索，希望能抛砖引玉。

笔者相信，建设工程承包人能从本书中得到借鉴、启发，在今后的建设工程项目中，重视防控建设工程全过程造价风险、法律风险、合规风险，进行合规经营、管理，有效控制工程造价，扩大工程承包利润空间，实现建设工程合同目的。

工程项目的建设单位、监理单位、勘察单位、设计单位等也可从本书中得到借鉴、启发，防控建设工程全过程法律风险、造价风险、合规风险，避免因己方原因引起承包人索赔，导致工期延长、工程成本增加等不利法律后果。

建设工程承包人的商业合作伙伴实际施工人、贷款方、材料供应商、机械设备供应商或出租方、劳务分包单位、劳务派遣单位、造价咨询公司等主体也可从本书得到借鉴、启发，以防控自身法律风险、造价风险、合规风险，实现商业合同的目的。

本书同样适合审理建设工程合同纠纷案件的法官、仲裁员，适合代理建设工程合同纠纷案件及从事合规业务的律师，适合为建设工程企业进行合规管理的其他专业人才，笔者相信，他们都可从本书中得到借鉴、启发。

书中的"承包人"未特指建设工程施工合同的承包人时，包括勘察人、设计人、监理人、装修工程承包人、消防工程承包人、绿化工程承包人等。

凡 例

1. 法律文件名称中的"中华人民共和国"省略，例如，《中华人民共和国民法典》简称为《民法典》，《中华人民共和国招标投标法》简称为《招标投标法》。

2. 《最高人民法院关于审理建设工程施工合同纠纷案件适用法律问题的解释（一）》（法释〔2020〕25号）简称为《新建设工程司法解释（一）》。

3. 《最高人民法院关于适用〈中华人民共和国民事诉讼法〉的解释》（法释〔2015〕5号）简称为《民事诉讼法解释》。

4. 《最高人民法院关于民事诉讼证据的若干规定》（法释〔2019〕19号）简称为《证据规定》。

5. 《房屋建筑和市政基础设施项目工程总承包管理办法》（建市规〔2019〕12号）简称为《工程总承包管理办法》。

6. 《建设工程工程量清单计价规范》GB 50500—2013简称为《2013计价规范》。

7. 《建设工程价款结算暂行办法》（财建〔2004〕369号）简称为《结算暂行办法》。

8. 《建设工程施工合同（示范文本）》（GF—2017—0201）简称为《施工合同（2017示范文本）》。

9. 《建设项目工程总承包合同（示范文本）》（GF—2020—0216）简称为《工程总承包合同（2020示范文本）》。

目 录

第一章 建设工程招标投标法律风险防控 ·················· 1
 一、建设工程投标阶段尽职调查法律风险防控 ·················· 1
 二、投标文件法律风险防控 ·················· 6
 三、围标、串标法律风险防控 ·················· 18
 四、合同文件法律风险防控 ·················· 26
 五、分包工程招标法律风险防控 ·················· 29

第二章 建设工程施工合同法律风险防控 ·················· 33
 一、建设工程施工合同签订前法律风险防控 ·················· 33
 二、签订建设工程施工合同法律风险防控 ·················· 36
 三、履行建设工程施工合同法律风险防控 ·················· 48
 四、解除建设工程施工合同法律风险防控 ·················· 71

第三章 建设工程挂靠、转包、分包法律风险防控 ·················· 85
 一、挂靠法律风险防控 ·················· 85
 二、转包法律风险防控 ·················· 93
 三、分包法律风险防控 ·················· 101

第四章 建设工程工期法律风险防控 ·················· 110
 一、开工日期法律风险防控 ·················· 110
 二、竣工日期法律风险防控 ·················· 119
 三、工期延误法律风险防控 ·················· 123
 四、工期顺延法律风险防控 ·················· 133

　　　　五、停工法律风险防控 ··· 140

第五章　建设工程质量法律风险防控 ·· 146
　　　　一、建设工程质量 ··· 146
　　　　二、建设工程质量保修 ··· 155
　　　　三、建设工程质量纠纷 ··· 159
　　　　四、防控建设工程质量法律风险 ··· 164

第六章　建设工程签证、索赔法律风险防控 ·· 168
　　　　一、建设工程签证法律风险防控 ··· 168
　　　　二、建设工程索赔法律风险防控 ··· 182

第七章　建设工程竣工验收、交付法律风险防控 ···································· 200
　　　　一、建设工程竣工验收法律风险防控 ······································· 200
　　　　二、建设工程交付法律风险防控 ··· 213

第八章　建设工程价款结算法律风险防控 ·· 222
　　　　一、建设工程价款结算中的常见法律风险防控 ····························· 222
　　　　二、固定价合同工程价款结算法律风险防控 ······························· 230
　　　　三、特殊情形下工程价款结算 ··· 239

第九章　建设工程税务法律风险防控 ··· 243
　　　　一、建设工程企业税务法律风险的含义、产生原因 ························· 243
　　　　二、建设工程企业税务法律风险宏观防控 ································· 244
　　　　三、建设工程企业常见税务法律风险防控 ································· 248

第十章　建设工程实际施工人法律风险防控 ·· 256
　　　　一、实际施工人的含义、特征 ··· 256
　　　　二、实际施工人的表现形式 ··· 258
　　　　三、实际施工人的认定 ··· 258
　　　　四、实际施工人的权利 ··· 261
　　　　五、实际施工人的证明责任 ··· 269
　　　　六、实际施工人防控法律风险 ··· 271

七、防控实际施工人带来的法律风险 ································· 275

第十一章　建设工程劳务用工法律风险防控 ·························· 279
　　一、建筑施工企业用工的主要模式 ··································· 279
　　二、建筑施工企业劳务用工法律风险 ································· 281
　　三、防控建设工程劳务用工法律风险 ································· 293

附录　建设工程常用法律、法规、规章、规范性文件、司法解释 ······ 300
　　一、中华人民共和国民法典（节录） ································· 300
　　二、最高人民法院关于审理建设工程施工合同纠纷案件
　　　　适用法律问题的解释（一） ····································· 314
　　三、住房和城乡建设部关于印发建筑工程施工发包与承包
　　　　违法行为认定查处管理办法的通知 ······························· 318
　　四、建设工程价款结算暂行办法 ····································· 322
　　五、最高人民法院关于民事诉讼证据的若干规定 ······················ 327

后记——挑战自我，兑现承诺 ·· 339

第一章
建设工程招标投标法律风险防控

建设工程招标投标阶段是建设工程企业拿下工程项目的起始阶段，对于建设工程企业，无疑很关键。遗憾的是，部分建设工程企业往往更注重中标结果，而对于建设工程投标阶段，却未给予足够的重视，导致建设工程投标阶段法律风险重重。

一、建设工程投标阶段尽职调查法律风险防控

在国家严控房地产市场的大环境下，建设工程企业之间的竞争越来越激烈，中小型建设工程企业的生存空间逐步被压缩。为了拿下工程项目，建设工程企业各显神通。

建设工程企业获取工程项目的主要渠道有：熟人介绍、邀请招标、公开投标等。不管哪种渠道，人脉关系都尤为重要。即使是交易中心网站上公开招标投标的项目，投标人也需要多方努力，甚至动用一定社会资源，方可中标。正因如此，建设工程企业在拿下工程项目前，往往倚重关系、背景。对于建设单位与工程项目本身的实际情况，建设工程企业往往疏于进行必要的尽职调查，导致中标后风险重重。

（一）建设工程投标阶段尽职调查的含义、目的

1. 建设工程投标阶段尽职调查的含义

建设工程投标阶段尽职调查，是指建设工程企业参与投标前，自行或委托律师事务所对建设单位的企业性质、资质、信誉、履约能力等，以及工程项目的实际情况，进行必要的调查、分析、判断，形成书面的尽职调查报告，最大限度防控建设工程投标阶段法律风险的行为。

建设工程企业自身无力进行建设工程投标阶段尽职调查的，需委托专业律师开展调查。建设工程企业需与律师事务所签订尽职调查协议，明确约定尽职调查的范围及内容。专业律师重点调查建设单位的主体资格、资质、资金实力、信誉情况、公司内

部的管理状况以及项目土地、规划审批情况等。

2. 建设工程投标阶段尽职调查的目的

建设工程企业在参与工程项目的投标前，通过必要的尽职调查，可以清楚了解建设单位及工程项目的真实情况，尤其是了解建设单位是否有履行建设工程施工合同的能力，建设工程企业能否顺利收回工程价款；通过必要的尽职调查，建设工程企业可对建设工程项目现存和潜在的法律风险作出法律上的判断，为是否参加该工程项目的投标提供依据；通过必要的尽职调查，建设工程企业可以有效避免发生建设工程施工合同因违反国家强制性规定而无效致建设工程企业利益受损的情况，最大程度防范法律风险。

（二）建设工程投标阶段尽职调查的范围

1. 对建设单位的尽职调查范围

（1）调查建设单位主体地位

主要调查：发包人是否为项目的实际建设单位，是否属于独立法人，能否独立承担民事责任。

① 调查建设单位的性质

调查建设单位是政府部门还是企事业单位或社会组织，是按照法律规定成立的法人组织还是法人组织下属分支机构，有无法人章程、营业执照、组织机构代码证等。

② 调查建设单位注册资本数额，资金是实缴还是认缴，主要财产状况、银行信用状况。

③ 调查建设单位股权结构，股东构成，控股股东对其经营、资本、财产的控制、决策、影响情况，是否为国有单位或国有资金占主导地位的单位。

建设工程企业需特别注意调查两点：

一是代建项目。我国法律法规目前对代建行为缺乏明确的规定，几乎是空白状态。因此，建设工程企业在参与代建项目投标前，有必要先行了解建设单位、代建单位之间的权利义务关系，尤其是代建单位是否得到了建设单位的明确授权，代建单位的资信、实力如何，有无履约能力。

二是建设单位组建的项目筹建处、指挥部等。建设工程企业需查明建设单位组建的项目筹建处、指挥部等是否依法成立，有无独立财产，能否独立承担法律责任。

（2）调查建设单位开发资质

调查建设单位是否在规定的业务范围内从事开发业务，是否属于越级开发。建设项目属于房地产开发的，需了解建设单位是否达到《房地产开发企业资质管理规定》要求的企业资质等级，是否超越资质等级从事房地产开发经营，是否在房地产开发主管部门备案，是否参加年检等情况。

（3）调查建设单位诚信、履约能力、诉讼或者仲裁风险等

建设工程企业需特别查明：建设单位是否有可能出现因资金未到位或财产被查封、冻结等无法履行建设工程施工合同，导致工程项目无法开工或中途停工甚至烂尾等情况，加大诉讼或仲裁风险。

2. 对工程项目的尽职调查范围

（1）调查项目是否真实

建设工程企业可从项目立项、规划、用地指标、土地使用证等方面调查项目是否真实，以免上当受骗，造成不必要的损失。

① 调查立项情况

查明项目是否需要立项，如需立项，应当查明项目是否通过相关发展和改革委员会的审批，是否已经准予立项，是否取得了相关的项目许可证照。

② 调查规划情况

建设用地规划许可证是取得国有土地使用权的基础，建设单位申请取得建设用地应在取得建设用地规划许可证后。建设单位未依照程序办理建设用地规划许可手续，就无法取得建设用地，建设工程施工合同无履行的基础，建设工程就无从开展。因此，建设工程企业在投标前，应当查明项目是否已取得建设工程规划许可证，规划用地的面积、容积率等情况如何，是否获得用地指标，是否符合设计、环保、消防等方面的要求。

（2）调查土地性质、土地获取方式情况

查明土地是国有土地还是集体土地，是否获得相关行政管理部门批准，是否正在办理土地征收、征用手续；通过出让方式取得土地的，应当查明土地用途是工业用地、商业用地还是住宅用地，是否已全部缴纳土地出让金，是否取得土地使用权证或持有使用土地的批准文件；通过划拨取得土地的，应当查明是否获得相关行政管理部门批准，是否补缴土地出让金。

不管是哪种获得土地的方式，都需查明该土地上是否存在他项限制性权利，比如，有无办理在建工程抵押或其他抵押手续，抵押资金使用情况如何，土地有没有被查封等。

（3）调查项目是否属于必须招标的项目

在工程实践中，一些建设单位违反法律、法规规定，对依法依规必须进行招标的项目不招标。建设工程企业不对此进行尽职调查，与建设单位签订的建设工程施工合同将无效，极有可能给建设工程企业造成法律风险，造成本可避免的损失。

对于经调查确定的必须招标的工程项目，需要查明招标条件是否满足：按照国家有关规定需要履行项目审批手续的，是否已经办理审批手续；工程资金或者资金来源是否已经落实；有没有满足需要的设计文件及其他技术资料；法律、法规、规章规定

的其他条件。

（4）调查工程项目是否存在施工图未定稿就进行招标的情况

施工图还未定稿就进行招标，这种情况很隐蔽，建设工程企业往往注意不到。如果工程项目存在这样的情况，建设工程企业中标后，发包人一旦对工程项目的设计进行重大变更，就将大大降低工程预算的确定性，大幅增加工程造价。承包人需要通过签证的方式解决因设计重大变更而增加的工程价款，一旦发包人不配合签证，将对承包人极为不利。

（5）对工程项目现场进行必要的勘察

建设工程企业勘察工程项目现场，能够了解：工程项目现场地质环境；招标投标文件所附图纸是否与工程现场吻合，是否存在遗漏项目；文件所述情况是否与现场一致；设计方案能不能落地实施等。

典型案例　必须进行招标的项目未招标，施工合同无效的案例

1. 案例来源

（2019）最高法民终1360号民事判决书。

2. 一审法院裁判意见

关于2011年8月25日Y公司与S公司签订的《遂宁龙凤新城项目工程合作协议》、2012年4月5日Y公司向S公司出具的《补偿承诺书》的效力问题。

案涉龙凤新城土地一级整理项目系Y公司与Q区人民政府合作开发的项目，属于与政府合作融资且关系社会公共利益的项目。根据《招标投标法》第三条"在中华人民共和国境内进行下列工程建设项目包括项目的勘察、设计、施工、监理以及与工程建设有关的重要设备、材料等的采购，必须进行招标：（一）大型基础设施、公用事业等关系社会公共利益、公众安全的项目；（二）全部或者部分使用国有资金投资或者国家融资的项目；（三）使用国际组织或者外国政府贷款、援助资金的项目"以及第四条"任何单位和个人不得将依法必须进行招标的项目化整为零或者以其他任何方式规避招标"的规定，案涉项目无论是总承包工程还是单项工程，均属于法律规定的必须进行招标投标的项目。而本案S公司与Y公司签订《遂宁龙凤新城项目工程合作协议》约定的S公司取得案涉项目的总承包资格并未经过招标投标程序，该协议中"甲方（Y公司）负责完善相关建设程序、手续后，陆续与乙方（S公司）签订正式的各单项建设工程施工合同并协助和支持乙方承建施工"以及"甲方（Y公司）也必须负责为乙方（S公司）每个单项工程办理中标手续（每项中标手续不得超过40日内办完）并取得《中标通知书》"的约定，明显违反法律的强制性规定，依照《合同法》

第五十一条"有下列情形之一的,合同无效……(五)违反法律、行政法规的强制性规定"的规定,该协议应属无效。S公司、Y公司主张《遂宁龙凤新城项目工程合作协议》有效的理由均不能成立,一审法院对此不予支持。鉴于《遂宁龙凤新城项目工程合作协议》无效,Y公司向S公司出具的《补偿承诺书》中基于无效协议产生的补偿约定内容应属无效。

3. 最高人民法院裁判意见

关于《遂宁龙凤新城项目工程合作协议》《补偿承诺书》的效力问题。

2011年8月25日签订的《遂宁龙凤新城项目工程合作协议》所涉及的龙凤新城土地一级整理开发项目,系Y公司与Q区人民政府合作开发的项目,其内容包括规划道路建设工程、桥梁建设工程、河道整治等基础设施建设。该项目在《遂宁市人民政府办公室关于调整2012市级重大建设项目计划的通知》中,被列为重大基础设施项目。根据2000年5月1日原国家发展计划委员会发布的《工程建设项目招标范围和规模标准规定》,涉及公路、滩涂治理、道路、桥梁、体育、旅游等项目的建设必须招标,案涉合同签订于2011年,应当符合该规定的要求。即便是按照2018年3月27日国家发展和改革委员会发布的《必须招标的工程项目规定》和2018年6月6日发布的《必须招标的基础设施和公用事业项目范围规定》,案涉项目涉及规划道路建设工程、桥梁建设工程、河道整治等建设施工内容,且政府将其列为重大基础设施项目,亦应当属于必须招标的建设工程范围。S公司主张政府未对案涉项目投资,但根据双方签订的《遂宁龙凤新城项目工程合作协议》,案涉项目以Y公司和政府合作成立的T公司作为平台运营,Y公司持有T公司70%的股权,政府持有30%的股权。案涉合作项目系通过对项目范围内的土地进行一级开发后,通过出让获取利益,故案涉项目整体上可以视为由政府以土地投入的方式进行投资。因案涉项目属于必须招标的项目,Y公司在与S公司签订的《遂宁龙凤新城项目工程合作协议》中约定,Y公司同意将案涉工程交给S公司承建,Y公司负责完善相关建设程序、手续后,陆续与S公司签订正式的各单项建设工程承包合同并协助和支持S公司承建施工。还约定Y公司必须负责为S公司每个单项工程办理中标手续并取得《中标通知书》,该约定违反了《招标投标法》有关招标投标程序的强制性规定,故应认定为无效。Y公司向S公司出具的《补偿承诺书》系基于无效协议产生的补偿约定,亦应属无效。《补偿承诺书》约定的是Y公司因项目延迟开工向S公司承担的违约责任,因《遂宁龙凤新城项目工程合作协议》本身系无效协议,而《补偿承诺书》并非是对合同无效而约定的争议解决方法,而是作为违约条款而存在,故不属于独立存在的有关解决争议方法的条款,故不单独发生相应的法律效力。

二、投标文件法律风险防控

投标文件法律风险防控，是建设工程投标阶段法律风险防控最关键的环节。在投标文件法律风险防控中，防控投标报价法律风险，是十分重要的环节。

投标报价工作繁琐复杂，专业性要求高。投标人掌握一定的投标报价技巧，在投标报价时往往事半功倍，既能有效提高中标率，又能在结算中占得先机。

（一）吃透招标文件

招标文件是建设工程招标的大纲，是招标人向投标单位提供参加投标所要知晓的情况及必须遵守的规定的纲领性文件。

招标文件一般包括：招标人须知；招标项目的性质、数量；技术规格；招标价格的要求及其计算方式；评标的标准和方法；交货、竣工或提供服务的时间；投标人应当提供的有关资格和资信证明文件；投标保证金的数额或其他形式的担保；投标文件的编制要求；提供投标文件的方式、地点和截止时间；开标、评标的日程安排；合同主要条款等。

投标人防控投标文件法律风险，首先需要研究招标文件，审查招标文件，吃透招标文件。

1. 研究、审查、吃透投标人须知

投标人须知含附表，是招标文件的关键性条款。投标人研究、审查、吃透投标人须知，投标文件就不会偏离招标文件的要求，特别是其实质性条款。

2. 研究、审查、吃透资格要求

资格要求，是指招标人对投标资格预审申请人或投标人的经营资格、专业资质、财务状况、技术能力、管理能力、业绩、信誉等方面提出的指标，以此判定其是否具有参与项目投标和履行合同的资格及能力。资格要求主要指关于以下方面的资格与能力的判定指标：

（1）是否具有独立订立合同的权利；

（2）是否具有履行合同的能力，包括专业、技术资格和能力，资金、设备和其他物质设施状况，管理能力、经验、信誉和相应的从业人员；

（3）是否处于被责令停业，投标资格被取消，财产被接管、冻结，破产状态；

（4）近期有无发生骗取中标、严重违约及重大工程质量问题等情况。

对照招标文件提出的资格要求，投标人就能确定自己是否达到参与投标的硬性门槛。投标人不符合投标资格要求的，不要勉强参与投标，否则有可能造成不必要的损失。

3. 研究、审查、吃透工程量清单、图纸、技术标准和要求、合同样本等

工程量清单、图纸、技术标准和要求、合同样本等材料能够全面描述招标项目需求，是招标投标活动的主要依据，也是构成合同文件的重要内容，对招标人和投标人均具有约束力。投标人需结合商务不可偏离条款，审查合同文件的要求，重点审查工期、付款条件、节点、结算方式等关乎权利义务的条款。

4. 研究、审查、吃透招标文件的细节要求

比如，公示期、投标截止日期、保函或者保证金要求、投标开标地点、文件格式要求等。

（二）严格按照招标文件的要求、自身实力编制投标文件

建设工程企业参与投标前，需要综合分析企业目前状况、参与投标的优势与劣势、利与弊等方面因素，结合企业当前正在进行的项目情况，特别是项目组织与实施、成本控制能力等情况，最终决定是否参与项目投标活动。

建设工程企业决定参与工程项目投标活动后，应当严格按照招标文件的要求，结合自身实力、条件编制投标文件，对招标文件中的实质性要求和条件作出积极响应，投标文件需与招标文件的实质性要求相符，没有显著差异或保留。

（三）防控投标文件潜在的法律风险

防控投标文件潜在的法律风险，是建设工程投标阶段法律风险防控最关键的环节。

1. 投标报价法律风险防控

在投标文件法律风险防控中，防控投标报价法律风险，是十分重要的环节。

众所周知，投标报价高，投标人往往没机会中标；投标报价低，有可能被认定为低于建设工程成本价，影响投标人中标。即使中标建设工程，也很有可能造成中标人产生巨大的亏损。因此，投标报价法律风险防控，是投标文件法律风险防控的重中之重。

（1）投标人切忌草率投标报价

投标人草率投标报价表现在：

①招标文件采用固定总价合同时，投标人不认真核查设计施工图纸及施工要求；

②招标文件采用工程量清单计价模式时，投标人忽视工程量清单内容，不注重报价细节，导致工程量计量不准确、项目工序分析和理解有误、项目特征描述欠缺、清单缺项等问题。

投标人草率投标报价，即使中标该项目，最终也会因实际投入远超预算而停工乃

至解除建设工程施工合同，或者降低工程质量，造成安全事故隐患。

（2）正确区分预算价、标底价、招标控制价、投标价、评标价、签约合同价、合同价、结算价

① 预算价，是指在施工前以施工图纸为依据，对工程进行造价预计，以便于对工程造价进行计划控制。

招标控制价、投标价都是预算价的表现形式。

② 标底价，是指招标人根据招标项目的具体情况，编制的完成招标项目所需的全部费用，是根据国家规定的计价依据和计价办法计算出来的工程造价，是招标人对建设工程的期望价格。

标底价由招标人或其委托的有资质的造价咨询人编制，不对外公开。

③ 招标控制价，是指招标人根据国家或省级、行业建设主管部门颁发的有关计价依据和办法，以及拟定的招标文件和招标工程量清单，编制的招标工程的最高限价，即招标人在工程造价控制目标的限额范围内，设置的招标最高限价。

招标控制价一般包括总价及分部分项工程费、措施项目费、其他项目费、规费、税金，用以控制工程项目的合同价格。《建设工程工程量清单计价规范》GB 50500—2003发布后，我国在招标投标活动中，通常采用工程量清单计价模式编制招标文件，根据设计施工图、参照地方定额及材料信息价格计算出相应工程预算，经评审后得出招标控制价。招标控制价须随招标文件公开发布。

④ 投标价，是指投标人投标时报出的工程合同价，是投标人根据招标文件中工程量清单以及计价要求，结合施工现场实际情况及施工组织设计，按照企业工程施工定额或参照省工程造价管理机构发布的工程定额，结合当前人材机等市场价格信息，完成招标人工程量清单所列全部项目内容的全额费用。

投标报价是签订建设工程施工合同的价格依据，由投标人自主确定，不得低于企业成本。

⑤ 评标价，是指以投标报价为基础，综合考虑质量、性能，交货或竣工时间，设备的配套性和零部件供应能力，设备或工程交付使用后的运行、维护费用，环境效益，付款条件以及售后服务等因素，按照招标文件规定的权数或量化方法，将这些因素一一折算为一定的货币额，并加入到投标报价中，最终得出的价格。

评标价是评标委员会按照招标文件的要求和标准，对投标价格中的算术性错误，在不改变投标报价的实质性内容并进行修正后形成的价格。

⑥ 签约合同价，是指承发包双方在施工合同中约定的，包括暂列金额、暂估价、计日工在内的合同总金额，是承发包双方以合同形式确定的交易价格。

签约合同价是招标投标的结果。签约合同价必须与投标报价一致。

⑦合同价格，即工程竣工结算价，是指发包人用于支付承包人按照合同约定完成承包范围内全部工作的金额，是在施工合同约定的工程价款基础上，根据实际完成工程量进行工程结算后，发包人应付给承包人的合同总金额，包括在履行合同过程中，按合同约定进行的工程变更、索赔和价款调整发生的价格变化。

合同价格和招标投标活动中所指的合同价有一定的区别。招标投标合同价指中标通知书确定的中标价。合同价格（工程竣工结算价），需从建设工程施工合同、工程量确认、现场签证、索赔和综合单价及取费标准等方面全面确定。

（3）合理确定工程成本后报价

投标人在进行投标报价前，需先认真研究招标文件及其附件如图纸、图说等，认真分析项目设计意图，去现场实地勘察，发现图纸和说明中有不明确的地方时，及时要求招标人或招标代理机构答疑，作好答疑的详细记录。

目前，我国的基础设施建设投资很大程度上以国有资金投资为主导，工程量清单计价模式是主流招标方式。工程量清单计价相比定额计价，更简单直接，更符合市场需求。投标人需分析、研究工程量清单、图纸、技术标准和要求等材料，确定招标项目工程量，计算工程成本价，再结合建设工程质量要求、合同工期、计价方式、是否垫资等因素，确定投标价。

（4）防止出现工程量清单漏项、漏算、错算情况

招标文件不是采用施工图报价，而是采用工程量清单报价的，投标人需仔细核对工程量清单与施工图纸，确定工程量清单报价内容是否与施工图纸一致。

工程量清单是依据招标文件、施工设计图纸、施工现场条件、各种操作规范、标准和《2013计价规范》进行编制的，难免出现遗漏情况。投标人发现工程量清单有遗漏情况的，应当及时联系招标人或招标代理机构，要求其明确是否可以增加报价。对于招标文件明确由承包人对工程量清单负责的项目，投标人更要注意防止出现工程量清单漏项情况，也要防止发生投标人原因导致的漏算、错算情况。

对于工程量清单漏项、漏算、错算情况的处理，我国目前没有十分明确的法律、法规、司法解释等予以规范，而且，建设工程施工合同往往因多种原因而无效，导致工程量清单漏项、少算等情况的处理更复杂。投标人中标后，如果工程量清单存在漏项、少算等情况，那么在建设工程施工合同的履行过程中，双方当事人难免产生争议，可能给中标人造成很大的损失，甚至承包工程项目后承包人可能出现亏损。

因招标文件中工程量清单漏项、少算造成中标人损失的，主要是针对固定总价合同。很多招标文件会约定"任何未列入工程量清单报价表，但根据工程规范要求及因完成合同图纸内所有项目而发生的一切费用，均视为已含在工程量清单报价表的其他相关项目价款内，承包人必须负责工程量清单报价表内所有项目及数量的准确性，除

根据发包人书面认可的工程调整外，工程造价不因工程量清单报价表内的工程量和实际完成的工程量有差别而作出任何调整"或类似内容。因此，投标人更要有投标报价法律风险意识，在编制投标文件时，需防止出现清单漏项、漏算、错算情况。

（5）熟练掌握投标报价技巧

投标报价工作繁琐复杂，专业性高。投标人掌握一定的投标报价技巧，在投标报价时往往事半功倍，既能有效提高中标率，又能在结算中抢占先机。

前文讲到，《建设工程工程量清单计价规范》GB 50500—2003 发布后，我国在招标投标活动中，通常采用工程量清单计价模式编制招标文件，招标控制价及工程量清单都须随招标文件发给投标人。投标人在招标控制价及工程量清单内容基础上，在低于招标控制价范围内投标报价。同时，投标人为了提高项目中标率、最大限度获利、降低风险，都会采取各种投标策略，不平衡报价成了最常用的方法。

不平衡报价是指工程项目确定招标控制价后，投标人根据招标文件的付款条件，调整投标文件中分部分项工程子目、措施项目子目、其他项目子目等的报价，在不抬高总价以免影响中标的前提下，实施项目时能够尽早、更多地结算工程款，并能够赢得更多利润的一种投标报价方法。其中以分部分项工程子目的不平衡报价为主。

不平衡报价是《2013 计价规范》的衍生品。

国家标准《2013 计价规范》第 9.6.2 条规定："对于任一招标工程量清单项目，当因本节规定的工程量偏差和第 9.3 节规定的工程变更等原因导致工程量偏差超过 15% 时，可进行调整。当工程量增加 15% 以上时，增加部分的工程量的综合单价应予调低；当工程量减少 15% 以上时，减少后剩余部分的工程量的综合单价应予调高。"

现行通用的《施工合同（2017 示范文本）》通用合同条款第 1.13 条载明："除专用合同条款另有约定外，发包人提供的工程量清单，应被认为是准确的和完整的。出现下列情形之一时，发包人应予以修正，并相应调整合同价格：（1）工程量清单存在缺项、漏项的；（2）工程量清单偏差超出专用合同条款约定的工程量偏差范围的；（3）未按照国家现行计量规范强制性规定计量的。"

上述国家标准规定、施工合同示范文本条款成为投标人不平衡报价的依据。笔者认为，不平衡报价并非违法、违规行为，也不是违反合同约定的行为，而是投标人的一种投标报价技巧。投标人通过不平衡报价，可以提高投标报价竞争力，获得较高项目利润。

投标人可从以下几方面，通过不断的投标实战，熟练掌握不平衡报价技巧。

① 工程量清单是投标人进行投标报价和最终结算的基础，而设计施工图是工程量清单编制的最主要依据。投标人需通过项目现场勘察，比照、分析设计施工图、工程量清单。工程量清单项目特征描述与设计图纸不一致的，投标人需提前预判施工中

可能增加的项目，尽可能报高这些项目的单价；提前预判施工中可能减少的项目，尽可能报低这些项目的单价。只要总投标报价不超过招标控制价，最终形成固定单价合同后，中标人就可获得较高利润。

② 对于招标人设计施工图存在缺陷的项目，比如，设计施工图不完善、不合理或与施工现场不匹配、相冲突，在建设工程施工合同履行过程中，将会因此产生设计变更，投标人提前预判设计可能变更的项目，适当报低这些项目的价格，可以增强投标报价竞争优势；对于设计施工图不明确或设计深度不够的项目，往往会使项目设置不准确和特征描述不清楚，投标人需提前预判可能增加的项目，适当报高这些项目的价格。

③ 投标人发现招标文件存在某些含糊或错误条款，而这些条款对投标人有利且不影响其他投标人投标，可以不提出答疑。投标人中标后可以利用这些条款，争取利益最大化。

④ 对于招标文件要求提供特种材料和设备的工程项目，投标人可适当报高主材价格，适当报低常用器具、辅助材料的价格。

⑤ 对于招标文件要求投标人附上《分部分项工程量清单综合单价分析表》的项目，因招标人一般会对材料进行认价，投标人可适当报低材料费，适当报高人工费、机械费，由此可获得一定的利润空间。

⑥ 对于先施工后招标的项目，施工单位投标时，已完全了解项目、发包人的实际情况，可以作出对己方有利的投标报价。

⑦ 对于"三边工程"项目，因其未作勘察设计工作、前期资料不全，往往是匆忙安排设计院出设计图，形成模拟清单，匆忙完成招标投标工作，立即开工建设。

"三边工程"项目工程量清单缺项、漏项、错项较多，工程造价控制不严，给有经验的投标人提供了广阔的报价空间、追求超额利润的空间。

⑧ 对于分期开工建设的项目，投标人可适当报低前期项目价格，先拿下工程，通过质量控制、工期管理、重视信誉、履约表现，争取建设单位信任，为后期合作打下良好的基础。

针对投标人的不平衡报价，招标人常见的防控措施有：

① 直接调整工程量清单报价。在不少招标文件中有此类约定：对投标人不平衡报价行为，招标人保留调整投标报价的权利。如果招标人事先在招标文件中载明类似内容，那么不管其是否注明调整投标报价的时间，招标人都掌握了投标报价调整的主动权：在评标、签订中标合同、结算及其他任何时间节点，招标人都可以参照当地定额下浮一定比率，调整投标人报价价格高的任何子目。招标人此类调控投标报价的措施，名义上是节约国家资金，控制工程造价，实则是赤裸裸的掠夺行为。

② 直接处罚不平衡报价投标人。有些招标人在招标文件中写明：对投标人不平衡报价行为，招标人有权对其进行罚款、将其划入不诚信名单等。

③ 扩大招标控制价的覆盖面。有些招标人在招标文件中写明：招标控制价既控制总价，又控制各子目价格。此种方式表面上能防控投标人的不平衡报价行为，但因操作繁琐，无规则约束，随意性较大，容易引发招标人与投标人之间的争议。

技巧虽好，不能滥用。

投标人在投标报价时，需要认真核查、分析招标文件尤其是施工图纸、工程量清单等材料，适当报出合理低价，但不能脱离合理成本加利润的报价原则。投标人需要不断提高"低价中标、高价索赔"的专业能力，但又不能寄希望于"低价中标、高价结算"。否则，中标无望，徒增招标人反感。

典型案例 调整明显不平衡报价符合合同约定的案例

1. 案例来源

（2018）最高法民申 5591 号民事裁定书。

2. 最高人民法院裁判意见

本院经审查认为，原审认定案涉 208-5-aM7.5 浆砌片石单价为 392.91 元 $/m^3$，认定事实正确。X 公路公司与甘南州某局签订的《施工合同》明确约定，工程设计变更程序执行《公路工程设计变更管理办法》。某省公路管理局某公建（2014）16 号《公路工程设计变更管理办法》第八条规定：公路工程重大、较大及一般设计变更实行审批制。该管理办法第十七条关于设计变更单价确定原则的第四项规定：合同工程量清单中存在明显不平衡报价的，省公路局在审核时，可以该项目已批准预算单价或分析单价为控制价，按照招标时的下浮系数下浮后直接确定。本案中，合冶公路 HYSG1 段公路工程于 2014 年 5 月发生设计变更，将该设计变更依照上述设计变更管理办法的相关规定上报省公路局审批时，发现工程量清单浆砌片石单价存在不平衡报价的问题，该局适用设计变更管理办法的相关规定对 208-5-aM7.5 浆砌片石的单价予以调整，符合合同约定，非属合同外第三人对合同约定的变更；同时，上述变更亦符合合同约定的变更情形，即该变更结果对双方当事人具有约束力。原审法院根据上述事实，认定工程发生设计变更后 208-5-aM7.5 浆砌片石的单价为 392.91 元 $/m^3$，并无不当。X 公路公司虽主张在会议纪要中双方已明确 208-5-aM7.5 浆砌片石单价的确认应适用《公路工程设计变更管理办法》第十七条第一款，但会议纪要明确载明 208-5-aM7.5 浆砌片石的单价需上报省公路管理局审批。X 公路公司认为会议纪要已确认 208-5-aM7.5 浆砌片石的单价，证据不足。另外，X 公路公司也未提交证据推翻省公结局存在300 5 aM7.5浆砌片石不平衡报价结论。据此，X公路公司认为原审认定事实错误，证据不足。

2. 认真检查、修改投标文件，避免、减少常犯错误、失误

投标文件的常见问题有：

（1）投标人名称与营业执照或资质证书或银行资信证明等材料不一致。

（2）投标文件未按招标文件要求排版。

（3）投标文件目录不完整。

（4）投标文件纸质版、电子版不一致。

（5）投标内容不符合招标文件要求。

（6）报价弄错货币单位、有多个报价、报价高于招标控制价。

（7）预算书不符合招标文件预算书的范围、数量。

（8）资质证明材料不齐全，顺序错乱，复印不清晰或歪斜。

（9）营业执照、资质、质量认证证书、安全生产许可证等证明材料，不符合法律法规和招标文件要求。

（10）注册资金不符合招标文件要求，信贷证明中信贷数额不符合业主明示要求。

（11）工期及相关权利义务响应不符合招标文件要求。

①总工期、关键工程工期不满足招标文件要求；

②计划开工、竣工日期不符合招标文件中工期安排与规定；

③分项工程的阶段工期、节点工期不满足招标文件规定；

④工期目标与进度计划叙述不一致，与"形象进度图""横道图""网络图"不吻合；

⑤工期的文字叙述、施工顺序安排与"形象进度图""横道图""网络图"不一致；

⑥总进度图与重点工程进度图不一致；

⑦工期保证措施不符合招标文件要求；

⑧施工组织及施工进度安排的叙述与质量保证措施、安全保证措施、工期保证措施叙述不一致。

（12）施工队伍、施工方案等不满足招标文件的要求。

①施工队伍数量未按照招标文件规定配置；

②施工队伍及主要负责人与资审方案不一致，文字叙述与"平面图""组织机构框图""人员简历"及拟任职务等不吻合；

③施工方案与施工方法、工艺不匹配；

④ 施工方法、工艺的文字描述及框图与施工方案不一致，与重点工程施工组织安排的工艺描述不一致；

⑤ 施工方案与招标文件要求、投标书有关承诺不一致；

⑥ 施工方案、施工方法描述不符合设计文件及标书要求，采用的数据与设计不一致；

⑦ 施工方法和工艺的描述不符合现行设计规范和现行设计标准，过渡方案与招标文件及设计意图不符。

（13）主要技术及管理负责人不符合招标文件要求。

① 主要技术及管理负责人简历、经历、从业年限不满足招标文件强制标准，拟任职务与前述不一致；

② 主要负责人证件不齐全；

③ 主要技术管理人员简历与证书上注明的出生年月日及授予职称时间不符；

④ 主要技术管理人员一览表中各岗位专业人员不符合招标文件要求，所列人员及附后的简历、证书有缺项。

（14）工程业绩、财务状况表等不符合招标文件要求。

① 企业近年来从事过的类似工程主要业绩不满足招标文件要求；

② 在建工程及投标工程的数量与企业生产能力不符；

③ 拟上施工队伍的类似工程业绩不齐全，不满足招标文件要求；

④ 报送的优质工程证书与业绩不符，与招标文件的工程对象不符；

⑤ 财务状况表、近年财务决算表及审计报告不齐全，不满足招标文件要求。

（15）"平面图"、临时占地位置及数量等不符合招标文件要求。

① "形象进度图""横道图""网络图"中工程项目不齐全；

② "平面图"未按招标文件要求设置队伍驻地、施工场地及大型临时设施等位置，驻地、施工场地及大型临时工程占地数量及工程数量与文字叙述不相符；

③ 临时工程数量不满足施工需要及招标文件要求；

④ 临时占地位置及数量不符合招标文件的规定。

（16）劳动力、材料计划及机械设备、检测试验仪器表不齐全，劳动力、材料未按照招标文件要求编制年、季、月计划，劳动力配置与劳动力曲线不吻合。

（17）主要工程材料数量与预算表工料机统计表数量不一致，机械设备、检测试验仪器表中设备种类、型号与施工方法、工艺描述不一致。

（18）投标有效期不符合招标文件要求。

（19）存在招标人不能接受的偏差内容。

（20）项目经理不符合法律法规和招标文件的要求。

（21）施工业绩不满足招标文件的要求，工程质量不符合招标文件及合同的规定，质量目标与招标文件及合同条款要求不一致，与质量保证措施"创全优目标管理图"叙述不一致，安全目标与招标文件及企业安全目标要求口径不一致。

（22）技术标准和要求不符合招标文件"技术标准和要求"规定。

（23）报价编制说明、报价表格式不符合招标文件要求，子目排序错误，报价金额与"投标报价汇总表合计""投标报价汇总表""综合报价表"不一致，大小写不一致，国际标中英文标书报价金额不一致，单价与总价金额错误，编制人、审核人、投标人未按规定签字盖章。

（24）"综合报价表"的单价与"单项概预算表"的指标不吻合，有算术错误，"综合报价表"费用不齐全。

（25）"单项概预算表""补充单价分析表""运杂费单价分析表"的数字不吻合，工程数量与招标工程量清单不一致，有算术错误。

（26）"运杂费单价分析表"所用运距不符合招标文件规定。

（27）定额套用与施工组织设计安排的施工方法不一致，定额计量单位、数量与报价项目单位、数量不符，工程量清单表中工程项目所含内容与套用定额不一致。

（28）投标书承诺与招标文件要求不吻合，承诺内容与投标书其他有关内容不一致，承诺未涵盖招标文件的所有内容，没有实质响应招标文件的全部内容及招标单位的意图，没有按招标文件要求逐条承诺，对招标文件（含补遗书）及合同条款的确认和承诺，没有涵盖全部内容和全部条款。

（29）投标保证金不符合招标文件的要求。

（30）商务部分格式不符合招标文件的要求。

（31）商务标书资质证书超过有效期。

（32）技术部分格式不符合招标文件的要求。

（33）电子光盘正面填写信息错误。

（34）法定代表人、授权代表签字(盖章)不全或错误或代签，如委托他人签字的，未附法定代表人授权委托书，委托权限不满足招标文件要求，未按要求加盖公章。

（35）封装方式、密封纸张、分装包不符合招标文件的要求，密封袋封面不按照内封、外封要求填写信息，密封袋（暗本）不符合招标文件的特殊要求。

（36）投标文件未写上正本和副本，份数不符合招标文件的要求。

（37）投标文件签字、盖章不全。

（38）投标文件使用投标专用章替代单位公章，没有投标专用章具备同等效力证明文件。

（39）投标文件未加盖骑缝章，骑缝章未覆盖每页。

（40）投标书日期与封面所载时间不一致。

高质量的投标文件是改出来的。

投标人作出投标文件后,需认真检查投标文件是否有问题。对于发现的问题,投标人需及时进行修改。投标文件务求做到对招标文件提出的全部实质性要求和条件都作出积极、恰当响应。

投标人辛辛苦苦编制投标文件,本来极有可能中标,但因细节没做好,致投标文件有瑕疵,又检查不出来或检查流于形式,最终可能因小瑕疵而被认定投标无效或被否决投标,令人惋惜。因此,投标人需特别重视投标文件的检查,对照目录进行逐项检查,目录内容从顺序到文字表述是否与招标文件要求一致。将清单项和图纸相对应,覆盖的实体就在图纸上标注,如有遗漏,及时补充。

除了需重点检查投标文件是否存在前面所述的40类常见问题,投标人还需对投标文件进行整体检查:

(1)投标文件格式、内容是否与招标文件要求一致,格式、标段、里程是否与招标文件规定相符,格式、字体、行数、图片是否模糊歪斜;

(2)投标文件整篇项目编号与名称是否正确,是否有缺页、重页、倒装、涂改等错误情况,目录编号、页码、标题是否与内容编号、页码、标题一致;

(3)投标文件是否有修改或抽换页,其内容与上下页是否连续;

(4)投标文件内前后引用的内容,其序号、标题是否相符,标书内容描述用语是否符合行业专业语言,打印是否有错别字,综合说明书的内容与投标文件的叙述是否一致;

(5)投标文件是否按招标文件要求的格式密封包装,是否加盖正副本章、密封章;

(6)投标文件的页码、页眉、页脚有无重页和缺页,纸张大小、页面设置、页边距、页眉、页脚、字体、字号、字型等是否按招标文件的要求统一,页面设置中"字符数/行数"是否使用了默认字符数,页眉标识是否与本页内容相符;

(7)商务部分格式是否符合要求,逐页检查是否响应、漏页;

(8)资质证明材料是否齐全,文件顺序是否符合要求,有无复印不清晰或歪斜;

(9)有无法律法规和招标文件规定的否决其投标的内容。

在需要检查、修改的全部投标文件中,投标人需特别注意评标委员会直接否决投标的情形:

①投标文件未经投标单位盖章和单位负责人签字;

②投标联合体没有提交共同投标协议;

③投标人不符合国家或者招标文件规定的资格条件;

④同一投标人提交两个以上不同的投标文件或者投标报价,但招标文件要求提

交备选投标的除外；

⑤投标报价低于成本或者高于招标文件设定的最高投标限价；

⑥投标文件没有对招标文件的实质性要求和条件作出响应；

⑦投标人有串通投标、弄虚作假、行贿等违法行为。

（四）投标人提出异议、投诉

1. 提出异议

投标人、潜在投标人或者其他利害关系人认为招标投标活动不符合法律、行政法规规定的，有权向招标人提出异议。

（1）对资格预审文件、招标文件提出异议

潜在投标人或者其他利害关系人对资格预审文件有异议的，应当在提交资格预审申请文件截止时间 2 日前提出；对招标文件有异议的，应当在投标截止时间 10 日前提出。招标人应当自收到异议之日起 3 日内作出答复；作出答复前，应当暂停招标投标活动。

（2）对开标存在异议

投标人对开标有异议的，应当在开标现场提出，招标人应当当场作出答复，并制作记录。

（3）对评标结果提出异议

投标人或者其他利害关系人对依法必须进行招标的项目的评标结果有异议的，应当在中标候选人公示期间提出。招标人应当自收到异议之日起 3 日内作出答复；作出答复前，应当暂停招标投标活动。

2. 提出投诉

投标人或者其他利害关系人认为招标投标活动不符合法律、行政法规规定的，可以自知道或者应当知道之日起 10 日内向有关行政监督部门投诉。投诉应当有明确的请求和必要的证明材料。

行政监督部门应当自收到投诉之日起 3 个工作日内决定是否受理投诉，并自受理投诉之日起 30 个工作日内作出书面处理决定，以书面形式通知投诉人、被投诉人和其他与投诉处理结果有关的当事人。

投标人要达到改变评审结果的投诉目的，写好投诉书很关键。

笔者为投标人写过上百份投诉书，大多实现了委托人投诉的目的，大部分投诉改变了评审结果。投标人写好投诉书，需注意两点。

（1）投诉书需规范。

很多投标人写投诉书太随意，不讲究文书格式，想到哪写到哪，天马行空，没有重点，使人看后不知所云。这样的投诉书，连及格分都拿不到，怎么可能实现投诉目的？怎么可能改变评审结果呢？规范的工程类投诉书应包括以下五项内容：

① 投诉相关主体基本情况；

② 投诉项目基本情况；

③ 异议基本情况；

④ 投诉事项；

⑤ 与投诉事项相关的投诉请求。

上述五项内容缺一不可。每项内容的标题需用黑体字或加粗，写上序号，一目了然。

（2）写好工程类投诉书，投诉人需紧扣两点。

① 紧扣招标文件尤其是投标人资格要求。

投标人资格要求一般是法律、资质、规模、社保等方面的要求。大部分工程类投诉事项是投诉人认为其他投标人不符合或不完全符合招标文件中的投标人资格要求；一部分投诉事项是投诉人认为自己完全符合投标人要求。

投诉时紧扣投标人资格要求，就能精准分析评审委员会错误评审的原因，精准找到招标人、招标代理机构对质疑函的回复的错误之处，从而精准投诉，提高改变评审结果的概率。

② 紧扣与招标投标密切联系的法律法规、部门规章等，找到投诉的法律依据。

投诉的主要法律依据有《政府采购法》及其实施条例、《招标投标法》及其实施条例、《必须招标的工程项目规定》《工程建设项目招标投标活动投诉处理办法》《电子招标投标办法》《房屋建筑和市政基础设施工程施工招标投标管理办法》《工程建设项目勘察设计招标投标办法》《工程建设项目施工招标投标办法》《工程建设项目货物招标投标办法》，其中用得最多的是《招标投标法》及其实施条例、《工程建设项目招标投标活动投诉处理办法》，投诉人应当熟练运用上述法律文件。

三、围标、串标法律风险防控

建设工程投标竞争日益激烈，部分投标人在经济利益驱动下，采用围标、串标方式投标，串通投标现象屡禁不止。

围标、串标是建筑市场上的毒瘤、毒刺，隐蔽性、欺骗性强，危害性大，严重破坏了建筑市场秩序，影响建筑市场健康有序发展和投标人公平竞争，侵害其他投标人的合法权益，导致腐败、工程质量不过关、转包、违法分包等问题层出不穷。正因如此，各地住房和城乡建设部门加大了对围标、串标行为的打击力度。住房和城乡建设部办公厅发布的《关于开展工程建设领域整治工作的通知》（建办市〔2021〕38号）提出重点整治串标等行为；国家发展和改革委员会等13部门发布的《关于严格执行招标投标法规制度进一步规范招标投标主体行为的若干意见》（发改法规〔2022〕1117号），提出：严厉打击"标王""陪标专业户"、经常性"抱团"投标等围标串标违法行为及其背后的违法犯罪团伙。

（一）围标、串标的含义

1. 围标的含义

围标，是指几个投标人之间相互约定，一致抬高或压低投标报价进行投标，通过限制竞争排挤其他投标人，使某个利益相关者中标，从而谋取非法利益的行为。

2. 串标的含义

串标即串通投标，是指招标人、招标代理机构、一个或多个投标人、招标监管部门、交易平台等主体，通过提前拟定有倾向性的招标文件、泄露或内定评委名单，或者故意打错投标人的分数等手段排挤其他投标人，最终达成获取非法利益目标的违法行为。

（二）串通投标的情形

1. 投标人相互串通投标的情形

《招标投标法实施条例》第三十九条规定了投标人相互串通投标的5种情形：

（1）投标人之间协商投标报价等投标文件的实质性内容；

（2）投标人之间约定中标人；

（3）投标人之间约定部分投标人放弃投标或者中标；

（4）属于同一集团、协会、商会等组织成员的投标人，按照该组织要求协同投标；

（5）投标人之间为谋取中标或者排斥特定投标人而采取的其他联合行动。

2. 视为投标人相互串通投标的情形

《招标投标法实施条例》第四十条规定了视为投标人相互串通投标的6种情形：

（1）不同投标人的投标文件由同一单位或者个人编制；

（2）不同投标人委托同一单位或者个人办理投标事宜；

（3）不同投标人的投标文件载明的项目管理成员为同一人；

（4）不同投标人的投标文件异常一致或者投标报价呈规律性差异；

（5）不同投标人的投标文件相互混装；

（6）不同投标人的投标保证金从同一单位或者个人的账户转出。

3. 招标人与投标人串通投标的情形

《招标投标法实施条例》第四十一条规定了招标人与投标人串通投标的6种情形：

（1）招标人在开标前开启投标文件并将有关信息泄露给其他投标人；

（2）招标人直接或者间接向投标人泄露标底、评标委员会成员等信息；

（3）招标人明示或者暗示投标人压低或者抬高投标报价；

（4）招标人授意投标人撤换、修改投标文件；

（5）招标人明示或者暗示投标人为特定投标人中标提供方便；

（6）招标人与投标人为谋求特定投标人中标而采取的其他串通行为。

（三）串标行为的识别

1. 容易被识破的串标行为

（1）投标文件雷同，比如，格式相同、字体一样、表格颜色相同；

（2）投标文件中，出错误的地方一致；

（3）在电子投标中，不同投标人的投标报名IP地址一致，或者IP地址在某一特定区域；

（4）不同投标人的投标文件，由同一台电脑编制或同一台附属设备打印；

（5）投标文件的装订形式、厚薄、封面等类似甚至雷同；

（6）一个投标人的投标文件中，装订了载有另一个投标人名称的文件材料；

（7）投标人代表不知道公司负责人的电话号码；

（8）不同投标人在开标前乘坐同一辆车前往；

（9）不同投标人的投标报价总价异常一致，或者差异化极大，或者呈规律性变化；

（10）不同投标人的投标总报价相近，但是各分项报价不合理，又无合理的解释；

（11）故意废标，中标人无正当理由放弃中标，或不按规定与招标人签订合同；

（12）故意按照招标文件规定的无效标条款制作无效投标文件；

（13）投标人1年内有3次及以上参加报名并购买招标文件后，不递交投标文件、不参加开标会议；

（14）递交投标文件截止时间前，多家投标人几乎同时发出撤回投标文件的声明；

（15）不同投标人的投标保证金由同一账户资金缴纳；

（16）多个投标人使用同一个人或者同一企业出具的投标保函；

（17）售后服务条款雷同；

（18）故意漏掉法定代表人签字；

（19）不同投标文件中法定代表人签字出自同一人之手。

2. 识别电子招标投标过程中的围标、串标

近年来，电子招标投标逐步成为招标投标的主流方式。全国多地都上线了电子招标投标平台，全省一张网，辅以大数据分析。电子招标投标平台可自动筛查不同投标文件是否由同一台电脑制作、自动计算汇总各项评分，辅助评审专家判断是否存在围标、串标，而且各环节全程留痕，所有资料自动归档，让围标、串标无处藏身。

电子保函系统能够实时统计投保数量与保险金额，记录投标人数量、投标保函的开具单位及保单编号。投标保函的开具实行留痕操作，电子保函系统记录的拒保线索能协助识别围标、串标线索。

电子招标投标过程中识别围标、串标的主要方式有以下几种：

（1）投标人 IP 地址或 MAC 地址重复

在电子招标投标活动中，对投标文件 IP 地址、MAC 地址、文件标识码、标书重复率以及其他不应该雷同的信息和数据进行识别比对和详细分析，可以有效锁定违规线索。

（2）投标人基本信息一致

在同一招标项目中，两个以上的投标人基本信息一致，比如，联系人姓名、电话、公司注册地址、办公场所、邮箱等信息一致；股东存在关联关系等。

（3）投标文件雷同

① 投标文件属性雷同。比如，不同公司的电子投标文件作者、最后一次保存者等内容雷同。

② 投标文件内容一致。比如，投标文件的内容、方案细节、文字瑕疵雷同。

（4）投标报价组成异常一致

不同投标人的投标报价组成异常一致，或者不同投标人报价都无限接近测算价或内部最高限价。

（5）中标人、陪标人一致

比如，在多次招标投标活动中，中标的是同一投标人，参与投标的也是同样的公司。

（6）历史投标异常

不同的投标人之前参与投标的 IP 地址或 MAC 地址重复，又同时参与某新项目的投标，很容易发现之前的关联关系，有围标、串标嫌疑。

（7）报价清单价异常

比如，几个投标人的报价清单价呈规律性递减或递增。

| 典型案例 | 机器码、IP 地址相同，联合体串通投标的案例 |

1. 案情摘要

2022 年 1 月 21 日，"江西某建设发展有限公司、四川某建筑规划设计有限公司"联合体与"江西某建设工程有限公司、某工程勘察设计院有限责任公司"联合体在参与九江市永修县艾城镇集镇改造工程（EPC）项目投标中，其投标文件制作机器码和上传 IP 地址相同，涉嫌相互串通投标。2022 年 1 月 28 日，九江市永修县住房和城乡建设局对该案进行立案调查。经查，认定两家公司的投标文件从同一电脑上传，视为相互串通投标。

2. 案件处理结果

（1）对联合体公司及经办人分别处以罚款，各扣除信用分 2 分；

（2）自通知发布之日起 1 年内，不予受理该两家企业的建筑业企业资质升级申请和增项申请；

（3）暂停其中 2 家企业省外工程勘察设计企业进赣信息登记服务。

（四）围标、串标的法律后果

1. 行政处罚

（1）投标人相互串通投标，投标人以向招标人或者评标委员会成员行贿的手段谋取中标的，中标无效，处中标项目金额 5‰以上 10‰以下的罚款。

（2）对单位直接负责的主管人员和其他直接责任人员处单位罚款数额 5% 以上 10% 以下的罚款。

（3）有违法所得的，并处没收违法所得。

（4）情节严重的，取消其 1～2 年内参加依法必须进行招标的项目的投标资格并予以公告，直至由工商行政管理机关吊销营业执照。

情节严重是指：

① 以行贿谋取中标；

② 3 年内 2 次以上串通投标；

③ 串通投标行为损害招标人、其他投标人或者国家、集体、公民的合法利益，造成直接经济损失 30 万元以上；

④ 其他串通投标情节严重的行为。

投标人自针对上述行为作出的处罚执行期限届满之日起 3 年内又有上述行为之一

的，或者串通投标、以行贿谋取中标情节特别严重的，由工商行政管理机关吊销营业执照。

投标人未中标的，对单位的罚款金额按照招标项目合同金额依照招标投标法规定的比例计算。

（5）依法必须进行招标的项目的招标人向他人透露已获取招标文件的潜在投标人的名称、数量或者可能影响公平竞争的有关招标投标的其他情况的，或者泄露标底的，给予警告，可以并处1万元以上10万元以下的罚款；对单位直接负责的主管人员和其他直接责任人员依法给予处分。

2. 民事责任

（1）中标无效。串通投标是《招标投标法》规定的6种中标无效的情形之一。投标人因串通投标而中标，中标无效，双方因此签订的建设工程合同也会被认定无效，无效合同自成立时起自始无效。

（2）没收保证金。

（3）赔偿损失。《招标投标法》第五十三条规定："投标人相互串通投标或者与招标人串通投标的，投标人以向招标人或者评标委员会成员行贿的手段谋取中标的，给他人造成损失的，依法承担赔偿责任。"

3. 刑事责任

《招标投标法》第五十三条规定："投标人相互串通投标或者与招标人串通投标的，投标人以向招标人或者评标委员会成员行贿的手段谋取中标的……构成犯罪的，依法追究刑事责任。"

《刑法》第二百二十三条规定了串通投标罪："投标人相互串通投标报价，损害招标人或者其他投标人利益，情节严重的，处三年以下有期徒刑或者拘役，并处或者单处罚金。投标人与招标人串通投标，损害国家、集体、公民的合法利益的，依照前款的规定处罚。"

串通投标罪的立案标准为：

（1）损害招标人、投标人或者国家、集体、公民的合法利益，造成直接经济损失数额50万元以上；

（2）违法所得数额20万元以上；

（3）中标项目金额400万元以上；

（4）采取威胁、欺骗或者贿赂等非法手段；

（5）虽未达到上述数额标准，但2年内因串通投标受过2次以上行政处罚，又串通投标；

（6）其他情节严重的情形。

4. 党纪处分

参与招标投标工作的党员构成串通投标罪的，除了追究刑事责任，还有可能被撤销党内职务、留党察看和开除党籍。

典型案例　借用130余家公司资质串通投标被判刑的案例

1. 案例来源

中国法院网。

2. 案情摘要

被告人戴某甲系芜湖某建设有限公司法定代表人、被告人戴某乙系该公司项目经理。2022年7月，芜湖县某工程对外公开招标投标，被告人戴某乙为确保某公司能够中标该项目，经被告人戴某甲同意后，以支付资质使用费、投标保证金利息的方式，联合130余家具备相应投标资质的公司进行围标，并为出借资质参与投标的公司提供报价，串通投标报价，最终某公司以10357868.22元的价格中标。

其中，被告人戴某乙自行联系60余家公司参与围标；被告人高某某根据被告人戴某乙要求，通过被告人张某某联系提供40家公司参与围标，通过被告人杨某某联系提供12余家公司参与围标（包括被告人杨某某通过被告人肖某某联系提供的4家公司），通过舒某某提供12余家公司参与围标；胡某某根据被告人戴某乙要求，自行联系或通过汪某某、肖某某等人，提供至少15家公司参与围标。被告人戴某乙在开标前后，已分别向被告人张某某、杨某某及舒某某通过银行转账支付相应参与围标公司的资质使用费及保证金利息。

另查明，被告人张某某通过提供公司参与围标获利2000元，被告人杨某某通过提供公司参与围标获利2000元，被告人肖某某通过提供公司参与围标获利2000元。

3. 案件处理结果

该案法院以串通投标罪对被告人戴某甲判处有期徒刑6个月，并处罚金人民币6万元；对被告人戴某乙判处有期徒刑6个月，宣告缓刑1年，并处罚金人民币6万元；对高某某、张某某、杨某某、肖某某4名被告人判处拘役1个月到4个月不等，适用缓刑，并处罚金人民币1万~4万元不等。

（五）防控围标、串标法律风险

不管是必须招标工程还是非必须招标工程，只要通过招标投标方式确定承包人或供应商，其招标投标活动都应当严格遵守《招标投标法》的规定，参与招标投标活动的主体都应当受到招标投标规则的约束，不得有串通投标行为。

1. 招标人防控围标、串标法律风险的措施

（1）招标人应当严格规范招标投标行为，杜绝串通投标行为。

（2）招标活动应当遵循公开、公平、公正和诚实信用的原则。

（3）编制合法规范的招标文件。

① 严格规定投标人资格条件审查办法，不得以不合理的条件限制或者排斥潜在投标人，不得对潜在投标人实行歧视待遇，不得要求或者标明特定的生产供应者以及含有倾向或者排斥潜在投标人的其他内容；

② 要求投标人的法定代表人作出不围标、串标的书面承诺；

③ 要求投标人提交项目主要管理人员劳动合同、社保关系等材料。

（4）招标人不得向他人透露已获取招标文件的潜在投标人的名称、数量以及可能影响公平竞争的有关招标投标的其他情况，招标人设有标底的，标底必须保密。

（5）招标人在招标文件要求提交投标文件的截止时间前收到的所有投标文件，开标时都应当当众予以拆封、宣读。

（6）招标人应当采取必要的措施，保证评标在严格保密的情况下进行。

（7）在确定中标人前，招标人不得与投标人就投标价格、投标方案等实质性内容进行谈判。

（8）为避免投标人与招标关联方非正常接触，积极推行电子招标、网上评标。

（9）规范评标工作，优化评标办法，严格要求评标委员会成员公正评标，尤其是招标人自行招标项目或实行评定分离的项目。

2. 投标人防控围标、串标法律风险的措施

（1）投标人应当秉承公平、公正、公开以及诚实守信的原则，严格遵守招标投标规范准则，不与其他投标人串通投标、围标，不与招标人串通投标。

（2）对于招标人为潜在投标人设置不合理资格条件、不合理门槛的行为，比如，对企业注册地、所有制形式、特定地域业绩及奖项进行不合理限制，潜在投标人应当及时向监管部门举报以维护自身权益。

（3）发现招标人、招标代理机构、评标委员会成员、其他投标人有不法行为的，应当及时向主管部门投诉、举报。

（4）严禁与挂靠人串通围标、串标。

在挂靠关系中，有可能存在围标、串标行为。被挂靠人不知情，没有与挂靠人串通围标、串标的，被挂靠人一般不会构成串通投标罪，但应当预防挂靠人涉嫌串通投标罪所带来的风险。

（5）聘请专业律师团队防控串通投标刑事法律风险。

专业律师团队可协助投标人建立、健全招标投标合规管理制度，定期评估招标投标合规制度运行情况，保障公司依法合规招标投标，防控串通投标刑事法律风险。

3. 参与招标投标活动的主体都需摒弃最危险的想法

参与招标投标活动的主体，包括建设单位、施工单位、勘察单位、设计单位、监理单位、招标代理机构等单位，有很大部分参与招标投标活动的主体认为，围标、串标是建设工程领域的惯例，不管最后谁中标，对大家都有好处。如果参与招标投标活动的主体真这样想，离串通投标罪就仅半步之遥，其实就差没被投诉、举报或被系统自动识别而已。

有一种构成串通投标罪的情形是投标人之间相互约定，在类似项目中轮流以高价位或低价位中标。投标人先是轮流中标，下一步就可能因涉嫌串通投标罪轮流进看守所。①

四、合同文件法律风险防控

合同文件是招标文件的重要组成部分。

不过，目前部分招标文件简化了合同文件内容，仅标明"合同条款及格式"，内容一般只写采用或参考《施工合同（2017 示范文本）》或《工程总承包合同（2020 示范文本）》，而没有拟定合同具体条款。确定中标人后，招标人与中标人再商定合同具体内容，签订中标合同。

（一）投标人需积极响应招标人在合同文件中提出的要求

招标人在合同文件中，对中标后签订建设工程施工合同或建设项目工程总承包合同提出具体要求的，比如，垫资要求、工期要求、安全文明施工要求、质量标准要求等，投标文件必须根据要求进行积极响应。

（二）签订中标合同投标人需注意的问题

1. "先定后招"行为的法律风险

《招标投标法》第四十三条规定："在确定中标人前，招标人不得与投标人就投标价格、投标方案等实质性内容进行谈判。"

不过，在工程实践中，依法必须进行招标的项目，却存在大量的"先定后招"行

---

① 唐长华. 穿透工程价款——承包人收取工程价款实战指南［M］. 北京：法律出版社，2020：261.

为。"先定后招"行为是串通投标行为，主要有两种表现形式：

（1）中标人在中标前，已先与招标人就工程范围、建设工期、工程质量、工程价款等实质性内容达成协议，中标后再补办形式上的招标投标手续；

（2）中标人先进场施工，双方形成事实建设工程施工合同关系，后进行招标投标活动、签订中标合同。

"先定后招"行为违反了《招标投标法》第四十三条、第五十五条及《新建设工程司法解释（一）》第一条有关禁止未招先定、串通投标行为的规定，打破了招标投标活动的流程——招标、投标、开标、评标、定标、中标，强行将决定招标投标结果的定标环节前置，导致招标投标活动的其他环节形同虚设，侵犯了其他投标人的合法权益，扰乱了招标投标市场正常秩序。因此，"先定后招"行为是典型的违法行为。即使招标人与中标人补办招标投标手续，补签中标合同，且中标合同在建设工程行政主管部门备案，该中标行为、中标合同仍然无效。

不过，虽然上述中标行为、中标合同无效，但中标合同并不必然无法履行。这里分两种情况：

（1）招标投标活动中存在"先定后招"行为，且被其他投标人或利害关系人投诉、举报，导致中标行为无效的，签订的中标合同也无效，且无法继续履行；

（2）招标投标活动中存在"先定后招"行为，但未被其他投标人或利害关系人发现，或发现但未被投诉、举报的，虽然从法律上说，中标行为无效，中标合同同样也无效，但仍然可以履行中标合同。

2. 非必须招标项目中标合同的签订

非依法必须进行招标的工程项目，发包人往往出于防止腐败现象发生等原因，也会通过招标投标程序确定承包人。在工程实践中，存在很多此类项目，发包人在发出中标通知书之前，承包人已进场施工，双方也已签订建设工程施工合同。在施工过程中，承发包双方另行签订背离中标合同的实质性内容的合同或补充协议。

《新建设工程司法解释（一）》第二十三条规定："发包人将依法不属于必须招标的建设工程进行招标后，与承包人另行订立的建设工程施工合同背离中标合同的实质性内容，当事人请求以中标合同作为结算建设工程价款依据的，人民法院应予支持，但发包人与承包人因客观情况发生了在招标投标时难以预见的变化而另行订立建设工程施工合同的除外。"

根据上述规定，不论是否属于必须招标的项目，当事人选择以招标投标方式确定承包人，就应受招标投标法律的约束。招标人与中标人签订中标合同后，又另行订立背离中标合同的实质性内容的建设工程施工合同或补充协议，无论中标人是否出于自愿，法律都支持以中标合同为依据结算工程价款。

尽管如此，仍然有很多发包人要求承包人不按招标文件、投标文件、中标通知书的内容签订合同，或者在签订中标合同后，又另行签订施工合同，对工程范围、建设工期、工程质量、工程价款等实质性内容作出对承包人不利的约定，或者要求承包人与其签订明显高于市场价格购买承建房产、无偿建设住房配套设施、让利、向建设单位捐赠财物等内容的合同，发包人上述行为的目的都是变相降低工程价款，依法都无效。面对发包人的此类要求，承包人应当坚决拒绝；无力拒绝时，承包人可以灵活处理：先按发包人要求签订建设工程施工合同或补充协议，在必要时再主张上述约定无效，要求发包人按中标合同结算工程价款。

3. 在招标投标前，招标人与某投标人就某必须进行招标的项目谈判并达成合作意向，但双方未就建设工程施工合同主要条款达成一致，该谈判行为未影响中标结果，双方签订的建设工程施工合同有效

标前合同双方当事人未就投标价格、投标方案等实质性内容进行谈判，没有对工程范围、工程价款、建设工期、工程质量等实质性内容达成一致意见，只是就非实质性内容达成框架协议，最终是通过招标投标程序公平竞争确定承包人，该中标行为应当被认定为有效，不会因双方签订标前合同而无效。

典型案例	招标投标前的谈判行为未影响中标结果，认定建设工程施工合同有效的案例

1. 案例来源

（2019）最高法民终347号民事判决书。

2. 一审法院裁判意见

T大桥工程局与H房地产公司签订的《建筑施工合作框架协议书》及《建设工程施工合同》系当事人真实意思表示，内容不违反相关法律法规强制性禁止性规定，当属有效。合同双方均应严格按约履行各自的义务。

3. 最高人民法院裁判意见

招标人与投标人就合同实质性内容进行谈判的行为影响了中标结果的，中标无效，中标无效将导致合同无效。就招标投标过程中的违法违规行为，利害关系人有权提出异议或者依法向有关行政监督部门投诉，对违法违规行为负有直接责任的单位和个人，将受到行政处分。本案中，双方在招标投标前进行了谈判并达成合作意向，签订了《建筑施工合作框架协议书》。该协议书中没有约定投标方案等内容，未载明开工时间，合同条款中还存在大量不确定的内容，如关于施工内容，双方约定"具体规划指标与建设内容以政府相关部门最终的批复文件为准"，关于合同概算，双方约定

"项目建筑施工总概算约人民币叁亿元,具体概算数值待规划文件,设计方案确定后双方另行约定"。《建筑施工合作框架协议书》签订后,双方按照《招标投标法》的规定,履行了招标投标相关手续,没有证据证明案涉工程在招标投标过程中存在其他违法违规行为可能影响合同效力的情形。H房地产公司虽称其自身违反《招标投标法》的规定致使中标无效,但该对于违法违规行为是否影响了中标结果,H房地产公司未予以证明。本案亦不存在因招标投标活动不符合法律规定,利害关系人提出异议或者依法向有关行政监督部门投诉,致使相关人员被追责的情形。一审法院认定案涉《建设工程施工合同》真实有效,该认定并无不当,本院予以维持。

五、分包工程招标法律风险防控

《民法典》第七百九十一条规定:"总承包人或者勘察、设计、施工承包人经发包人同意,可以将自己承包的部分工作交由第三人完成……建设工程主体结构的施工必须由承包人自行完成。"

对于总承包人或施工承包人如何确定分包人,法律、法规、司法解释等都无明确规定。法无禁止即可为。总承包人或施工承包人可以指定分包人,也可以通过招标投标方式选择分包人。

通过招标投标方式选择分包人的,大多是央企、国企或管理特别规范的大型民营企业。一般采用邀请招标方式,很少采用公开招标方式。

总承包人或施工承包人以招标投标方式分包工程,主要出于:一是为了防止贪腐现象发生;二是保证工程质量、进度、效益;三是防控与分包人就质量问题向发包人承担连带责任风险。

(一)分包工程招标常见问题

1. 不重视分包工程招标工作

(1)没有设立负责分包工程招标工作的部门

① 大部分总承包人或施工承包人没有设立专门的分包工程招标工作管理部门,需要分包部分工程时,临时安排管理分包工程招标工作的部门。

② 招标随意:有时直接招标,有时委托招标代理机构招标,有时安排工程项目部兼管招标工作,随心所欲,导致分包工程招标工作缺乏统一标准,无章可循,专业性不够,随意性有余,难以保证招标工作顺利开展,更难保证选定优质分包人。

（2）对于分包人的选择缺乏明确的要求

部分总承包人或施工承包人不事先审核分包人的综合实力，对于分包人的选择缺乏明确的要求，把关不严，甚至存有先干活、再考核，不符合要求后，再找理由更换分包人的错误想法。

（3）不重视分包工程招标文件的编制、审核

部分总承包人或施工承包人不重视分包工程招标文件的编制，不按工程项目的实际情况、己方需求编制招标文件，而是闭门造车，编制出看似放之四海而皆准实则处处行不通的招标文件。招标文件编制后，审核不严，搞形式主义，甚至走过场，结果有可能被有经验的分包人抓住招标文件的漏洞、错误，使工程成本增加，造成总承包人或施工承包人产生不必要的损失。

2. 分包人选择方式存有瑕疵，难以选定优质分包人

（1）采用邀请招标方式选定分包人的，被邀请参与投标的往往是几个关系户，甚至是一个关系户牵头找几家投标单位，致优质分包人难有机会参与投标；

（2）采用公开招标方式选择分包人的，因公开招标流程复杂、不确定因素较多，或者要求缴交现金比例过高的履约保证金，或者过于注重低价中标，让优质分包人望而却步。

3. 评标流于形式

部分总承包人或施工承包人对于评标委员会成员的选择不规范，没有建立专家库或不从专家库中选取，而是随意安排公司的管理人员担任评委，无法保证评标工作的专业性、严谨性、公正性。

4. 不重视分包合同的签订工作

确定分包人后，部分总承包人或施工承包人不及时与分包人签订分包合同，或不按招标文件、投标文件签订分包合同，或按招标文件、投标文件签订分包合同后，又要求分包人另行签订分包合同或补充协议，对工程范围、建设工期、工程质量、工程价款等实质性内容作出对分包人不利的约定，导致总承包人或施工承包人与分包人之间的争议不断。

（二）分包工程招标法律风险的防控措施

1. 建立分包工程招标管理制度

（1）建立分包工程招标工作管理部门组建、职权、责任制度

分包工程招标工作是项系统性工作，需要各个部门协同作战，各司其职，各担其责。

① 法务部门或聘请的专业律师负责调查投标单位的企业性质、资质、诚信、履约能力等。

通过对投标单位的企业性质进行调查，确定其是否具备法人资格或是不是依法成立的其他组织，是否属于独立的民事主体，能否独立承担民事责任。

通过对投标单位的资质调查，确定其资质证书许可的业务范围与拟分包的工程业务是否一致。

通过对投标单位的诚信、履约能力等调查，确定其是否具有满足总承包人或施工承包人要求的垫资能力；确定其承担其他工程的履约情况和诚信情况，是否存在不良信誉等情形；确定其是否被列入拖欠农民工工资企业名单等。

② 安全监管部门负责审核投标企业的安全资质。

③ 质量技术部门负责审核投标企业是否具有特殊施工资质，比如，压力管道施工许可证、压力容器安装许可证以及起重设备安装许可证等。

④ 造价管理部门负责审核招标文件，法务部门或聘请的专业律师协助审核。

（2）建立分包工程招标流程管理机制

总承包人或施工承包人顺利完成分包工程招标活动，需选择优质分包人，建立一套成熟的、切实可行的分包工程招标流程管理机制，规范管理每个流程，使其高效率、高质量地运转。

按照招标工作的先后顺序排列，分包工程招标活动主要包括：编制分包工程招标文件；发出投标邀请函及回执；领取招标文件；签收投标文件；开标会议签到；宣读开标会议程序与纪律；作好开标记录；评标会议签到；宣读评标纪律、评标委员会宣言；资格评审；评标评分；出具评标报告，确定评标结果；送达中标通知书；签订分包合同等流程。上述各个流程并非独立存在，都是分包工程招标投标活动的必不可少的组成部分，而且不能颠倒顺序。

（3）建立招标方式确定机制

总承包人或施工承包人需根据工程项目是否需要分包人垫资、工期要求、质量要求、是否建立分包人数据库等情况，确定分包工程采用邀请招标还是公开招标，是自行招标还是委托招标代理机构进行招标，这些都需要总承包人或施工承包人提前规划，而不是在进行分包工程招标时，才匆匆忙忙应付，草率确定。

（4）建立、完善招标文件的编制、审核制度

为保证分包工程招标文件的编制、审核质量，总承包人或施工承包人需建立、完善招标文件的编制、审核机制。

招标文件是分包工程招标的大纲，对招标人和投标人均具有法律约束力。招标文件也是招标人（总承包人或施工承包人）与中标人（分包人）签订分包合同的主要依据。总承包人或施工承包人需根据分包工程的实际情况、己方对分包人的需求，合理编制招标文件。

分包工程招标文件一般包括：投标人须知；招标项目性质、数量、技术规格；招标价格要求；评标标准和方法；工期；投标人资质、资信证明文件；投标保证金的数额、缴交方式；投标文件的编制要求；提供投标文件的方式、地点和截止时间；开标、评标的日程安排；合同主要条款及格式等。

招标文件编制完成后，审核部门需结合商务不可偏离条款，重点审查工期、付款条件、节点、质量要求、结算方式等关乎双方权利义务的条款，确定招标文件能否满足招标人选择分包人的要求，能否保障选出实力强、信誉好、报价合理的中标人。

（5）建立评标委员会成员选定、评标规则

总承包人或施工承包人需建立评标专家数据库，制定评标专家资格认定、入库、档案、考核制度，随机抽取评标专家，避免发生恶意指定评标专家等不公平现象。

（6）建立分包合同的签订、审核、履行机制

2. 建立分包人数据库

总承包人或施工承包人需将综合实力强、履约表现好、信誉度高的企业纳入分包人数据库，让更多优质企业成为候选分包人。在开展分包工程招标工作时，总承包人或施工承包人需对入库的分包商区别对待，给予优惠，比如，少缴交履约保证金或允许以保函等方式缴交履约保证金，及时支付工程进度款等，让其免除后顾之忧，能更好地履行分包合同义务，保证工程质量、安全、工期。

第二章

建设工程施工合同法律风险防控

建设工程施工合同是承包人进行工程建设施工，发包人支付工程价款的合同，是主要的建设工程合同，也是建设工程质量控制、进度控制、造价控制的主要依据。

一、建设工程施工合同签订前法律风险防控

（一）签约前施工企业存在的常见问题

1. 不清楚项目是否属于必须招标的工程项目

《招标投标法》《必须招标的工程项目规定》等法律、法规、部门规章明确规定了必须招标的工程项目范围。根据《新建设工程司法解释（一）》第一条的规定，建设工程必须进行招标而未招标或中标无效的，认定合同无效。施工企业如果在与建设单位签订建设工程施工合同前，不清楚项目是否属于必须招标的工程项目，就糊里糊涂签订建设工程施工合同，最终很有可能因合同无效而给自身带来不确定的风险，产生本来完全可以避免的损失。

2. 不了解工程项目是否办理了建设工程规划审批手续

在城市、镇规划区内进行工程建设时，工程项目开工前，建设单位应当先行办理建设用地规划许可证、建设工程规划许可证、建设工程施工许可证等规划审批手续。这是建设单位的法定义务。

3. 签订中标合同前已签订标前合同

标前合同，是指招标人发出招标文件前先确定工程项目承包人，招标人与承包人签订的建设工程施工合同。

不管是必须招标项目的标前合同，还是非必须招标项目的标前合同，只要双方当事人约定了工程价款、建设工期、工程质量等实质性内容，因其影响到中标结果，该

行为就属于"先定后招"的违法行为，中标行为无效。双方签订的标前合同，因违反法律、行政法规效力强制性规定，依法应当认定为无效合同。①

4. 签约心态随意

目前因建筑市场有限，准入门槛较低，僧多粥少，供不应求，发包人仍然牢牢占据主导地位，往往导致发包人与承包人的权利义务失衡。特别是面对强势的发包人，承包人经常束手无策。发包人要求签订其拟定的格式合同，承包人不敢提出合理要求。签订中标合同后，发包人又要求承包人另行签订施工合同，对工程范围、建设工期、工程质量、工程价款等实质性内容作出对承包人不利的约定，或者要求承包人与其签订明显高于市场价格购买承建房产、无偿建设住房配套设施、让利、向建设单位捐赠财物等内容的合同，承包人明知发包人在变相降低工程款，却不敢拒绝。久而久之，施工企业签约态度逐渐随意，建设单位怎么要求，就怎么签订。至于签订后能否履行，会不会承担违约责任，施工企业管不了那么多，走一步算一步，实在做不下去了，索性停工甚至解除合同。

5. 未认真核对施工图纸是否与招标图纸一致

有施工企业咨询笔者：施工企业中标了某工程项目，招标文件上明确工程总价按照招标图纸包干，双方签订建设工程施工合同时，发包人提供了一套与招标图纸图号一样的施工图纸，要求按施工图纸和施工企业签订建设工程施工合同，施工企业核实后发现，施工图纸上的钢筋用量比招标图纸上多了500t，这时应该怎么办？这种情况很常见，是发包人变相降低工程价款的一种方式。中标单位未提前发现的，结算时将很难调价，中标单位就将承担降低几百万元工程价款的风险。

笔者建议施工单位：坚持要求按招标图纸签订建设工程施工合同。理由是建设工程施工合同不得变更招标文件、投标文件的实质性内容；发包人坚持要求按施工图纸签订建设工程施工合同，而施工企业又不想放弃该项目的，可以要求发包人书面确认施工图纸对招标图纸所作的修改内容，结算时可以工程变更为由要求增加合同价款、延长工期。

6. 未及时签订建设工程施工合同

在工程实践中，因承发包人一方或双方原因，经常发生双方当事人未及时签订中标合同的情形。

---

① 《招标投标法》第四十三条规定："在确定中标人前，招标人不得与投标人就投标价格、投标方案等实质性内容进行谈判。"

《招标投标法》第五十五条规定："依法必须进行招标的项目，招标人违反本法规定，与投标人就投标价格、投标方案等实质性内容进行谈判的，给予警告，对单位直接负责的主管人员和其他直接责任人员依法给予处分。前款所列行为影响中标结果的，中标无效。"

（二）建设工程施工合同签订前，承包人防控法律风险的措施

1. 审查发包人是否办理工程项目规划审批手续

承包人在与发包人签订建设工程施工合同前，需先审查发包人是否办理了建设用地规划许可证、建设工程规划许可证等规划审批手续。

建设用地规划与建设工程规划都关系国计民生，影响社会公共利益。在建设工程开工前，发包人未依法办理建设用地规划许可证、建设工程规划许可证，既损害社会公共利益，又违反法律、行政法规的强制性规定。

经审查，承包人发现发包人符合办理规划审批手续的条件而拖延办理，应当催促发包人办理，并保留相关证据；经审查，确定发包人不符合办理规划审批手续的条件，承包人应及时终止与发包人的合作，防止损失的扩大，对于已经产生的损失，承包人有权要求发包人赔偿。

承包人有权以发包人未取得建设用地规划许可证等规划审批手续为由，请求确认建设工程施工合同无效，并有权要求发包人赔偿承包人的以下损失：承包人因办理招标投标手续支出的费用；合同备案支出的费用；订立合同支出的费用；除工程价款之外的因履行合同支出的费用；停工、窝工损失等实际损失和费用。

按照《证据规定》《施工合同（2017示范文本）》的规定，承包人请求发包人赔偿损失的，应当就发包人过错、损失大小、过错与损失之间的因果关系承担举证责任。损失大小无法确定，承包人有权请求参照建设工程施工合同约定的质量标准、建设工期、工程价款支付时间等内容确定损失大小。

承发包双方都可以工程项目未取得建设用地规划许可证、建设工程规划许可证为由，请求确认双方之间的建设工程施工合同无效。不管哪方当事人主张建设工程施工合同无效，因发包人是致建设工程施工合同无效的过错方，发包人应当赔偿承包人因建设工程施工合同无效所遭受的损失。

发包人符合办理规划审批手续的条件却未办理或拖延办理，发包人能否"以未取得建设用地规划许可证、建设工程规划许可证为由，请求确认建设工程施工合同无效"呢？

《新建设工程司法解释（一）》第三条第二款对此有明确规定："发包人能够办理审批手续而未办理，并以未办理审批手续为由请求确认建设工程施工合同无效的，人民法院不予支持。"

最高人民法院不支持发包人恶意主张建设工程施工合同无效的请求，直接断绝了发包人的幻想。如果人民法院支持发包人这一恶意请求，无异于鼓励当事人违反法律规定、合同约定的义务，不履行法定、约定义务还能掌握合同履行的主动权。

这里有一点承发包双方都需注意：办理建设工程施工许可证也是发包人的法定义务。发包人申请建设工程施工许可证前，需先确定建设工程的承包人，且与承包人签订建设工程施工合同。<u>发包人办理建设工程施工许可证，是发包人履行建设工程施工合同约定义务的前提条件，而不是建设工程施工合同生效的要素，因此，发包人未办理建设工程施工许可证，不影响建设工程施工合同的效力。承发包双方都无权以工程项目未取得建设工程施工许可证为由，请求确认建设工程施工合同无效。</u>

2. 与招标人就中标合同内容进行磋商

投标人中标某工程项目后，需与招标人就中标合同内容进行积极磋商。即使是招标人提供格式合同，其事先拟定的条款最多涵盖合同协议书、通用合同条款，而在专用合同条款中，中标人仍可与招标人围绕招标文件、投标文件、中标通知书等文件的内容，就工程范围、施工方案、技术标准、工期、质量要求、安全防护措施、付款期限、工程竣工验收与结算、双方权利义务、违约责任、争议解决方式等内容进行磋商，达成一致意见。

3. 严格按照法律规定签订中标合同

《招标投标法》第四十六条规定："招标人和中标人应当自中标通知书发出之日起三十日内，按照招标文件和中标人的投标文件订立书面合同。招标人和中标人不得再行订立背离合同实质性内容的其他协议。招标文件要求中标人提交履约保证金的，中标人应当提交。"

该条规定对于中标人来说，存在三点法律风险。

（1）招标人与中标人不按照招标文件和中标人的投标文件订立合同的，或者招标人、中标人订立背离合同实质性内容的协议的，责令改正；可以处中标项目金额5‰以上10‰以下的罚款。

（2）中标人不履行中标合同的，履约保证金不予退还，给招标人造成的损失超过履约保证金数额的，中标人还应当对超过部分予以赔偿；中标人没有提交履约保证金的，应当对招标人的损失承担赔偿责任。

（3）中标人不履行中标合同，情节严重的，取消其2～5年内参加依法必须进行招标的项目的投标资格并予以公告，直至由市场监督管理机关吊销营业执照。

中标人防控上述三点法律风险的最佳办法是：严格按照法律规定，与招标人签订中标合同，并按中标合同的约定履行义务，否则就无法避免或减少上述三点法律风险。

二、签订建设工程施工合同法律风险防控

据不完全统计，在市场经济中，90%的财富通过合同流转。由此可见，合同对

于双方当事人都很重要。

建设工程施工合同属于特别复杂的合同。承包人在与发包人签订建设工程施工合同时，应当具备法律风险防范意识，以免产生本可避免的损失。

不过，遗憾的是，如今仍有很多施工企业不清楚建设工程施工合同的重要性。对于建设工程施工合同的签订，施工企业没有必要的风险防范意识，而是持马虎应付态度，走形式主义，更没有聘请专业律师保驾护航，防控签订建设工程施工合同法律风险。当建设工程施工合同履行出现争议后，施工企业才想起寻求专业律师的帮助，不过到那时，往往已病入膏肓，华佗难救。

（一）承包人需特别重视建设工程施工合同的主要条款

《民法典》第七百九十五条规定了建设工程施工合同的主要条款："施工合同的内容一般包括工程范围、建设工期、中间交工工程的开工和竣工时间、工程质量、工程造价、技术资料交付时间、材料和设备供应责任、拨款和结算、竣工验收、质量保修范围和质量保证期、相互协作等条款。"

1. 重视建设工程施工合同的工程范围条款

工程范围，是指承包人承包的工作范围和内容。

部分承包人在与发包人签订建设工程施工合同时，往往忽略合同的工程范围条款。现行通用的《施工合同（2017示范文本）》通用合同条款第1.5款约定了合同文件的优先顺序，除专用合同条款另有约定外，解释合同文件的优先顺序如下：

（1）合同协议书；

（2）中标通知书（如果有）；

（3）投标函及其附录（如果有）；

（4）专用合同条款及其附件；

（5）通用合同条款；

（6）技术标准和要求；

（7）图纸；

（8）已标价工程量清单或预算书；

（9）其他合同文件。

合同协议书处于解释合同文件的优先顺序的第一位，而工程范围是合同协议书中的重要内容。在建设工程施工合同的履行过程中，双方当事人经常因合同约定的工程范围与施工图纸、招标文件或其他文件不一致而产生争议。因合同协议书处于解释合同文件的优先顺序的第一位，当合同约定的工程范围对承包人不利时，承包人往往会很被动。因此，承包人在与发包人签订建设工程施工合同时，需认真核对、审查工程范围，确定合同约定的工程范围与施工图纸、招标文件或者其他文件是否一致。发现合同约定的工程范围超出前述材料确定的内容时，承包人需向发包人提出工程范围变更要求，否则在结算工程价款时，如果发包人不配合，将对承包人十分不利。

承包人在与发包人签订建设工程施工合同时，更容易忽视"工程量清单错误的修正"内容，发包人有可能利用承包人的疏忽，将风险责任转嫁给承包人。因此，为了避免产生争议，影响合同价格，承包人有必要要求发包人在合同中约定："如果工程量清单存在缺项或漏项、清单偏差超出专用合同条款约定的工程量偏差范围、未按照国家现行计量规范强制性规定计量等情况，应由发包人予以修正，并相应调整合同价格。"

2. 重视建设工程施工合同的工程价款

工程价款是承包人追求的最主要目标。通过招标投标方式确定承包人的建设工程项目，由发包人、承包人依据中标通知书中的中标价格在合同中约定工程价款，非必须招标工程合同价款由发包人、承包人依据工程预算在合同中约定。

承包人需充分了解固定总价、调整总价、固定工程量总价、估计工程量单价、纯单价、单价与包干混合式、成本加固定百分比酬金、成本加固定酬金、成本加奖罚等合同价款计付方式。如果能选择，承包人最好与发包人约定采取可调价方式结算工程价款，并明确调整合同价款及索赔的依据和方法，为竣工结算和工程索赔提前作好必要的准备。

承包人在与发包人签订建设工程施工合同时，需充分考虑建筑主材价格大涨所带来的风险与负担。不管在什么情况下，承包人千万不要与发包人约定由承包人承担因市场价格波动所造成的一切风险，而是要与发包人约定当市场价格波动超过双方约定的幅度时，合同价格应当调整。双方可以约定采用价格指数或造价信息或其他方式对合同价格进行调整。

承包人除了需考虑市场价格波动引起合同价格调整外，还需考虑法律、政策变化可能导致的费用增加情况，比如，人工费用调整政策，承包人需与发包人在建设工程施工合同中约定，当人工费用超出合同约定的范围时，应当调整合同价格，由发包人承担超出约定范围的费用。

工程预付款、工程进度款、竣工结算余款的支付时间、方式，关系到承包人的切身利益。承包人在与发包人洽谈建设工程施工合同的具体条款时，对于工程预付款、工程进度款、竣工结算余款的支付时间、方式，可以要求发包人直接采用现行通用的《施工合同（2017示范文本）》通用合同条款中的下列约定。

（1）预付款的支付按照专用合同条款约定执行，但至迟应在开工通知载明的开工日期7天前支付，发包人逾期支付预付款超过7天的，承包人有权向发包人发出要求预付的催告通知，发包人收到通知后 7 天内仍未支付的，承包人有权暂停施工，并按第 16.1.1 项〔发包人违约的情形〕执行。

（2）除专用合同条款另有约定外，发包人应在进度款支付证书或临时进度款支付证书签发后 14 天内完成支付，发包人逾期支付进度款的，应按照中国人民银行发布的同期同类贷款基准利率支付违约金。

（3）除专用合同条款另有约定外，发包人应在签发竣工付款证书后的 14 天内，完成对承包人的竣工付款。发包人逾期支付的，按照中国人民银行发布的同期同类贷款基准利率支付违约金；逾期支付超过 56 天的，按照中国人民银行发布的同期同类贷款基准利率的两倍支付违约金。

《施工合同（2017 示范文本）》的上述条款强调，承发包双方可在专用合同条款中，另行约定工程预付款、工程进度款、竣工结算余款的支付时间。而且，因在解释合同文件时，专用合同条款优先于通用合同条款，于是有些承包人就担心发包人会在专用合同条款中，作出与上述条款不同、影响承包人利益的约定。

确实不排除部分发包人会这样做。不过，笔者深耕建工法务多年，起草、审查、修改过数百份建设工程施工合同，极少碰到这种情况。究其原因，其实不难理解。大部分发包人在签约时，不想给承包人留下不诚信的印象，也不想让承包人认为，签约时发包人已为今后的违约留有余地。因此，即使建设工程施工合同的内容由发包人事先拟定，关于工程预付款、工程进度款、竣工结算余款的支付时间，只要承包人要求按上述通用合同条款约定，发包人一般会同意。

3. 重视建设工程施工合同的垫资条款

承包人需特别重视建设工程施工合同是否约定垫资条款。垫资施工早已成为工程惯例，是目前建筑市场的常态，部分工程项目甚至需要承包人全额垫资。施工企业不同意垫资施工的，工程项目拿不下，拿下后无法施工，施工后无法继续。笔者在服务施工企业的过程中，发现不少施工企业的负责人对垫资施工早已习以为常，甚至已盲目。很多施工企业的老板对笔者说，现在很多工程项目没有预付款，如果发包人能够按月支付工程进度款，工程项目都不算是垫资施工。

垫资施工是施工企业的一大风险。如果发包人资金断裂，承包人垫资施工后，有可能血本无归。因此，在很长的时间内，我国法律明令禁止垫资施工。随着建筑市场的逐步开放，垫资施工逐步被认可。《新建设工程司法解释（一）》第二十五条的规定认可垫资施工行为："当事人对垫资和垫资利息有约定，承包人请求按照约定返还垫资及其利息的，人民法院应予支持，但是约定的利息计算标准高于垫资时的同类贷款利率或者同期贷款市场报价利率的部分除外。当事人对垫资没有约定的，按照工程欠款处理。当事人对垫资利息没有约定，承包人请求支付利息的，人民法院不予支持。"

因此，对于需要垫资施工的工程项目，尤其是垫资额大、垫资周期长的工程项目，承包人需特别小心。承包人有必要要求发包人在建设工程施工合同中明确约定垫资金额、垫资期限、利息及计算标准、逾期支付垫资款的违约责任等内容。发包人确实资金紧张的，一般会同意在合同中约定上述内容。如果有可能，承包人还可以要求发包人提供垫资担保。承包人与发包人不明确约定上述内容，垫资款将被视为工程欠款，而且法院有可能不支持承包人提出的垫资利息请求。签约时发包人拒绝约定上述内容的，笔者建议承包人最好放弃该工程项目，否则完全无法控制风险。

对于政府投资的项目，《政府投资条例》（国务院令第712号）、《保障农民工工资支付条例》（国务院令第724号）、《工程总承包管理办法》等行政法规、部门规章都明确规定：建设单位应当有满足施工所需要的资金安排，政府投资项目不得由施工单位垫资建设；建设工程施工合同约定由施工单位垫资施工的，工程项目因违反上述规定有可能无法获取施工许可证，无法开工建设。这些规定明显有利于施工企业，施工企业可以充分利用。

目前施工企业尤其是中小微型民营施工企业，普遍面临资金短缺、融资难问题。为缓解资金压力，很多施工企业不得不通过民间借贷方式，甚至借高利贷获取资金，不仅透支企业自身利润，使其无法偿还到期债务，而且有可能造成工期延误、质量问题、安全事故、拖欠农民工工资与材料款等法律后果。

对于承包人来说，有一种融资成本相对较低、切实可行的融资渠道——承包人以应收的工程价款办理质押，到人民银行征信部门办理出质登记，向金融机构申请贷款。只要施工企业平时合法经营，依法纳税，管理规范，财务账本完整合规，施工企业都可通过此种方式筹集资金。

4. 重视建设工程施工合同的建设工期条款

建设工期直接关系到承包人能否按期完成工程项目的施工，能否按期收回工程价款，影响承包人的良性发展。在保证建设工程质量、安全的前提下，合理加快建设工程施工进度，缩短建设工期，是承包人与发包人共同追求的目标，是承包人提高经济效益和企业竞争力的有效途径，也是发包人实现尽快使用建筑物并获益的目的的必要条件。

承包人与发包人在建设工程施工合同中需明确约定以下内容。

（1）开工通知条款

承包人可以利用《施工合同（2017示范文本）》通用合同条款对己方有利的条款："除专用合同条款另有约定外，因发包人原因造成监理人未能在计划开工日期之日起90天内发出开工通知的，承包人有权提出价格调整要求，或者解除合同。发包人应当承担由此增加的费用和（或）延误的工期，并向承包人支付合理利润。"发包人要求在专用合同条款中删除或变更该约定的，承包人需坚持按上述约定签订建设工程施工合同。

（2）工期延误条款

为了避免在建设工程施工合同履行过程中，双方因工期延误责任承担产生争议，承包人与发包人在建设工程施工合同中，需明确约定因发包人或承包人原因导致工期延误的各种情形。

（3）暂停施工条款

在施工过程中，常常出现各种原因导致暂停施工的情况。为避免产生争议，承包人与发包人签约时，应当明确约定暂停施工的情形、双方的应对措施、责任承担、复工等内容。

（4）提前竣工条款

因发包人提出要求，或承包人提出建议，工程项目有可能提前竣工。工程提前竣工经验收合格，发包人可因提前使用建筑物而获益。不过，因工程施工进度加快，必然会增加费用，而且可能增加不少费用。部分发包人会要求承包人在合同中约定因工程提前竣工所增加的费用，由承包人承担，承包人对此需坚决拒绝，否则，有可能造成承包工程亏损。而且，承包人可以要求在专用合同条款中，约定因工程项目提前竣工对承包人进行奖励及奖励的具体内容。

这里有一点承发包双方需特别注意：在任何情况下，发包人不得任意压缩合理工期。

5. 重视建设工程施工合同的工程质量条款

建设工程质量合格，是建设工程承包人收取工程价款的前提。

（1）承包人需特别重视建设工程施工合同专用合同条款中有关工程质量的特殊要求、承包人的质量管理要求、因承包人原因造成工程质量未达到合同约定标准的责任承担、隐蔽工程的检查程序及承包人私自覆盖的法律后果、不合格工程的处理、质量争议检测等条款。

（2）承包人同时需特别重视在专用合同条款中约定因发包人原因造成工程质量未达到合同约定标准的责任承担、发包人不及时检查隐蔽工程的责任承担等内容。

6. 重视建设工程施工合同的涉税条款

金税三期实现了对国税、地税数据的合并及统一，对税务系统业务流程的全监控。而金税四期，不仅仅包括税务方面，还会纳入"非税"业务，实现对业务更全面的监控。金税四期还搭建了各部委、人民银行以及商业银行等参与机构之间信息共享和核查的通道，实现企业相关人员手机号码、企业纳税状态、企业登记注册信息核查三大功能。

金税四期上线后，企业更多的数据将被税务机关掌握，监控也呈现全方位、立体化。新的税收征收管理系统将充分运用大数据、人工智能等新一代信息技术，从而实现智慧税务和智慧监管。未来每一家企业在税务部门面前都是透明的。

金税四期上线后，无疑将给承包人与发包人签订建设工程施工合同带来新的要求。建设工程企业掌握必要的涉税知识，才可以合理合法省税。因此，承包人应当重视建设工程施工合同的涉税条款，防控涉税法律风险。

在建设工程施工合同中，承包人与发包人应当明确约定纳税主体信息、应税行为种类及范围、适用税率等涉税条款，确保合同主体信息与发票记载信息一致，同时明确不同种类应税行为的范围及适用税率，明确工程价款是否包含税金，避免在履行建设工程施工合同过程中因涉税问题发生争议。

双方当事人约定含税价款的，需明确发票是增值税专用发票还是增值税普通发票，以及适用的税率，否则有可能增加承包人的成本。双方在建设工程施工合同中无特别约定的，合同价款均指含税价格，包含增值税税款及其他所有税费。

典型案例 承包人合法省税的案例

某施工企业为增值税一般纳税人，2023年上半年施工合同预算收入为60亿元（不含增值税），工程项目适用的增值税税率为9%。《印花税法》第五条规定："应税合同的计税依据，为合同所列的金额，不包括列明的增值税税款。"《印花税法》的附件《印花税税目税率表》显示建设工程合同的税率为价款的3‰。因此，如果某施工企业与发包人所签订的建设工程施工合同约定工程价款为价税合计金额，即未单独列明增值税税款，其应缴纳印花税1962000元［6000000000×（1+9%）×3‰］；如果工程价款分别列明了不含税价款及增值税税款，则其应缴纳印花税1800000元［6000000000×3‰］。不难发现，同一份建设工程施工合同，合同中单独列明增值税税款与约定价税合计金额相比，要少缴印花税162000元。

因此，笔者建议，承包人在与发包人磋商建设工程施工合同的内容时，有必要安排专业财税人员参与。对于合同涉税条款的审查，相对来说，专业财税人员比普通财务人员、法务人员更专业，更能防范涉税条款法律风险，为施工企业合理合法省税。

7. 重视建设工程施工合同的格式条款

格式条款，是指当事人为了重复使用而预先拟定，并在订立合同时未与对方协商，不允许相对人对其内容作任何变更的合同条款。

在当前的建筑市场上，发包人总体仍处于强势地位。在签订建设工程施工合同时，发包人的强势主要体现在：由其预先拟定合同权利义务、违约责任等关键条款，一般不允许承包人提出变更意见。因此，承包人在建设工程施工合同上签字盖章前，需特别注意合同中扩大发包人权利、免除或者限制发包人责任、扩大承包人责任、限制承包人权利的条款，必要时可以要求发包人对这些条款进行说明。

8. 重视建设工程施工合同的违约责任条款

承包人可以要求发包人在建设工程施工合同中明确约定：

（1）因发包人原因未能在计划开工日期前7天内下达开工通知的违约责任；

（2）因发包人原因未能按合同约定支付工程预付款、工程进度款、竣工结算余款应当承担的违约责任；

（3）发包人擅自将承包范围内的工程分包给其他公司的违约责任；

（4）发包人提供的材料、工程设备的规格、数量或质量不符合合同约定，或因发包人原因导致交货日期延误或交货地点变更等情况的违约责任；

（5）因发包人违反合同约定造成暂停施工的违约责任；

（6）发包人无正当理由没有在约定期限内发出复工指示，导致承包人无法复工的违约责任；

（7）发包人违反合同关于工期和质量等的奖励办法的违约责任；

（8）其他。

对于上述违约情形，承包人与发包人可以约定违约方应当根据其违约情况向守约方支付一定数额的违约金，也可以约定因违约产生的损失赔偿额的计算方法。违约金与损失赔偿款应当明确具体数额和计算方法，以防事后产生争议。约定的违约金低于造成的损失的，当事人可以请求人民法院或者仲裁机构予以增加；约定的违约金过分高于造成的损失的，当事人可以请求人民法院或者仲裁机构予以适当减少。

9. 特别重视建设工程施工合同的争议处理方式条款

合同有关争议解决的条款独立存在，合同的变更、解除、终止、无效或者被撤销均不影响其效力。

部分承包人不清楚各项争议处理方式的区别与优劣，签约时直接忽视合同的争议处理方式条款。当双方在建设工程施工合同履行过程中出现争议时，承包人往往因争议方式选择不当导致利益受损。

争议处理的主要方式有：和解、调解、诉讼、仲裁、争议评审等。和解、调解、诉讼、仲裁是传统的争议解决方式，争议评审是近年出现的解决争议的新方式。大部分承包人都比较清楚和解、调解、诉讼方式，而不太了解仲裁方式，极少有承包人了解争议评审方式。

仲裁，是指将争议提交给争议之外中立的第三方，由其对当事人的纠纷居中调解,并作出裁断的行为。根据适用对象不同,仲裁可分为民商事仲裁、海事仲裁、国际争端仲裁等。

笔者代理过不少选择仲裁方式解决争议的建设工程纠纷案件,也以仲裁员身份审理过不少建设工程纠纷案件。其中有很大一部分当事人根本不了解仲裁方式,更不清楚仲裁方式的优势及不足之处,可以说是糊里糊涂选择仲裁方式,或者是压根就没关注争议处理方式。

仲裁与诉讼最大的区别是:诉讼实行两审终审制,仲裁实行一裁终局制,仲裁裁决一经作出即具有法律效力,任何一方都不能就同一纠纷再申请仲裁或向人民法院起诉。如果仲裁裁决公平,这点是仲裁的优势;如果仲裁裁决不公平,一方或双方当事人不服仲裁裁决的,却无法上诉、申诉,也无权请求检察院抗诉,只能申请撤销仲裁裁决,这无疑成了仲裁最大的诟病。

而当事人申请撤销仲裁裁决,有严格的限制:一是必须向仲裁委员会所在地的中级人民法院提出;二是应当自收到裁决书之日起 6 个月内提出;三是只能以没有仲裁协议,仲裁的事项不属于仲裁协议的范围或者仲裁委员会无权仲裁,仲裁庭的组成或者仲裁的程序违反法定程序,仲裁裁决所依据的证据是伪造的,对方当事人隐瞒了足以影响公正裁决的证据,仲裁员在仲裁该案时有索贿受贿、徇私舞弊、枉法裁决的行为等理由提出撤销仲裁裁决。在民事诉讼程序中,当事人惯用的事实不清、证据不足、适用法律错误等上诉、申诉理由,却不是申请撤销仲裁裁决的理由。

正因如此,现在大部分当事人在签订各类合同时,仍然首选诉讼作为解决争议的方式。承包人在与发包人签订建设工程施工合同时,约定以仲裁为争议解决方式的,应当对仲裁有足够的了解,且有一定的风险承受能力。

争议评审,是指在工程开始或进行中,就当事人之间发生的争议,由当事人选择独立的评审专家,及时提出解决建议或者作出决定的争议解决方式,旨在通过非诉讼的方式,及时、高效、公正、低成本解决工程建设中发生的争议。

争议评审方式是近年出现的解决争议的新方式,比较适合时间跨度大、情况复杂的建设工程。

承包人与发包人可在专用合同条款中约定采取争议评审方式解决争议以及所适用的评审规则。双方当事人可以约定共同选择 1 名或 3 名有合同管理和工程实践经验的专家担任争议评审员,组成争议评审小组。发包人和承包人接受评审意见的,由监理人根据评审意见拟定执行协议,经争议双方签字后作为合同的补充文件,并遵照执行。发包人或承包人不接受评审意见的,可以就争议申请仲裁或提起诉讼。

10. 工程总承包单位需特别重视合同的风险分担条款

工程总承包项目通常为交钥匙工程,发包人往往利用自身的优势地位,将自身风险转嫁给工程总承包单位，要求工程总承包单位承担项目实施过程中的本应由发包人承担的风险，加重了工程总承包单位的风险责任，造成承包人与发包人风险责任承担失衡，导致承包人与发包人在结算过程中发生诸多争议。

《工程总承包管理办法》第十五条规：" 建设单位和工程总承包单位应当加强风险管理，合理分担风险。建设单位承担的风险主要包括：（一）主要工程材料、设备、人工价格与招标时基期价相比，波动幅度超过合同约定幅度的部分；（二）因国家法律法规政策变化引起的合同价格的变化；（三）不可预见的地质条件造成的工程费用和工期的变化；（四）因建设单位原因产生的工程费用和工期的变化；（五）不可抗力造成的工程费用和工期的变化。具体风险分担内容由双方在合同中约定。鼓励建设单位和工程总承包单位运用保险手段增强防范风险能力。"

不过，工程总承包单位需特别注意：《工程总承包管理办法》是由住房和城乡建设部、国家发展和改革委员会联合作出的部门规章，而法律规定只有违反法律、行政法规的效力性强制规定的条款或合同，才会被认定为无效条款或无效合同。

工程总承包合同的发包人、承包人约定将《工程总承包管理办法》规定的建设单位承担的风险由承包人承担，该约定不违反法律、行政法规的规定，就在发包人、承包人之间产生法律效力，对双方当事人有法律约束力。因此，工程总承包单位在与发包人签约时，需明确约定双方的风险责任承担，以免事后产生争议。

在工程总承包合同中，双方当事人未明确约定风险的承担或约定不明确的，笔者建议双方当事人及时就此签订补充协议，明确约定风险责任的承担。不过，补充协议的内容不得违背《招标投标法》有关合同实质性内容变更的规定。

《工程总承包管理办法》第十六条规定："企业投资项目的工程总承包宜采用总价合同，政府投资项目的工程总承包应当合理确定合同价格形式。采用总价合同的，除合同约定可以调整的情形外，合同总价一般不予调整。建设单位和工程总承包单位可以在合同中约定工程总承包计量规则和计价方法。依法必须进行招标的项目，合同价格应当在充分竞争的基础上合理确定。"作出这条规定的主要目的是，限制企业投资项目的发包人强令工程总承包单位以不合理低价承包工程，向工程总承包单位转嫁本该属于发包人的风险。

（二）签订建设工程施工合同需特别注意细节

1. 应当采用书面形式订立建设工程施工合同

《民法典》第四百六十九条第一款规定："当事人订立合同，可以采用书面形式、口头形式或者其他形式。"

当事人采用口头形式订立合同，手续简单，交易方便，经常出现在日常生活中。

比如，去商场购物，一手交钱，一手交货，双方已经以口头形式订立合同。以口头形式订立合同，发生纠纷时难以取证，难以分清责任。对于不能即时清结的合同和标的额较大的合同，不宜采用口头形式。

书面形式是合同书、信件、电报、电传、传真等可以有形地表现所载内容的形式。以电子数据交换、电子邮件等方式能够有形地表现所载内容，且可以随时调取查用的数据电文，视为书面形式。

合同确认书也是书面合同的一种表现形式。《民法典》第四百九十一条第一款规定："当事人采用信件、数据电文等形式订立合同要求签订确认书的，签订确认书时合同成立。"

当事人采用书面形式订立合同，最大优点是合同有据可查，发生纠纷时容易举证，便于分清责任。

法律、行政法规规定采用书面形式的，应当采用书面形式。《民法典》第七百八十九条规定："建设工程合同应当采用书面形式。"因此，承包人与发包人签订建设工程施工合同，应当采用书面形式，不得采用口头形式或者其他形式。

2. 参照建设工程施工合同示范文本签订合同

《民法典》第四百七十条第二款规定："当事人可以参照各类合同的示范文本订立合同。"该款的规定是"可以参照"而不是"应当参照"，是"参照"而不是"按照"，当事人更不用照搬照抄合同示范文本签订合同。

现行通用的建设工程施工合同示范文本是《施工合同（2017示范文本）》。该文本为非强制性使用文本。承包人与发包人可以根据企业的具体情况、本工程项目的实际需要，对《施工合同（2017示范文本）》作出一些有针对性的调整：对于不适合的通用合同条款予以删除或修改；对于专用合同条款部分，需有特别的约定，明确约定承包人与发包人的权利义务、违约责任追究细则，约定越详细，争议就越少，切不可照搬照抄《施工合同（2017示范文本）》签订合同。

3. 需注意签约主体

笔者在代理或审理建设工程合同纠纷案件或审查、修改建设工程合同内容时，经常发现合同抬头是某家公司，合同尾部是另一家公司，或者合同抬头是公司，合同尾部是个人，或者合同抬头是公司，合同尾部是公司项目部。如果合同抬头主体与合同尾部主体不一致，双方出现争议时，合同主体存疑，极有可能影响承包人利益。

4. 注意签约代表的授权范围

发包人的签约代表是法定代表人以外的人员，且其未带公司公章的，在签订建设工程施工合同时，承包人应当要求发包人的签约代表提交授权委托书。发包人的签约代表无法提供授权委托书，或授权委托书并未表明其有签约权限，因此签订的建设工程施工合同未经发包人追认的，对承包人与发包人都没有法律约束力，有可能给承包人带来不确定的法律风险。

5. 重视合同签名、盖章

签订建设工程施工合同时，承包人务必要求发包人加盖公司公章。发包人在建设工程施工合同上，盖上没有备案的合同专用章、财务专用章、项目部印章的，建设工程施工合同很可能无效。

签约时承包人还要特别注意合同签字盖章的要求，否则签订的建设工程施工合同有可能不生效。在签订合同时，当事人一般都会在合同最后一句写上"本合同自签字盖章之日起生效"，或者"本合同自签字、盖章之日起生效"。"签字盖章"与"签字、盖章"有什么区别？绝大部分公司或个人在签约时都忽视这个问题。最高人民法院生效判决书认定：合同约定"签字盖章"，双方当事人签字或盖章即可，合同约定"签字、盖章"，就要求双方当事人签字并盖章。

原《合同法》规定，双方当事人签字或者盖章时，合同即成立。《民法典》对此有不同的规定：双方当事人在签订合同时应当签名并盖章或按指印，否则合同不成立。

《民法典》第四百九十条规定："当事人采用合同书形式订立合同的，自当事人均签名、盖章或者按指印时合同成立。在签名、盖章或者按指印之前，当事人一方已经履行主要义务，对方接受时，该合同成立。法律、行政法规规定或者当事人约定合同应当采用书面形式订立，当事人未采用书面形式但是一方已经履行主要义务，对方接受时，该合同成立。"

根据上条规定，存在一种特殊情况：在一方当事人已经履行主要义务且对方接受时，无论合同要求"签字盖章""签字或者盖章"，还是"签字、盖章"，甚至不签字、不盖章、不按指印，合同都成立。

建设工程施工合同内容较多，承包人在与发包人签约时，双方都应当加盖骑缝章，并紧邻建设工程施工合同最后一行文字签字并盖章，以防居心不良者以换页、增页、添加备注等方式变更合同内容，影响承包人利益。

典型案例 认定"签字盖章"应为"签字或者盖章"的案例

1. 案例来源

（2020）最高法民申3936号民事裁定书。

2. 最高人民法院裁判意见

本院经审查认为：关于"签字盖章"的理解问题。H置业公司与X公司于2013年12月16日签订的《房屋租赁合同之补充协议一》第七条约定"本协议自合同双方法定代表人签字盖章之日起生效"。原审法院综合该协议双方均未盖章，H置业公司由法定代表人签署协议，X公司由经办人员丁某签署协议，以及该条约定的具体内容和目的主要是明确协议的签署人和生效时间等因素，认定该条约定的"签字盖章"应为"签字或者盖章"，并无不当。H置业公司主张该条约定的"签字盖章"应为"签字并盖章"，但未能提供充分证据证明，本院对其该项主张不予支持。

三、履行建设工程施工合同法律风险防控

合同履行的基本原则是：当事人按照约定全面履行自己的义务，遵循诚信原则，根据合同的性质、目的和交易习惯履行通知、协助、保密等义务。

承包人与发包人签订建设工程施工合同后，需加强内部监督和审查，提前做好建设工程施工合同履约过程中的各项风险防控工作。在建设工程施工合同履行过程中，承包人需强化施工管理，严格依照合同约定施工，诚信履约，树立质量意识，把好材料关，加强对项目部、分包人的管理，加强印章管理，严控因工期延误、质量问题、安全隐患所致的风险。

对于工程变更、暂停施工、发包人违约等关系承包人切身利益的行为，承包人应当具备证据意识，作好完整的施工日志，全面收集、保存施工现场照片、会议纪要、设计变更指令、指示或通知等材料，及时作好签证，及时依法索赔。

（一）承发包双方的义务

1. 发包人的义务

（1）按照建设工程施工合同约定提前做好施工前的准备工作；

（2）按照建设工程施工合同约定提供原材料、设备、场地、资金和技术资料；

（3）协助承包人施工，确保施工顺利进行；

（4）及时组织建设工程竣工验收；

（5）按照建设工程施工合同约定接收工程；

（6）按照建设工程施工合同约定进行工程价款结算，支付工程预付款、进度款、结算余款；

（7）约定的其他义务。

2. 承包人的义务

（1）按照建设工程施工合同约定的时间开工；

（2）严格按照建设工程施工合同和设计文件进行施工；

（3）在施工过程中接受发包人的监督；

（4）确保建设工程质量达到合同约定的标准，因承包人的原因致使建设工程质量不符合约定的，在合理期限内承包人应当无偿修理或者返工、改建；

（5）按照建设工程施工合同约定完成工程并通过竣工验收；

（6）及时向发包人移交建设工程；

（7）建设工程经竣工验收合格后，承包人在保修范围和保修期限内履行保修义务，因保修不及时造成人身或财产损害的，承包人应当承担赔偿责任，因承包人原因致使建设工程在合理使用期限内造成人身、财产损害的，承包人应当承担赔偿责任；

（8）约定的其他义务。

（二）建设工程施工合同履行中存在的主要法律风险

1. 承包人法律意识不足

工程项目开工前，承包人项目管理团队需全面分析建设工程施工合同细节，从双方权利义务、违约责任等条款中，提前预判建设工程施工合同履行过程中的潜在风险点，并提前制定风险防控措施、预案。

不过，很大部分承包人不重视合同管理，甚至部分承包人签订建设工程施工合同后，将合同高高挂起，等到与发包人产生争议后，才临时想起找合同、看合同。承包人以如此心态对待建设工程施工合同，能不出现工期延误、工程质量问题吗？

2. 对项目经理管理松散

施工项目经理，是指承包人在建设工程施工合同专用条款中指定的负责施工管理、履行建设工程施工合同的代表，是对项目进行质量、安全、进度、成本管理和全面提高项目管理水平的重要管理岗位。项目经理负责处理施工全部事务性质的工作，需对承接的项目所涉及的专业全面了解。项目经理通常拥有材料、机械设备等的采购权，施工指挥权，项目人事任免权，财务支配权等。

一个好的项目经理，需具备大局意识，有一定的号召力、影响力、管理能力、应变能力、沟通能力；一个好的项目经理，需具备一定的财务知识、法律常识，有按照合同约定保质保量完成项目建设的自信。可以说，项目经理是承包人管理项目、控制成本、追求利润的核心人物，是避免项目出现工期延误、工程质量问题、安全事故的关键性人物。

不过很遗憾，很大部分承包人对项目经理疏于管理，缺少必要的监督，过度放权，导致部分项目经理疏于管理工程质量、安全、进度、成本，造成工期延误、违法分包、质量问题、安全事故、不及时足额支付农民工工资问题等，甚至导致项目瘫痪、工程亏损等恶果。还有部分项目经理恶意挪用项目资金，或以项目名义非法吸储，或索贿受贿，或与材料供应商串通，伪造采购合同通过虚假诉讼损害承包人的合法利益。

因此，为避免项目经理所致的风险，承包人需建立完善项目经理监督管理制度，落实项目经理责任制，对项目经理行使材料、机械设备等的采购权，施工指挥权，项目人事任免权，财务支配权等权利，进行重点监督。

（1）监督项目经理行使材料、机械设备等的采购权

项目经理根据工程项目的需要，负责确定所需采购的建筑材料、机器设备的型号、数量和进场时间，负责建筑材料、机器设备的进场检验、验收。不过，主要建筑材料、机器设备的采购权，需由承包人采购部掌握。

（2）监督项目经理行使施工指挥权

① 承包人应当监督项目经理建立项目分包及劳务管理、项目管理人员岗位责任、项目技术管理、项目进度管理、项目质量管理、项目安全管理、项目成本核算、项目计划与统计管理、项目施工现场管理、项目施工日志、项目安全文明施工、项目信息管理、项目分配与奖励、项目例会、项目组织协调等制度。

② 承包人应当监督项目经理规范编制项目质量计划、项目管理实施规划及施工组织设计等。

③ 承包人应当监督项目经理严格履行建设工程施工合同约定的义务，合规高效办理工程变更、签证、调整概预算、索赔等实质性工作，保证工程项目顺利竣工，保障项目管理目标如期实现。

（3）监督项目经理行使财务支配权

承包人应当在建立、完善项目财务制度，建立成本控制体系，加强成本控制、监督的基础上，赋予项目经理在承包范围内的财务决策权，让其有权支出必要的施工费用，有权决定项目部人员的薪金、计酬方式、分配方法、分配原则和方案。其中重中之重是对项目经理控制工程成本的监督，承包人可以从以下方面对项目经理提出要求：

① 尽可能选择信誉好、实力强、报价相对较低的分包企业，施工队，材料、机械设备供应商；

② 严格按照施工图纸施工，不得擅自变更施工内容；

③ 规范材料采购、进场、使用、入库制度，以免资金挤压或造成浪费，及时制止、纠正建筑工人违规施工、浪费材料行为，避免出现材料、机器设备被盗情况；

④ 及时做好工程价款支付申请、签证、索赔、竣工验收、结算、分包工程价款与建筑工人工资发放等工作。

3. 项目部印章管理混乱

承包人同时承包多个工程项目，而各个项目分散，与承包人往往不在同一个地区。在每个项目的施工过程中，都要求加盖承包人公章，不现实也没必要，因此项目部印章可以派上用场。

对于承包人来说，刻制一枚项目部印章轻而易举，但要管理好项目部印章，不给承包人带来风险，却难上加难。可以说，几乎没有哪个承包人敢说，没吃过项目部印章管理混乱之亏，没因项目部印章管理问题遭受损失。

项目部印章管理混乱，是承包人管理方面的通病，主要问题如下。

（1）随意刻制项目部印章

部分承包人刻制项目部印章时，随意性很强，表现在：

① 随意安排人员去刻制，无需办理任何审批手续；

② 未去公安机关指定的刻章单位刻制，随意找公司或个人刻章；

③ 随意刻制项目部印章，未严格控制印章数量。

由此很容易导致承包人被有关行政管理部门处以行政处罚，产生项目部印章被冒用等风险。

防控随意刻制项目部印章风险的主要措施有：

① 承包人应当建立项目部印章刻制审批、备案手续；

② 需要刻制项目部印章时，建议安排两人办理，互相监督，作好刻制记录；

③ 应当去公安机关指定的单位刻制；

④ 严控项目部印章数量，没有特殊需要，一个工程项目只刻制一枚项目部印章。

（2）随意使用项目部印章

随意使用项目部印章，存在的主要问题有：

① 缺乏项目部印章使用审批手续；

② 项目部成立前已使用项目部印章；

③ 项目部印章使用范围不清；

④ 在空白文件上加盖项目部印章；

⑤ 只盖项目部印章，经办人员未在代表人、被授权人或负责人处签名；

⑥ 随意将项目部印章交给挂靠人使用；

⑦ 没有建立项目部印章使用登记档案等。

随意使用项目部印章的主要法律风险有：

① 被市场监督管理等行政管理部门给予行政处罚；

② 加盖项目部印章的法律文书给承包人带来不利法律后果等。

防控随意使用项目部印章风险的主要措施有：

① 承包人应当完善项目部印章使用审批权限、范围以及审批责任制度，在申请盖章手续不完备情况下，负责加盖项目部印章人员应当拒绝盖章；

② 建立项目部印章使用登记档案，申请盖章人员应在登记文本上签名确认盖章事项、时间等信息，复制留存加盖项目部印章页文书；

③ 项目部成立后，依法、依规、依照公司项目部印章审批程序申请刻制项目部印章；

④ 明确界定项目部印章使用范围，不得在应加盖承包人公章的合同、担保文件、承诺书上加盖项目部印章，不得在空白介绍信、授权书等文书上加盖项目部印章，不得将项目部印章交给挂靠的企业或个人使用；

⑤ 加盖项目部印章时，要求己方及对方相关经办人员在代表人、被授权人或负责人处签字；

⑥ 建立项目部印章使用登记档案；

⑦ 为防止项目部印章随意使用给承包人带来风险，承包人刻制印章时，可要求刻章单位在项目部印章上注明"此章仅限于工程联系专用""签订经济合同无效"之类字样，向已确定的材料、机械设备供应商等，提前书面告知项目部印章使用范围，保留已送达书面告知函的证据。

（3）项目部印章未备案

部分承包人不清楚项目部印章需要向公安机关申请备案，或者清楚需要备案而不申请，刻好项目部印章后就投入使用。

项目部印章未备案的主要法律风险有：

① 被公安机关给予行政处罚的风险；

② 加大项目部印章被假冒的风险。

防控项目部印章未备案风险的主要措施有：

① 先备案再使用项目部印章；

② 公安机关不受理备案申请的，应当保留已申请备案的材料；

③ 启用项目部印章前作好戳记，并留存戳记样本备查。

（4）随意保管项目部印章

随意保管项目部印章存在的主要问题有：

① 没有建立项目部印章保管制度，保管形同虚设；

② 项目部印章随意放置，未安排专人保管，他人可轻易盖章；

③ 安排了专人保管，但保管人员让他人随意盖章，无须履行任何盖章手续，甚至允许他人随意带项目部印章外出。

随意保管项目部印章的主要法律风险有：

① 项目部印章有被盗、滥用的风险；

② 随意加盖项目部印章的法律文书给承包人带来不利法律后果。

防控随意保管项目部印章风险的主要措施有：

① 安排专人保管项目部印章，要求将项目部印章放置专柜保管；

② 保管人应当按审批手续盖章；

③ 保管人不得将项目部印章交给他人使用，更不能将项目部印章交由他人带出视线范围之外；

④ 保管人因故暂时不能保管项目部印章的，应当安排临时保管人员进行保管，办理印章交接手续。

（5）随意回收、封存、销毁项目部印章

随意回收、封存、销毁项目部印章存在的主要问题有：承包人未建立项目部印章回收、封存、销毁制度，项目长期停工或竣工验收后，未及时回收、封存、销毁项目部印章。

随意回收、封存、销毁项目部印章的主要法律风险有：项目部印章被居心不良者恶意使用，给承包人带来不确定的法律风险。

防控随意回收、封存、销毁项目部印章风险的主要措施有：建立、完善项目部印章回收、封存、销毁制度，无须使用项目部印章时，应当及时回收、封存、销毁，及时建立项目部印章回收、封存、销毁的登记档案。

（三）工程变更法律风险防控

因建设工程项目存在建设周期长、涉及主体多、计价方法复杂、管理缺陷大等多方面的问题，不可预见的情况时有发生，工程变更在所难免。"工程零变更"只是美好的幻想。由于工程变更直接关系到工程造价、建设工期、工程质量，影响各方主体利益，为避免产生争议，建设工程施工合同应当明确约定工程变更权、变更程序、变更执行等事项。

1. 工程变更的含义

工程变更是指在施工过程中，对部分或全部工程在材料、工艺、功能、构造、尺寸、技术指标、工程数量及施工方法等方面作出的改变，包括工作内容的增减，工程量的变化，进度计划变更，施工条件变化，施工顺序变更，工程质量要求变更，因地质原因引起的设计变更，根据实际情况引起的结构物尺寸、标高的更改，合同外的任何工作等。

2. 工程变更范围

《施工合同（2017示范文本）》通用合同条款第10.1款载明了工程变更范围：

（1）增加或减少合同中任何工作，或追加额外的工作；

（2）取消合同中任何工作，但转由他人实施的工作除外；

（3）改变合同中任何工作的质量标准或其他特性；

（4）改变工程的基线、标高、位置和尺寸；

（5）改变工程的时间安排或实施顺序。

3. 工程变更分类

根据提出变更申请的单位性质，工程变更可分为：建设单位变更、设计单位变更、监理单位变更、施工单位变更等。

建设单位变更，是指在施工过程中，建设单位就工程规模、使用功能、工艺流程、质量标准、工期改变等方面提出的工程变更。建设单位提出设计变更、标准变更、施工方法等变更，往往出于提升工程质量、追求经济效益的目的。

设计单位变更，是指在施工过程中，设计单位发现原设计文件中存在设计缺陷、设计错漏或因自然因素及其他因素而进行的设计改变，或需要进行优化设计而提出的工程变更。

监理单位变更，是指在施工过程中，监理工程师根据施工现场实际情况就施工顺序和施工工艺等提出的工程变更。

施工单位变更，是指在施工过程中，施工单位发现设计与施工现场的地形、地貌、地质结构等情况不一致或因施工质量、安全需要变更施工方法、施工顺序和施工工艺等而提出的工程变更。

施工单位提出的有利于减少工程成本、缩短建设工期、提高工程质量的工程变更建议，很受建设单位欢迎。

4. 工程变更的程序

通常来说，工程变更由发包人提出，监理人经发包人同意后，向承包人下达工程变更指令，承包人遵照实施。在施工过程中，若承包人对工程变更处理不当，极有可能引发纠纷。因此，承包人应当高度重视工程变更。

（1）设计文件是承包人施工的主要依据。设计一经批准，任何人都不得擅自变更。不管在什么情况下，承包人未经发包人同意，都不得擅自进行任何工程变更。这是承包人必须坚守的底线。

在施工过程中，承包人发现图纸错误或工程内容必须进行变更的，应当报监理工程师，经同意后按照规定程序进行工程变更。否则，发包人很有可能不认可工程变更，届时承包人不仅无法办理签证、索赔，产生巨大损失，还有可能向发包人承担因擅自变更工程而产生的违约责任，而且，因承包人擅自变更工程所出现的质量问题、工期延误，都将由承包人独自承担。

（2）监理工程师发出工程变更指令后，承包人需抓紧落实。承包人未全面落实工程变更指令的，由承包人承担因此扩大的损失；工程变更超出合同约定的工程范围的，承包人有权不执行工程变更内容，非要执行不可时，为避免日后因工程变更产生争议，承包人可以采取以下措施：

① 适当放慢施工进度，等待工程变更处理方案谈判结果；

② 先定价格再进行变更，可要求以计时或者以承包人实际支出的费用对变更工程进行补偿；

③ 完整记录工程变更实施过程，保留照片，报监理工程师签字确认。

5. 承包人防控工程变更法律风险

（1）工程变更的主要法律风险

① 对工程进行实质性变更，未履行必要的批准、登记手续；

② 未按照合同约定的程序进行工程变更；

③ 工程变更协议或条款对双方权利义务、责任承担约定不明确；

④ 工程变更文件如签证单内容含糊、不完整；

⑤ 签署变更文件的主体不适格。

（2）承包人防控工程变更法律风险的措施

① 提高法律风险防范意识，明确约定工程变更合同条款。

在建设工程施工合同的履行过程中，不发生工程变更的情况极少。

承包人在与发包人洽谈建设工程施工合同时，应当具备工程变更的法律风险防范意识；在建设工程施工合同中，双方应当明确约定因工程变更所产生的权利义务及责任的承担，明确约定工程变更程序、工程变更签证、索赔手续；工程变更发生时，需通过签订工程变更协议或条款，明确约定工程变更的范围、内容、工程价款、工期调整等实质性内容，细化双方的权利义务及违约责任等。

② 承包人需注意两个细节。

一是承包人不能简单拒绝监理人发出的口头变更工程指令。

承包人与发包人采用《施工合同（2017示范文本）》签订建设工程施工合同的，其中通用合同条款第4.3款约定："监理人应按照发包人的授权发出监理指示。监理人的指示应采用书面形式，并经其授权的监理人员签字。紧急情况下，为了保证施工人员的安全或避免工程受损，监理人员可以口头形式发出指示，该指示与书面形式的指示具有同等法律效力，但必须在发出口头指示后24小时内补发书面监理指示，补发的书面监理指示应与口头指示一致。"

承包人需尽量执行监理口头指示，对监理人的口头指示有意见的，承包人可以向发包人提出书面意见。监理人发出口头指示后24小时内，应当向承包人补发与口头指示内容一致的书面指示。

二是签订工程变更协议时,承包人应当审查发包人签约代表的身份。

发包人的签约代表不是其法定代表人的,承包人可以要求其提交发包人发出的《授权委托书》,确定其是否有签订工程变更协议的资格。为免不必要的争议,签约代表签名后,承包人有必要要求发包人盖上公章。

③承发包双方在签订工程变更协议时,需要重新约定建设工期,否则,双方一旦出现争议诉至法院,法院有可能认定:原、被告双方在建设工程施工合同中明确约定了开工日期和竣工日期,双方签订工程变更协议时,未对建设工期进行重新约定,说明承包人作为专业施工单位,明知变更工程不会导致工期延长,即使在施工过程中发生变更工程情况,承包人仍应按照原合同约定的时间竣工,否则应承担违约责任。

④按照合同约定的变更程序进行工程变更,及时办理工程变更签证或索赔手续。

工程变更尤其是工程造价增加的工程变更,必然会导致工程签证或索赔。承包人在与发包人协商工程变更事宜的过程中,需要明确提出相应的工程签证、索赔问题,争取在执行工程变更指令前,双方已就工程签证、索赔补偿范围、补偿办法、补偿款计算方式、补偿款的支付时间等达成协议,以免事后发生争议。

工程变更发生时,承包人应当及时要求发包人或其代表或监理确认签证单,被拒绝签证的,承包人应当及时以邮政快递方式送达签证单,必要时以拍照、录像等方式保存证据,保管好工程变更指令、与工程变更相关的会议纪要及其他书面材料,为日后工程变更索赔作必要的准备。

(四)工程监理签认法律风险防控

工程监理受发包人委托,依照法律、行政法规及有关的技术标准、设计文件和建设工程施工合同、委托监理合同,在施工质量、建设工期和建设资金使用等方面,代表发包人对承包人实施监督,签发相关文件。

《民法典》第七百九十六条规定:"建设工程实行监理的,发包人应当与监理人采用书面形式订立委托监理合同。发包人与监理人的权利和义务以及法律责任,应当依照本编委托合同以及其他有关法律、行政法规的规定。"

建设工程委托监理合同,是指工程建设单位聘请监理单位代其对工程项目进行管理,明确双方权利义务的合同。建设单位称委托人、监理单位称受托人。

发包人、承包人与监理人三方共同签署的工程量确认单,无疑可以作为工程价款结算的依据。监理人在施工过程中签署签证单,对承包人施工工程量作出确认,而发包人否认监理人签署的签证单,这种情况在工程实践中很常见。

法律、法规及司法解释都未明确规定监理人是否具有签证的法定职责,未规定监理人在签证文件上签字的效力,更未规定发包人未否认监理人签署的签证单是否可推定为发包人认可。

《新建设工程司法解释(一)》第二十条规定:"当事人对工程量有争议的,按照施工过程中形成的签证等书面文件确认。承包人能够证明发包人同意其施工,但未能提供签证文件证明工程量发生的,可以按照当事人提供的其他证据确认实际发生的工程量。"

该条规定仅明确了签证等书面文件可确认工程量,并未规定监理人有签证的法定职责。各地各级法院的普遍观点是:建设工程施工合同或委托监理合同对监理人的职权范围有明确约定的,按照约定执行;监理人超出合同约定权限签署文件的,除非其行为构成表见代理,否则对承发包双方均不发生约束力。

在司法实践中,由监理工程师签认工程量月报表在法律上的效力认定如下。

1.《建筑法》《建设工程质量管理条例》《建设工程安全生产管理条例》等法律、法规未规定监理工程师具备签认工程量月报表的权利,仅规范性文件《建设工程监理规范》GB/T 50319—2013 规定监理人具有对工程量计量的职权。

2. 审查建设工程施工合同是否约定监理工程师具备签认工程量月报表的权利。

3. 参考监理工程师在受托项目上的工作惯例。

在施工过程中,如果一直由监理工程师签认施工月报表,且发包人、承包人对监理工程师签认的结果,之前并未提出异议的,承包人有足够的理由认为监理工程师的签认行为已构成法律上的表见代理,即监理工程师对施工月报表的签认代表发包人的认可。

不过,也有一些地方法院的观点是:建设工程施工合同或委托监理合同未明确约定监理人职权范围的,监理人签署的文件内容与工程量、建设工期、工程质量相关的,原则上有效。

典型案例 认定监理签字的签证单效力的案例

1. 案例来源

(2022)最高法民终 192 号民事判决书。

2. 一审法院裁判意见

H 公司主张部分签证未经其签章确认,不应作为鉴定依据,款项不得计入造价。H 公司主张的签证分别为编号 018 号、035 号、036 号、037 号、038 号、047 号的工程量签证单,6 张签证单均有监理单位签字,双方对真实性无异议。依据法律规定,工程监理单位受建设单位委托,依照法律、行政法规及有关的技术标准、设计文件和建筑工程承包合同,代表建设单位对施工单位施工进行全面监督,监理单位在施工过程中签署文件对工程量作出确认,是代表建设单位进行,建设单位如欲否定监理签认的工程量,应提供充分证据予以推翻。H公司现不能提供充分证据推翻前述签证单,应认定签证中的工程量确已实际发生,H公司应予支付对价。合同专用条款第八条第五款虽约定缺少发包方签字的签证单不予结算,但H公司对其不予签字的理由未作出合理解释,也未提交证据证明已经监理签字的签证单,未经H公司签字确认是因对方当事人单方责任所造成,故其不能以自身未签字为由对已确定实施的签证单拒付价款,H公司本项鉴定的异议,不能成立。

3. 最高人民法院裁判意见

H公司上诉主张签证编号为018号、035号、036号、037号、038号、047号的6张签证单未经其签章确认,根据H公司合同专用条款第八条第五款"缺少任何一方签字的设计变更、工程洽商、现场签证,视为无效资料,不予结算"的约定,以上签证属于无效签证,应予不结算。监理单位是受建设单位委托对施工单位施工进行监督的第三方,经过其确认的工程量可推定为实际发生。在上述签证已有监理方签字确认的情况下,H公司对其未签字确认不能作出合理解释,且不能提供充分证据证明对方当事人未进行施工,因此对H公司此项上诉主张,不予支持。

(五)分包工程项目部瘫痪法律风险防控

有多个施工企业的经营者向笔者咨询过这样的问题:公司承包某工程项目后,将部分工程分包给其他公司。在施工过程中,分包人因管理不到位,导致分包工程项目部瘫痪,无人控制、管理施工现场,工地无法开工,承包人应当如何应对?

施工总承包单位对工程质量、安全、工期负总责。施工总承包单位分包的工程项目部瘫痪,无法开工,依照施工总承包单位与发包人之间的建设工程施工合同约定,施工总承包单位极有可能向发包人支付工期延误巨额违约金。为了防控法律风险、减少损失,施工总承包单位可从三个方面应对。

一是施工总承包单位应当第一时间书面通知分包人解除分包合同,由施工总承包单位全面接管分包工程,千万不要以代替分包人管理工程的方式去解决问题,否则老问题没解决,新麻烦又来了。

二是及时与分包人办好工程项目交接手续,确认分包工程已完工程量,明确已完工程存在的质量问题及修复费用,约定从分包工程价款中直接扣除。

三是及时确定新分包单位,由新分包单位完成未完工程的施工任务,且要求新分包单位解决原分包单位遗留的质量问题,尽可能接收原分包单位的劳务人员。

（六）承包"三边工程"法律风险防控

"三边工程"，是指边勘察、边设计、边施工的工程。

"三边工程"打破工程建设基本程序，不可预见性、随意性较大，容易造成工程质量和安全隐患问题，而且很难按计划完工。

发包人在与承包人签订"三边工程"施工合同时，一般会要求承包人赶工。承包人在约定的时间内未完成工程的，有可能向发包人支付工期延误巨额违约金。承包"三边工程"，无疑将给承包人带来很大的法律风险。

承包人防控"三边工程"法律风险的主要措施如下。

1. 充分考虑法律后果

承包人与发包人签订"三边工程"施工合同时，应当充分考虑逾期完工的概率、能否承受逾期完工的法律后果等因素。承包人无法承受工期延误的法律后果的，千万不要轻易与发包人约定逾期完工天价违约金。

2. 收集、保存因发包人责任导致工期延误的证据

（1）发包人不能及时提供施工图纸或提供后又经常修改、调整的证据；

（2）承包人书面催促发包人及时提供施工图纸的证据；

（3）发包人未及时办理建设工程规划审批手续、未及时移交施工场地、逾期提供甲供材料、逾期支付工程预付款和进度款等导致工期延误的证据，承包人书面催促发包人及时履行上述义务的证据。

发包人在收到催促通知书14日内仍未解决的，承包人应当及时向发包人主张工期顺延，同时有权要求发包人赔偿停工期间的各项损失。

（七）建材价格上涨法律风险防控

受能耗双控、煤炭价格上涨、环保督察升级、部分地区执行错峰限电生产等多重因素影响，水泥、钢材、混凝土等主要建材价格经常出现快速上涨，导致工程建设成本增加，而承包人却难以情势变更为由要求发包人调整工程价款。面对建材价格持续上涨的不利局面，承包人往往处于两难的境地：继续履行合同，将造成工程项目严重亏损；不履行合同，又面临向发包人支付巨额违约金的法律风险。

承包人防控建材价格上涨法律风险的主要措施如下。

1. 要求依据合同约定调整价差

在建设工程施工合同履行过程中，双方当事人需遵循意思自治原则，即在合同约定不违反国家法律、行政法规禁止性规定的前提下，遵循约定优先的原则。有约定的，按约定处理。没有约定或者约定不明确的，才由法律进行规制和调整。

《新建设工程司法解释（一）》第十九条第一款规定："当事人对建设工程的计价标准或者计价方法有约定的，按照约定结算工程价款。"

承包人在投标报价、合同订立、材料采购或定价，尤其是签订固定价合同时，应当充分考虑材料价格波动因素，考虑市场环境和生产要素价格变化对合同价款的影响；应当在建设工程施工合同中明确约定建筑材料价格波动的风险内容、风险幅度以及超过风险范围以外的调整办法，积极防范因价格波动带来的工程造价风险。

承发包双方可按《2013 计价规范》的规定分担风险，在建设工程施工合同中约定：承包人可承担 ±5% 以内的人工和单项材料价格风险，超过部分由发包方承担或受益。

双方在合同中约定了上述内容的，当主要建筑材料价格出现异常波动时，承包人可与发包人协商，在支付工程进度款时，将建筑材料价格调差款与工程进度款一并支付。

发包人在与承包人洽谈建设工程施工合同时，要求承包人承担材料价格上涨全部风险、无限风险的，承包人应当坚决拒绝；承包人无力拒绝的，可以先按发包人的要求签约，再以该约定违法为由，要求认定该约定内容无效；或者以该约定对承包人明显不公平为由，要求撤销。

2. 双方在建设工程施工合同中未明确约定因材料价格大幅上涨如何调整工程价款的，承包人可依照法律、法规、部门规章、地方性法规、地方政府规章、行业规范性文件等规定与发包人协商，及时签订补充协议，调整材料价差。

《民法典》第五百一十条规定："合同生效后，当事人就质量、价款或者报酬、履行地点等内容没有约定或者约定不明确的，可以协议补充；不能达成补充协议的，按照合同相关条款或者交易习惯确定。"

《结算暂行办法》第十一条规定："工程价款结算应按合同约定办理，合同未作约定或约定不明的，发、承包双方应依照下列规定与文件协商处理：（一）国家有关法律、法规和规章制度；（二）国务院建设行政主管部门、省、自治区、直辖市或有关部门发布的工程造价计价标准、计价办法等有关规定；（三）建设项目的合同、补充协议、变更签证和现场签证，以及经发、承包人认可的其他有效文件；（四）其他可依据的材料。"

《2013 计价规范》第 9.8.2 条规定："承包人采购材料和工程设备的，应当在合同中约定主要材料、工程设备价格变化的范围或幅度；当没有约定，且材料、工程设备单价变化超过 5% 时，超过部分的价格应按照本规范附录 A 的方法计算调整材料、工程设备费。"

上述法律、部门规章及行业规范性文件对合同价款约定不明时的计价依据、计价标准作出了规定。因此，如遇材料价格大幅上涨，双方未在建设工程施工合同中明确约定的，承包人可以及时与发包人签订补充协议，协商调整材料价差。

3. 依据建设行政主管部门发布的调价文件调整价差

承包人可以地方建设行政主管部门发布的调价文件为依据，与发包人就材料价差进行协商，要求发包人调整工程价款。

因材料价格出现持续大幅度上涨时，各地建设行政主管部门一般会发布调价文件，就建设工程施工合同中未明确材料价格上涨风险承担或强行约定承包人承担材料价格上涨全部风险、无限风险、所有风险等情况，要求双方通过协商，签订补充协议调整材料价差。

不过，地方建设行政主管部门发布的调价文件，对发包人、承包人没有强制约束力，法院一般也不会以此作为裁判依据，判决调整建筑材料价差。

4. 因发包人原因导致工期延误，且在延误期间出现材料价格上涨，承包人可以要求调整工程价款

因发包人未办理建设工程规划审批手续、未及时移交施工场地、未及时提供施工图纸、逾期提供甲供材料、逾期支付工程预付款和进度款等原因导致工期延误，且在工期延误期间出现建筑材料价格大幅上涨，承包人可以要求发包人调整工程价款；因发包人原因导致工期延误，在工期延误期间出现建筑材料价格大幅下跌的，发包人无权要求减少工程价款。

反之亦然。因承包人原因导致工期延误，且在工期延误期间出现材料价格大幅上涨，承包人无权要求调整工程价款；在工期延误期间出现材料价格大幅下跌，发包人有权要求减少工程价款。

《施工合同（2017示范文本）》通用合同条款第7.5.1项对"因发包人原因导致工期延误"有约定："在合同履行过程中，因下列情况导致工期延误和（或）费用增加的，由发包人承担由此延误的工期和（或）增加的费用，且发包人应支付承包人合理的利润：（1）发包人未能按合同约定提供图纸或所提供图纸不符合合同约定的；（2）发包人未能按合同约定提供施工现场、施工条件、基础资料、许可、批准等开工条件的；（3）发包人提供的测量基准点、基准线和水准点及其书面资料存在错误或疏漏的；（4）发包人未能在计划开工日期之日起7天内同意下达开工通知的；（5）发包人未能按合同约定日期支付工程预付款、进度款或竣工结算款的；（6）监理人未按合同约定发出指示、批准等文件的；（7）专用合同条款中约定的其他情形。"

（八）"甲供材""甲控材"法律风险防控

1. "甲供材"法律风险防控

建筑材料是工程造价的重要组成部分。发包人往往以对部分建筑材料有特殊的质量、品质要求为由，要求由其供应建筑材料，以达到控制材料质量、工程成本的目的。

（1）"甲供材"的含义

甲供材，是指发包人与承包人约定，由发包人供应主要建筑材料，材料价款按照实际价格结算，从工程价款结算总额中扣除。

（2）有关"甲供材"的约定

《施工合同（2017示范文本）》通用合同条款第8.1款对"发包人供应材料与工程设备"约定如下："发包人自行供应材料、工程设备的，应在签订合同时在专用合同条款的附件《发包人供应材料设备一览表》中明确材料、工程设备的品种、规格、型号、数量、单价、质量等级和送达地点。承包人应提前30天通过监理人以书面形式通知发包人供应材料与工程设备进场。承包人按照第7.2.2项〔施工进度计划的修订〕约定修订施工进度计划时，需同时提交经修订后的发包人供应材料与工程设备的进场计划。"

（3）"甲供材"对承包人的利与弊

"甲供材"的价格风险由发包人承担。对于承包人来说，"甲供材"有利有弊，利在可以减少垫资压力，避免建筑材料价格异常上涨带来的风险，弊在压缩了承包工程的利润空间。

（4）防控"甲供材"法律风险

"甲供材"不是一个孤立的过程。它贯穿于工程概算、招标投标、合同订立、财务核算、工程结算和工程审计等环节。

承包人防控"甲供材"法律风险的主要措施有以下几项。

① 认真分析招标文件中"甲供材"条款，在投标文件中进行积极响应。

② 签订建设工程施工合同时，需明确约定"甲供材"的具体内容：品种、规格、型号、数量、单价、质量等级、能否调价、调价依据、调价幅度、材料供应时间、交接及相应的违约责任、检验程序等。

③ 承包人应做好材料需求计划，按照建设工程施工合同约定的时间，通过监理人以书面形式通知发包人将其供应材料送达约定地点。

④ 及时认真检验"甲供材"。

发包人供应建筑材料，应当保证建筑材料符合设计文件和建设工程施工合同要求。对发包人提供的建筑材料，承包人有及时检验的义务。承包人检验发现"甲供材"存在质量问题时，应当拒绝使用，并且要求发包人更换材料，要求发包人将有缺陷的建筑材料退场。发包人不同意更换有质量问题的建筑材料的，承包人可采取拍照、录像或要求发包人现场代表或监理签名等方式，及时保存能够证明"甲供材"存在质量缺陷的证据，及时书面致函发包人，明确告知"甲供材"存在质量缺陷情况，要求其在合理期限内更换。因此增加的费用由发包人承担，工期相应顺延，发包人还需向承包人支付合理的利润。

发包人提供的建筑材料存在质量问题，承包人未履行检验义务，因此导致建设工程出现质量问题，承包人与发包人因混合过错而承担相应的法律责任；承包人履行了检验义务但无法发现问题的，因此出现的质量缺陷由发包人承担，与承包人无关。

这里有个细节，承包人不要忽视：不要与发包人签订对己方不利的兜底条款，比如，承包人应当按有关规定严格控制所有进场建筑材料的质量，因建筑材料出现的质量和安全问题都由承包人负责。

⑤ 因发包人提供的主要建筑材料不符合国家强制性标准，致使承包人无法施工，且发包人在催告的合理期限内仍未履行相应义务，承包人有权请求解除建设工程施工合同，并要求发包人承担违约责任。

2."甲控材"法律风险防控

（1）"甲控材"的含义

甲控材，是指发包人与承包人约定，由发包人指定建筑材料供应商，发包人以此控制建筑材料的价格与数量。

（2）防控"甲控材"法律风险

发包人指定的建筑材料供应商，往往是与其有利害关系的单位或个人。"甲控材"是发包人间接控制材料采购的方式，是《建筑法》明令禁止的行为。

《建筑法》第二十五条规定："按照合同约定，建筑材料、建筑构配件和设备由工程承包单位采购的，发包单位不得指定承包单位购入用于工程的建筑材料、建筑构配件和设备或者指定生产厂、供应商。"

对于承包人来说，"甲控材"的风险比"甲供材"更大，理由是：在"甲控材"情况下，承包人与材料供应商直接签订买卖合同，承包人是材料购买方，需要直接承担材料质量问题责任；而在"甲供材"情况下，材料供应商一般与发包人签订买卖合同，承包人仅就材料的质量检验承担相应责任，无须承担材料本身的质量问题责任。

承包人防控"甲控材"法律风险的主要措施有以下几项。

① 拒绝"甲控材"要求是最好的防控措施。发包人为了避免承担责任，一般不会在建设工程施工合同中约定由其指定材料供应商，而是要求与承包人签订补充协议或通过其他书面材料，甚至有可能通过口头形式，对"甲控材"进行约定或指令，因此，承包人有充足的理由拒绝发包人提出的"甲控材"要求。承包人无力拒绝时，应

当要求在补充协议或其他书面材料中明确由发包人指定材料供应商,一旦出现材料质量问题,首先承担责任的是发包人。

②控制"甲控材"单价。在"甲控材"情况下,承包人几乎无法获取材料差价,因此,承包人在与材料供应商签订买卖合同时,需控制"甲控材"单价,以防材料单价超出市场价或指导价,增加承包人负担,且需在与发包人签订的补充协议或其他书面材料中,约定"甲控材"价格上涨风险承担问题。

③与材料供应商约定"背靠背"付款条款。在买卖合同关系中,我国目前法律规定不禁止约定"背靠背"付款条款。承包人可以在买卖合同中,与材料供应商约定"背靠背"付款条款,缓解一定的资金压力。因"甲控材"供应商由发包人指定,供应商了解发包人的实际情况,一般会同意与承包人约定如下"背靠背"付款条款:在发包人未按合同约定向承包人支付工程进度款的情况下,承包人可拒付或延付材料款。

(九)协助发包人"走账"法律风险防控

在施工过程中,发包人基于各种原因要求承包人"走账"的情况很普遍。承包人协助发包人"走账"前,需先了解"走账"的含义、"走账"的法律风险。

1. "走账"的含义

"走账"是会计术语,有两层意思:

(1)正常的记账,是指通过公司对公账户收付,会计人员根据相应票据在账簿中进行记录、入账;

(2)为了避税、套现等目的,通过其他公司或者单位、个人的账户,并非基于真实业务进行资金往来的违规操作。

本书中的"走账"是指第二层意思。

2. 承包人协助发包人"走账"的主要方式及存在的法律风险

(1)融资型"走账"

为了缓解资金压力,发包人往往需要通过向银行贷款方式融资。银行为了防范发包人将资金用于非工程项目开发、建设,一般会要求将贷款直接转入承包人的账户。发包人事先与承包人商定,待银行贷款转入承包人的账户后,转至发包人指定的账户。

在融资型"走账"中,银行同意放款前,一般会要求发包人将在建工程进行抵押。而银行为了顺利行使抵押优先权,一般会与发包人串通,要求承包人放弃建设工程价款优先受偿权。承包人如果无法承受发包人与银行的联合施压,同意放弃建设工程价款优先受偿权,承包人收取工程价款的债权就沦为普通债权,承包人与发包人之间形成了新的债权债务关系,承包人行使建设工程价款优先受偿权的基础已不存在。当发包人无力支付工程价款时,承包人无权就其承建工程折价或者拍卖的价款请求优先受偿,那将给承包人带来极大的风险。

对此,最高人民法院第一巡回法庭2018年第17次法官会议纪要认为,在发包人将银行贷款以工程款名义直接从发包人账户内支付至承包人时,即便承包人未实际使用该款项,但因货币性质上属于特殊种类物,遵循占有即所有的原则,故自上述款项划付至承包人账户时起,发包人即已完成相应的工程款支付义务,承包人也对该款项享有所有权,有权自行处置。因此,该行为实际上已消灭了发包人与承包人之间因工程款而产生的相应债权债务关系。在承包人收到发包人以"走账"名义支付的款项后,承包人依其与发包人的约定,将款项另行转给发包人或发包人指定的第三人,实际上是在承包人与发包人之间产生了其他新的债权债务关系。承包人与发包人以银行贷款"走账",并以未收到足额工程款为由主张优先权的,其主张不能得到支持。

而且,在融资型"走账"中,发包人未能及时归还银行贷款,造成银行经济损失的,则涉嫌骗取贷款罪,承包人有被认定为骗取贷款罪共犯而被追究刑事责任的法律风险。

(2)避税型"走账"

发包人为了达到提高工程成本、降低应纳税额的目的,往往与承包人另行签订远超工程造价的建设工程施工合同,承包人协助提出付款申请、开具税务发票等,款项入账后,承包人将高于实际工程款的金额转入发包人指定的账户。

在避税型"走账"中,发包人已涉嫌逃税罪,承包人涉嫌虚开增值税专用发票罪,面临被追究相应刑事责任的法律风险。

(3)抵债型"走账"

发包人为了解决工程欠款和房产销售问题,往往利用其优势地位,要求承包人签订以房抵债协议:发包人将款项转至承包人的账户,承包人开具工程价款收款发票,进行工程款项结算,之后承包人或其指定的人员,将之前所收款项作为购房款,转回至发包人指定的账户。

在抵债型"走账"中,因发包人与承包人之间签订了《房屋买卖合同》,双方之间的工程欠款合同关系变更为以房抵债合同关系,承包人自然就丧失建设工程价款优先受偿权。

而且,在抵债型"走账"中,经常发生发包人拒绝向承包人交付房产,甚至一房二卖的纠纷,承包人很难控制法律风险。承包人诉至法院,也只能以房屋买卖合同纠纷起诉,在承包人已丧失建设工程价款优先受偿权的情况下,即使承包人胜诉,也存在无法执行的法律风险。

3. 承包人防控"走账"法律风险

（1）坚决拒绝避税型"走账"

避税型"走账"使承包人存在涉嫌虚开增值税专用发票罪的刑事法律风险，承包人应当坚决拒绝，避免陷入犯罪的深渊。

（2）极力拒绝融资型"走账"

对于融资型"走账"，承包人应当极力拒绝。无力拒绝的，承包人需与发包人签订补充协议，明确约定账户款项往来的事由及性质、工程价款的真实支付情况，而且，承包人千万不可放弃建设工程价款优先受偿权。

（3）不轻易接受抵债型"走账"

对于抵债型"走账"，承包人不要轻易接受。承包人无法拒绝发包人提出的以房抵债要求的，需先确定抵债的房屋不存在抵押、一房二卖等情况，且需明确约定当发包人拒绝向承包人交付房产或一房二卖时，以房抵债协议已无法履行，承包人有权按双方结算协议等文件的约定，要求发包人支付欠付的工程价款，并有权行使建设工程价款优先受偿权。

（十）情势变更法律风险防控

1. 情势变更的含义

情势变更是指合同有效成立后，因不可归责于双方当事人的原因使客观事实发生变更，导致合同基础动摇或丧失，继续维持合同原有效力将显失公平，根据具体情况，当事人可以要求对合同内容进行变更或者解除。

《民法典》第五百三十三条规定了情势变更原则："合同成立后，合同的基础条件发生了当事人在订立合同时无法预见的、不属于商业风险的重大变化，继续履行合同对于当事人一方明显不公平的，受不利影响的当事人可以与对方重新协商；在合理期限内协商不成的，当事人可以请求人民法院或者仲裁机构变更或者解除合同。人民法院或者仲裁机构应当结合案件的实际情况，根据公平原则变更或者解除合同。"

2. 法律规定情势变更原则的目的

法律规定情势变更原则的目的是，通过司法力量改变原有合同已经确定的权利义务，使合同在公平的基础上变更或解除，重新分配、分担合同双方在交易中获得的利益和风险，排除因客观情况变化导致的不公平结果。

3. 情势变更的适用范围

情势变更指一切可能导致合同基础动摇的客观情况发生变化，包括发生自然灾害、意外事故、战争、社会事件、国家经济政策及社会经济环境的巨变等。

客观情况的变化时刻都在发生，一般变化不适用情势变更原则。只有客观情况发生重大异常变动，合同赖以成立的基础发生巨大变化，致使继续履行原合同将显失公平，导致对一方当事人明显有利，对另一方当事人明显受损，双方当事人的利益严重失衡时，才适用情势变更原则。

情势变更发生后，由双方当事人先行协商解决，以消除情势变更影响。协商不成的，当事人需向人民法院或仲裁机构申请变更或解除合同。未经人民法院或仲裁机构裁判，一方或双方当事人不得自行变更或解除合同。

变更合同是在原合同的基础上，变更合同的不公正内容，消除显失公平的结果，使双方当事人的权利义务趋于平衡。比如，增减给付内容、延期或分期履行、变更标的物等。

解除合同是终止双方当事人原合同关系，免除当事人的法律责任。采取变更合同内容的方式，不足以消除情势变更给一方当事人带来的显失公平结果的，该当事人可以依法请求解除合同。

这里有一点承包人需注意：因情势变更解除合同时，一方当事人向另一方当事人发出的解除合同的通知，不具有解除合同的效力，双方解除合同的时点为法院或者仲裁机构作出裁判之日。

4. 情势变更的适用条件

（1）已发生情势变更的事实。即合同的基础条件发生重大变化，且该变化属于当事人在订立合同时无法预见的、不属于商业风险的重大变化。这里所说的"重大变化"，在建设工程领域中，主要是指建设工程合同签订时的社会环境、经济环境、市场环境等客观事实发生了重大变化。

① 政治、经济、法律政策发生重大变化。比如，因环保政策收紧，导致各地砂石价格大幅上涨，施工成本大增。

② 政府行为。比如，因政府规划调整、变化，导致继续履行原合同对一方明显不公平的，该政府行为属于情势变更事由。

③ 社会事件。比如，新冠肺炎，最高人民法院发布的《关于依法妥善审理涉新冠肺炎疫情民事案件若干问题的指导意见（一）》将新冠肺炎定性为情势变更："疫情或者疫情防控措施仅导致合同履行困难的，当事人可以重新协商；能够继续履行的，人民法院应当切实加强调解工作，积极引导当事人继续履行。当事人以合同履行困难为由请求解除合同的，人民法院不予支持。继续履行合同对于一方当事人明显不公平，其请求变更合同履行期限、履行方式、价款数额等的，人民法院应当结合案件实际情况决定是否予以支持。合同依法变更后，当事人仍然主张部分或者全部免除责任的，人民法院不予支持。因疫情或者疫情防控措施导致合同目的不能实现，当事人请求解除合同的，人民法院应予支持。"

④ 建筑材料、机械设备、劳动力等市场价格出现重大变化。建筑材料、机械设备、劳动力等价格异常上涨，超出了当事人订立合同时的预见能力的，则不属于商业风险，而是构成了情势变更。法院或者仲裁机构认定建筑材料、机械设备、劳动力等价格上涨是否可预见，通常结合投标前的价格情况、签约后价格异常上涨是否超过历史价格高位、政府是否已就价格异常上涨风险发布指导文件等因素进行认定。

⑤ 外汇汇率出现异常波动等。

（2）情势变更发生在合同成立后，履行终止前。

（3）情势变更须是当事人不能预见，且不可归责于当事人。情势变更仅针对当事人在订立合同时无法预见的风险，且不是正常商业风险。合同约定由一方当事人承担全部风险、无限风险的，视为合同没有约定风险承担范围。当建筑材料、机械设备、劳动力等市场价格波动超出正常商业风险时，当事人可以根据情势变更原则，请求变更工程造价。

（4）因情势变更而使原合同的履行显失公平。

5. 法院或者仲裁机构对情势变更原则的认定观点

对于承包人以情势变更为由主张变更或者解除合同的，最高人民法院以合同严守为基本原则，对于情势变更的适用秉持较为审慎的态度，严格审查当事人提出的"无法预见"的主张，依法考量基础条件发生重大变化后，双方利益能否得到平衡。

人民法院或者仲裁机构在判断某种重大客观变化是否属于情势变更时，应当注意衡量风险类型，是否属于社会一般观念上的事先无法预见、风险程度是否远远超出正常人的合理预期、风险是否可以防范和控制、交易性质是否属于通常的"高风险高收益"范围等因素，并结合市场的具体情况，在个案中识别情势变更和商业风险。

各地各级法院对于是否适用情势变更原则的普遍观点是：

① 承包人以社会事件、政府政策调整等非商业理由主张适用情势变更原则，更容易获得法院支持。

② 关于调整建筑材料价格的地方性政策，人民法院会酌情考量情势变更原则的适用，但会严格把控适用的条件。如合同中明确约定了关于人工、材料价格浮动的相关风险，人民法院一般不会支持适用情势变更原则，因为承包人作为长期从事建筑施工的企业，对于此类风险应当具有一定的预见性。而对于承包人突破合同约定的价格主张调整，法院通常采取很审慎的态度，除了考虑单项人材机价格上涨的涨幅远超投标时的价格外，还会考虑因价格上涨而增加的成本在工程总造价中的占比。

正因如此，尽管近年来签订建设工程施工合同后，钢材、水泥、砂石等主要建筑材料价格飞涨，甚至创下近几年的最高值，继续依照原合同约定的价格履行，对于承包人已明显不公平，且价格飞涨因环保监督加严、国内外形势变化、新冠疫情等因素综合所致,已非商业固有风险,地方政府部门也纷纷出台文件,明确主要建筑材料价格涨幅已超出正常预期,这些情况已符合《民法典》第五百三十三条规定的情势变更条件,但最高人民法院仍鲜有案例认定适用情势变更原则。

③ 各地高院对于固定价合同因主要建材价格飞涨,适用情势变更原则的一般观点如下。

建设工程施工合同约定工程价款实行固定价结算,在实际履行过程中,钢材、木材、水泥、混凝土等对工程造价影响较大的主要建筑材料价格发生重大变化,超出了正常市场风险的范围,合同对建材价格变动风险负担有约定的,原则上依照其约定处理;没有约定或约定不明,该当事人要求调整工程价款的,可在市场风险范围和幅度之外酌情予以支持;具体数额可以委托鉴定机构参照施工地建设行政主管部门关于处理建材差价问题的意见予以确定。

比如,广东省高级人民法院《关于审理建设工程合同纠纷案件的暂行规定》(粤高法发〔2000〕31号)第27条规定:"建设工程合同约定对工程总价或材料价格实行包干的,如合同有效,工程款应按该约定结算。因情势变更导致建材价格大幅上涨而明显不利于承包人的,承包人可请求增加工程款。但建材涨价属正常的市场风险范畴,涨价部分应由承包人承担。"

因此,当发包人要求在建设工程施工合同中约定以下列方式排除适用情势变更原则时,承包人需坚决拒绝。因为建设工程施工合同一旦作出下述约定,双方当事人因价格飞涨等原因产生争议时,将对承包人极为不利:

① 约定不论发生何种情况(包括但不限于政策调整、不可抗力、价格飞涨等),均不适用情势变更原则;

② 建筑材料价格上涨幅度超过双方签约时预见,风险由双方自行承担,不调整合同价款。

典型案例　不认定情势变更的案例

1. 案例来源

(2016)粤民再331号民事判决书。

2. 一审法院裁判意见

关于本案能否变更案涉施工合同约定,对案涉工程的工料机价格进行调差的问题。(1)案涉施工合同约定采取包工、包料、固定合同总价施工总承包方式承包,即按照合同约定,不存在案涉工程工料机价格随市场价格变动而进行调差的问题。但根据《最高人民法院关于适用〈中华人民共和国合同法〉若干问题的解释(二)》第二十六条的规定，Z公司有权以在案涉工程施工期间工料机价格大幅上涨为由请求一审法院适用情势变更原则对工料机价格进行调差。（2）情势变更原则实际是赋予法院以直接干预合同关系的"公平裁判权"，是公权力对私权利特别是合同自由和合同严守的强力介入，故应严格按照情势变更原则的适用条件进行审查以确定能否适用。情势变更原则的适用条件有五：① 须存在情势之变更；② 情势之变更，须在法律行为成立后，债之关系消灭之前；③ 情势之变更，须当事人未能预料且无法预料；④ 情势之变更，须不可归责于当事人；⑤ 情势变更后，维持原有法律行为之效力须构成当事人间利益的显失平衡。首先，Z公司在订立案涉施工合同时是否能预见或是否应当能预见工料机价格的持续上涨。案涉施工合同签订于2007年8月，而根据Z公司提交的广东省建设厅、广东省建设工程造价管理总站分别于2007年7月15日、2007年7月31日发布的《关于合理确定和调整建设工程人工工资单价的指导意见》（粤建价函〔2007〕276号）、《关于工料机价格涨落调整与确定工程造价的意见》（粤建造发〔2007〕002号）等文件的内容显示，近年来建设工程的工料机价格已出现持续大幅度涨落，有关建设行政主管部门已提示建设工程承发包人应在确定工程造价时注意合理定价以避免因工料机价格的大幅涨落导致工程造价大幅变化的风险。即在案涉施工合同签订前，工料机价格已长期处于剧烈变动态势，Z公司在签订合同、同意以固定合同总价方式承包案涉工程时，应当可预见到工料机价格在工程施工期间会出现大幅度涨落的情形，Z公司主张其无法预见到工料机价格在施工期间大幅上涨的诉请理由不能成立，一审法院不予采信。另，案涉施工合同已约定：案涉合同为包工、包料、固定总价合同，招标文件、技术要求、图纸、答疑纪要、现场考察、各种风险等的费用全部包干，S公司不提出设计变更、现场签证，结算时合同价款不予调整。案涉施工合同价款在Z公司全面理解并接受案涉工程招标要求的基础上确定，投标调整后价格不因国家政策引起材料、设备价格异常变动导致合同价款变化等任何原因而调整，相应风险已经包含到合同价款中。Z公司在施工期间不得因任何原因（包括但不限于工程材料涨价、人工涨价等）要求S公司提高工程造价。根据上述合同条款可以认定S公司已经明确地预先排除了因工料机价格异常变动等原因而进行合同价款调整的可能，对此，作为预见主体的Z公司，不仅是应当预见到，而且其现据此主张调整合同价款也有违诚实信用原则，不予支持。其次，工料机价格的上涨幅度是否导致案涉施工合同的继续履行会造成合同当事人间权利义务显失平衡。确认一个客观事实的巨变是否属于情势变更，关键在于此项变更是否引起质的履行艰难，并且产生显失公平的结果，使一方当事人履行合同会遭受"经济废墟"或"生存毁灭"。具体到本案，根据J造价鉴定报告的鉴定结论，案涉已完工程人工、材料、机械调差价值为12216135.43元，而案涉已完工程合同价款为104690847.33元，两者相加，工料机的调差价值亦只占工程造价的 10.4%［12216135.43 元÷（12216135.43 元＋104690847.33 元）］，比照《最高人民法院关于适用〈中华人民共和国合同法〉若干问题的解释（二）》第二十九条第二款关于对过高损失认定的规定，Z 公司因工料机价格上涨导致的差价损失幅度远未达到情势变更原则所要消除的当事人之间权利义务显失平衡的严重程度。综上，本案不符合适用情势变更原则调整案涉施工合同价款对工料机价格进行调差的条件，Z 公司主张 S 公司应补偿其人工、材料、机械调差价值及相应利息的诉讼请求，缺乏合同和法律依据，不予支持。

3. 二审法院裁判意见

S 公司是否应支付工料机调差 12216135.43 元。案涉施工合同明确约定，本工程采用包工、包料、固定合同总价施工总承包的形式进行发包，承包人在施工期间不得因任何原因（包括但不限于工程材料涨价、人工涨价等）要求发包人提高工程造价。在合同的专用条款中，双方还特别约定本工程合同价款在承包人全面理解并接受本工程招标要求的基础上确定，合同价款的风险包括施工期间工料价格浮动。Z 公司主张 S 公司支付工料机调差不符合合同约定。至于工料机价格上涨是否构成情势变更的问题，《最高人民法院关于适用〈中华人民共和国合同法〉若干问题的解释（二）》第二十六条规定："合同成立以后客观情况发生了当事人在订立合同时无法预见的、非不可抗力造成的不属于商业风险的重大变化，继续履行合同对于一方当事人明显不公平或者不能实现合同目的，当事人请求人民法院变更或者解除合同的，人民法院应当根据公平原则，并结合案件的实际情况确定是否变更或者解除。"工料机价格随着经济形势的变化出现较大幅度的波动，并非一个突变的过程，而是一个逐步演变的过程，Z 公司作为专业的建筑公司，理应对工料机价格的大幅波动有所预见。从合同约定的内容来看，S 公司和 Z 公司在合同协商及签订过程中，对于工料机价格在施工期间可能出现波动已有预期，并就工料机的价格不予调整达成了一致意见。从调差金额和工程造价金额的比重来看，工料机调差金额 12216135.43 元占案涉已完工程造价金额 104690847.33 元的比重为 10.4%，尚未达到造成当事人之间利益明显失衡的程度。因此，Z 公司请求 S 公司支付工料机差价既不符合合同约定，亦未达到情势变更的构成要件，一审法院对其请求不予支持正确，予以维持。

四、解除建设工程施工合同法律风险防控

建设工程施工合同一般具有履行周期长、标的额大、法律关系复杂等特点。在合

同履行过程中，经常发生因发包人原因导致合同无法继续履行的情况，如果选择继续履行，将给承包人后续施工带来巨大风险。承包人及时解除施工合同，是防止损失扩大的一种方式。

除了协商解除合同外，当事人行使解除权，无须对方当事人同意，只需解除权人单方的意思表示，就可以解除合同，前提是行使解除权的当事人享有解除权。解除权人主张解除合同，应当通知对方。合同自通知到达对方时解除。对方有异议的，可以请求人民法院或者仲裁机构确认解除合同的效力。

（一）合同解除的含义

合同解除是指合同当事人一方或者双方依照法律规定或者合同约定，提前终止合同法律效力的行为。

合同有效成立后，即对合同双方当事人产生法律效力。合同符合法律规定或合同约定的解除条件时，当事人不行使解除权，合同仍然有效，当事人仍然需要全面履行合同约定的义务，不得擅自变更或解除。

（二）合同解除的分类

1. 约定解除和法定解除

根据合同解除的依据，合同解除可分为约定解除和法定解除。

（1）约定解除

约定解除，是指发包人和承包人在建设工程施工合同中约定达到一定条件时，承包人或发包人有权提前终止合同的法律效力。

《民法典》第五百六十二条规定了合同约定解除的情形："当事人协商一致，可以解除合同。当事人可以约定一方解除合同的事由。解除合同的事由发生时，解除权人可以解除合同。"

《施工合同（2017 示范文本）》通用合同条款第 7.3.2 项约定："除专用合同条款另有约定外，因发包人原因造成监理人未能在计划开工日期之日起 90 天内发出开工通知的，承包人有权提出价格调整要求，或者解除合同。发包人应当承担由此增加的费用和（或）延误的工期，并向承包人支付合理利润。"

《施工合同（2017 示范文本）》通用合同条款第 7.8.6 项约定："暂停施工持续 84 天以上不复工的，且不属于第 7.8.2 项〔承包人原因引起的暂停施工〕及第 17 条〔不可抗力〕约定的情形，并影响到整个工程以及合同目的实现的，承包人有权提出价格调整要求，或者解除合同。"

合同约定的解除条件成就时，守约方以此为由诉请解除合同的，人民法院或者仲裁机构应当审查违约方的违约程度是否显著轻微，是否影响守约方合同目的实现，根据诚实信用原则，确定合同应否解除。违约方的违约程度显著轻微，不影响守约方合同目的实现，守约方请求解除合同的，人民法院或者仲裁机构不予支持；反之，则依法予以支持。

因此，承包人在与发包人洽谈合同条款时，需综合考虑鼓励交易、诚实信用原则对合同履行、解除的影响，重点关注根本违约条款、影响合同目的实现条款，以免今后出现解除合同事由，而影响解除权行使。

（2）法定解除

法定解除，是指当事人一方或双方依据法律规定提前终止合同的法律效力。

《民法典》第五百六十三条规定了合同法定解除的情形。

（一）因不可抗力致使不能实现合同目的

在违约责任中，不可抗力是一种法定的免责事由，因不可抗力解除合同，承发包双方都无须承担违约责任。

（二）在履行期限届满之前，当事人一方明确表示或者以自己的行为表明不履行主要债务

在建设工程施工合同中，发包人应当履行的主要债务是及时足额支付工程价款。发包人明确表示或有证据证明其无力支付工程价款的，承包人有权解除合同。

在建设工程施工合同履行过程中，承包人有确切证据证明发包人经营状况严重恶化、转移财产或者抽逃资金以逃避债务、丧失商业信誉、有丧失或者可能丧失履行债务能力的其他情形的，承包人可以及时书面通知发包人，中止履行承包人依照合同约定应当先履行的义务，要求发包人提供适当担保。中止履行后，发包人在合理期限内未恢复履行能力或未提供适当担保的，承包人可以解除合同。

（三）当事人一方迟延履行主要债务，经催告后在合理期限内仍未履行

发包人未按照约定及时足额支付工程价款，经承包人催告后在合理期限内仍未付款的，承包人有权解除合同。

这里所指的"合理期限"一般理解为：根据建筑行业惯例，施工过程中的合理期限一般为28天，除非合同另有约定，因此，承包人催告发包人在28天内履行付款义务较为合适。

（四）当事人一方迟延履行债务或者有其他违约行为致使不能实现合同目的

发包人不履行主要义务之外的其他合同义务，比如，未按照约定提供施工场地，使承包人无法正常施工，承包人有权解除合同。

（五）法律规定的其他情形

比如，《民法典》第五百三十三条规定了情势变更情形下的法定解除："合同成立

后，合同的基础条件发生了当事人在订立合同时无法预见的、不属于商业风险的重大变化，继续履行合同对于当事人一方明显不公平的，受不利影响的当事人可以与对方重新协商；在合理期限内协商不成的，当事人可以请求人民法院或者仲裁机构变更或者解除合同。人民法院或者仲裁机构应当结合案件的实际情况，根据公平原则变更或者解除合同。"

2. 单方解除和双方解除

从由一方还是双方当事人提出解除合同的角度，合同解除可分为单方解除和双方解除。

（1）承包人单方解除合同的情形

《民法典》第八百零六条第二款规定了承包人单方解除建设工程施工合同的两种情形。

① 发包人提供的主要建筑材料、建筑构配件和设备不符合强制性标准，致使承包人无法施工，且在催告的合理期限内仍未履行相应义务的，承包人可以解除合同。

承包人按照该条规定单方解除合同，需要同时符合四个条件：

一是发包人提供主要建筑材料、建筑构配件和设备，不包括辅助建筑材料、建筑构配件和设备；

二是发包人的行为已使承包人无法正常施工；

三是经承包人检测，发包人提供的主要建筑材料、建筑构配件和设备不符合国家强制性标准，承包人催告发包人在合理期限内更换主要建筑材料、建筑构配件和设备；

四是经催告后发包人仍拒绝更换主要建筑材料、建筑构配件和设备。

② 发包人不履行协助义务，致使承包人无法施工，且在催告的合理期限内仍未履行相应义务的，承包人可以解除合同。

发包人应当履行的协助义务主要包括：

一是办理建设用地规划许可证、建设工程规划许可证、建设工程施工许可证及其他相关手续；

二是提供符合施工要求的场地及其他条件；

三是提供符合设计要求的施工图纸及其他关系建设工程质量与安全的资料等；

四是审批确认承包人提交的施工组织设计、施工方案、工程进度、工程变更、签证等文件；

五是发出开工、停工、复工等施工指示；

六是及时验收隐蔽工程、分部分项工程；

七是其他协助义务。

承包人据此解除建设工程施工合同，需要同时符合两个条件：

一是发包人不履行协助义务导致承包人无法施工；

发包人不履行一般性协助义务，一定程度影响承包人施工，但不导致承包人无法施工的，承包人就不能解除建设工程施工合同。

二是经承包人催告后，发包人在合理期限内仍拒绝履行协助义务。

在司法实践中，承包人经常以发包人未按合同约定支付工程价款为由，单方请求解除建设工程施工合同。

发包人未按约定及时足额向承包人支付工程预付款、工程进度款，导致承包人无法支付劳动者工资、无法购买原材料、无法租赁机器设备，无法正常施工。若承包人继续履行合同，将对承包人的利益产生更大的影响，于承包人明显不利。承包人催告发包人付款，发包人在合理期限内仍拒绝履行义务，且未提供履约担保，承包人可以单方解除建设工程施工合同，也可以向法院起诉请求解除建设工程施工合同。

在这种情形下，承包人单方解除建设工程施工合同，需要同时符合三个条件：

一是发包人拖欠工程价款的数额使承包人无法正常施工；

二是承包人已尽到告知、催告义务；

三是发包人在催告后的合理期限内仍未支付工程价款。

（2）发包人单方解除合同的情形

《民法典》第八百零六条第一款规定了发包人单方解除建设工程施工合同的情形："承包人将建设工程转包、违法分包的，发包人可以解除合同。"

另外，在司法实践中，发包人单方请求解除建设工程施工合同并有望获得法院或者仲裁机构支持的主要情形有以下几种。

① 承包人明确表示或者以行为表明不履行合同主要义务。

承包人在建设工程施工合同中的主要义务是：按照合同约定、保质保量完成施工任务。承包人明确表示或者以行为表明不履行合同主要义务，属于承包人根本违约。因承包人不继续施工，发包人已无法实现建设工程施工合同目的，发包人可行使单方解除权，解除建设工程施工合同。

承包人擅自停工，属于以行为表明不再履行合同的典型情形。承包人单方擅自停工，而发包人没有违约行为的，发包人催促承包人复工，承包人在合理期限内仍不复工，发包人可单方要求解除建设工程施工合同。

② 承包人在合同约定的期限内没有完工，且在发包人催告的合理期限内仍未完工的。

建设工程是否按照合同约定竣工验收，是否如期交付发包人使用，直接关系到发包人的利益。因承包人的原因建设工程无法按期完工，经发包人催告后，承包人仍无法在合理期限内完工，致使发包人无法实现其合同目的，发包人可以此为由行使单方解除合同权，解除建设工程施工合同。

③已经完成的建设工程质量不合格，承包人拒绝修复。

承包人已完工程存在质量问题，发包人有权要求承包人进行修复。承包人在合理期限内拒绝修复，发包人就无法实现建设工程施工合同目的。发包人可据此单方解除建设工程施工合同，另请施工企业进行修复，由承包人承担修复费用。不过，已完工程仅有轻微质量瑕疵，不影响工程质量安全的，发包人不得随意解除合同。

典型案例　支持发包人单方解除建设工程施工合同的案例

1. 案例来源

（2022）最高法民终63号民事判决书。

2. 一审法院裁判意见

总承包合同解除的原因及责任。对照Z公司已完成产值付款申请单及已付款对账表，可以确认经Y置业公司按合同比例审核确认的应付进度款总额为6895504005.14元，Y置业公司实际付款712350916.75元，已超过总承包合同约定的应付进度款数额。Y置业公司付款虽有迟延，但如前所述，Y置业公司并没有表示不付款，双方亦没有协商延期付款，且依据H咨询公司确认的退场界面，此时多层区、别墅区工程均已基本完工，溪隐府项目已进入收尾阶段，Z公司作为具有特级资质的施工企业，不应存在因缺少资金而导致无法完工的困难。且Y置业公司支付81224018元工人工资，亦说明有能力付款，不存在溪隐府项目工程无法实现竣工的情形。但2016年春节后，当Y置业公司于2016年2月26日致函Z公司要求2016年3月1日前恢复施工时，Z公司不但没有恢复施工，相反于2016年4月18日以Y置业公司拖欠甲方指定分包工程款和监理服务费，工程图纸、规划、施工许可等手续未完成为由，决定2016年4月19日起对施工现场停止供电，并禁止无关人员入场，导致双方矛盾升级。Z公司主张Y置业公司拖欠甲方指定分包工程款、监理服务费，工程图纸、规划、施工许可等手续未完成，均缺乏充分证据予以证明。因此，可以认定Z公司以行为表明不履行合同主要义务，构成根本违约。依据《最高人民法院关于审理建设工程施工合同纠纷案件适用法律问题的解释》（法释〔2004〕14号）第八条第（一）项关于"承包人具有下列情形之一，发包人请求解除建设工程施工合同的，应予支持：（一）明确表示或者以行为表明不履行合同主要义务的"的规定，Y置业公司请求解除总承包合同，一审法院予以支持。Y置业公司2016年7月1日起诉Z公司要求解除合同，可视为Z

公司收到解除合同通知书之日，故一审法院确认双方总承包合同于2016年7月1日解除。

3. 最高人民法院裁判意见

2015年底Z公司再次以工程款支付延期为由停工后，从2016年2月开始，Y置业公司已经以代付农民工工资的方式继续支付进度款8000余万元，并最终实际超付审核确定的进度款。Z公司停工时虽然符合总承包合同通用条款26.4条"发包人不按合同约定支付工程款（进度款），双方又未达成延期付款协议，导致施工无法进行，承包人可停止施工，由发包人承担违约责任"的约定，但在Y置业公司已经超付进度款后仍不恢复施工，并于2016年4月函告Y置业公司停止工程现场供电，禁止无关人员入内，以实际行动拒绝履行合同，原审认定其两次停工构成违约、最终构成根本违约，应就合同解除承担全部责任并无不当。

（三）承包人解除建设工程施工合同的程序

因建设工程施工合同的解除直接关系双方当事人的切身利益，无论是法律、法规、司法解释规定，还是人民法院或者仲裁机构的司法裁决，都从诚实信用原则、鼓励交易的角度，对解除建设工程施工合同持严肃、谨慎态度。承包人也应秉着严肃、谨慎的态度解除建设工程施工合同，而不能简单粗暴直接解除。

解除建设工程施工合同是个技术活。

承包人应当结合建设工程实际情况，看准时机，选择合适的机会解除建设工程施工合同。承包人解除合同的时机选择不当，有可能造成承包人不必要的损失。笔者建议，承包人在解除建设工程施工合同时，应当充分听取建设工程专业律师的意见，防控解除合同法律风险。

1. 解除建设工程施工合同前先协商、书面催告

承包人在行使合同解除权前，应当与发包人充分协商，确定双方是否能就解决问题的方式达成共识。协商不成后，承包人应当先催告发包人在合理期限内履行义务，或要求发包人提供相应的履约担保。

我国法律未明确规定催告的方式。为避免产生争议，影响解除权的行使，笔者建议承包人通过书面方式催告发包人，催告函中明确告知发包人已根本违约，要求其在合理期限内履行义务，否则承包人将依法依约解除建设工程施工合同。承包人最好直接向发包人送达催告函，并要求发包人签收；发包人拒绝签收的，承包人需通过邮政快递方式向发包人送达催告函。

2. 及时行使合同解除权

承包人行使合同解除权的期限，建设工程施工合同有约定的按约定；建设工程施工合同没有约定的，承包人自知道或者应当知道解除事由发生的一年内行使，否则合同解除权消灭。

《民法典》第五百六十四条明确规定了合同解除权行使期限："法律规定或者当事人约定解除权行使期限，期限届满当事人不行使的，该权利消灭。法律没有规定或者当事人没有约定解除权行使期限，自解除权人知道或者应当知道解除事由之日起一年内不行使，或者经对方催告后在合理期限内不行使的，该权利消灭。"

承包人需特别注意：建设工程施工合同没有约定解除权行使期限的，建设工程无法继续施工后，承包人应当在解除事由发生后一年期间内行使合同解除权，要求发包人结算、支付工程价款，否则，承包人将丧失解除合同的权利，且是永久性丧失。承包人只能依照建设工程施工合同的约定，继续履行合同的义务，否则，承包人将因违法解除合同而向发包人承担违约责任。

3. 承包人应当通知发包人解除合同

承包人依照法律规定或合同约定解除建设工程施工合同，应当通知发包人。建设工程施工合同自通知到达发包人时解除。发包人对解除合同有异议的，有权请求人民法院或者仲裁机构确认解除合同的效力。

承包人解除建设工程施工合同时，有两种通知发包人的方式：

（1）直接通知

承包人发函给发包人，明确告知其解除建设工程施工合同，通过邮政快递方式送达，保留解除合同通知函与邮政快递单原件。

建设工程施工合同约定了解除合同异议期限的，发包人收到承包人解除合同的通知后，对解除合同有异议的，应当在异议期限内提出意见。发包人在异议期限届满后再提出异议，或者向法院起诉承包人继续履行合同，都将得不到支持。

（2）通过诉讼或仲裁方式通知

《民法典》第五百六十五条第二款规定："当事人一方未通知对方，直接以提起诉讼或者申请仲裁的方式依法主张解除合同，人民法院或者仲裁机构确认该主张的，合同自起诉状副本或者仲裁申请书副本送达对方时解除。"

承包人未按照上述要求通知发包人的，不发生解除合同的效力。

这里有个细节承包人需重视：承包人已直接通知发包人解除建设工程施工合同的，在诉讼中要求发包人支付工程价款及利息、违约金、承担其他违约责任即可，不用再提出解除建设工程施工合同的诉求，不然会大大增加承包人的诉讼成本，因为目前全国大部分法院对于解除合同的纠纷，按合同总金额计算受理费。

| 典型案例 | 认定签收起诉状副本的时间为解除合同时间的案例 |

1. 案例来源

(2021)最高法民终687号民事判决书。

2. 一审法院裁判意见

S公司与H公司签订的《建设工程施工合同》应否解除的问题。

根据《合同法》第九十四条"有下列情形之一的，当事人可以解除合同：……（四）当事人一方迟延履行债务或者有其他违约行为致使不能实现合同目的"，及《最高人民法院关于审理建设工程施工合同纠纷案件适用法律问题的解释》第九条第（一）项："发包人具有下列情形之一，致使承包人无法施工，且在催告的合理期限内仍未履行相应义务，承包人请求解除建设工程施工合同的，应予支持：（一）未按约定支付工程价款的"的规定，本案中，S公司按照约定对案涉项目进行垫资施工至工程总量的90%，截至起诉之日，H公司未向S公司提供研发中心正立面大厅（玻璃幕墙）设计图，未安排直接分包的室外强电、电梯工程给水工程项目进场施工，致案涉项目于2017年2月12日停工并无法继续施工。

2017年4月6日，S公司与H公司及某航空公司签订《会议纪要》，就案涉项目工程款支付方式进行了变更约定，明确H公司于当月底向S公司支付已完工程的保底工程款1000万元。

S公司与H公司基于合同约定，互负权利义务。在施工方按约垫资进行项目建设，工程进度达到双方约定的付款节点时，发包方应如约支付对应的工程款项，此系S公司的合同目的，亦系H公司根本性的合同义务。但H公司迟延履行支付工程进度款，同时未能向S公司提供研发中心正立面大厅（玻璃幕墙）设计图，不安排直接分包的室外强电、电梯工程给水工程项目进场施工，致使S公司合同目的无法实现，其请求依法解除双方于2015年9月13日签订的《建设工程施工合同》有事实和法律依据。且H公司公司亦表示可以解除双方之间的合同关系，故对S公司的该项诉讼请求予以支持，合同解除时间确定为2018年5月20日，即H公司签收起诉状副本的时间。

（四）解除建设工程施工合同时应当解决的问题

1. 双方确定已完工程量及工程界面，验收工程质量

（1）不管是约定解除还是法定解除，是承包人单方解除还是发包人单方解除，或者双方协商解除，发包人都有组织施工、监理、勘察、设计等单位验收已完工程质量的义务，有组织承包人、监理单位确定已完工程量及工程界面的义务，承包人有配合已完工程验收、确认已完工程量的义务。

（2）对于承包人分包的工程，为避免发生纠纷，在解除建设工程施工合同时，承发包双方需核实分包人已完工程量，适合继续施工的分包人，发包人应当及时与其另行签订协议；不适合继续施工的分包人，承包人需与分包人协商解决分包事宜，将分包工程移交给发包人。

（3）建设工程施工合同解除后，承包人需及时向发包人移交施工图纸、深化图纸、过程验收记录、隐蔽工程验收记录、施工材料质量卡等资料，发包人应当及时核对资料。

2. 结算、支付已完工程价款及利息，修理或者返工、改建质量不合格的建设工程

根据《民法典》第八百零六条第三款的规定，合同解除后，已经完成的建设工程质量合格的，发包人应当按照约定支付相应的工程价款；已完成的建设工程质量不合格的，发包人有权请求承包人在合理期限内无偿修理或者返工、改建，修复后的建设工程经验收不合格的，承包人无权请求参照合同关于工程价款的约定折价补偿。

欠付工程价款利息从应付工程价款之日开始计付。当事人对付款时间没有约定或者约定不明的，下列时间视为应付款时间：

（1）建设工程已实际交付的，为交付之日；

（2）建设工程没有交付的，为提交竣工结算文件之日；

（3）建设工程未交付，工程价款也未结算的，为当事人起诉之日。

3. 交接已完工程，及时撤场

（1）建设工程施工合同解除后，承包人应当及时将人员、设备、建筑材料等撤出施工现场，并与发包人办理工程交接手续。

（2）对于剩余的"甲供材"，承包人应当及时退还给发包人，并做好材料交接工作。

（3）发包人继续使用承包人购买或租赁的大型设备的，应及时与承包人签订购买或租赁设备协议，或者与设备出租人签订变更租赁协议。

承包人需注意一个细节：为了避免产生争议，陷已方于被动，承包人在撤场前，务必要求发包人结算已完工程价款。

4. 建设工程施工合同解除后，承包人仍需在质量保修期内对已完工程承担保修责任。

（五）解除建设工程施工合同的法律后果

1. 解除一般合同的法律后果

《民法典》第五百六十六条第一款规定了解除一般合同的法律后果："合同解除

后，尚未履行的，终止履行；已经履行的，根据履行情况和合同性质，当事人可以请求恢复原状或者采取其他补救措施，并有权请求赔偿损失。"

依据上述法条规定，解除一般合同的法律后果有：

（1）未履行的部分不再履行，债务免除，归于消灭；

（2）已履行的部分，视情况恢复原状、采取补救措施、赔偿损失等。

2. 解除建设工程施工合同的法律后果

《民法典》第八百零六条第三款对解除建设工程合同的法律后果有特殊规定："合同解除后，已经完成的建设工程质量合格的，发包人应当按照约定支付相应的工程价款；已经完成的建设工程质量不合格的，参照本法第七百九十三条的规定处理。"

依据上述法条规定，解除建设工程施工合同的法律后果有以下几项。

（1）终止履行

建设工程施工合同解除后，对于合同约定的未履行义务，双方不再履行。

《民法典》第五百五十七条第二款规定："合同解除的，该合同的权利义务关系终止。"由此可知，合同解除的法律后果是合同整体解除，合同债权债务关系整体终止，而不是部分解除，部分终止。

我们知道，大部分工程项目建设周期长、工程量大，合同约定的工程范围往往涉及多个单位工程、分部分项工程，这些工程大多可以独立施工，可以独立验收，可以独立结算。而且，在建设工程施工合同履行过程中，解除合同往往不是因合同约定的全部工程范围，而仅是部分工程范围存在问题所致。建设工程施工合同整体解除，对于承包人和发包人都将不利，也没必要。为了避免这个不利局面发生，笔者建议：

① 对于建设周期长的项目，可以按时间顺序分阶段约定双方的权利义务，分别约定已完工程、未完工程、未动工工程的验收、结算、交接、撤场、解除合同细节；

② 建设工程施工合同约定的工程范围分地块、标段或楼栋的，双方可以按地块、标段或楼栋分别约定施工工期、付款节点、验收交付、工程价款结算、合同解除条件等内容，不致因关于某地块、某标段或某楼栋项目的约定无法继续履行，而影响其他地块、标段或楼栋项目的施工；

③ 建设工程施工合同确定已无法继续履行的，为避免双方矛盾升级，扩大双方损失，承包人、发包人可以先行处理已完工程，就结算、付款、交接等方面达成共识，对于未完工部分，解除合同的压力就会大大减轻。

（2）附条件支付工程价款及利息

承包人已完工程质量合格的，发包人应当按照合同约定的计价标准或者计价方法与承包人进行结算，并按约定向承包人支付相应的工程价款。承包人已完工程质量不合格的，其有修复并承担修复费用的义务，修复后的工程经验收合格，发包人应当向承包人支付相应的工程价款；修复后的工程经验收仍不合格的，发包人拒付相应的工程价款。这点对于承包人来说，简直是灭顶之灾，需特别注意，务必避免。

欠付工程价款利息从应付工程价款之日开始计付。当事人对欠付工程价款利息计付标准有约定的，按照约定处理；没有约定的，按照同期同类贷款利率或者同期贷款市场报价利率计息。

建设工程施工合同解除，不影响承包人行使建设工程价款优先受偿权。承包人通过诉讼或仲裁的方式主张欠付工程价款及利息的，可以同时主张建设工程价款优先受偿权，理由是：承包人所付出的劳动与建筑材料已物化于该建设工程中。

（3）承包人可要求发包人返还质量保证金

除建设工程施工合同有特别约定外，质量保证金是发包人从应付工程价款中预留的资金，用于保证承包人在缺陷责任期内对工程缺陷进行维修，属于工程价款范畴，而不是定金或违约金。建设工程施工合同解除后，承包人有权要求发包人返还质量保证金。

（4）赔偿损失

建设工程施工合同解除后，合同中关于违约责任的条款仍然有效，违约方仍应向守约方承担违约责任。守约方依据建设工程施工合同中有关违约金、损害赔偿的计算方法、定金责任等违约责任条款的约定，请求违约方承担违约责任的，人民法院或者仲裁机构应当依法予以支持。

因发包人原因致使承包人中途解除合同，承包人可要求发包人支付下列费用：

① 承包人因提前解除材料、设备采购合同应支付的违约金、损失赔偿金等；

② 人员、设备遣散费，包括人员、设备的退场、搬迁费等；

③ 按照合同约定在合同解除时应支付的违约金。

因此，建设工程施工合同解除后，可以同时适用终止履行和损失赔偿两种救济方式。

（2021）新民终173号民事判决书认定，当违约情况发生时，继续履行是令违约方承担责任的首选方式，但是综合本案实际情况，在实际施工过程中多次存在设计变更，土壤不符合设计要求，土质质量存在问题导致承包人种植的苗木大量死亡。如果合同继续履行显然会造成双方的财产权益的重大损失，且发包人未支付任何工程款，承包人向其发出解除合同的通知，双方已经失去了合作基础。本案中发包人对承包人已完工程的工程量和质量已签章确认，之后于2019年7月28日又单方委托Z公司对工程质量进行鉴定，在承包人对鉴定意见不予认可的情形下，发包人上诉主张承包人已完工程质量不合格应予修复的理由不能成立，且违反了诚实信用原则，本院不予支持。发包人仍应按约定支付工程价款，并应承担违约责任。

（5）赔偿因解除合同给承包人造成的可得利益损失

承包人的可得利益，是指建设工程施工合同履行后可以获得的利益，通常是指合同履行完毕后应获得的工程价款扣除成本及相关费用后的利润。

法律规定合同解除后，违约方应当赔偿守约方的可得利益损失的目的是通过加重违约方的违约责任，督促合同当事人全面履行合同约定的义务。

我国目前法律、法规、司法解释都没有明确规定承包人可得利益损失赔偿额的计算方法。最高人民法院发布的《关于当前形势下审理民商事合同纠纷案件若干问题的指导意见》（法发〔2009〕40号）第10条规定："人民法院在计算和认定可得利益损失时，应当综合运用可预见规则、减损规则、损益相抵规则以及过失相抵规则等，从非违约方主张的可得利益赔偿总额中扣除违约方不可预见的损失、非违约方不当扩大的损失、非违约方因违约获得的利益、非违约方亦有过失所造成的损失以及必要的交易成本。"

依据上述规定所述裁判规则，主要存在以下五种计算承包人可得利益损失赔偿额的方式：

① 以建设工程施工合同解除时未履行部分工程的合同价乘以合同约定的利润率计算；

② 以建设工程施工合同解除时未履行部分工程的合同价乘以同地区行业利润率计算；

③ 以中标价减去合理低价计算；

④ 法院根据建设工程施工合同约定、案件情况等，依照自由裁量权酌定；

⑤ 通过司法鉴定方式确定。

（6）赔偿承包人其他损失

典型案例 双方约定解除合同后，互不追究对方的违约责任，发包人仍须向承包人支付停工损失、逾期付款利息等费用的案例

1. 案例来源

（2019）最高法民终1980号民事判决书。

2. 一审法院裁判意见

关于H公司欠付Z公司停工损失、提前撤场费用、设施设备等转让款及逾期付款利息等的数额及依据的问题。一审法院认为，首先，关于停工损失、提前撤场费用、逾期付款利息。第一，2014年8月29日《工作联系函》的内容，能够体现Z公司因H公司未按合同约定支付工程进度款而进行停工索赔函告H公司，该联系函附有每天

停工导致的相关损失数额为374,702元,并有Z公司的盖章及签收单位H公司黄某的签字,能够证明在案涉工程施工过程中存在停工并导致相关损失的事实。第二,虽然双方于解除协议中约定互不追责,但2015年2月15日的结算中,有关于损失的内容,说明Z公司对于损失部分并未放弃主张权利。第三,结合2015年2月15日双方签订的《结算汇总表二》《结算纪要》及附后的《结算争议问题》,双方对于对已完工程实体进行结算的工程价款已确认完毕,但还存在其他争议问题,其中包含停工损失、逾期付款利息、提前撤场损失,该附表能够体现损失未计入工程实体结算中,对于该部分双方未进行审定仍存在争议,也能够体现Z公司对于损失部分并未放弃主张权利。

3. 最高人民法院裁判意见

H公司虽主张按照其与Z公司于2015年1月15日签订的《〈建设工程施工合同〉解除合同》第二条约定,《建筑工程施工合同》解除后,双方互不追究对方的违约责任,且在同日签订的《结算纪要》中约定工程实体结算为完全价,H公司不应再向Z公司支付三项损失费用,但不能成立。

首先,停工损失、逾期付款利息与提前撤场损失属于合同履行过程中及合同解除后产生的实际损失。

其次,2015年1月15日H公司与刘某签订的《〈房地产项目开发合作协议〉解除合同》第三条第3项约定"甲方(H公司)应于2015年6月30日前将应返还给乙方(刘某)的资金一次性汇入乙方代表杜某书面指定的银行账户内(用于保障甲方与Z工程局集团有限公司于2015年1月15日签订的《建筑工程施工合同》中Z工程局集团有限公司提出的相关损失)",且在Z公司与H公司两次结算的过程中均涉及三项损失费用,说明Z公司与H公司并未达成同意放弃三项损失费用。H公司主张Z公司已同意放弃三项损失费用与本案案件事实不符,不能成立。

第三章

建设工程挂靠、转包、分包法律风险防控

在建设工程领域，转包、违法分包、挂靠等违法行为时有发生。而且，这些违法行为交叉错杂，我中有你，你中有我，导致安全事故、质量问题、工期延误问题频发，严重扰乱了建筑市场秩序和公平竞争环境，影响建筑行业良性发展。因此，近年来，我国建设工程行政主管部门出台一系列文件，加大对挂靠、违法分包、转包等违法行为的打击力度。

一、挂靠法律风险防控

《建筑法》第二十六条规定："承包建筑工程的单位应当持有依法取得的资质证书，并在其资质等级许可的业务范围内承揽工程。禁止建筑施工企业超越本企业资质等级许可的业务范围或者以任何形式用其他建筑施工企业的名义承揽工程。禁止建筑施工企业以任何形式允许其他单位或者个人使用本企业的资质证书、营业执照，以本企业的名义承揽工程。"

没有相应资质却有工程承揽资源的单位或个人，避开建筑资质监管，顺利承揽工程，借用建筑资质成了其不二的选择。反过来，有些拥有资质的施工企业缺乏社会资源，较难承揽工程。

为了提高工程业绩，顺便收取一定比例的管理费，部分有资质的施工企业包括央企、国企、大型民营企业愿意出借资质。由此有市场，有需求，一个愿打，一个愿挨，挂靠粉墨登场。

（一）挂靠的含义

挂靠是指单位或个人以其他有资质的施工单位的名义承揽工程的行为。承揽工程，包括参与投标、订立合同、办理有关施工手续、从事施工等活动。

挂靠资质承揽工程包括四种情形：一是没有工程施工资质的单位或个人以施工企业名义承揽工程；二是资质低的施工企业以资质高的施工企业名义承揽工程；三是资质高的施工企业以资质低的施工企业名义承揽工程；四是相同资质等级的施工企业相互借用资质承揽工程。

借用施工企业名义施工的单位或个人称为"挂靠人"，出借资质的施工企业称为"被挂靠人"。在工程挂靠关系中，除了挂靠人、被挂靠人，往往还牵涉到发包人、实际施工人、劳务分包单位、劳务派遣单位、施工班组、包工头、材料供应商、机械设备供应商等主体，法律关系复杂。

（二）挂靠的性质

《民法典》《建筑法》《招标投标法》《建设工程质量管理条例》《建筑工程施工发包与承包违法行为认定查处管理办法》《新建设工程司法解释（一）》等法律、法规、部门规章、司法解释，都明确禁止挂靠行为。

挂靠行为既损害社会公共利益，又违反法律效力强制性规定，挂靠行为在法律上无效。挂靠人与被挂靠人因此签订的《挂靠协议》《合作协议》《内部承包协议》《经营承包协议》等法律文件无效，不受法律保护。

（三）挂靠的表现形式

《建筑工程施工发包与承包违法行为认定查处管理办法》第十条第（一）（二）项规定的行为，是挂靠行为："（一）没有资质的单位或个人借用其他施工单位的资质承揽工程的；（二）有资质的施工单位相互借用资质承揽工程的，包括资质等级低的借用资质等级高的，资质等级高的借用资质等级低的，相同资质等级相互借用的。"

《建筑工程施工发包与承包违法行为认定查处管理办法》第八条第一款第（三）项至第（九）项规定的行为，有证据证明属于挂靠的，将被认定为挂靠行为；没有证据证明属于挂靠的，将被认定为转包行为："（三）总承包单位或专业承包单位未派驻项目负责人、技术负责人、质量管理负责人、安全管理负责人等主要管理人员，或派驻的项目负责人、技术负责人、质量管理负责人、安全管理负责人中一人及以上与施工单位没有订立劳动合同且没有建立劳动工资和社会养老保险关系，或派驻的项目负责人未对该工程的施工活动进行组织管理，又不能进行合理解释并提供相应证明的；（四）合同约定由承包单位负责采购的主要建筑材料、构配件及工程设备或租赁的施工机械设备，由其他单位或个人采购、租赁，或施工单位不能提供有关采购、租赁合同及发票等证明，又不能进行合理解释并提供相应证明的；（五）专业作业承包人承包的范围是承包单位承包的全部工程，专业作业承包人计取的是除上缴给承包单位

'管理费'之外的全部工程价款的；（六）承包单位通过采取合作、联营、个人承包等形式或名义，直接或变相将其承包的全部工程转给其他单位或个人施工的；（七）专业工程的发包单位不是该工程的施工总承包或专业承包单位的，但建设单位依约作为发包单位的除外；（八）专业作业的发包单位不是该工程承包单位的；（九）施工合同主体之间没有工程款收付关系，或者承包单位收到款项后又将款项转拨给其他单位和个人，又不能进行合理解释并提供材料证明的。"

（四）挂靠与转包的区别

挂靠与转包在表现形式上存在不少重合，两者很难区分。挂靠与转包的主要区别有：

1. 涉及的建设工程施工合同关系、效力不同

在挂靠关系中只有一份建设工程施工合同，即挂靠人以被挂靠人名义与发包人签订的建设工程施工合同，挂靠合同一定无效。

在转包关系中有两份建设工程施工合同，一是发包人与承包人（转包人）之间的建设工程施工合同；二是转包人与转承包人之间的建设工程施工合同。前者有有效合同、无效合同之分，而后者一定是无效合同。

2. 实际施工人出现的时间不同

挂靠人直接参与了工程投标、签订合同，挂靠人以被挂靠人名义与发包人签订建设工程施工合同。转承包人一般未参与工程投标、签订合同工作，是在建设工程施工合同签订后才出现。

3. 涉及的工程范围不同

挂靠是挂靠人以被挂靠人名义承包整体工程。转包是承包人将其承包的全部建设工程转给他人施工，或者将承包的全部建设工程支解后，以分包名义分别转给他人施工。

4. 对外责任不同

在挂靠关系中，挂靠人与被挂靠人就工程质量问题向发包人承担连带责任。对外合同如以被挂靠人名义签订，挂靠人与被挂靠人承担连带责任；对外合同如以挂靠人名义签订，由挂靠人承担责任，构成表见代理的，由被挂靠人承担责任。

在转包关系中，转承包人自行负责施工所需的资金、设备、技术、人员等，自行对外承担债务，与转包人无关，转包人对转承包人施工的工程质量安全等向发包人承担连带责任。

（五）挂靠的法律后果

1. 民事责任

（1）建设工程施工合同、挂靠协议无效

《民法典》《建筑法》《新建设工程司法解释（一）》等法律、司法解释都明确规定挂靠行为无效。

挂靠人以被挂靠人（承包人）的名义与发包人签订的建设工程施工合同无效，被挂靠人与发包人约定的违约责任条款因此无效，对发包人、被挂靠人（承包人）均没有法律约束力。而且，挂靠人与被挂靠人签订的挂靠协议也无效，双方约定的管理费、违约金及其他违约责任，对挂靠人、被挂靠人一般都没有法律约束力。

（2）被挂靠人对其出借资质施工的工程质量问题承担连带责任

《新建设工程司法解释（一）》第七条规定："缺乏资质的单位或者个人借用有资质的建筑施工企业名义签订建设工程施工合同，发包人请求出借方与借用方对建设工程质量不合格等因出借资质造成的损失承担连带赔偿责任的，人民法院应予支持。"

对于借用资质施工的工程项目，不管被挂靠人有无参与工程项目的施工管理、监督工作，也不管被挂靠人是否收取了挂靠人的管理费或其他费用，只要挂靠人施工的项目存在质量问题造成了发包人的损失，被挂靠人都应当与挂靠人对发包人承担连带责任。

（3）被挂靠人对挂靠人的对外债务承担责任

在挂靠关系中，挂靠人通常是以被挂靠人的名义对外开展业务。被挂靠人为挂靠人提供资质证书、营业执照、公司账户、分支机构印章、授权委托书、合同文本等经营条件，因此，挂靠人在对外交易中表现的是被挂靠人的外部特征。当挂靠人因拖欠建筑材料款，分包或转包而欠付实际施工人工程价款，项目施工中借款，欠付农民工工资，因挂靠人原因导致发生工期索赔、质量索赔，支付保修费用，发生安全事故造成第三人的损害赔偿等原因被诉时，债权人一般会同时起诉被挂靠人，要求被挂靠人承担连带责任。在司法实践中，法院一般会认定挂靠人以被挂靠人的名义对外签订合同，对内组织施工班组，直接判决被挂靠人承担连带责任，或认定挂靠人的行为构成表见代理，由被挂靠人承担责任。

最高人民法院发布的《关于当前形势下审理民商事合同纠纷案件若干问题的指导意见》（法发〔2009〕40号）第12条规定："由于合同当事人采用转包、分包、转租方式，出现了大量以单位部门、项目经理乃至个人名义签订或实际履行合同的情形，并因合同主体和效力认定问题引发表见代理纠纷案件。"

对此，最高人民法院要求各地各级人民法院应当严格认定表见代理行为。表见代理制度不仅要求代理人的无权代理行为在客观上形成具有代理权的表象，而且要求相对人在主观上善意且无过失地相信行为人有代理权。合同相对人主张构成表见代理的，应当承担举证责任，不仅应当举证证明代理行为存在诸如合同书、公章、印鉴等有权代理的客观表象形式要素，而且应当证明其善意且无过失地相信行为人具有代理权。

不过很遗憾的是，现在仍有很多法官、仲裁员仅凭存在挂靠关系，就简单认定挂靠人的行为构成表见代理，裁决被挂靠人对挂靠人的对外经营活动承担法律责任。施工企业对此应当高度关注，以免给自己带来巨大的风险。

而且，因挂靠人的原因导致的诉讼或仲裁案件，被挂靠人完全无法预料数量多少、标的大小，完全由挂靠人对施工全过程的管理水平、程度及挂靠人的实力、诚信度等因素所决定。当法院或者仲裁机构判定被挂靠人承担一个标的额大的案件责任时，对于被挂靠人来说，从挂靠中收取的区区管理费，与判定其应承担的金额相比，有可能是零头，可以忽略不计。被挂靠人承担责任后，即使以挂靠协议约定向挂靠人追偿，也有可能面临赢了官司收不回款项的风险。

（4）被挂靠人可能面临挂靠人与材料供应商串通牟利的情况

在司法实践中，经常有缺乏基本道德底线的挂靠人尤其是确定承建的项目会亏损的挂靠人，为了弥补亏损，与材料供应商串通签订虚假采购合同，或提高材料单价虚增材料款，让材料供应商对被挂靠人提起恶意诉讼，不法企图实现后，挂靠人与材料供应商按约定分赃。这种风险让被挂靠人防不胜防。

（5）被挂靠人对工伤事故承担责任

挂靠人以被挂靠人的资质承揽工程时，其聘用的农民工因工受伤，人社部门一般会认定被挂靠人是用人单位，被挂靠人依法应当按照《工伤保险条例》规定的工伤保险待遇项目和标准，向受伤的农民工支付费用。

2. 行政责任

《建筑法》《建设工程质量管理条例》《建筑工程施工发包与承包违法行为认定查处管理办法》等法律、法规、部门规章，对挂靠违法行为规定了以下行政处罚措施。

（1）责令改正，没收违法所得，并处罚款，责令停业整顿，降低资质等级；情节严重的，吊销资质证书。

这里的"违法所得"主要指被挂靠人向挂靠人收取的管理费。对于被挂靠人依据挂靠协议约定还未收取的管理费，法院或者仲裁机构大多以挂靠协议无效为由，判定挂靠人无需继续支付尚未支付的管理费。那么，被挂靠人承担了出借资质的巨大风险后，有可能白忙活，无法获取任何利益。

（2）限制参加工程投标活动、承揽新的工程项目，并对企业资质是否满足资质标准条件进行核查，对达不到资质标准要求的限期整改，整改后仍达不到要求的，资质审批机关撤回资质证书。

（3）记入单位、个人信用档案，并在全国建筑市场监管公共服务平台公示。

（4）对施工单位处工程合同价款2%以上4%以下的罚款，对施工单位直接负责的主管人员和其他直接责任人员处单位罚款数额5%以上10%以下的罚款。

（5）对2年内发生2次及以上转包行为的施工单位，依法按照情节严重程度给予处罚；因转包等违法行为导致发生质量安全事故的，依法按照情节严重程度给予处罚。

（6）挂靠人在施工过程中因缺乏必要的安全管理、环保管理、税务管理等，被安全生产监督管理部门、环境保护管理部门、税务管理部门等处罚的，由被挂靠人承担行政处罚措施。

3. 刑事法律风险

挂靠人有资源缺资质，借用有资质的施工企业成功承揽工程，但他们往往缺乏足够的施工能力，管理水平又跟不上，如果质量管理意识、安全防范意识、法律风险防范意识不够，或者存在违法分包、转包等违法行为，就很容易发生安全事故。情节严重或造成严重后果的，被挂靠人难逃刑事责任。

（六）承包人防控挂靠法律风险的措施

挂靠行为本身违法，被挂靠人做得再好，挂靠人配合再默契，都无法让挂靠合法，即挂靠法律风险无法完全避免，被挂靠人采取防控措施，仅能一定程度上减少挂靠法律风险发生。

1. 选择信得过的挂靠人

有资质的施工企业，不要一味为了提高业绩、收取管理费，随意出借建筑资质。确有必要允许其他单位或个人借用资质承揽工程的，被挂靠人需对挂靠人进行必要的尽职调查，考察其资金、人员、施工能力、管理水平是否适合工程项目需要，更需考察其过往业绩、履约能力、信用能力、社会评价，是否适合合作，会不会给被挂靠人带来风险，风险值有多高，会不会因其履约能力、诚信度等因素，而给被挂靠人带来诉讼、仲裁风险。

为督促挂靠人全面履行建设工程施工合同、挂靠协议约定的义务，避免发生工程项目因挂靠人原因停工、烂尾，欠付分包工程价款、劳务费与农民工工资、材料款等情况，造成被挂靠人利益受损，被挂靠人有必要要求挂靠人提供合法有效的履约担保，缴纳一定数额的保证金，或者办理履约保函、资产抵押等手续。

2. 以内部承包方式规避挂靠

挂靠人以被挂靠人的名义承包工程项目后，我国法律允许被挂靠人以内部承包的方式，将工程交给挂靠人施工，前提是挂靠人需成为被挂靠人的分公司或内部员工。

这种方式将挂靠工程直接变成被挂靠人自己承建的工程，可有效规避被监管机关认定为挂靠的风险。

（1）将挂靠人改制为被挂靠人的分公司；

（2）将挂靠人变成被挂靠人的员工。

个人挂靠人借用被挂靠人资质承揽工程后，被挂靠人聘请挂靠人为该工程的项目经理，要求与项目经理签订劳动合同，为项目经理购买社会保险，双方建立正式的劳动关系。而且，被挂靠人需与项目经理签订内部承包协议。如果挂靠人不符合项目经理的条件，被挂靠人可与挂靠人安排的有资质的项目经理签订内部承包协议，而由挂靠人对项目经理履行内部承包协议义务承担担保责任。

被挂靠人需重视内部承包协议的内容，明确约定双方的分工，出资、税费承担，管理费、分包工程价款、劳务费、农民工工资、材料款、设备款等费用的支付，项目负责、技术负责、财务管理、质量管理、安全管理、施工资料与印章管理等管理人员的职权、责任、工资标准与费用承担，违约责任等。

3. 安排关键岗位管理人员

被挂靠人安排该挂靠工程的项目负责、技术负责、财务管理、质量管理、安全管理、施工资料与印章管理等关键岗位管理人员，并与他们签订劳动合同，以被挂靠人名义向其支付工资，并通过这些人员对工程项目的资金、工期、质量、安全、施工班组与农民工工资支付等进行有效的管理、监督，全面掌握挂靠人垫资施工、施工组织、管理能力、对外签订采购或租赁合同数量、项目部印章使用、专业分包或劳务分包单位数量、施工班组与劳务工人数量、工程价款、劳务费与农民工工资支付、是否存在工期延误、质量或安全事故、隐患等情况，就能有效防范挂靠人侵占或挪用项目款项、延误工期、造成质量安全事故或隐患、拖欠农民工工资等问题发生，有效避免发生农民工围堵项目部甚至去政府闹访讨薪事件。工程项目不出现上述问题，挂靠行为就很难被发现，即使被发现，处罚力度也有限，被挂靠人完全能够承受。

4. 配合挂靠人开展工作

被挂靠人需尽力配合挂靠人办理签证、索赔、结算，收取工程价款，支付分包工程价款、劳务费与农民工工资、材料款等工作，及时将扣除管理费等费用后的工程价款余额支付给挂靠人，免除挂靠人的后顾之忧，让其能够安心抓施工，抓质量、工期、安全管理，防止工程因挂靠产生质量、安全事故，拖双方下水。

典型案例　名为内部承包实为挂靠的案例

1. 案例来源

（2020）最高法民终1131号民事判决书。

2. 一审法院裁判意见

关于双方签订的施工合同是否应予解除及案涉合同的效力问题。X公司反诉请求解除案涉施工合同及补充协议，贵州J公司在庭审中认可因合同无法继续履行，同意解除合同。一审法院认为，《补充协议二》系陈某、贵州J公司作为共同一方当事人签订，根据该约定，陈某是贵州J公司委派的项目承包人，且是案涉项目的全额出资人，陈某自施工合同签订开始，即对该项目进行全面投入和管理，多份补充协议也均为陈某签订，贵州J公司亦不能提交证明其与陈某之间存在劳动关系的相关证据，以上事实可以认定陈某与贵州J公司之间系挂靠关系，陈某系案涉合同的实际施工人。《最高人民法院关于审理建设工程施工合同纠纷案件适用法律问题的解释》第一条（二）项规定："建设工程施工合同具有下列情形之一的，应当根据合同法第五十二条第（五）项的规定认定无效……（二）没有资质的实际施工人借用有资质的建筑施工企业名义的。"《建筑法》第二十六条第二款规定："禁止建筑施工企业超越本企业资质等级许可的业务范围或者以任何形式用其他建筑施工企业的名义承揽工程。禁止建筑施工企业以任何形式允许其他单位或者个人使用本企业的资质证书、营业执照，以本企业的名义承揽工程。"《合同法》第五十二条第（五）项规定："有下列情形之一的，合同无效……（五）违反法律、行政法规的强制性规定。"由于陈某系没有资质的实际施工人，其借用有资质的贵州J公司的名义与X公司签订的《建设工程施工合同》《补充协议》《补充协议二》《协议书》及《补充协议三》均属无效合同。因本案所涉合同自始无效，不存在解除的问题，故X公司要求解除案涉施工合同的诉讼请求不能成立，依法不予支持。

3. 最高人民法院裁判意见

关于案涉《建设工程施工合同》及其《补充协议》《补充协议二》《协议书》《补充协议三》是否有效，进而贵州J公司是否有权主张案涉合同项下相关权利的问题。

案涉《建设工程施工合同》系由贵州J公司与X公司签订，但X公司提出案涉工程系陈某借用贵州J公司资质建造，陈某是案涉工程的实际施工人。本院认为，陈某与贵州J公司共同作为乙方与甲方X公司签订的《补充协议二》中载明，陈某作为项目承包人系实际全额出资人。由此，需首先对陈某与贵州J公司之间的法律关系进行判断，进而认定案涉《建设工程施工合同》及前列协议的效力。贵州J公司主张其与陈某之间是内部承包关系，陈某是基于贵州J公司的任命和工作安排担任案涉项目负责人，并在二审中提供《劳动合同》和陈某的《社会保险参保缴费证明》证明该主张。该《劳动合同》的签订时间为2014年5月26日，合同约定以完成一定的工作任务为期限，自2014年5月26日起至玉屏县贵鑫中天广场合同任务完成时即行终止。但显示参保单位为贵州J公司的《社会保险参保缴费证明》记载的缴费起止时间信息显示，

2008年12月至2018年4月为断档期间,即该期间贵州J公司并未缴纳社会保险费,而贵州J公司提供的《劳动合同》的签订时间恰在该期间内。可知,贵州J公司所提供《劳动合同》与《社会保险参保缴费证明》之间存在不能自洽之处,不能证实其与陈某之间系劳动关系以及陈某系受其安排担任案涉项目负责人的事实。加之,贵州J公司亦未能提供其与陈某之间签订过内部承包合同的相关证据,故其关于与陈某系内部承包关系的主张不能成立。结合《建设工程施工合同》及其《补充协议》签订后,确定合同履行过程中前期工程款结算、误工损失、工程进度款支付等重要事项的《补充协议二》《补充协议》《补充协议三》均系陈某以项目负责人身份与X公司签订,以及已付工程款中有2300余万元系X公司直接支付到陈某个人账户等事实,本院认为,陈某借用贵州J公司资质与X公司订立建设工程施工合同的事实具有高度可能性。根据《最高人民法院关于审理建设工程施工合同纠纷案件适用法律问题的解释》第一条第(二)项的规定,案涉《建设工程施工合同》及其《补充协议》《补充协议二》《协议书》《补充协议三》均无效。

二、转包法律风险防控

(一)转包的含义

转包是指承包单位承包建设工程后,不履行合同约定的责任和义务,将其承包的全部建设工程转给他人或者将其承包的全部建设工程支解以后以分包的名义分别转给其他单位承包的行为。

转让全部工程建设任务的一方称为"转包人",受让全部工程建设任务的一方称为"转承包人"。转让完成后,转包人表面上退出承包关系,转承包人成为建设工程合同事实上的承包人。

(二)转包的条件

转包应当符合两个条件:
(1)转包人与转承包人必须是没有隶属关系的独立法人、其他组织或个人;
(2)转包人必须将其承包的全部建设工程直接或变相转让给转承包人。
承包人是否存在转包违法行为,主要从以下五个方面进行判断:
(1)承包主体是否实际变更;

（2）施工现场人员与承包人是否存在实际隶属关系；

（3）承包人是否履行进度、质量、安全、造价等管理职责并承担责任；

（4）工程施工材料是否由承包人提供；

（5）工程施工设备是否属于承包人所有。

（三）转包的性质及法律规定

1. 转包的性质

我国法律、行政法规、司法解释都规定转包是违法行为，禁止施工单位转包建设工程，承包人因转包建设工程与他人签订的建设工程施工合同应当认定无效。

2. 转包的法律规定

《民法典》第七百九十一条第二款规定："承包人不得将其承包的全部建设工程转包给第三人或者将其承包的全部建设工程支解以后以分包的名义分别转包给第三人。"

《建筑法》第二十八条规定："禁止承包单位将其承包的全部建筑工程转包给他人，禁止承包单位将其承包的全部建筑工程肢解以后以分包的名义分别转包给他人。"

《招标投标法》第四十八条第一款规定："中标人应当按照合同约定履行义务，完成中标项目。中标人不得向他人转让中标项目，也不得将中标项目肢解后分别向他人转让。"

《建设工程质量管理条例》第二十五条第三款规定："施工单位不得转包或者违法分包工程。"

《新建设工程司法解释（一）》第一条第二款规定："承包人因转包、违法分包建设工程与他人签订的建设工程施工合同，应当依据民法典第一百五十三条第一款及第七百九十一条第二款、第三款的规定，认定无效。"

（四）转包的表现形式

1.《建筑工程施工发包与承包违法行为认定查处管理办法》第八条第一款规定列明了九种转包情形：

（一）承包单位将其承包的全部工程转给其他单位（包括母公司承接建筑工程后将所承接工程交由具有独立法人资格的子公司施工的情形）或个人施工的；

（二）承包单位将其承包的全部工程肢解以后，以分包的名义分别转给其他单位或个人施工的；

（三）施工总承包单位或专业承包单位未派驻项目负责人、技术负责人、质量管理负责人、安全管理负责人等主要管理人员，或派驻的项目负责人、技术负责人、质量管理负责人、安全管理负责人中一人及以上与施工单位没有订立劳动合同且没有建立劳动工资和社会养老保险关系，或派驻的项目负责人未对该工程的施工活动进行组织管理，又不能进行合理解释并提供相应证明的；

（四）合同约定由承包单位负责采购的主要建筑材料、构配件及工程设备或租赁的施工机械设备，由其他单位或个人采购、租赁，或施工单位不能提供有关采购、租赁合同及发票等证明，又不能进行合理解释并提供相应证明的；

（五）专业作业承包人承包的范围是承包单位承包的全部工程，专业作业承包人计取的是除上缴给承包单位"管理费"之外的全部工程价款的；

（六）承包单位通过采取合作、联营、个人承包等形式或名义，直接或变相将其承包的全部工程转给其他单位或个人施工的；

（七）专业工程的发包单位不是该工程的施工总承包或专业承包单位的，但建设单位依约作为发包单位的除外；

（八）专业作业的发包单位不是该工程承包单位的；

（九）施工合同主体之间没有工程款收付关系，或者承包单位收到款项后又将款项转拨给其他单位和个人，又不能进行合理解释并提供材料证明的。

2.《建筑工程施工发包与承包违法行为认定查处管理办法》第八条第二款规定列明了一种转包情形：两个以上的单位组成联合体承包工程，在联合体分工协议中约定或者在项目实际实施过程中，联合体一方不进行施工也未对施工活动进行组织管理的，并且向联合体其他方收取管理费或者其他类似费用的，视为联合体一方将承包的工程转包给联合体其他方。

联合体承包工程，各方应当分工协作，共同完成施工任务。联合体一方不施工、不管理，却收取管理费或其他费用的，视为变相转包。

（五）转包与内部承包的区别

内部承包是指承包人将承包的全部或部分工程交给其分公司、职能部门、职工施工，承包人对财务、技术、质量进行监督且对外独立承担法律责任的行为。

转包与内部承包的主要区别是：

1. 性质不同

转包行为发生在平等民事主体之间；内部承包当事人之间存在隶属管理关系。

2. 效力不同

转包是无效行为、违法行为；内部承包是建设工程企业的一种内部经营方式，属于合法行为，法律不禁止内部承包行为。

3. 法律后果不同

在转包关系中，转承包人自行负责施工所需的资金、设备、技术、人员等，自行承担对外债务，与转包人无关，且不接受转包人的管理；转包人与转承包人对工程质量问题向发包人承担连带责任。

在内部承包关系中，施工企业对内向内部承包人提供一定的资金、设备、技术、人员等必要的物质条件，对内部承包人进行组织、管理；施工企业对外承担建设工程施工合同所引起的权利义务与经营风险。

（六）转包的法律后果

1. 民事责任

（1）转包合同无效

前面讲到，《民法典》《建筑法》《招标投标法》及《建设工程质量管理条例》等法律、法规都对转包行为作出了禁止性规定。《新建设工程司法解释（一）》明确规定，承包人因转包建设工程与他人签订的建设工程施工合同，应当认定无效。

转包合同被认定为无效合同后，转包人与转承包人之间的违约责任条款当然无效。双方一旦产生争议，转包人无法依照合同约定，要求转承包人承担工期延误、工程质量问题等违约责任。

转包合同无效，但不能因此推定发包人与承包人（转包人）之间的建设工程施工合同无效。转包人向转承包人转让全部建设工程后，由转承包人履行建设工程施工合同中约定的义务，但转包人只是表面退出该建设工程，转包人仍应按照建设工程施工合同的约定，对建设工程的质量、工期、安全等向发包人承担责任。因此，转包合同并不影响发包人与承包人（转包人）之间的建设工程施工合同的效力。

（2）被发包人解除建设工程施工合同

《民法典》第八百零六条第一款规定："承包人将建设工程转包、违法分包的，发包人可以解除合同。"

承包人转包全部建设工程，不履行建设工程施工合同约定的义务，发包人在行使合同解除权的同时，可以要求承包人承担违约责任。

（3）承担工程质量不合格的责任

对因转包工程不符合法律规定、合同约定的质量标准造成的损失，转包人与转承包人向发包人承担连带赔偿责任。因建设工程质量发生争议的，发包人可以转包人、转承包人为共同被告提起诉讼，要求转包人与转承包人承担连带赔偿责任。

（4）承担因转包产生的材料费、设备费、租金、农民工工资等费用

转包人向转承包人转让全部建设工程后，为了完成施工任务，转承包人需要购买建筑材料，购买或承租设备，聘请施工班组。转承包人以转包人的名义进行，或者转承包人的行为被认定为职务行为或者表见代理行为的，转包人有可能独自或与转承包

人共同承担因转包产生的材料费、设备费、租金、农民工工资等费用。

（5）承担因转包而产生的民事赔偿责任

转包人将建设工程转包给转承包人后，在施工过程中，造成转承包人雇请人员或第三人受伤，转包人应当与转承包人对伤者承担连带赔偿责任。

2. 行政责任

《建筑法》《建设工程质量管理条例》《建筑工程施工发包与承包违法行为认定查处管理办法》等法律、法规、部门规章，对转包违法行为规定了以下行政处罚措施。

（1）责令改正，没收违法所得，并处罚款，责令停业整顿，降低资质等级；情节严重的，吊销资质证书。

（2）限制参加工程投标活动、承揽新的工程项目，并对企业资质是否满足资质标准条件进行核查，对达不到资质标准要求的限期整改，整改后仍达不到要求的，资质审批机关撤回资质证书。

（3）记入单位、个人信用档案，并在全国建筑市场监管公共服务平台公示。

（4）对施工单位处工程合同价款0.5%以上1%以下的罚款，对施工单位直接负责的主管人员和其他直接责任人员处单位罚款数额5%以上10%以下的罚款。

（5）对2年内发生2次及以上转包行为的施工单位，应当依法按照情节严重程度给予处罚；因转包等违法行为导致发生质量安全事故的，应当依法按照情节严重程度给予处罚。

3. 刑事责任

在施工过程中，因转包行为发生重大事故，有可能构成重大责任事故罪、工程重大安全事故罪、重大劳动安全事故罪等。

（1）重大责任事故罪

《刑法》第一百三十四条规定："在生产、作业中违反有关安全管理的规定，因而发生重大伤亡事故或者造成其他严重后果的，处三年以下有期徒刑或者拘役；情节特别恶劣的，处三年以上七年以下有期徒刑。"

（2）工程重大安全事故罪

《刑法》第一百三十七条规定："建设单位、设计单位、施工单位、工程监理单位违反国家规定，降低工程质量标准，造成重大安全事故的，对直接责任人员，处五年以下有期徒刑或者拘役，并处罚金；后果特别严重的，处五年以上十年以下有期徒刑，并处罚金。"

（3）重大劳动安全事故罪

《刑法》第一百三十五条规定："安全生产设施或者安全生产条件不符合国家规定，因而发生重大伤亡事故或者造成其他严重后果的，对直接负责的主管人员和其他直接责任人员，处三年以下有期徒刑或者拘役；情节特别恶劣的，处三年以上七年以下有期徒刑。"

典型案例　转包人与实际施工人对设备租赁费承担连带责任的案例

1. 案例来源

（2015）鲁民提字第431号民事判决书。

2. 一审法院裁判意见

S公司承接兖州旧关西区1、2、3号楼的施工工程后，项目负责人周某将工程转包给石某，石某作为该工程的实际施工人以S公司的名义与J钢模租赁站签订租赁合同，将租赁物用于工程施工，石某作为实际施工人应当承担合同责任；经鉴定，租赁合同中的印章与S公司备案的印章非同一印章，故S公司并非本案租赁合同的当事人。但因石某个人不具备相应资质，S公司将工程分包给石某属违法分包，S公司作为工程承包人应对石某的租赁行为承担连带责任。J钢模租赁站按合同约定将租赁物交付用于工程施工，石某应当按约定给付租赁费并返还租赁物，故J钢模租赁站要求石某支付拖欠租赁费理由正当，予以支持。

3. 二审法院裁判意见

2011年4月1日，S公司作为承包方与发包方签订建设工程施工合同；2011年5月11日，S公司将承包的兖州市旧关西区1、2、3号楼工程承包给了兖州市H钢结构工程有限公司，并签订了建设工程施工承包协议；兖州市H钢结构工程有限公司又将该工程承包给了周某；2011年5月13日，周某又将该工程转包给了石某，并签订劳务合同，该协议名为劳务合同，实为案涉工程转包合同。作为案涉工程的实际施工人石某以S公司的名义，在2011年6月7日与J钢模租赁站签订租赁合同。石某对案涉租赁合同、租赁产品提货单、租赁产品退还单、租金结算清单、J钢模租赁站起诉数额、欠款数额、已支付J钢模租赁站部分租赁费均无异议。因此，石某不应承担案涉租赁费的上诉主张不能成立。

S公司上诉称对于案涉租赁费其不应承担连带责任，应由石某个人承担清偿责任。二审法院认为，S公司对其是案涉工程总承包人，承包工程后，又进行层层转包、分包，周某才将部分工程分包给石某无异议，认可石某将J钢模租赁站的租赁物用于案涉兖州市旧关西区1、2、3号楼工程。因案涉工程发包方未与S公司进行工程结算，S公司把案涉工程转包给兖州市H钢结构工程有限公司后也未进行工程结算，兖州市H钢结构工程有限公司又将该工程承包给周某，周某又将该工程分包给了石某，均未办理案涉工程的结算。石某是案涉工程的实际施工人，根据S公司与兖州市H钢结构工程有限公司签订的建设工程施工承包协议，S公司提取兖州市H钢结构工程有限公司有关税费和管理协调服务费，且掌控着以下转包案涉工程主体的应付款。因此，S公司应对本案承担连带责任。

4. 再审法院裁判意见

本案的争议焦点为：S公司是否应对欠付租赁费承担还款责任。

本院认为，S公司应当承担还款责任。首先，本案中，S公司承接了兖州旧关安置房建设项目（西区）1、2、3号楼的工程，作为总承包人将工程层层违法转包、分包，直至并无资质的石某实际施工了案涉项目。在工程违法分包的情形下，石某的分包合同无效，S公司作为总承包人存有过错。同时，S公司将工程转包给兖州市H钢结构工程有限公司后并未进行结算，此后层层转包、分包各环节中均未进行结算。石某因履行劳务分包合同而对J钢模租赁站所负的债务本身是分包工程价款的组成部分。S公司作为总承包方，掌控应付款，原审法院认定其对因分包合同的履行而产生的债务承担连带责任并无不当，本院予以维持。S公司并非案涉工程发包人，再审中主张适用《最高人民法院关于审理建设工程施工合同纠纷案件适用法律问题的解释》第二十六条规定的发包人只在欠付工程价款范围内对实际施工人承担责任的主张不能成立。其次，关于J钢模租赁站的租赁物是否用于案涉工地的问题。S公司主张租赁物用于其他工地并无证据支持，其据此主张不应支付租赁费，没有事实依据，本院不予支持。第三，J钢模租赁站依据租赁合同约定将租赁物送至案涉工地使用，虽然J钢模租赁站签订的租赁合同中S公司印章与S公司备案的印章并非同一枚，但J钢模租赁站在签订合同时并不能判断该印章的真伪，同时J钢模租赁站有理由相信该工程系由S公司承建，石某系受S公司指派负责实际施工，因此S公司主张自己并非租赁合同当事人，不应承担支付租赁费的再审理由不能成立，本院不予支持。

（七）承包人防控转包法律风险的措施

承包人着手转让其承包的全部工程前，应当正视转包行为可能导致的风险、法律后果，尽可能采取防控措施降低法律风险。

1. 明确约定责任承担

法律、法规都明确规定转包行为违法，转包人与转承包人对工程质量问题向发包人承担连带赔偿责任。尽管转包合同在法律上无效，但承包人在将其承包的全部工程转给第三人或者以分包的名义将全部工程支解后转给第三人前，转包人仍然可以与转承包人约定双方的权利义务、法律责任，以此加强转承包人对建设工程的管理责任，最大程度防范法律风险，比如，明确约定由转承包人承担因买卖关系、租赁关系、借贷关系、质量问题、工期延误、安全事故等所致的法律责任；明确约定转包人承担上述责任后，有权向转承包人进行追偿、追偿的范围等内容。

2. 加强施工现场管理

大部分承包人将其承包的全部工程转给第三人或者以分包名义将全部工程支解转给第三人后，完全退出施工现场，承包人无法对转承包人的施工管理进行必要的监督。为了防范法律风险发生，承包人转包工程后，更有必要对施工现场进行管理、监督。

（1）派驻主要管理人员

转包人可以在转包合同中与转承包人约定，由转包人派驻项目负责人、技术负责人、质量管理负责人、安全管理负责人等主要管理人员，由他们对施工现场进行管理、监督，转承包人承担主要管理人员的费用。

（2）监督工程质量

除了派驻上述人员加强对施工现场的管理、监督外，转包人应当定期检查转承包人的工程质量情况，对于存在的质量隐患问题，应当督促转承包人及时整改，堵住质量问题漏洞。

（3）督促支付各项费用

转包人应当及时督促转承包人支付建筑材料款、大型机械设备货款或租金、分包工程款、劳务费，尤其需督促转承包人及时足额支付农民工工资，以防发生施工班组集体讨薪、信访乃至闹访讨薪事件，防止发生群体恶性事件。

3. 母公司将其承包工程转给子公司施工法律风险防控

部分地方政府出于税收征管或地方保护主义，往往要求中标企业需在工程项目所在地注册子公司或分公司。中标企业无法拒绝，只能照做。于是，母公司承包工程项目后转给其子公司施工，蔚然成风，成了建筑行业内公开的秘密。而且，母公司中标后，将全部工程转给子公司施工，能起到重复计算产值的作用，能有效提高母公司的经营业绩。

不过，母公司中标建设工程项目后，直接将工程转给其子公司施工，损害了招标人、其他投标人的合法权益，影响了招标投标活动的公平公正，扰乱了建筑市场秩序，且不利于工程项目的质量、安全管理。

根据《建筑工程施工发包与承包违法行为认定查处管理办法》第八条第一款第（一）项的规定，母公司承接建筑工程后，将所承接工程交由具有独立法人资格的子公司施工，属于转包行为。

母公司可以采取下列措施，最大程度防控转包法律风险。

（1）母公司可与具有独立法人资格的子公司组成联合体参与工程项目投标，母公司与子公司可以自行进行内部责任分工，实现资源最优组合。不过，在联合体协议中，不能约定中标后母公司不参与工程施工与管理，只收取管理费或其他费用，否则就构成了转包。

（2）母公司在承包全部工程后，可以将部分非主体结构工程合法分包给其子公司施工。

（3）将承包的工程交由分公司施工。分公司不具有独立的法人人格，无法独立承担法律责任，因分公司经营所产生的法律责任由总公司承担。承包人承接工程后，可以将工程以内部承包方式交给分公司施工。分公司可以是新成立的分公司，也可以将子公司改制为分公司。分公司对内是内部承包，对外以总公司名义施工，这样可合法规避转包。

不过，对于承包人（总公司）来说，以内部承包方式将承包的工程转给分公司施工，有可能出现新的风险：如果分公司管理混乱，比如，随意刻制公章、使用公章，以分公司名义对外签订买卖合同、借款合同、担保合同等，当其无力清偿对外债务时，依法将由总公司承担法律责任。因此，为防范上述法律风险发生，承包人应当加强对分公司资金、人事的管理、监督，加强对其对外签约行为的管理、监督，从源头上防控法律风险。

4. 聘请专业律师提供法律服务

建议施工企业聘请专业律师提供法律服务，帮助施工企业建立、完善法律风险防控管理制度，规范合同签订、履行流程，规范项目部在印章、授权、人员、合同签订、质量、安全生产、验收、结算等方面的管理，尽可能防控转包法律风险。

三、分包法律风险防控

工程分包从是否符合法律、法规规定的角度，可以分为合法分包与违法分包。

（一）合法分包

1. 承包人合法分包的条件

（1）分包经发包人同意或在建设工程施工合同中约定；

（2）不得将承包的全部建设工程支解以后以分包的名义分别转包给第三人；

（3）不得将工程分包给不具备相应资质条件的单位；

（4）分包单位不得将其承包的工程再分包；

（5）不得将建设工程的主体结构的施工分包给第三人。

承包人分包工程不符合上述任何一项条件，都构成违法分包。

2. 专业工程分包、劳务作业分包

（1）专业工程分包、劳务作业分包的含义

《房屋建筑和市政基础设施工程施工分包管理办法》（建设部令第124号）第五条第一款规定："房屋建筑和市政基础设施工程施工分包分为专业工程分包和劳务作业分包。"

专业工程分包，是指施工总承包企业将其所承包工程中的专业工程发包给具有相应资质的其他建筑业企业完成的活动。

施工总承包企业是专业分包工程发包人，有相应资质的其他建筑业企业是专业分包工程承包人。

劳务作业分包，是指施工总承包企业或者专业承包企业将其承包工程中的劳务作业发包给劳务分包企业完成的活动。

施工总承包企业或者专业承包企业是劳务作业发包人，劳务分包企业是劳务作业承包人。

（2）专业工程分包、劳务作业分包的相同点

① 专业工程承包人和劳务作业承包人都不得由发包人直接指定；

② 专业工程承包人和劳务作业承包人都必须具有相应的资质，严禁个人承揽专业工程分包、劳务作业分包业务。

（3）专业工程分包、劳务作业分包的不同点

在司法实践中，主要从四个方面区分专业工程分包、劳务作业分包。

① 是否需要发包人同意。专业工程分包除在建设工程施工合同中有约定外，必须经发包人同意；劳务作业分包由劳务作业发包人与劳务作业承包人通过劳务合同约定，无须经发包人同意。

② 承包指向的对象是部分工程还是工程施工中的劳务部分。专业工程分包的对象是部分工程；劳务作业分包的对象是工程施工中的劳务。

③ 是否体现为包工包料。包工包料属于专业工程分包；包工不包料则属于劳务作业分包。劳务作业分包人不提供主要建筑材料，仅提供周转设施材料、辅助材料等非主要建筑材料。

④ 支付的价款是工程价款还是劳务费。支付工程价款的属于专业工程分包；支付劳务费的则属于劳务作业分包。

（二）违法分包

1. 违法分包的定义

违法分包是指承包人承包工程后违反法律法规规定，把单位工程或分部分项工程

分包给其他单位或个人施工的行为。

2. 违法分包的表现形式

（1）《民法典》第七百九十一条规定了五种违法分包行为：

① 未经发包人同意分包工程；

② 承包人将承包的全部建设工程支解以后以分包的名义分别转包给第三人；

③ 承包人将工程分包给不具备相应资质条件的单位；

④ 分包单位将其承包的工程再分包；

⑤ 承包人将建设工程主体结构的施工分包给第三人。

（2）《建设工程质量管理条例》第七十八条规定了四种违法分包行为：

① 总承包单位将建设工程分包给不具备相应资质条件的单位的；

② 建设工程总承包合同中未有约定，又未经建设单位认可，承包单位将其承包的部分建设工程交由其他单位完成的；

③ 施工总承包单位将建设工程主体结构的施工分包给其他单位的；

④ 分包单位将其承包的建设工程再分包的。

（3）《建筑工程施工发包与承包违法行为认定查处管理办法》第十二条规定了六种违法分包行为：

① 承包单位将其承包的工程分包给个人的；

② 施工总承包单位或专业承包单位将工程分包给不具备相应资质单位的；

③ 施工总承包单位将施工总承包合同范围内工程主体结构的施工分包给其他单位的，钢结构工程除外；

④ 专业分包单位将其承包的专业工程中非劳务作业部分再分包的；

⑤ 专业作业承包人将其承包的劳务再分包的；

⑥ 专业作业承包人除计取劳务作业费用外，还计取主要建筑材料款和大中型施工机械设备、主要周转材料费用的。

（4）《房屋建筑和市政基础设施工程施工分包管理办法》第十四条规定了两种违法分包行为：

① 分包工程发包人将专业工程或者劳务作业分包给不具备相应资质条件的分包工程承包人的；

② 施工总承包合同中未有约定，又未经建设单位认可，分包工程发包人将承包工程中的部分专业工程分包给他人的。

3. 违法分包的法律后果

（1）民事责任

① 违法分包合同无效。《民法典》《建筑法》《招标投标法》《建设工程质量管理

条例》《建筑工程施工发包与承包违法行为认定查处管理办法》等法律、法规、部门规章都明确禁止违法分包行为，《新建设工程司法解释（一）》第一条第二款明确规定，承包人因违法分包建设工程与他人签订的建设工程施工合同，应当认定无效。

分包工程出现质量、安全问题，或者因分包工程工期延误导致建设工程施工合同约定的工期延误的，总承包单位应当向发包人承担违约责任。因分包合同无效，总承包单位向发包人承担违约责任后，很难向分包人追偿。

② 被发包人解除建设工程施工合同。《民法典》第八百零六条规定："承包人将建设工程转包、违法分包的，发包人可以解除合同。"

发包人行使合同解除权，不影响发包人要求总承包单位承担违约责任的权利。

③ 总承包单位未收到发包人支付的工程价款，却需先支付分包工程价款。分包合同未约定"背靠背"付款条款，发包人逾期向总承包单位支付工程进度款、竣工结算余款，分包人有权依据分包合同约定，要求总承包单位支付分包工程价款。总承包单位将为此背负极大的资金压力。

④ 总承包单位支付给分包人的款项，远远超出与发包人结算的分包工程价款。分包合同约定的签证、工程变更、结算等条款，与建设工程施工合同的约定脱节，使总承包单位与发包人结算的分包工程价款，很有可能远低于总承包单位需要支付的分包工程价款，导致总承包单位承包工程出现亏损。

⑤ 总承包单位承担因分包工程产生的材料费、设备费、租金、农民工工资等费用。为完成分包工程的施工任务，分包人需要购买材料、购买或租赁机械设备、聘请施工班组等，如果是以总承包单位的名义进行，或者分包人的行为被认定为表见代理行为，总承包单位就将承担分包工程的材料费、设备费、租金、农民工工资等费用。

⑥ 承担民事赔偿责任。分包工程在施工中造成分包人雇请人员或第三人受伤，总承包单位应当与分包人对伤者承担连带赔偿责任。

⑦ 承担工程质量不合格的责任。分包工程不符合法定、约定的质量要求造成发包人损失，发包人有权要求总承包单位与分包人承担连带赔偿责任。

（2）行政责任

《建筑法》《建设工程质量管理条例》《建筑工程施工发包与承包违法行为认定查处管理办法》等法律、法规、部门规章，对承包人进行违法分包的行为规定了以下行政处罚措施。

① 责令改正，没收违法所得，并处罚款，责令停业整顿，降低资质等级；情节严重的，吊销资质证书。

② 限制参加工程投标活动、承揽新的工程项目，并对企业资质是否满足资质标准条件进行核查，对达不到资质标准要求的限期整改，整改后仍达不到要求的，资质

审批机关撤回资质证书。

③ 记入单位、个人信用档案，并在全国建筑市场监管公共服务平台公示。

④ 对施工单位处工程合同价款 0.5% 以上 1% 以下的罚款，对施工单位直接负责的主管人员和其他直接责任人员处单位罚款数额 5% 以上 10% 以下的罚款。

⑤ 对 2 年内发生 2 次及以上违法分包行为的施工单位，应当依法按照情节严重程度给予处罚；因违法分包行为导致发生质量安全事故的，应当依法按照情节严重程度给予处罚。

（3）刑事责任

在施工过程中，因违法分包工程发生重大事故，总承包单位与分包人都有可能触犯重大责任事故罪、工程重大安全事故罪、重大劳动安全事故罪等。

（三）防控分包法律风险

1. 发包人指定分包单位法律风险防控

发包人不得直接指定分包单位，也不得采用与总承包单位、分包单位签订"三方协议"的方式变相指定分包单位。

不过，在工程实践中，发包人为了避免总承包单位取得分包工程造价的结算差价，往往指定分包工程承包人，尤其是指定专业工程承包人，早已是行业惯例。而且，发包人指定的分包单位，所分包的工程往往是门窗、玻璃幕墙、装修、消防、绿化、道路等利润较高的专业工程。

发包人指定分包单位的，发包人一般会要求总承包单位与分包单位签订分包合同，总承包单位收取一定比例的总包管理费或配合费。发包人指定的分包工程出现质量问题，总承包单位需在未尽到管理责任的范围内承担过错责任，或者在未尽到配合义务的范围内承担违约责任。

发包人指定分包单位，总承包单位面临一个巨大的风险：当发包人资金出现问题，无法支付总承包单位工程价款时，总承包单位仍需向分包单位支付分包工程价款。即使分包合同约定总承包单位未收到发包人的款项有权不支付分包工程款，但因部分法院不认可"背靠背"付款条款的效力，总承包单位仍需向分包单位支付分包工程价款，由此造成总承包单位背负极大的资金压力。

因此，当发包人要求指定分包单位时，总承包单位应当调查发包人的财务状况是否出现问题，能不能继续履行合同约定的付款义务。经调查确定发包人不能继续履行合同约定的付款义务的，总承包单位应当拒绝发包人指定分包单位，或者要求发包人与分包单位直接签订分包合同，由发包人直接向分包单位支付工程价款或劳务费。总承包单位按市场价向发包人收取总包配合费，避免发包人的财务危机给总承包单位带来不确定的财务风险。而且，如有可能，总承包单位需与发包人签订补充协议，约定分包工程出现的质量问题、安全事故、工期延误与总承包单位无关。

发包人坚持要求总承包单位将部分工程分包给发包人指定的单位，如果总承包单位不同意发包人的要求，发包人就有可能在后续的施工过程中处处不配合，让总承包单位很被动，总承包单位可以同意发包人的要求，同时要求发包人提高总包配合费或者管理费的比例，或者要求与分包单位直接结算。

2. 总承包单位合法分包法律风险防控

（1）对分包单位进行必要的背景调查

① 调查分包单位资质

总承包单位通过资质调查，了解分包单位是否具备承包分包工程的相应资质。分包单位不符合分包工程施工所需的资质条件的，该分包属于违法分包。

② 调查分包单位资信

良好的资信情况是分包单位履行分包合同约定义务的前提和基础。分包单位资信差的，很难保证分包工程的质量、安全、工期等，总承包单位很有可能因分包工程问题，需要向发包人承担工期延误、质量缺陷、安全事故等方面的违约责任。

因此，总承包单位需对分包单位的注册登记情况、股权结构、人力资源、经营业绩、管理水平、财务状况、行业声誉及以往信用情况等进行调查研究，尤其需要充分了解分包单位的经营业绩、财务状况、行业声誉及以往信用情况，以确定分包单位是否有类似的施工经验；是否具备一定的垫资能力，会不会因为无力支付建筑材料、农民工工资等费用给总承包单位带来风险；是否存在劳务碰瓷、违法再分包情况；是否存在以闹访或围堵项目部等方式索要工程价款或劳务费、套走足够的工程价款或劳务费后又唆使农民工向总承包单位索要工资等恶性行为。

③ 调查分包单位技术能力

分包单位的技术能力包括技术人员配备、机械设备情况、施工队伍的能力水平等。总承包单位通过了解分包单位的技术能力，以确定其能否信任分包工程的施工，会不会因为分包单位技术能力不够而导致总承包单位无法按期、保质保量完成工程。

（2）重视分包合同签订

① 及时签订分包合同。总承包单位确定分包单位后，应当及时与分包单位签订分包合同，避免发生先施工后补签合同的情况。如果双方签订合同前分包单位已施工，对于签约前分包单位已完成的工程量，按什么计价标准、计价方法进行阶段结算，双方难免产生争议。笔者曾多次处理此类纠纷，不管是通过诉讼或仲裁解决争议，还是以协商、和解、调解的方式解决争议，最后的处理结果往往对总承包单位不利。

笔者建议总承包单位与分包单位参照《建设工程施工专业分包合同（示范文本）》和《建设工程施工劳务分包合同（示范文本）》签订分包合同，明确双方当事人的权利义务。

② 分包合同需按照建设工程施工合同的内容，约定分包工程价款的支付、工程变更、建设工期、质量要求、签证、索赔时间及标准、结算等关键条款。分包合同不按照建设工程施工合同的内容约定上述关键条款的，总承包单位很有可能承担以下不利法律后果：

一是总承包单位未收到发包人支付的工程价款，却需向分包单位支付分包工程价款；

二是支付的分包工程价款超出与发包人结算的分包工程价款，造成总承包单位亏损；

三是因分包工程工期延误或出现质量问题，造成总承包单位需向发包人承担相应的违约责任。

③ 分包合同需约定分包单位按总承包单位的指令进行施工。分包合同需明确约定：对于总承包单位发出的停工指令、增加的零星工程施工指令、撤场指令等，分包单位需坚决执行，否则分包单位需承担相应的违约责任，而且不得向总承包单位主张其不遵守停工指令、撤场指令所产生的费用损失。

④ 分包合同需明确约定：对于施工图纸范围外的工程，分包单位不得擅自施工；分包单位施工前，应当先办理总承包单位签认的施工指令，否则，对于变更工程量对应的工程价款，总承包单位不予认可、支付。

⑤ 分包合同需明确约定解除分包合同的情形、分包合同解除后分包单位已订购的建筑材料的处理，分包单位撤场，分包工程价款的结算、支付及相应的违约责任等内容。

（3）严抓分包工程施工质量

《建设工程质量管理条例》第二十七条规定："总承包单位依法将建设工程分包给其他单位的，分包单位应当按照分包合同的约定对其分包工程的质量向总承包单位负责，总承包单位与分包单位对分包工程的质量承担连带责任。"

依照上述规定，即使总承包单位合法分包工程，当分包工程出现质量问题时，总承包单位也应当与分包单位对发包人承担连带责任。因此，总承包单位应当高度重视分包工程的施工质量，严抓分包单位偷工减料、不按图纸施工、没有发包人指令擅自变更施工方案等违法违规情况，避免因分包工程出现质量问题而向发包人承担责任，造成总承包单位经济损失、信誉受损。

（4）以代发方式及时足额支付施工班组、农民工工资

《保障农民工工资支付条例》明确规定，总承包单位应当开设农民工工资专用账

户，专项用于支付该工程建设项目农民工工资。建设单位应当按照合同约定及时拨付工程款，并将人工费用及时足额拨付至农民工工资专用账户，加强对总承包单位按时足额支付农民工工资的监督。因建设单位未按照合同约定及时拨付工程款导致农民工工资拖欠的，建设单位应当以未结清的工程款为限先行垫付被拖欠的农民工工资。分包单位对所招用农民工的实名制管理和工资支付负直接责任。总承包单位对分包单位劳动用工和工资发放等情况进行监督。分包单位拖欠农民工工资的，由总承包单位先行清偿，再依法进行追偿。

这些规定对分包工程的农民工工资的支付保障提出了更严格的要求，加重了总承包单位的责任。不过，目前很多工程项目仍未按上述规定执行。

笔者曾多次参与处理此类纠纷：总承包单位与分包单位已办理竣工结算手续，且已足额甚至超额支付分包工程价款，但分包单位却拖欠施工班组、农民工工资，施工班组、农民工又要求总承包单位支付工资。因此，总承包单位为了避免此类风险，需高度重视农民工工资的支付问题。

总承包单位在向分包单位支付工程进度款尤其是竣工结算余款前，务必要求分包单位考核农民工工作量并编制工资支付表，经农民工本人签字确认后，与工程进度等情况一并交总承包单位。总承包单位根据分包单位编制的工资支付表，通过农民工工资专用账户直接将工资支付至农民工本人的银行账户，并向分包单位提供代发工资凭证。

典型案例 施工总承包单位与分包单位对发包人材料损失承担连带赔偿责任的案例

1. 案例来源

（2016）辽民终537号民事判决书。

2. 一审法院裁判意见

X公司（分包人）在不具有钢结构工程施工资质的情况下，与Z公司（总承包人）签订本案所涉及的钢结构工程施工的分包合同，之后又再次分包，在分包时亦未仔细审查分包人的真实信息，导致本案所涉及的钢材被使用H公司（施工人）资料专用章的施工单位领取，故X公司在本案中存在重大过错，本案所涉及钢材因市场价格变化产生的差价损失应当由X公司予以赔偿。本案所涉及钢材价格变化导致的差价损失需要进行评估，且将产生相应的评估费用，而返还钢材的价值与赔偿钢材差价损失两者相加与某重工公司（发包人）诉请返还钢材折价款的价值相符，为方便当事人诉讼及减少当事人的诉讼费用负担，一审法院认为判令X公司直接返还钢材折价款

12431786.31元较为适宜。Z公司将本案所涉及的钢结构工程分包给不具备钢结构施工资质的X公司，其存在重大过错。Z公司与某重工公司签订的合同第38.3条亦约定工程的分包不免除承包人在本合同项下所承担的任何责任与义务。承包人应在分包现场派驻相应管理人员，保证本合同的履行。分包单位的任何违约行为或疏忽导致工程受到损坏或给发包人造成其他损失，承包人应承担连带责任，故Z公司应对X公司给某重工公司造成的损失承担连带责任。判决要点如下：（1）X公司于本判决生效后10日内返还某重工公司钢材折价款12431786.31元及利息（以12431786.31元为本金，从2015年1月14起至2015年8月7日止，依照中国人民银行同期同类贷款基准利率计算）；（2）Z公司对本判决第（1）项确定的给付义务承担连带责任。

3. 二审法院裁判意见

关于Z公司应否承担连带责任问题。Z公司将案涉钢结构工程分包给不具备钢结构施工资质的X公司，存在重大过错。Z公司与某重工公司签订的合同中亦明确约定工程的分包不解除承包人在本合同项下所承担的任何责任与义务。承包人应在分包现场派驻相应管理人员，保证本合同的履行。分包单位的任何违约行为或疏忽导致工程损害或给发包人造成其他损失，承包人应承担连带责任，故一审法院判决Z公司应对X公司给某重工公司造成的损失承担连带责任，并无不当。辽宁省高级人民法院认为，一审判决认定事实清楚，适用法律正确。故判决驳回上诉，维持原判。

第四章

建设工程工期法律风险防控

建设工程工期、建设工程价款、建设工程质量是建设工程的三大核心问题，对于承发包双方利益的影响巨大。因建设工程具有投资大、周期长、专业性强、法律关系复杂等特点，建设工期问题成为影响工程价款支付、建设工程质量的重要因素。

工期纠纷是建设工程施工合同纠纷的难点之一，也是承包人与发包人之间最为常见的纠纷之一，几乎每个建设工程项目在施工过程中都难免出现工期纠纷。工期纠纷小则涉及开工日期或竣工日期争议、工期顺延或工期延误，大则影响工程价款结算，甚至引发巨额工期延误违约金索赔诉讼。因此，承包人应当高度重视建设工程工期法律风险防控。

一、开工日期法律风险防控

（一）建设工期的含义、计算

1. 建设工期的含义

建设工期是指建设项目或单项工程在建设过程中所耗用的时间，即承包人完成建设工程的时间或期限，包括从工程正式动工开始，到全部建成投产或交付使用为止所经历的时间。

《施工合同（2017示范文本）》通用合同条款第1.1.4.3目对工期的定义是：在合同协议书约定的承包人完成工程所需的期限，包括按照合同约定所作的期限变更。

《工程总承包合同（2020示范文本）》通用合同条件第1.1.4.5目对工期的定义是：在合同协议书约定的承包人完成合同工作所需的期限，包括按照合同约定所作的期限变更及按合同约定承包人有权取得的工期延长。

2. 建设工期的计算

建设工期有两种计算方式：日历工期和实际工期。

日历工期是指从开工日期起计算至竣工日期止，按全部日历天数计算，不扣除停工日数。

实际工期是指从全部日历天数中扣除节假日未施工的天数及因设计、材料、气候等原因停工的天数。

为便于检查建设工程施工合同履行情况，建设工程施工合同一般约定采用日历工期。

（二）开工日期的含义

开工日期是指建设工程开始施工之日，是建设工程工期的起算日。

（三）开工日期的重要性

开工日期直接关系到建设工程工期的长短，关系到承包人是否依照建设工程施工合同的约定完成施工任务，是否需要向发包人承担工期延误的违约责任，也直接关系到工程价款的数额。

（四）开工日期的认定

对于开工日期的认定，《新建设工程司法解释（一）》《施工合同（2017示范文本）》《工程总承包合同（2020示范文本）》等司法解释、合同示范文本作出了相应的规定或约定。

1. 《新建设工程司法解释（一）》对开工日期的认定

《新建设工程司法解释（一）》第八条规定："当事人对建设工程开工日期有争议的，人民法院应当分别按照以下情形予以认定：（一）开工日期为发包人或者监理人发出的开工通知载明的开工日期；开工通知发出后，尚不具备开工条件的，以开工条件具备的时间为开工日期；因承包人原因导致开工时间推迟的，以开工通知载明的时间为开工日期。（二）承包人经发包人同意已经实际进场施工的，以实际进场施工时间为开工日期。（三）发包人或者监理人未发出开工通知，亦无相关证据证明实际开工日期的，应当综合考虑开工报告、合同、施工许可证、竣工验收报告或者竣工验收备案表等载明的时间，并结合是否具备开工条件的事实，认定开工日期。"

2. 《施工合同（2017示范文本）》对开工日期的认定

《施工合同（2017示范文本）》通用合同条款第7.3.2项约定了开工日期的起算点："发包人应按照法律规定获得工程施工所需的许可。经发包人同意后，监理人发出的开工通知应符合法律规定。监理人应在计划开工日期7天前向承包人发出开工通知，工期自开工通知中载明的开工日期起算。"

3.《工程总承包合同（2020示范文本）》对开工日期的认定

《工程总承包合同（2020示范文本）》通用合同条件第8.1.2项约定了开工日期的起算点："经发包人同意后，工程师应提前7天向承包人发出经发包人签认的开始工作通知，工期自开始工作通知中载明的开始工作日期起算。"

根据上述司法解释规定、合同示范文本约定，在司法实践中，开工日期在不同情形下的认定存在差异，而这些差异直接影响承发包人的利益，主要有以下几种情形。

1. 发包人已经取得施工许可证

《建筑法》第七条规定："建筑工程开工前，建设单位应当按照国家有关规定向工程所在地县级以上人民政府建设行政主管部门申请领取施工许可证……按照国务院规定的权限和程序批准开工报告的建筑工程，不再领取施工许可证。"

《建筑法》第八条规定了发包人申请领取施工许可证的条件："（一）已经办理该建筑工程用地批准手续；（二）依法应当办理建设工程规划许可证的，已经取得建设工程规划许可证；（三）需要拆迁的，其拆迁进度符合施工要求；（四）已经确定建筑施工企业；（五）有满足施工需要的资金安排、施工图纸及技术资料；（六）有保证工程质量和安全的具体措施。"

申领施工许可证是发包人单方的义务，是发包人履行建设工程施工合同约定义务的前提条件，而不是建设工程施工合同生效的要素。建设工程施工合同如果约定由承包人申领施工许可证，是否具有法律效力？《建筑法》第七条仅规定一般情况下由发包人申领施工许可证，但并不排除建设工程施工合同约定由承包人申领施工许可证。因此，建设工程施工合同约定由承包人申领施工许可证有法律效力。承包人对此需充分注意。

还有一点需注意：施工许可证不能直接证明开工日期，只是在没有其他证据能够直接认定开工日期的情况下，施工许可证载明的时间才是认定开工日期需要综合考虑的一个因素。

在发包人已经领取施工许可证的情况下，开工日期的认定主要有以下情形。

（1）开工日期为开工通知、开工令或者开工报告等文件载明的开工日期。

（2）因发包人原因导致建设工程不具备开工条件的，开工日期为开工条件具备之日；因承包人原因导致开工时间推迟的，开工日期为开工通知、开工令或者开工报告等文件载明的开工日期。

开工条件具备主要包括：① 承发包双方已签订建设工程施工合同；② 已领取建

设工程施工许可证；③已编制并批准施工组织设计；④图纸已会审；⑤已基本完成临时建设设施等；⑥工程定位测量已具备条件；⑦已经完成现场三通一平；⑧发包人已完成征地、拆迁工作；⑨已落实人员、材料、设备等；⑩其他。

最高人民法院民一庭认为："开工条件是否具备的事实应由相应责任方举证证明，例如涉及施工许可证及相关的测绘图纸等已经具备事实，由发包方予以举证。涉及人员、设备到位情况，由承包人举证"。

因承包人原因导致开工时间推迟的，仍应以开工通知载明的时间为开工日期。开工令发出后不具备施工条件的，承包人应注意保留因发包人原因导致开工条件不具备的证据，以备日后在工期纠纷中，向法院或仲裁机构主张以具备开工条件的日期为开工日期，进而缩短实际工期。

（3）承包人经发包人同意已经实际进场施工的，开工日期为实际进场施工时间。

发包人或监理人发出开工通知前，承包人经发包人同意已经提前进场施工的，原则上以承包人实际进场施工时间为开工日期。在工程实践中，发包人常常利用该条规定主张开工日期提前，建设工期延长，达到发包人主张工期延误的目的。

关于实际进场施工，应指承包人机械、设备到场，管理人员到场，劳务人员开始施工。发包人主张承包人提前进场施工时，承包人往往以"进场施工时尚不具备施工条件、施工队入场仅仅是进行准备工作或辅助工作"进行抗辩。最高人民法院民一庭认为："如果承包人经发包人同意进场，但是现场不具备施工条件，亦不能以实际进场时间作为开工时间。"

（4）没有开工通知，又没有其他证据证明实际开工日期的，应当综合考虑开工报告、合同、施工许可证、竣工验收报告或者竣工验收备案表等载明的时间，并结合是否具备开工条件的事实，认定开工日期。这种情况不确定性很大，承包人应当特别注意避免。

上述综合考虑的因素中，开工报告上所载时间的效力相对较高。在开工阶段，承包人应当充分考虑建设工程是否已具备开工条件，不具备开工条件的，承包人不应接收开工令，已接收的，应当发函要求发包人确认实际开工日期；具备开工条件的，承包人应当按实际开工日期呈报工程开工报审表，出具开工报告，要求发包人审批并发出开工通知。承包人应当保留经发包人、监理人盖章确认的开工报告。

2. 发包人未取得施工许可证但已实际开工

发包人未取得施工许可证，但承包人已实际开工的，应以实际开工之日为开工日期，合同另有约定的除外。因未取得施工许可证而被行政主管部门责令停止施工的，停工日期可作为工期顺延的事由。

（五）实际开工日期的认定

《施工合同（2017示范文本）》通用合同条款第1.1.4.1目载明："开工日期：包括计划开工日期和实际开工日期。计划开工日期是指合同协议书约定的开工日期；实际开工日期是指监理人按照第7.3.2项〔开工通知〕约定发出的符合法律规定的开工通知中载明的开工日期。"

计划开工日期，通常是指招标文件、施工合同、补充协议中载明的开工日期。不过，在工程实践中，除了招标文件、施工合同、补充协议中载明的开工日期外，另有开工通知、开工令、开工报告载明的开工日期，施工许可证载明的开工日期，会议纪要载明的开工日期，竣工验收报告或者竣工验收备案表载明的开工日期，承包人实际进场施工的日期等。对于如何确定实际开工日期，承发包双方往往存在很大的争议。在司法实践中，法院或者仲裁机构通常按如下顺序认定实际开工日期。

（1）开工日期一般以开工报告或者开工通知记载的时间为准。

（2）当事人有证据证明实际开工时间与开工报告或者开工通知记载的时间不一致的，开工时间以实际开工时间为准。

（3）既无开工报告或者开工通知，又无法查明实际开工日期的，开工时间认定为合同约定的开工时间。

（4）因发包人原因导致开工报告或者开工通知发出时开工条件尚不具备的，以开工条件具备的时间为实际开工日期；因承包人原因导致实际开工时间推迟的，以开工报告或者开工通知记载的时间为开工日期。

为了准确认定实际开工日期，有必要区分正式施工与开工前的施工。开工前的施工主要有以下两项。

（1）搭建施工生活区设施。施工生活区设施包括宿舍、食堂、生活资料仓库、门卫、活动室、厕所等设施。

（2）搭建施工现场区设施。施工现场区设施包括临时办公楼、职工工地休息室、建筑材料仓库、木工作业棚、钢筋作业棚、搅拌机操作棚、卷扬机操作棚、配电房等设施。

建设工程施工合同未明确约定建设工期包括上述设施的施工时间，上述设施的搭建则属于施工准备工作，不计入建设工期中。

> **典型案例** 认定实际开工时间为开工日期的案例

1. 案例来源

（2019）最高法民申3651号民事裁定书。

2. 最高人民法院裁判意见

关于开工时间的认定。G公司主张原判决认定案涉工程的开工日期为2010年3月5日缺乏证据证明。根据《最高人民法院关于审理建设工程施工合同纠纷案件适用法律问题的解释（二）》第五条的规定："当事人对建设工程开工日期有争议的，人民法院应当分别按照以下情形予以认定：（一）开工日期为发包人或者监理人发出的开工通知载明的开工日期；开工通知发出后，尚不具备开工条件的，以开工条件具备的时间为开工日期；因承包人原因导致开工时间推迟的，以开工通知载明的时间为开工日期。（二）承包人经发包人同意已经实际进场施工的，以实际进场施工时间为开工日期。（三）发包人或者监理人未发出开工通知，亦无相关证据证明实际开工日期的，应当综合考虑开工报告、合同、施工许可证、竣工验收报告或者竣工验收备案表等载明的时间，并结合是否具备开工条件的事实，认定开工日期。"G公司与W公司2010年3月5日至同年9月3日多次召开的监理例会以及工作会议所形成的会议纪要、监理记录表等书面记录能够证明工程的实际开工时间，从"截至2010年7月31日止，7#楼完成五层主体，8#、9#、10#楼要向7#楼看齐"的记载可见，G公司已经于2010年7月31日前进场施工。原审法院根据2010年3月5日监理例会记录"今日是本工程第一次生产前例会，今天定为开工日期"的记载，将实际进场施工日期2010年3月5日确定为案涉工程的开工日期，符合《最高人民法院关于审理建设工程施工合同纠纷案件适用法律问题的解释（二）》第五条第（二）项的规定。

（六）开工日期中存在的主要问题

对于承包人来说，开工日期中主要存在以下问题。

1. 不按照合同约定提交施工组织设计和施工进度计划

发包人和监理人确认的施工组织设计和施工进度计划是建设工程施工和控制进度的依据。《施工合同（2017示范文本）》通用合同条款第7条约定，除专用合同条款另有约定外，承包人应在合同签订后14天内，至迟于开工前7天向监理提交施工组织设计和施工进度计划。部分承包人未按照该条款约定提交施工组织设计和施工进度计划，这是导致承发包双方产生开工日期乃至建设工期争议的一个重要因素。

2. 不考虑建设工程是否具备开工条件

开工条件是否具备，直接关系到开工日期的认定，影响承包人的利益。不过，部分承包人在施工前根本不考虑建设工程是否具备开工条件，盲目施工，往往陷自己于工期延误泥潭不能自拔。

3. 不了解工程开工报审表和开工报告的作用

工程开工报审表，是指承包人完成工程项目施工准备工作后，将场地、材料、人员、设备等开工条件报给发包人、监理人审批，由发包人、监理人审批是否同意开工。

开工报告是指由承包人申请，经发包人或其委托的监理人批准而正式开始拟建工程项目施工的报告。

开工条件具备后，承包人应当及时向发包人和监理人发出工程开工报审表和开工报告，要求发包人、监理人审批后发出开工通知。如果开工条件已具备，承包人不主动呈报工程开工报审表和开工报告，而是坐等发包人、监理人发出开工通知，将造成承包人成本增加，还有可能引发工期延误。

4. 不要求发包人、监理人发出书面开工通知

部分工程项目的承包人在发包人发出口头开工通知后，即进场施工。双方一旦出现开工日期争议，承包人既无法提供书面开工通知或开工令，又无法提供其他证据证明开工日期的，最终认定的开工日期极有可能早于实际开工日期，承包人将面临向发包人承担工期延误违约责任的风险。

5. 不提出开工异议

部分建设工程的发包人发出开工通知时，建设工程还不具备开工条件。不过，一些承包人因不清楚可以提出开工异议，或者不清楚如何提出开工异议，即盲目听从开工指令而进场施工。双方出现争议后，承包人无法提交进场施工时建设工程不具备开工条件的证据，导致认定的开工日期提前，承包人面临承担工期延误违约责任的风险。

6. 不及时收集、保存与开工日期相关的证据

与开工日期相关的证据主要有：建设工程是否具备开工条件的证据、工程开工报审表、开工报告、开工通知或开工令、承包人进场施工的证据、会议纪要、施工日志、工程签证等。若不及时收集、保存上述证据，双方出现开工日期争议时，承包人将十分被动。

（七）开工日期中的法律风险

对于承包人来说，关于开工日期主要存在以下法律风险。

1. 承担工期延误违约责任

（1）承包人因逾期完成施工准备工作而承担工期延误违约责任。

开工前承包人的主要义务是，按照建设工程施工合同的约定完成开工前的准备工作，避免因自身原因导致建设工程无法按时开工。

开工前承包人的准备工作主要有：

① 组织编制项目进度计划；

② 做好施工人员、建筑材料、施工设备准备；

③ 组织进行现场勘查；

④ 搭建生活区设施、施工现场区设施；

⑤ 其他必要的准备工作。

因承包人的原因逾期完成上述准备工作，导致承包人逾期进场施工，承包人将向发包人承担工期延误的违约责任，且需自行承担赶工费等费用。

（2）建设工程不具备开工条件或不具备大规模施工条件，承包人进场施工而承担工期延误违约责任。

建设工程不具备开工条件或不具备大规模施工条件而开工，承包人不提出开工异议，盲目听从发包人、监理人的开工指令进场施工，将导致开工日期提前，加大承包人承担工期延误违约责任的风险。

2. 难以认定实际开工日期

建设工程已具备开工条件的，发包人或者监理人未发出开工通知或开工令，承包人应当及时向发包人提交开工报告，要求发包人确定实际开工日期，否则，实际开工日期的认定将存争议。

3. 承包人无法主张工期顺延、费用索赔

建设工程因发包人的原因不具备开工条件，承包人应当按照建设工程施工合同的约定及时向发包人提交索赔报告，要求顺延工期，索赔延误开工期间所增加的费用，否则，承包人将承担无法主张工期顺延、费用索赔的法律风险。

4. 放弃调整价格、解除合同、主张合理利润权利的法律风险

《施工合同（2017示范文本）》通用合同条款第7.3.2项载明："除专用合同条款另有约定外，因发包人原因造成监理人未能在计划开工日期之日起90天内发出开工通知的，承包人有权提出价格调整要求，或者解除合同。发包人应当承担由此增加的费用和（或）延误的工期，并向承包人支付合理利润。"

根据上述条款约定，因发包人原因造成监理人未能在计划开工日期之日起90天内发出开工通知，而承包人未及时提出开工异议即进场施工，承包人将面临放弃调整价格、解除合同权利的法律风险，也将面临放弃要求发包人支付合理利润权利的法律风险。

(八)承包人防控开工日期法律风险的措施

1. 在建设工程施工合同中明确约定开工日期的认定方式

为避免产生开工日期争议,承包人在与发包人磋商建设工程施工合同的内容时,可以要求约定开工日期为开工通知或开工报告记载的开工日期。约定的工程范围不包括桩基、土方等项目的,建设工程施工合同需明确约定以承包人实际承包的工程项目开工之日作为开工日期。

2. 严格按照建设工程施工合同约定提交施工组织设计和施工进度计划

承包人应当严格按照建设工程施工合同约定与建设工程的实际情况,及时向发包人提交施工组织设计和施工进度计划,以免双方因此产生开工日期认定争议。

3. 要求发包人确认开工报告,发出书面开工通知

建设工程具备开工条件后,承包人应当及时向发包人呈报工程开工报审表、开工报告,要求发包人发出书面开工通知,并保留发包人、监理人确认的开工报告。

4. 及时提出开工异议,要求确认实际开工日期

建设工程未做到"三通一平",或者发包人未取得施工许可证,或者存在其他无法施工的因素,而发包人、监理人已发出开工令,承包人有权拒绝接收开工令,并及时提出开工异议,要求发包人完成开工前准备工作,使建设工程符合开工条件;承包人已接收开工令的,应当作好记录,并要求发包人、监理人签字确认实际开工日期,以此作为工期顺延的依据。

5. 切忌盲目听从发包人、监理人开工指令提前进场施工

承包人经发包人同意已经实际进场施工的,以实际进场施工时间为开工日期。该规定对承包人的最大风险是:承包人实际进场施工时,如果建设工程还不具备开工条件,将使开工日期非正常提前,加大承包人承担工期延误违约责任的风险。因此,建设工程不符合开工条件时,发包人为了赶工期要求承包人进场施工,承包人应当拒绝,切忌盲目听从发包人、监理人开工指令提前进场施工;承包人无力拒绝发包人、监理人开工指令被迫提前进场施工的,在施工前承包人需与发包人明确约定不得以承包人进场施工时间为实际开工日期,且需明确约定承包人提前进场施工的责任承担及费用承担。

6. 及时收集、保存与开工日期相关的证据材料

为了避免与发包人产生开工日期争议,进而影响承包人的利益,承包人有必要及时收集、保存与开工日期相关的证据材料,主要有以下证据材料。

(1)建设工程是否具备开工条件的证据、工程开工报审表、开工报告、开工通知或开工令、承包人进场施工的证据、会议纪要、施工日志、来往函件、工程签证、竣工验收报告及备案材料等。

（2）发包人、监理人未发出开工通知的，承包人需收集、保存第一次工程例会记录、图纸会审记录及交底时间相关材料。

（3）承包人无法提供经发包人、监理人确认的开工报告时，需收集、保存施工许可证、发包人发出的通知、会议纪要、工程监理记录等证据，证明实际开工日期。

二、竣工日期法律风险防控

（一）竣工日期的含义

竣工日期是指建设工程施工合同约定的工程项目完成建设之日，是承包人完成承包范围内建设工程的绝对或相对的日期。

（二）竣工日期的重要性

1. 竣工日期是工程竣工结算余款利息的起算点

建设工程经竣工验收合格后，承包人应当按照建设工程施工合同的约定，及时向发包人提交竣工结算文件，发包人应当及时审核竣工结算文件。工程竣工结算文件经承发包双方确认的，应当作为工程决算的依据，未经对方同意，另一方不得就已生效的竣工结算文件委托工程造价咨询企业重复审核。发包方应当按照竣工结算文件及时支付竣工结算余款。

2. 竣工日期是承包人对建设工程进行保修的起算点

建设工程的保修期，自竣工验收合格之日起计算，分两种情况。

（1）建设工程经竣工验收合格

建设工程保修期的起算时间为参加竣工验收各方主体正式签署验收合格报告之日。

（2）建设工程未经竣工验收

① 承包人已经提交竣工验收报告，发包人拖延验收的，以承包人提交竣工验收报告之日为竣工日期，保修期自承包人提交竣工验收报告之日起计算；

② 建设工程未经竣工验收，发包人擅自使用的，以转移占有建设工程之日为竣工日期，保修期自发包人转移占有建设工程之日起计算。

3. 竣工日期是判断承包人是否存在工期延误行为、是否需要向发包人承担工期延误违约责任的主要标准。

4. 建设工程经竣工验收合格并交付给发包人使用后，建设工程毁损、灭失的风险责任由承包人转移给发包人。

（三）实际竣工日期的认定

相比开工日期的争议，承发包双方关于竣工日期的争议相对较少，理由是：建设工程施工合同及补充协议、往来函件、会议纪要、工程监理记录、竣工验收报告、竣工验收合格证明、竣工验收备案等文件，都有可能载明竣工日期或者实际竣工日期。

不过，在工程实践中，仍然存在约定竣工日期、建设工程完工日期、竣工验收申请报告记载的日期、竣工验收合格日期、竣工验收备案日期等与竣工日期相关的日期，对于哪个日期才是建设工程实际竣工日期，往往存在争议。

《新建设工程司法解释（一）》第九条对实际竣工日期的认定作出了规定："当事人对建设工程实际竣工日期有争议的，人民法院应当分别按照以下情形予以认定：（一）建设工程经竣工验收合格的，以竣工验收合格之日为竣工日期；（二）承包人已经提交竣工验收报告，发包人拖延验收的，以承包人提交验收报告之日为竣工日期；（三）建设工程未经竣工验收，发包人擅自使用的，以转移占有建设工程之日为竣工日期。"

根据上述规定，认定实际竣工日期主要考虑四个因素：一是承包人提交竣工验收申请的日期；二是发包人是否组织进行竣工验收；三是建设工程是否经验收合格；四是发包人是否存在擅自使用未经竣工验收的建设工程的情况。

如何认定上述规定第（二）项"发包人拖延验收"？

《施工合同（2017示范文本）》通用合同条款第13.2.3项载明："因发包人原因，未在监理人收到承包人提交的竣工验收申请报告42天内完成竣工验收，或完成竣工验收不予签发工程接收证书的，以提交竣工验收申请报告的日期为实际竣工日期。"

双方当事人之间的合同约定了上述内容的，按约定内容认定发包人是否拖延验收；合同未约定上述内容的，可以参照《施工合同（2017示范文本）》及行业交易习惯，认定发包人是否拖延验收。

典型案例 以转移占有建设工程之日为竣工日期的案例

1. 案例来源

（2015）民申字第3112号民事裁定书。

2. 最高人民法院裁判意见

根据原审法院查明的事实，本案《建设工程施工合同》签订后，S公司进行相关工程项目的建设施工。2011年6月，S公司向H公司申请竣工验收并出具竣工工程申请验收报告，监理单位和建筑设计单位亦签署同意竣工验收的意见。H公司认为S公司没有完工，不同意进行竣工验收。2012年8月28日，争议双方约定进行工程初验，因H公司未到场，验收未能进行。《最高人民法院关于审理建设工程施工合同纠纷案件适用法律问题的解释》第十四条规定："当事人对建设工程实际竣工日期有争议的，按照以下情形分别处理：（一）建设工程经竣工验收合格的，以竣工验收合格之日为竣工日期；（二）承包人已经提交竣工验收报告，发包人拖延验收的，以承包人提交验收报告之日为竣工日期；（三）建设工程未经竣工验收，发包人擅自使用的，以转移占有建设工程之日为竣工日期。"关于本案争议之建设工程项目，自2011年4月起，S公司与H公司共同将已经建成的房屋钥匙向购房户进行移交，现购房户已经装修入住，H公司同时接收了其余部分房屋。原审法院依据上述司法解释的规定，认定H公司接收房屋并已经投入使用，S公司移交房屋，转移占有之日为案涉工程的竣工之日并无不当。

在当事人对建设工程实际竣工日期产生争议的情况下，上述司法解释关于竣工日期的认定即为一种法律方面的推定，其能够排除相关鉴定报告中与法律推定相矛盾的鉴定结论。在本案案涉工程承包人已经提交竣工验收报告，发包人拖延验收并已经投入使用的情形下，原审法院不予采信四川G会计师事务所相关鉴定报告中涉及"项目未竣工验收部分工程量未完工"部分及"工程总造价"部分，并进而认定工程质量合格并已经竣工，案涉合同已经履行完毕具有事实及法律依据。

（四）竣工日期中的法律风险

对于承包人来说，涉及竣工日期的主要法律风险如下。

1. 向发包人承担工期延误违约责任的法律风险

在建设工程施工合同的履行过程中，承包人的主要义务是按照约定完成全部工程范围的施工任务，经自检合格后提请发包人组织进行竣工验收，且经验收合格。承包人未按期完成约定的施工任务，或者未按建设工程施工合同约定及时提交竣工验收申请报告，将面临向发包人承担工期延误违约责任的法律风险。

2. 节点工程、分包工程完工日期中的法律风险

竣工日期不同于完工日期。

完工日期是指承包人完成建设工程施工合同约定的工程范围内的施工任务的日期。完工日期包括整体工程完工日期、节点工程完工日期、分包工程完工日期等。可以说，完工是一种事实状态，而竣工则是一种法律状态。

部分建设工程施工合同不仅约定整体工程完工日期，还约定节点工程完工日期、分包工程完工日期，且约定承包人逾期完成节点工程、分包工程需要承担的违约责任。对此承包人需特别注意。

对于分包人来说，其仅能交付完工工程，而无法交付竣工工程。分包工程完工后，为了避免发生分包工程完工日期争议，避免向承包人承担工期延误违约责任，分包人应当及时向承包人提交完工日期申请，要求承包人确认分包工程完工日期。

对于承包人来说，如果承包人已按期完成其自行施工任务，但分包人逾期完成分包工程，导致承包人无法要求发包人组织进行竣工验收，承包人将面临向发包人承担工期延误违约责任的法律风险。

（五）承包人防控竣工日期法律风险的措施

1. 在建设工程施工合同中明确约定竣工日期的确定方式

为避免发生竣工日期争议影响承包人的利益，承包人在与发包人磋商建设工程施工合同的内容时，应当尽力避免约定对己方不利的竣工日期的确定方式。

笔者建议承发包双方采用现行通用的《施工合同（2017示范文本）》签订建设工程施工合同，并保留通用合同条款第13.2.3项有关竣工日期的内容："工程经竣工验收合格的，以承包人提交竣工验收申请报告之日为实际竣工日期，并在工程接收证书中载明；因发包人原因，未在监理人收到承包人提交的竣工验收申请报告42天内完成竣工验收，或完成竣工验收不予签发工程接收证书的，以提交竣工验收申请报告的日期为实际竣工日期；工程未经竣工验收，发包人擅自使用的，以转移占有工程之日为实际竣工日期。"

承发包双方约定承包方式为工程总承包的，笔者建议双方采用现行通用的《工程总承包合同（2020示范文本）》签订建设项目工程总承包合同，并保留通用合同条件第8.2条有关竣工日期的内容："承包人应在合同协议书约定的工期内完成合同工作。除专用合同条件另有约定外，工程的竣工日期以第10.1条〔竣工验收〕的约定为准，并在工程接收证书中写明。因发包人原因，在工程师收到承包人竣工验收申请报告42天后未进行验收的，视为验收合格，实际竣工日期以提交竣工验收申请报告的日期为准，但发包人由于不可抗力不能进行验收的除外。"

2. 按照合同约定及时向发包人提交工程竣工验收申请报告

承包人完成合同约定的工程范围的施工任务，建设工程具备竣工验收条件后，应当按照合同约定及时向发包人提交工程竣工验收申请报告，要求发包人及时组织竣工验收，并积极参加发包人组织的竣工验收工作。发包人要求整改的，承包人应当要求发包人出具完整整改清单，并及时按要求进行整改，尽快通过建设工程竣工验收；发包人提出的整改要求缺乏依据的，承包人应当与发包人积极协商，据理力争，争取发包人放弃整改要求，并保留相关证据。

3. 建设工程具备竣工验收条件，发包人拖延组织进行竣工验收的，承包人应当及时向发包人提交竣工验收报告并作好签收记录；发包人拒绝签收竣工验收报告的，承包人应当及时通过邮政快递方式送达，必要时可采取公证送达方式。

4. 发包人擅自使用未经竣工验收的建设工程，承包人应当采取拍照、录像等方式固定证据，必要时可以通过公证方式保留发包人擅自使用建设工程的证据。

5. 承包人在准备竣工资料时需特别注意竣工日期，尽量填写对承包人有利的竣工日期。

6. 承发包双方办结竣工结算手续后，为避免发包人提起工期反索赔请求，承包人有必要要求发包人在竣工结算书上注明"双方已无其他争议，发包人对结算金额不存在任何异议"。

7. 及时收集、保存与竣工日期相关的证据材料

承包人在收到全部工程价款之前，应当有证据意识，需及时收集、保存与竣工结算相关的证据，比如，建设工程施工合同及补充协议、双方往来函件、会议纪要、工程监理记录、竣工验收申请报告、竣工验收报告及竣工验收备案、竣工验收合格证明等，以便诉诸法律或应诉时承包人能拿出对己方有利的证据。

三、工期延误法律风险防控

大部分建设工程都存在工期延误问题，工期延误是导致承发包双方产生纠纷的重要原因之一。因此，承包人全面了解工期延误，分析引起工期延误的原因，识别、防控工期延误的法律风险，显得尤为重要。

（一）工期延误的含义

工期延误，又称为工程延误或进度延误，是指在建设工程施工过程中，任何一项或多项工作的实际完成日期迟于计划完成日期，导致建设工程工期整体延长。

（二）工期延误的表现形式

工期延误有两种主要表现形式：

（1）在施工过程中，承包人的实际施工进度落后于经发包人批准的计划施工进度；

（2）建设工程经竣工验收合格，认定的实际竣工日期迟于建设工程施工合同约定

的竣工日期。

（三）造成工期延误的主要因素

造成工程延误的因素很多，可以归结为三类：一是因发包人的原因造成工期延误；二是因承包人的原因造成工期延误；三是因不可抗力、第三人原因或其他原因造成工期延误。

这三类造成工程延误的因素往往相互交错，导致工期延误的原因错综复杂，成为司法实践中非常复杂的法律问题。

1. 因发包人的原因造成工期延误

《民法典》第八百零三条规定："发包人未按照约定的时间和要求提供原材料、设备、场地、资金、技术资料的，承包人可以顺延工程日期，并有权请求赔偿停工、窝工等损失。"

在建设工程施工合同履行过程中，因发包人的原因造成工程延误的情况很普遍，主要表现在以下几个方面。

（1）发包人未按合同约定完成施工准备工作。

① 发包人未及时完成征地、拆迁、安置等前期工作；

② 发包人未及时办理建设用地规划许可证、建设工程规划许可证、施工许可证等规划审批手续；

③ 在合同约定的开工日期前，发包人未完成"三通一平"工作，无法及时向承包人交付施工现场，承包人无法及时进场施工；

④ 未按合同约定完成其他施工准备工作。

（2）不能及时交付施工图纸、设计变更图纸。

发包人未按照合同约定的时间和数量向承包人提供施工图纸，或者未及时提供施工过程中发生的设计变更图纸，引起工期延误。

（3）未按照合同约定提供"甲供材"。

（4）发包人提出设计变更或者增加工程量。

（5）发包人指定的分包人未及时完成分包工程。

（6）未按照合同约定及时支付工程预付款或工程进度款。

典型案例　发包人不及时解决施工中的问题，导致工期延误的案例

1. 案例来源

（2018）最高法民终857号民事判决书。

2. 最高人民法院裁判意见

关于Q公司及Q公司平顶山分公司应否赔偿C公司的损失，如赔偿，损失数额是多少的问题。根据一审查明的事实，C公司发出开工令的日期比合同约定的开工日期迟延了近100天。各号楼竣工日期迟延了100～200天左右。在2011年3月初，Q公司平顶山分公司就施工中的问题向C公司发函反映，但C公司未能提交证据证明问题解决的时间。在施工过程中，Q公司平顶山分公司就C公司指定材料、品牌、型号、施工工艺、分包工程配合等问题向C公司发函，但C公司未及时答复，拖延的时间从几十天到167天不等。在2011年3月至2013年10月，Q公司多次发函要求C公司支付拖欠的工程进度款。故原判决认定C公司对施工过程中的问题不及时解决是造成工期延误的主要原因有事实依据。因此，本院认为C公司对施工过程中的相关问题不及时解决，是造成工期延误的主要原因，即使由此导致了对商品房购房人支付的违约金、增加的监理费等损失，亦应由其自行承担。

2. 因承包人的原因造成工期延误

在建设工程施工合同履行过程中，因承包人的原因造成工程延误的情况也不少，主要表现在以下方面。

（1）建设工程已具备开工条件，承包人未及时进场施工。

（2）施工组织设计、施工进度计划、施工方案等不得当。

（3）施工工序安排不合理，不能妥善解决各工序之间的衔接问题，无法达到合理安排工期的目的。

（4）施工人员资质、资格、经验、能力及人数无法满足施工需要，管理人员管理水平低、经验不足，不能根据施工现场需要及时调配劳动力和施工机具。

（5）材料供应不及时，材料的数量、型号及技术参数错误，材料质量不合格。

（6）施工机械设备配置不合理，无法满足施工需要。

（7）未按照合同约定垫资施工。

承包人自有资金不足或者资金安排不合理，无力支付分包工程价款、劳务费、材料费、设备费等费用，导致工期延误。

（8）施工质量不符合约定要求。

（9）工程项目发生安全事故，影响工程进度。

（10）关键材料、设备被盗或被破坏，影响工程进度。

（11）承包人与材料供应商、设备供应商或出租方协调不够，配合不到位，引发诉讼或仲裁。

（12）承包人对分包人管理不够，双方协调、配合不到位，分包工程延期完成导致整体工程工期延误。

（13）因承包人管理不善导致施工现场出现食物中毒、瘟疫、传染病等情况，影响工程进度。

3. 因不可抗力、政府行为、第三人原因或其他原因造成工期延误

不可抗力是不能预见、不能避免且不能克服的客观情况，包括在合同履行过程中不能预见、不能避免且不能克服的自然灾害和社会性突发事件，比如，地震、海啸、瘟疫、骚乱、戒严、暴动、战争和双方约定的其他情形。

（四）工期延误的举证责任

伴随承包人起诉发包人支付工程价款诉讼的，往往是发包人主张承包人承担工期延误违约责任的反诉。发包人要求承包人承担工期延误违约责任，举证责任较为简单。发包人只需证明实际竣工日期与合同约定竣工日期，两者相隔的天数即为工期延误的天数。而承包人为了避免承担工期延误违约责任，需证明工期延误非己方原因造成，应当顺延工期。

具体来说，发包人要求承包人承担工期延误违约责任，承发包双方的举证责任分配如下：

1. 发包人举证证明建设工程存在工期延误的事实

发包人提交建设工程施工合同，一般可以证明双方约定的竣工日期；发包人提交竣工验收报告和（或）其他竣工验收文件，可以证明建设工程实际竣工日期，计算实际竣工日期与合同约定竣工日期相隔的天数，即可证明建设工程是否存在工期延误的事实。

2. 承包人举证证明不存在工期延误情况或非己方原因造成工期延误

（1）承包人提交证据证明建设工程不存在工期延误情况，比如，建设工程施工合同并没有约定建设工期；

（2）承包人提交证据证明造成工期延误的原因是发包人的因素或者不可抗力、政府行为、第三人原因或其他非承包人的原因；

（3）提交证据证明延误事件处于关键线路上；

（4）举证证明非己方原因导致建设工期延误的天数。

3. 发包人提交证据证明因承包人的原因造成工期延误、因发包人造成的工期延误处于非关键线路上不影响正常施工、承包人计算工期延误天数错误

发包人证明承包人原因导致工期延误的主要证据有：

（1）现场施工人员明显不够，无法满足施工需要；

（2）材料供应不足或不及时；

（3）承包人项目部"瘫痪"；

（4）不按要求施工造成停工、窝工；

（5）施工质量存在问题引起返工；

（6）工人闹事影响正常施工等。

4. 双方当事人提交的证据都不足以证明工期延误天数，且无法就工期延误天数达成一致意见，任何一方都可申请进行工期鉴定。

不过，在司法实践中，法院很少依据工期司法鉴定结论认定工期延误责任、延误天数，理由是：工期鉴定的依据是建设工程施工合同、施工进度计划、会议纪要、往来函件、工程联系单、工程签证单等文件，如果鉴定机构依据这些文件即可鉴定出工期延误责任、工期延误天数，法院同样可依据这些材料直接作出认定，而无需启动工期鉴定程序。

典型案例　法院以工期鉴定结论认定工期顺延天数的案例

1. 案例来源

（2018）最高法民再 163 号民事判决书。

2. 二审法院裁判意见

关于 Z 公司在履行合同过程中是否构成违约及违约责任如何承担的问题。

本案工程的承发包双方当事人均是其所从事领域的专业企业，对工程建设所需要的天数应有较为准确的预判断能力，且双方当事人经过多次协商洽谈后签订了本案合同，在合同不存在无效或被撤销的情形下，应尊重双方合同约定，确认本案工期为 580 天。一审法院以本案合同无效为由，摒弃双方合同约定，对工程所需要的工期进行鉴定，并认定合理工期为 1182 天，违反了合同"约定优先"原则，违背当事人约定，明显不当，予以纠正。虽一审法院通过鉴定认定工期欠妥，但对于 Z 公司应获得的工期顺延天数问题，二审经征求双方意见，确认双方均同意在鉴定意见书的基础上进行认定。根据北京 Y 工程咨询股份有限公司广西分公司出具的《工期鉴定意见书》鉴定意见：确认合理顺延工期为 48.5 天，无法确认的顺延工期事项已在"鉴定过程"中说明。对鉴定意见书已经确认的合理顺延天数 48.5 天，予以确认。J 公司对一审认定 Z 公司可以顺延的 48.5 天中的 7 天持异议，但没有提供充足的证据证明其主张，对此不予采纳。

3. 最高人民法院裁判意见

Z 公司还主张，《建设工程施工合同》中 580 日历天的工期条款因违反行政法规

"不得任意压缩合理工期"的强制性规定而无效。对此,本院认为,一方面,定额工期通常依据施工规范、典型工程设计、施工企业的平均水平等多方面因素制定,虽具有合理性,但在实际技术专长、管理水平和施工经验存在差异的情况下,并不能完全准确反映不同施工企业在不同工程项目的合理工期。另一方面,本案中,Z公司作为大型专业施工企业,基于对自身施工能力及市场等因素的综合考量,经与J公司平等协商,在《建设工程施工合同》中约定580日历天的工期条款,系对自身权利的处分,亦为其真实意思表示,在无其他相反证据证明的情况下,不能当然推定J公司迫使其压缩合理工期。Z公司的该项再审主张亦缺乏事实依据,不能成立,本院不予支持。

(五)工期延误的法律风险

对于承包人来说,工期延误被认定为承包人的原因造成,承包人就将面临成本增加、被发包人追究工期延误违约责任、被发包人解除建设工程施工合同等法律风险。

1. 因工期延误造成成本增加的法律风险

承包人承建的建设工程工期超出合同约定的工期时,必然会造成承包人的成本增加。因承包人的原因造成工期延长的,对于承包人的新增成本,发包人依法依约可以不认可,承包人将自行承担成本增加的法律后果。

(1)人料机费用增加的风险

建设工程施工合同一般会约定因承包人的原因造成工期延长,承包人自行承担人工、材料、机械价格上涨的风险、责任。另外,建设工程施工合同如果约定人料机价格包死,工期一旦延长,承包人就将承担人料机成本增加的法律后果。

(2)企业管理费增加的风险

企业管理费,是指建筑安装企业组织施工生产和经营管理所需的费用。住房和城乡建设部、财政部发布的《建筑安装工程费用项目组成》(建标〔2013〕44号)规定,企业管理费包括管理人员工资、办公费、劳动保护费和劳动保险等合计14项费用。当工期延长时,承包人的上述费用必将相应增加。因承包人自身原因造成工期延长的,承包人将自行承担企业管理费增加的法律后果。

(3)措施费增加的风险

措施费,是指为了完成建设工程施工,发生于该建设工程施工前和施工过程中非工程实体项目的费用,包括施工技术措施费和施工组织措施费。施工技术措施费包括大型机械设备进出场费及安拆费、混凝土、钢筋混凝土模板及支架费、脚手架费、施工排水、降水费、其他施工技术措施费等费用;施工组织措施费包括环境保护费、文明施工费、安全施工费、已完工程保护费、临时设施费、夜间施工费、材料二次搬运费等费用。

工期延长后，上述措施费将相应增加，承包人面临成本增加的法律风险。

（4）劳务费增加的风险

建设工程工期延长，必然会造成各施工班组劳务费用增加，承包人将因此承担成本增加的法律风险。

（5）垫资压力增大的风险

大部分建设工程都存在需要承包人垫资施工的情况。而建设工程施工合同一般约定发包人按照施工进度节点向承包人支付工程价款，如正负零、结构封顶等节点。工期一旦延长，施工进度节点相应推迟，导致承包人无法按照合同约定的工程节点收取工程价款，必然造成承包人垫资时间延长，垫资压力增大。

（6）承担赶工费的风险

因承包人原因导致工期延误，为赶工期而增加的赶工费，由承包人自行承担。

2. 承担工期延误违约责任

建设工程施工合同一般会约定，因承包人的原因导致工期延误，承包人应当承担因其违约行为而增加的费用和（或）延误的工期。此外，双方当事人还可另行约定承包人违约责任的承担方式和计算方法。

对于建设工程施工合同约定的违约金是否合理的问题，法院或仲裁机构一般依据《全国法院贯彻实施民法典工作会议纪要》（法〔2021〕94号）进行认定。当事人主张约定的违约金过高请求予以适当减少的，应当承担举证责任，相对人认为违约金约定合理的，也应当提供相应的证据。

《全国法院贯彻实施民法典工作会议纪要》第11条第三款规定："当事人请求人民法院减少违约金的，人民法院应当以民法典第五百八十四条规定的损失为基础，兼顾合同的履行情况、当事人的过错程度等综合因素，根据公平原则和诚信原则予以衡量，并作出裁判。约定的违约金超过根据民法典第五百八十四条规定确定的损失的百分之三十的，一般可以认定为民法典第五百八十五条第二款规定的'过分高于造成的损失'。当事人主张约定的违约金过高请求予以适当减少的，应当承担举证责任；相对人主张违约金约定合理的，也应提供相应的证据。"

《民法典》第五百八十四条规定："当事人一方不履行合同义务或者履行合同义务不符合约定，造成对方损失的，损失赔偿额应当相当于因违约所造成的损失，包括合同履行后可以获得的利益；但是，不得超过违约一方订立合同时预见到或者应当预见到的因违约可能造成的损失。"

《民法典》第五百八十五条规定："当事人可以约定一方违约时应当根据违约情况

向对方支付一定数额的违约金,也可以约定因违约产生的损失赔偿额的计算方法。约定的违约金低于造成的损失的,人民法院或者仲裁机构可以根据当事人的请求予以增加;约定的违约金过分高于造成的损失的,人民法院或者仲裁机构可以根据当事人的请求予以适当减少。当事人就迟延履行约定违约金的,违约方支付违约金后,还应当履行债务。"

根据上述规定,约定的违约金超过守约方的损失的30%时,就可以认定为"过分高于造成的损失"。不过,在司法实践中,发包人主张工期延误天价违约金的请求,往往能得到法院或者仲裁机构的支持,对此承包人需特别注意。

3. 发包人解除建设工程施工合同

因承包人的原因导致工期延误,符合一定条件后,发包人有权依照法律规定或合同约定行使建设工程施工合同解除权。合同解除后,发包人有权要求承包人赔偿因解除合同给发包人造成的损失。而且,因承包人违约解除合同的,发包人有权暂停向承包人支付工程价款。

根据《民法典》第五百六十三条第一款第(三)项的规定,当事人一方迟延履行主要债务,经催告后在合理期限内仍未履行,当事人可以解除合同。

4. 因不可抗力导致工期延误,承包人处理不当的法律风险

不可抗力事件发生后,承包人应当及时通知发包人,以减轻可能给发包人造成的损失,并在合理期限内向发包人提交发生不可抗力事件的证据,否则,承包人将面临被发包人要求赔偿损失、追究工期延误违约责任的风险。

(六)承包人防控工期延误法律风险的措施

1. 谨慎对待工期、工期违约责任约定

(1)谨慎预估工期,切勿虚假承诺

部分承包人为了拿下建设工程,往往在投标书中就工期作出虚假承诺。承包人中标后,在建设工程施工合同的履行过程中,却无法兑现工期承诺,工期延误在所难免。

因此,在投标阶段,承包人应当根据建设工程的实际情况,发包人需求,承包人自身能力,需要投入的资金、人员、设备、设施等情况,参考住房和城乡建设部发布的《建筑安装工程工期定额》(建标〔2016〕161号),谨慎合理测算工期。

(2)订立建设工程施工合同需有防范工期违约的风险意识

① 在建设工程施工合同中明确约定工期,合理商定开工、竣工日期,明确工期顺延情形

为了避免产生工期延误争议,承发包双方需在建设工程施工合同中约定开工日期和竣工日期的确定方式,以便确定实际工期总天数;明确约定工期顺延情形,比如,

发包人的哪些行为、哪些不利物质条件、哪些异常恶劣气候条件属于工期顺延情形。

② 在建设工程施工合同中合理约定工期延误违约金数额，设定违约金最高限额标准

在工程实践中，对于因承包人原因引起的工期延误情况，发包人往往要求约定天价违约金。对此承包人需充分考虑其中的风险隐患，拒绝约定工期延误天价违约金，要求设定工期延误违约金最高上限，比如，不超过合同价款的5%；承包人无力拒绝时，可以提出反要求，要求约定因发包人原因引起工期延误的对等违约金。

2. 按照合同约定及时完成全部工程的施工任务

在建设工程施工合同履行过程中，承包人应当严格按照施工进度计划表进行施工，加强工期管理，在保证工程质量的前提下加快施工进度，确保按照合同约定完成节点工程，确保工程在约定期限内竣工并验收合格，尽量避免因自身原因造成工期延误；已经出现节点工程工期延误情况时，承包人需在后续的施工中合理赶工，抢回工期。

3. 在约定期限内提出工期顺延申请，避免工期延误

《新建设工程司法解释（一）》第十条第二款规定："当事人约定承包人未在约定期限内提出工期顺延申请视为工期不顺延的，按照约定处理，但发包人在约定期限后同意工期顺延或者承包人提出合理抗辩的除外。"

上述规定对于承包人来说，是一个很大的法律风险点。遗憾的是，很多承包人却忽视该款规定，导致本是工期顺延的情形，因承包人未在约定期限内提出工期顺延申请，被视为工期不顺延。工期顺延变成工期延误，承包人不但无法要求发包人顺延工期和（或）增加费用，反而有被发包人追究工期延误违约责任的法律风险。

因此，建设工程出现工期延误情况，但符合法律规定或合同约定的工期顺延情形时，承包人应当按照约定的期限和程序向发包人提出工期顺延书面申请，申请需明确工期顺延事由、顺延依据、顺延天数等，避免因逾期申请或申请事项不明确而造成权利灭失，造成承包人产生本可避免的损失。

确定工期顺延天数，对于承包人来说很重要。司法实践中的不少案例，法院或仲裁机构不支持承包人提出的工期顺延主张，反而支持发包人提出的工期延误违约金请求，一个很重要的原因是，法院或仲裁机构无法认定工期顺延的天数。因此，承包人向发包人提出书面申请，要求顺延工期时，应当明确工期顺延的天数，并要求发包人对此予以确认。

4. 行使合同解除权

因发包人原因导致工期延长，承包人需考虑发包人的现状尤其是财务状况、工程实际情况，具备解除合同的条件时，承包人应当及时解除建设工程施工合同，防止损

失进一步扩大。

《施工合同（2017示范文本）》通用合同条款第7.8.6项约定："暂停施工持续84天以上不复工的，且不属于第7.8.2项〔承包人原因引起的暂停施工〕及第17条〔不可抗力〕约定的情形，并影响到整个工程以及合同目的实现的，承包人有权提出价格调整要求，或者解除合同。解除合同的，按照第16.1.3项〔因发包人违约解除合同〕执行。"

5. 及时收集、保存工期延误证据，以备诉讼或者仲裁需要

在施工过程中，对因发包人、不利物质条件、异常恶劣气候条件等非承包人原因引起的工期延误，承包人应当及时收集、保存相关证据，特别注意收集、保存工程量增加、设计变更、延迟付款、甲供材不及时等易于认定工期顺延的证据，并按照约定的程序向发包人及时提出工期顺延请求。

典型案例 认定双方当事人对工期延误已达成一致意见或均放弃相关损失主张的案例

1. 案例来源

（2017）最高法民终671号民事判决书。

2. 一审法院裁判意见

关于H公司应否向L公司支付延期竣工的违约金1200万元的问题。一审法院认为，在施工过程中因L公司的原因导致工程迟延窝工，窝工的天数已经超过合理的工程顺延天数，因此不能认定H公司延期竣工，对于L公司的该项反诉请求，一审未予支持。

3. 最高人民法院裁判意见

关于H公司有无违约及应否承担延期交工违约责任的问题。

L公司认为，H公司没有顺延工期的正当事由，其措施费中已含有冬季施工费，故不应扣除冬季施工期；同时，H公司虽于2012年6月5日提交了验收申请，但实际并不具备竣工验收条件，一直在整改；也未按约办理各项手续，导致工期严重滞后。根据一审查明的事实，双方约定A区的施工期限为2008年9月1日至2010年6月1日，实际竣工验收时间为2012年12月25日；C区、D区的施工期限为2009年2月26日至2010年12月31日，实际竣工验收时间为2014年1月10日，即H公司的施工期限确实存在超过约定施工期限的问题，但L公司主张H公司承担延期交工违约责任的理据不足。对此，本院评析如下。第一，施工合同双方具有相互配合义务，L公司的部分行为造成了工期拖延。如A区施工部分：（1）A区约定的开工日期是2008年9月1日，但实际开工日期为2009年7月6日，实际开工后，部分施工项目尚未完成验槽；（2）根据合同约定，施工许可证的办理拖延是工期延误的事由之一，而L公司A区4号、5号、6号、8号楼的施工许可证下发时间为2009年5月9日，1号、10号楼的施工许可证下发时间是2009年7月5日，2号、3号楼的施工许可证下发时间是2009年11月15日，总之，施工许可证的下发时间均晚于约定开工的时间；（3）合同约定工程师未按合同约定提供所需指令、批准等致不能正常施工的，需予顺延，实际施工中，H公司请求对部分材料价格、品牌等签证认可，有关工程联系单2010年6月即上报申请，但直至2011年6月L公司才予以签证认可；（4）施工中，L公司直接外包及指定外包的工程进度滞后，部分影响了H公司施工。L公司除上述影响施工的事实外，还存在不及时组织竣工验收等顺延工期的事实。C区、D区施工中，亦存在影响施工期限的相关因素，与上述A区影响因素相类似，本院不予赘述。对上述导致工期顺延的有关事实，H公司虽未提出相应的工期顺延申请，但并不能否认相关事实的发生。第二，合同履行中，双方均明知相关的施工期限发生变更，H公司未提出工期变更或顺延申请，L公司也并未依据施工协议提出工期要求，相关工程款结算中，也未就工期延误损失提出异议，应视为双方对工期延误已达成一致意见或均放弃相关损失主张。据此，一审未支持L公司有关H公司违约及应承担延误工期损失的请求，有事实和法律依据，本院予以维持。

四、工期顺延法律风险防控

工期顺延是建设工程施工合同履行过程中常见的情形，也是承包人与发包人容易产生纠纷的争议点，同时也是司法实践中较难处理的法律问题。

（一）工期顺延的含义

工期顺延，是指承包人与发包人根据法律、法规、司法解释的规定，建设工程施工合同的约定，对因发包人原因、自然条件、社会事件及其他非承包人原因导致工期延误事实的变更。

（二）工期顺延的主要情形

（1）发包人未按照约定时间和要求提供原材料、设备、场地、资金、图纸与其他技术资料。

（2）发包人未按照约定时间取得建设用地规划许可证、建设工程规划许可证、施工许可证等规划审批手续或者因其他原因被有关政府部门要求停工，停工期间应当相应顺延工期。

（3）发包人提供的测量基准点、基准线和水准点及其书面资料存在错误或疏略。

（4）发包人未能在计划开工日期之日起约定的日期内同意下达开工通知。

（5）发包人未按期足额支付工程预付款、工程进度款。

（6）在施工过程中，发包人要求承包人增加工程量而导致工期顺延。

（7）在施工过程中，发包人变更设计方案，影响承包人正常施工，应当相应顺延工期。

发包人变更设计方案，不能直接推定工期顺延。发包人变更设计方案，应当由发包人或者监理人向承包人发出书面变更指令，承包人按书面变更指令组织实施。不管在什么情况下，承包人都无权擅自变更设计方案，否则，发包人有权不认可承包人擅自变更设计方案所增加的工程量，且发包人有权追究承包人的违约责任。承包人因擅自变更设计方案造成发包人损失的，承包人应当赔偿损失；造成承包人自身损失的，由承包人自行负责。

（8）发包人将部分工程如钢结构工程、消防工程、水电工程、空调工程等直接分包给他人施工，或者要求承包人分包给指定的单位施工，承包人与分包人之间因施工衔接不当导致工期顺延。

（9）隐蔽工程在覆盖前，承包人通知发包人检查，发包人没有及时检查的，承包人可以顺延工期。

（10）监理人未按合同约定的时间节点发出指示、指令、批准等文件。

（11）建设工程竣工前，当事人对工程质量发生争议，工程质量经鉴定合格的，鉴定期间为顺延工期期间。

（12）在施工过程中发生不可抗力或者其他不可归责于承包人的事件导致工期顺延。

（13）法律、法规、司法解释、政策等的重大修订。

比如，法律规定周工作时间缩短，导致承包人出现工期延误的风险。

（三）工期顺延的认定方式

《新建设工程司法解释（一）》第十条规定："当事人约定顺延工期应当经发包人或者监理人签证等方式确认，承包人虽未取得工期顺延的确认，但能够证明在合同约定的期限内向发包人或者监理人申请过工期顺延且顺延事由符合合同约定，承包人以此为由主张工期顺延的，人民法院应予支持。当事人约定承包人未在约定期限内提出工期顺延申请视为工期不顺延的，按照约定处理，但发包人在约定期限后同意工期顺延或者承包人提出合理抗辩的除外。"

该条规定包含以下四种含义：

（1）建设工程施工合同约定工期顺延应当经发包人或者监理人签证等方式确认的，发包人或者监理人已签证确认，工期顺延事实成立。

（2）发包人或者监理人不签证确认工期顺延事实，承包人证明在合同约定的期限内向发包人或者监理人申请过工期顺延且顺延事由符合合同约定，人民法院或仲裁机构应当支持承包人的工期顺延的主张。

承包人按照约定提出工期顺延申请后，发包人或者监理人不签证确认，将陷承包人于不利的地位。在发包人或者监理人不讲诚信的情况下，人民法院或者仲裁机构不能生搬硬套合同约定，以发包人或者监理人未确认为由认定工期不顺延，否则对承包人很不公平。只要承包人能举证证明其在约定的期限内申请，且申请的事由符合合同约定，不管发包人或监理人是否签证确认，人民法院或仲裁机构都应当支持承包人提出的工期顺延的主张。

该条规定对发包人很有利：工期顺延事由出现后，承包人只要在合同约定的期限内向发包人或者监理人提出工期顺延申请，就不用考虑发包人或监理人是否确认。不过，承包人不按照约定申请工期顺延，将自行放弃顺延工期的权利，将自行承担工期延误的法律后果。

（3）建设工程施工合同约定承包人未在约定期限内提出工期顺延申请视为工期不顺延的，约定有效，承包人超期提出工期顺延申请，视为工期不顺延。

（4）承包人未在约定期限内提出工期顺延申请，承包人有合理的抗辩理由或发包人事后同意工期顺延，则工期顺延事实成立。

承包人未在约定期限内提出工期顺延申请，承包人能提出未能在约定期限内申请顺延的合理理由的，比如，发生了不可抗力事件，该合理理由可致工期顺延事实成立。

另外，承包人未按照建设工程施工合同约定的期限申请工期顺延，但发包人事后通过会议纪要、双方往来函件等书面形式，同意承包人工期顺延，是发包人对其自身权利的处分，应当予以认可。

（四）证明工期顺延事实的证据

（1）工期顺延签证。工期顺延签证，是承包人能够证明工期顺延事实最有力的证据，也是最直接、最常见的证据。

（2）承发包双方约定可以顺延工期的合同条款。

（3）可以顺延工期的已实际发生的事实证据。比如，设计变更通知单、发包人和监理工程师指令、停工通知、复工通知、会议纪要、双方来往函件和签收记录、技术核定单等。

（4）证明工期顺延事实的照片、录像资料。

（5）其他能够证明工期顺延事实的证据。

| 典型案例 | 发包人指定分包单位、确定分包合同实质内容，发包人对于分包工程工期延误存在过错，应承担工期延误责任的案例 |

1. 案例来源

（2021）最高法民终1241号民事判决书。

2. 一审法院裁判意见

工期延误责任。依据总承包补充协议约定，工程应于2015年7月20日完工，但现有证据证明直到2017年11月1日工程才竣工验收合格，工期延误长达834天。2015年7月20日之前，依据2013年9月5日工期会议纪要、2014年12月15日总承包补充协议约定，H公司虽存在"土方施工工期的延误"，但X公司亦存在"工程设计方案变更导致合同价款变更"的情形，而双方在总承包补充协议中又没有明确此前工期延误的责任。因此，X公司反诉要求H公司承担2015年7月20日之前的延误工期责任，不予支持。

关于2015年7月20日至2017年11月1日工期延误834天的责任。总承包合同通用条款第13.1款、第13.2款就工期延误原因及确认约定，承包人应就延误的工期以书面形式向工程师提出报告，经工程师确认后工期相应顺延，工程师收到报告后14天内不予确认视为同意顺延工期，但未明确承包人未在14天内提出申请即视为工期不顺延或放弃权利。虽然H公司没有证据证明提交了工期延误书面申请报告，无法确认工期顺延天数，但X公司以此主张H公司放弃了顺延工期的权利，缺乏法律依据，不予支持。依据《最高人民法院关于审理建设工程施工合同纠纷案件适用法律问题的解释（二）》（法释〔2018〕20号）第六条的规定，应对H公司主张工期顺延的抗辩事由予以审查。H公司提交的当地政府对施工工地环境管控通知书，可以证明2015年7月20日后当地政府要求停工共计19天；2015年12月22日技术核定单、2016年4月18日工程联系单，可以证明X公司进行设计变更取消精装修，增加钢梁下口保温岩棉封堵，导致工程量增加，影响工期；经X公司签收的2016年3月25日、5月12日、8月8日、2017年3月22日工程联系单，可以证明因人防工程验收需要，X公司没有及时提供三套图纸，没有及时在验收资料上盖章，导致竣工验收迟延，影响工期；X公司发给H公司的十五份指定专业分包函、2016年1月28日工程联系单、2017年2月20日工地例会会议纪要，可以证明虽然H公司系EPC工程总承包人，但H公司直接施工内容仅为土方开挖、地下室及地上楼面混凝土浇筑，其他工程均由X公司指定专业分包单位施工。从X公司给H公司的指定专业分包函内容看，X公司不仅指定分包人，还就分包工程内容、合同价款、工期、质量等明确具体要求。由此可见，虽然由H公司与指定分包人签订专业分包合同，但分包合同实质内容由X公司决定。因此，2016年1月28日工程联系单反映的变配电、幕墙、公共部位装修、水电安装施工滞后，应对工期产生影响，对此X公司应承担一定责任。但是，H公司上述抗辩事由不足以导致工期延误834天，而X公司提交的工地例会会议纪要、监理工程师通知单（进度类）、工程联系单等证据，可以证明H公司作为总承包人在工程监督管理、工程款支付等方面存在问题，影响工期。因此，一审法院酌定H公司对工期延误834天承担60%主要责任，即承担工期延误500天的违约责任。

3. 最高人民法院裁判意见

关于案涉工程延误期间责任分配问题。根据各方当事人一审举证情况，案涉工程工期延误事由包括当地政府要求停工；H公司作为总承包人在工程监督管理、工程款支付等方面存在问题，影响工期；X公司设计变更导致工程量增加，因人防工程验收需要未及时提供三套图纸且未在验收资料上盖章导致竣工验收迟延；2016年1月28日工程联系单反映的变配电、幕墙、公共部位装修、水电安装施工滞后问题。由于案涉专业分包单位系由X公司指定，虽然H公司与指定分包人签订专业分包合同，但分包合同实质内容系由X公司确定，故一审法院认定X公司对于分包单位工期延误亦存在过错，并根据各方过错程度酌定H公司对工期延误承担60%主要责任，即承担工期延误500天的违约责任，X公司承担剩余40%的责任，并无不当，本院予以维持。X公司、H公司相关上诉主张均不能成立，本院不予采信。

（五）承包人防控工期顺延法律风险的措施

1. 确定工期顺延事实

出现工期顺延事由后，承包人应当按照合同约定及时向发包人或者监理人申请工期顺延签证。工期顺延签证申请需要满足以下条件：

（1）签证内容、形式合法、守约；

（2）签证需注明工期顺延事由、工期顺延天数、费用增加数额等，并附上完整、准确的基础事实资料；

（3）签证经发包人现场代表或监理工程师签字确认并加盖公章。

发包人或监理人对工期顺延申请不予确认的，承包人应当及时收集、保存其他能够证明工期顺延事实的证据。

2. 按合同约定及时主张工期顺延

工期顺延事由出现后，承包人应当在建设工程施工合同约定的期限内向发包人提出工期顺延申请，明确要求顺延工期，要求发包人承担承包人因工期顺延而增加的费用，支付承包人合理的利润。

3. 按合同约定的程序主张工期顺延

承发包双方采用现行通用的《施工合同（2017示范文本）》签订建设工程施工合同的，其中通用合同条款第19.1款约定了承包人主张工期顺延的程序："根据合同约定，承包人认为有权得到追加付款和（或）延长工期的，应按以下程序向发包人提出索赔：（1）承包人应在知道或应当知道索赔事件发生后28天内，向监理人递交索赔意向通知书，并说明发生索赔事件的事由；承包人未在前述28天内发出索赔意向通知书的，丧失要求追加付款和（或）延长工期的权利；（2）承包人应在发出索赔意向通知书后28天内，向监理人正式递交索赔报告；索赔报告应详细说明索赔理由以及要求追加的付款金额和（或）延长的工期，并附必要的记录和证明材料；（3）索赔事件具有持续影响的，承包人应按合理时间间隔继续递交延续索赔通知，说明持续影响的实际情况和记录，列出累计的追加付款金额和（或）工期延长天数；（4）在索赔事件影响结束后28天内，承包人应向监理人递交最终索赔报告，说明最终要求索赔的追加付款金额和（或）延长的工期，并附必要的记录和证明材料。"

承包人不按照上述条款约定主张工期顺延的，将面临丧失顺延工期的权利的法律风险。

4. 拒绝发包人提出的故意压缩合理工期的请求

《建设工程质量管理条例》第十条规定："建设工程发包单位不得迫使承包方以低于成本的价格竞标，不得任意压缩合理工期。建设单位不得明示或者暗示设计单位或者施工单位违反工程建设强制性标准，降低建设工程质量。"

合理工期，是指在正常建设条件下，采取科学合理的施工工艺和管理办法，以现行建设行政主管部门颁布的工期定额为基础，结合项目建设的具体情况，而确定的使投资方、各参加单位均能获得满意经济效益的工期。

在法律上，我国目前对合理工期没有明确统一的标准，一般以定额工期为基础。定额工期是在相同施工条件下，具有相同或近似施工技术、施工经验和管理水平的施工单位在完成相同工作量时正常情况下所需要花费的时间，代表工期平均化水平。现行有效的工期定额标准为《建筑安装工程工期定额》TY 01-89-2016，主要适用于新建和扩建的建筑安装工程。定额工期不等同于合理工期，仅可以作为确定合理工期的参考因素。

对于任意压缩合理工期的认定，目前法律、法规、司法解释都是空白，仅在住房和城乡建设部发布的《2013 计价规范》第 9.11.1 条有相关规定："招标人应依据相关工程的工期定额合理计算工期，压缩的工期天数不得超过定额工期的 20%，超过者，应在招标文件中明示增加赶工费用。"不过，《2013 计价规范》属于国家标准，是规范性文件，并非法院裁判时必须援引的法律依据。因此，对于发包人的行为是否属于任意压缩合理工期的行为，各地各级人民法院或者仲裁机构目前尚无统一的认定标准。

在发包人主张承包人工期延误违约责任的诉讼中，承包人往往以发包人的行为属于任意压缩合理工期作为抗辩事由。在司法实践中，承包人承诺的工期短于定额工期时，发包人即使存在压缩工期的行为，法院一般也不会认定其行为为"任意压缩合理工期"，承包人将自行承担工期延误责任。因此，笔者建议：不管发包人如何迫切需要赶工期，如何迫切需要实现建设工程施工合同目的，从建设工程中获益，承包人都不要配合发包人任意压缩合理工期，否则，承包人将自食其果。

5. 收集、保存能够证明工期顺延事实的证据

承包人对工期顺延主张负有举证责任，尤其是发包人拒绝承认工期顺延事实时，承包人更应当提交能够证明工期顺延事实的证据。否则，工期顺延可能变为工期延误，承包人不仅无法要求发包人承担法律责任，反而有可能对发包人承担工期延误的违约责任。因此，为了保障自己的合法权益，在建设工程施工合同的履行过程中，收集、保存能够证明工期顺延事实的证据，成了承包人的一项重要的工作。

承包人需收集、保存的证据是：因发包人、第三人或自然条件等因素导致工程中途停建、缓建的证据，因工程中途停建、缓建而导致承包人产生的损失与实际费用的证据，比如，发包人未按约定提交图纸，承包人应当及时发函要求其尽快提交完整版图纸，并在例会中提出要求，保留相关证据；发包人提交图纸时，承包人应当要求发包人在工作联系单上注明其提交图纸的时间、迟延提交图纸而延误工期的天数，且需留存交底时间明确、有交底人和被交底人签字盖章的图纸交底会审记录。

6. 因不可抗力导致工期顺延，承包人的应对措施

（1）及时通知发包人。《民法典》第五百九十条规定："因不可抗力不能履行合同的，应当及时通知对方，以减轻可能给对方造成的损失，并应当在合理期限内提供证明。"

不可抗力事件发生后，承包人应当立即通知发包人和监理人，书面说明不可抗和受影响的详细情况,并提供必要的证明。不可抗力持续发生的,承包人应及时向发包人和监理人提交中间报告,说明不可抗力和履行合同受阻的情况,并于不可抗力事件结束后28天内提交最终报告及有关资料。

(2)及时减损。不可抗力发生后,承包人应当依据《民法典》等法律、法规的规定,及时采取措施,避免损失的扩大。没有采取适当措施致使损失扩大的,承包人不得就扩大的损失要求发包人赔偿。

(3)承包人应及时收集证明不可抗力发生及不可抗力造成损失的证据,并及时统计所造成的损失。

(4)要求部分或全部免除责任。因不可抗力不能履行合同的,根据不可抗力的影响,承包人有权要求部分或者全部免除责任,但法律另有规定的除外。

这里需注意:因建设工程合同一方迟延履行合同义务,在迟延履行期间遭遇不可抗力的,不免除其违约责任。

(5)要求顺延工期。

(6)要求解除合同。

对于因不可抗力导致建设工程施工合同的解除问题,《施工合同(2017示范文本)》有约定:"因不可抗力导致合同无法履行连续超过84天或累计超过140天的,发包人和承包人均有权解除合同。"

五、停工法律风险防控

在建设工程施工合同的履行过程中,停工只是手段,不是目的;承包人需巧用活用停工,不能盲目停工,不能随心所欲停工;停工不是对发包人的要挟,而是为了解决承发包双方之间的问题。

(一)停工的情形

根据停工的原因划分,承包人停工的情形有:应当停工的情形、法律规定可以停工的情形、合同约定可以停工的情形、法定或约定不明确的可以停工的情形。

1. 承包人应当停工的情形

(1)发包人提供的图纸有误

承包人发现发包人提供的图纸有误,有可能对工程质量造成重大隐患甚至引发安全事故,应当及时通知发包人及监理单位,并要求立即停止施工。发包人坚持要求承包人按原图纸施工或拖延答复的,承包人应当及时停工。发包人修改图纸消除工程质量安全隐患后,承包人需及时复工。

（2）发包人提供的建筑材料不符合国家强制标准

建设工程施工合同约定由发包人提供主要建筑材料的，建筑材料入场时，承包人应当及时检查。承包人发现甲供料不符合国家强制标准，有可能造成建设工程质量重大隐患其至引发安全事故，承包人需及时通知发包人及监理单位，要求更换建筑材料。发包人坚持要求继续使用不符合强制标准的建筑材料，承包人应当坚决拒绝，且应当立即停止施工，待发包人更换符合国家强制标准的建筑材料后再复工。

（3）发包人或监理单位强令承包人违章作业、冒险施工的，承包人应停工。

（4）其他应停工的情形。

2. 承包人依照法律规定可以停工的情形

（1）行使不安抗辩权而停工

不安抗辩权是指应当先履行债务的当事人有确切证据证明对方丧失或者可能丧失履行债务能力的，有权中止履行合同义务。

《民法典》第五百二十七条规定了不安抗辩权："应当先履行债务的当事人，有确切证据证明对方有下列情形之一的，可以中止履行：（一）经营状况严重恶化；（二）转移财产、抽逃资金，以逃避债务；（三）丧失商业信誉；（四）有丧失或者可能丧失履行债务能力的其他情形。当事人没有证据中止履行的，应当承担违约责任。"第（一）（二）（三）项情形，均需达到丧失或者可能丧失债务履行能力的程度。

在工程实践中，承包人有证据证明发包人存在下列情形之一，承包人可以行使不安抗辩权，暂时停止施工：

①严重资不抵债，已在进行破产清算或濒临破产倒闭；

②因巨额债务官司缠身；

③恶意经营，私分、转移或压价出售公司财产，以致公司财产显著减少，履行能力受限；

④多次承诺支付工程款都没兑现。

法律设置不安抗辩权，是为了保护先履行义务的当事人的合法权益，防止对方借合同谋取利益，促使对方及时履行义务。先履行义务的当事人行使不安抗辩权时，必须有证据证明对方履行能力明显降低，有不能履行义务的现实风险。承包人行使不安抗辩权，需承担一定的举证责任，举证证明发包人存在《民法典》第五百二十七条规定的四种情形之一，举证责任相对较重。在司法实践中，承包人在主张不安抗辩权时，提供基本证据证明对方存在财产明显减少或商业信誉显著受损的情形，即可产生中止履行施工义务的法律效力。

承包人行使不安抗辩权，中止履行施工义务，暂停施工的，应当及时通知发包人。通知发包人的目的是给发包人提供适当担保以消灭不安抗辩权的机会。如果未通知，就不发生行使不安抗辩权的效力。发包人提供适当担保的，承包人应当恢复施工。承包人暂停施工后，发包人在合理期限内未恢复履行能力且未提供适当担保的，视为以自己的行为表明不履行主要债务，承包人可以解除合同并可以请求发包人承担违约责任。承包人需特别注意：不可直接解除建设工程施工合同或拒绝履行，否则将依法承担违约责任。

（2）行使先履行抗辩权而停工

先履行抗辩权是指，合同双方当事人互负债务并有先后履行顺序的，后履行一方在对方履行之前或不适当履行时拒绝对方向自己提出的履行要求的权利。

《民法典》第五百二十六条规定了先履行抗辩权："当事人互负债务，有先后履行顺序，应当先履行债务一方未履行的，后履行一方有权拒绝其履行请求。先履行一方履行债务不符合约定的，后履行一方有权拒绝其相应的履行请求。"

依照上述规定，只有在先履行义务的一方未履行义务或者履行义务不符合约定的情况下，后履行一方才可行使先履行抗辩权。这里所称的义务，是指合同中约定的主要义务而不是次要义务，不能作扩大解释。因此，先履行一方履行了主要义务而未履行次要义务的，后履行一方就不能行使先履行抗辩权。

承包人行使先履行抗辩权而停工的情形：

① 发包人未按照约定的时间和要求提供原材料、设备、场地、资金、技术资料；

② 发包人未按照合同约定履行其他协助义务，致使建设工程无法正常施工；

③ 发包人拖延履行约定的协助义务，经承包人催告后，发包人在合理的期限内仍拒绝履行或不予答复的，承包人可以停工。

（3）发包人拖欠大量工程价款，承包人可以停工

发包人拖欠大量工程预付款、工程进度款，影响承包人正常施工，经承包人催告后，发包人在合理的期限内仍拒绝支付，承包人可以停工。不过，部分建设工程施工合同在专用合同条款中约定承包人不能因上述情形暂停施工，否则需承担违约责任。承包人在停工前，应当充分考虑停工的风险。

（4）发生不可抗力，承包人可以停工

不可抗力，是指不能预见、不能避免和不能克服的客观情况。主要包括以下几种情形：

① 自然灾害，比如，台风、洪水、冰雹；

② 政府行为，比如，征收、征用；

③ 社会异常事件，比如，战争、骚乱等。

不可抗力事件发生后，承包人应当立即通知发包人，并采取适当措施防止损失扩

大，否则无法就扩大的损失要求发包人赔偿。承包人向发包人发出不可抗力通知后，在该不可抗力阻碍其履行义务期间，可免于履行该义务。即对于承包人来说，不可抗力导致其无法进行施工活动的，就有权暂时停工。

承包人因不可抗力影响而暂停履行合同约定的义务，已经导致或将导致工期延误的，应当顺延工期，承包人因此产生的停工费用损失，按照合同约定一般由发包人和承包人合理分担。

3. 承包人依照合同约定停工的情形

承包人可以与发包人在建设工程施工合同中约定，出现下列情形之一时，承包人可以依照合同约定停工：

（1）发包人未在合同约定的期限内办理土地征用、青苗树木补偿、房屋拆迁、清除地面、架空和地下障碍等工作，导致施工条件不具备或不完全具备；

（2）发包人未按合同约定将施工所需水、电、电讯线路从施工场地外部接至约定地点，或虽接至约定地点但无法保证施工期间的需要；

（3）发包人未按合同约定开通施工场地与城乡公共道路的通道，或施工场地内的主要交通干道未满足施工运输的需要、未保证施工期间的畅通；

（4）发包人未按合同的约定及时向承包人提供施工场地的工程地质和地下管网线路资料，或者提供的数据不符合真实准确的要求；

（5）发包人未及时办理施工所需各种证件、批文，以及临时用地、占道及铁路专用线的申报批准手续而影响施工；

（6）发包人未及时提供水准点与坐标控制点，或提供的水准点与坐标控制点有误；

（7）发包人未及时组织有关单位和承包商进行图纸会审，未及时向承包商进行设计交底；

（8）发包人没有妥善协调处理施工现场周围地下管线和邻接建筑物、构筑物的保护而影响施工顺利进行；

（9）发包人未按照合同的约定提供应由发包人提供的建筑材料、机械设备；

（10）发包人或发包人代表拖延承担合同约定的责任，比如，拖延图纸的批准、拖延隐蔽工程的验收、拖延对承包人所提问题进行答复等，造成施工延误；

（11）发包人提供的设计图纸有误或存在缺陷；

（12）发包人未按合同约定及时足额支付工程价款；

（13）发包人中途变更建设计划，导致工程无法按原计划施工；

（14）发包人指定的分包工程质量不合格、工期延误，而该分包工程不完成总包工程就无法继续施工；

（15）发包人指定的分包工程出现重大安全事故；

（16）在有毒有害环境中施工，发包人未按有关规定提供相应的防护措施；

（17）连续降水超过约定的天数；

（18）气温超过约定的度数；

（19）风力超过约定的级数；

（20）连续停水超过约定的天数；

（21）连续停电超过约定的小时；

（22）施工中发现文物、古董、古建筑基础和结构、化石、钱币等有考古研究价值的物品。

4. 法律规定或合同约定不明确的可以停工的情形

（1）发包人经催告仍拒绝履行，承包人可以停工的情形

①合同对工程进度款支付期限约定不明，承包人与发包人长时间协商未果；

②合同约定发包人拖延支付工程价款达到一定的期限后承包人可以停工，发包人拖延付款未达约定的期限，但承包人已无力垫资施工；

③施工期间主要建材价格上涨，双方当事人在建设工程施工合同或补充协议中约定由发包人承担因此产生的增加费用，但双方对支付时间约定不明而长时间协商未果。

（2）无法按原包干价继续施工，承包人可以停工的情形

施工期间主要建材价格上涨，双方在建设工程施工合同中约定的计价方式为总价包干或单价包干，承包人继续按原包干价施工将会产生巨大的亏损。

（二）承包人主张停工损失

因发包人的原因致使建设工程无法按照合同约定施工，承包人可以催告发包人在合理期限内履行约定义务。发包人逾期仍不履行的，承包人可以停建或者缓建工程，而且有权要求发包人承担停工、窝工损失，包括停工、窝工人员人工费，机械设备窝工费，倒运费，搬迁费，以及因窝工造成的设备租赁费用、材料和构件积压费用等停工、窝工损失。

（三）承包人防控停工法律风险的措施

1. 应当遵循停工的程序

（1）符合停工条件时，承包人在停工前，应当书面通知发包人履行义务，发包人经催促在合理期限内仍不履行义务或者拒不回复，承包人才可停工，且停工前承包人应书面通知发包人，通知书需载明停工的原因、停工的时间，明确要求工期顺延，明确工期顺延天数，要求发包人承担承包人的停工损失，并报告监理单位，经监理单位签证确认。发包人或监理单位不肯确认、不肯签收的，承包人应当通过邮政快递方

式，向发包人或监理单位邮寄停工报告。

（2）停工期间承包人应当在合理的间隔时间内（一般为28天）定期发函给发包人，通报停工期间人工、机械的停置情况及补偿报告，要求发包人签收、答复。

（3）停工期间承包人需对工程现场进行拍照，记录停工时的工程现状、相关数据，收录相关图文资料，统计停工工地的工程进度、设备设施、材料情况，提请发包人或监理单位签证确认，为日后停工索赔作准备。

（4）停工后承包人需要撤场的，需及时与发包人或监理单位确认已完工程量及工程质量，按规定的程序办理工程移交单，列明移交项目，办好工程交接手续。

2. 承包人不能盲目停工

符合应当停工、法定可以停工、约定可以停工或者法定或约定不明的停工条件时，承包人才可停工。而且，承包人需综合分析停工的利弊，在停工有利于保护己方利益的情况下才可停工，千万不要盲目停工，更不要随心所欲停工。

3. 防止停工期间损失扩大

承包人即使有正当理由停工，也应当采取措施防止损失进一步扩大，发包人承担由此产生的合理费用。承包人没有采取适当措施致使损失扩大的，不得就扩大的损失要求赔偿。为防止停工、窝工损失扩大，承包人可以自行组织人员、机械撤离，承包人因此产生的费用，可以要求发包人承担。

4. 承包人需确保停工期间工地安全

停工不能影响建设工程的质量、安全。停工期间承包人需确保已完工程的质量、安全，确保现场人员、机械设备等的安全，因此发生的安全、质量事故都由承包人承担。

5. 停工期间按照约定及时提出索赔

停工期间承包人需及时统计施工现场人员、设备，计算各项费用损失，及时编制停工索赔报告，报请发包人或监理人确认，千万不要到结算阶段才匆忙提出停工索赔要求。

6. 发包人主动要求停工或主动提出放缓施工进度时，承包人应当要求发包人发出书面的停工令或放缓施工进度的书面通知。否则，双方产生争议后，承包人无法提交书面停工令或通知，又无其他证据能够证明发包人主动要求停工或放缓施工进度的事实，承包人将面临向发包人承担工期延误违约责任的风险。

7. 收集、保存停工相关证据

在建设工程施工合同履行过程中，承包人应当及时收集、保存非己方原因造成工程停工、窝工的证据，及时对停工、窝工事实和原因，周转材料、机器设备、人员窝工费、窝工产生的租赁费，材料费上涨产生的损失等进行证据固定。

第五章

建设工程质量法律风险防控

建设工程质量是建设工程的根本性问题，关乎人民群众生命财产安全，关乎新型城镇化发展水平，关乎城市未来和传承，一直是社会普遍关注的热点。

建设工程质量问题很复杂，承发包双方经常因建设工程质量问题而产生争议。影响建设工程质量的因素有很多，有可能是施工单位的原因，也有可能是建设单位、勘察单位、设计单位、监理单位的原因。

一、建设工程质量

（一）建设工程质量的含义

建设工程质量是指在国家现行的有关法律、法规、技术标准、规范性文件和合同中，对工程的安全、适用、经济美观等特性的综合要求。

建设工程质量的内涵主要表现在：安全性、适用性、经济性、美观性。

（二）建设工程质量标准

1. 法律、法规、部门规章、规范性文件等规定的强制性质量标准

《建筑法》第五十二条规定："建筑工程勘察、设计、施工的质量必须符合国家有关建筑工程安全标准的要求，具体管理办法由国务院规定。有关建筑工程安全的国家标准不能适应确保建筑安全的要求时，应当及时修订。"

建设工程质量法定强制标准，是指国家法律、法规、部门规章、规范性文件等对建设工程质量作出的法定要求，属于建设工程质量的强制性标准，是双方当事人必须遵守的最低标准。

《民法典》第七百九十九条第二款规定："建设工程竣工经验收合格后，方可交付使用；未经验收或者验收不合格的，不得交付使用。"该条规定中的"验收合格"，通常是指建设工程竣工验收应当符合工程质量法定强制标准。

2. 建设工程施工合同约定的质量标准

建设工程质量符合约定标准，主要是指建设工程质量符合设计文件和合同要求，比如，有些工程项目要求工程质量达到优良，有些工程项目还要求获得工程质量奖项，比如，获得鲁班奖、白玉兰奖或者各省设置的最高工程质量奖项等。

《民法典》第七百九十五条规定："施工合同的内容一般包括工程范围、建设工期、中间交工工程的开工和竣工时间、工程质量、工程造价、技术资料交付时间、材料和设备供应责任、拨款和结算、竣工验收、质量保修范围和质量保证期、相互协作等条款。"该条规定中的"工程质量"，实际上是指建设工程施工合同约定的质量标准或要求。

在工程实践中，承发包双方约定的建设工程质量标准，一般高于建设工程质量法定强制标准。这样可以督促双方当事人从合同上控制工程质量，共同防范重大工程质量事故发生。

承发包双方约定的工程质量标准低于法定强制标准的，该约定无效。《第八次全国法院民事商事审判工作会议（民事部分）纪要》第30条规定："当事人违反工程建设强制性标准，任意压缩合理工期、降低工程质量标准的约定，应认定无效。"

3. 认定建设工程质量合格的方式

建设工程合同是承包人进行工程建设，发包人支付价款的合同。承包人承建的建设工程经验收质量合格，是承包人要求发包人支付工程价款或折价补偿的前提。

认定建设工程质量合格的主要方式有以下几种。

（1）建设工程经竣工验收质量合格

建设工程竣工经验收合格后，方可交付使用；未经验收或者验收不合格的，不得交付使用。

建设工程未经竣工验收即投入使用，工程质量完全无法保障。对于使用人来说，未经竣工验收即投入使用的建设工程存在很大的安全隐患。而且，承发包双方一旦产生建设工程质量争议，将引发更多的纠纷。

（2）建设工程质量推定合格

《新建设工程司法解释（一）》第十四条规定："建设工程未经竣工验收，发包人擅自使用后，又以使用部分质量不符合约定为由主张权利的，人民法院不予支持；但是承包人应当在建设工程的合理使用寿命内对地基基础工程和主体结构质量承担民事责任。"

建设工程未经竣工验收，发包人即擅自使用，可视为发包人认可建设工程质量，对建设工程质量无异议，或者虽然建设工程质量不合格，但发包人自愿承担工程质量责任。发包人使用未经竣工验收的建设工程的行为，表示其自愿承担工程质量责任，工程质量责任风险由承包人转移给发包人。在此种情形下，以发包人转移占有建设工程之日为竣工日期。不过，建设工程竣工不等于验收合格，承包人仍有义务配合发包人对其擅自使用的建设工程进行验收。

这里有三点需注意：

① 对发包人擅自使用未经验收的建设工程的事实，承包人负有举证责任；

② 发包人仅对其擅自使用的建设工程承担工程质量责任，对于承包人已承建但发包人尚未使用的其他建设工程，不得推定为工程质量合格，仍由承包人承担工程质量责任，承包人仍需配合发包人进行竣工验收；

③ 发包人擅自使用未经竣工验收的建设工程，在建设工程的合理使用寿命内，承包人仍应当对地基基础工程和主体结构质量承担民事责任。

（3）建设工程质量经检测合格

建设工程完工后，承发包双方对工程质量是否合格产生争议，可以共同委托或发包人单方委托第三方检测机构，通过检测方式确定工程质量是否合格。

住房和城乡建设部发布的《建设工程质量检测管理办法》（住房和城乡建设部令第57号），自2023年3月1日起正式施行。该文件规定，建设单位应委托具备相应资质的第三方检测机构进行工程质量检测，非建设单位委托的检测机构出具的检测报告不得作为工程质量验收资料。

（4）建设工程质量经鉴定合格

建设工程竣工后，承发包双方对工程质量是否合格产生争议，在诉讼或仲裁程序中，双方当事人都可以通过申请鉴定的方式，确定工程质量是否合格。

有不少人甚至工程专家、法律专家认为，建设工程完工后未经竣工验收，承包人按照建设工程施工合同约定向发包人递交了竣工验收报告，发包人拖延验收或者不予验收的，以承包人提交竣工验收报告之日作为竣工日期，工程质量视为合格。该观点的依据是《新建设工程司法解释（一）》第九条第（二）项规定"当事人对建设工程实际竣工日期有争议的，人民法院应当分别按照以下情形予以认定……（二）承包人已经提交竣工验收报告，发包人拖延验收的，以承包人提交验收报告之日为竣工日期"。

笔者认为，该观点将工程竣工验收与工程质量合格混为一谈，将竣工日期等同于工程质量合格日期。《新建设工程司法解释（一）》第九条第（二）项的规定仅明确了在发包人拖延验收的情况下，以承包人提交竣工验收报告之日为竣工日期，并未规定以承包人提交竣工验收报告之日为工程质量合格日期。也就是说，在此种情况下，建设工程视为已竣工，但工程并未通过竣工验收，仍然需要通过其他方式认定建设工程质量是否合格。上述观点对工程质量合格作扩大解释，没有任何法律依据。

| 典型案例 | 发包人擅自使用未经验收的建设工程，不支持其质量索赔请求的案例 |

1. 案例来源

（2020）最高法民终483号民事判决书。

2. 一审法院裁判意见

关于K公司反诉请求S公司赔偿因质量缺陷造成的维修损失11222145.87元的问题。（1）因未经竣工验收K公司已于2015年4月7日占有施工现场，根据《最高人民法院关于审理建设工程施工合同纠纷案件适用法律问题的解释》第十三条"建设工程未经竣工验收，发包人擅自使用后，又以使用部分质量不符合约定为由主张权利的，不予支持；但是承包人应当在建设工程的合理使用寿命内对地基基础工程和主体结构质量承担民事责任"之规定，出现质量问题，K公司应自行承担责任。在建设工程未经过竣工验收的情况下，K公司作为发包人违反法律规定占有使用，即可视为其对建筑工程质量认可。因为发包人使用未经验收的工程，其应当预见工程质量可能会存在质量问题，随着发包人的提前使用，其工程质量责任风险也由施工单位转移给发包人，而且工程交付的时间，亦可认定为发包人提前使用的时间。K公司所诉的质量缺陷不属于地基基础工程和主体结构质量问题，故K公司反诉主张S公司赔偿因质量缺陷造成维修损失的反诉请求，不能成立。（2）关于K公司的鉴定申请，K公司申请对以下事项进行司法鉴定。① 委托有资质的司法鉴定、检测机构对案涉工程以下内容进行质量缺陷成因、修复方案、修复费用方面的检测、鉴定：a.户内墙面抹灰层空鼓、开裂、起沙及强度缺陷；b.户内墙体平整度、垂直度偏差；c.楼层顶板平整度偏差、楼层顶板有沙层强度不够；d.窗台高度缺陷。② 对S公司在案涉项目中未完工程委托有资质的鉴定机构参照2012年11月15日双方签订的《建设工程施工合同》中约定的基本单价计量标准鉴定造价；对前述未完工程参照2015年4月7日之后合同定额计价方式及材料信息价进行造价鉴定。首先，2018年5月15日经与双方当事人进行沟通，双方同意本案鉴定事项为对2015年4月7日前S公司已完成的施工工程量进行造价鉴定。K公司未提出异议，亦未提出应增加其他鉴定事项。虽K公司之后多次要求进行质量鉴定，但其申请的鉴定事项不属于地基基础工程和主体结构质量问题，因其未经竣工验收已占有使用S公司施工的工程，按照前述分析，应视为K公司认可S公司已施工工程质量合格。其次，合同二通用条款32.8约定："工程未经竣工验收或竣工验收未通过，发包人不得使用。发包人强行使用，由此发生的质量问题及其他问题，由发包人承担。"因其未经竣工验收占有使用S公司施工的工程，依据《最高人民法院关于审理建设工程施工合同纠纷案件适用法律问题的解释》第十三条的规定及参照施工合同通用条款32.8的约定，对其提出的质量鉴定及其要求对未完工程参照2015年4月7日之后合同定额计价方式及材料信息价进行造价鉴定的申请，亦不应予准许。

3. 最高人民法院裁判意见

K公司反诉S公司，提出质量索赔，并申请一审法院对案涉工程质量进行鉴定，一审法院认定K公司擅自使用工程，未支持其质量索赔。K公司上诉请求本院按照该公司在一审中提出的申请组织鉴定，并支持该公司对S公司的索赔请求。

《最高人民法院关于审理建设工程施工合同纠纷案件适用法律问题的解释》第十三条规定："建设工程未经竣工验收，发包人擅自使用后，又以使用部分质量不符合约定为由主张权利的，不予支持；但是承包人应当在建设工程的合理使用寿命内对地基基础工程和主体结构质量承担民事责任。"本案中，K公司主张的质量缺陷不属于地基基础工程和主体结构质量问题。根据已查明的事实，本案工程未经竣工验收，K公司及监理单位L公司于2015年4月7日向S公司发出XJ2015-4-7《工作联系单》，要求S公司撤离工地。2015年4月7日至4月9日，K公司组织人员拆除了临建活动板房，收回了案涉工程。此前，双方已先后交付使用了九栋楼房。本院认为，K公司擅自使用未经验收的建设工程，现又以质量不符合约定为由主张权利，缺乏法律依据。同时，合同二亦约定工程未经竣工验收发包人不得使用，如果使用一切质量问题均由发包人承担。因此，一审判决按照《最高人民法院关于审理建设工程施工合同纠纷案件适用法律问题的解释》第十三条的规定，对K公司的质量索赔不予支持，处理正确。K公司此项上诉理由不成立，本院不予支持。

（三）工程质量责任

2017年2月21日，国务院办公厅发布《关于促进建筑业持续健康发展的意见》（国办发〔2017〕19号），其中规定：全面落实各方主体的工程质量责任，特别要强化建设单位的首要责任和勘察、设计、施工单位的主体责任。

2020年9月11日，住房和城乡建设部发布《关于落实建设单位工程质量首要责任的通知》（建质规〔2020〕9号），其中规定：建设单位作为工程建设活动的总牵头单位，承担着重要的工程质量管理职责，对保障工程质量具有主导作用；<u>建设单位是工程质量第一责任人，依法对工程质量承担全面责任</u>。

2022年7月15日，住房和城乡建设部发布《建筑与市政工程施工质量控制通用规范》GB 55032—2022，该规范为强制性工程建设规范，全部条文必须强制执行。其中规定：建设单位应委托具备相应资质的第三方试验检测机构进行工程质量检测，检测项目和数量应符合抽样检验要求；非建设单位委托的检测机构出具的检测报告不得作为工程质量验收依据。该规范从制度上落实了建设单位在工程检测中的主体地位，为强化建设单位在工程检测中的首要责任迈出了最为关键的一步。

2022年12月29日，住房和城乡建设部发布《建设工程质量检测管理办法》（住房和城乡建设部令第57号），明确了建设单位在工程检测中的首要责任，进一步强化了建设单位工程质量的首要责任。

《民法典》《建筑法》《建设工程质量管理条例》等法律、法规明确规定了建设单位、施工单位的工程质量责任，具体表现在：

1. 建设单位承担的工程质量责任

（1）建设单位应当将工程发包给具有相应资质等级的单位，不得将建设工程支解发包。

（2）建设单位应当依法对工程建设项目的勘察、设计、施工、监理以及与工程建设有关的重要设备、材料等的采购进行招标，不得迫使承包方以低于成本的价格竞标，不得任意压缩合理工期。

（3）建设单位必须向有关的勘察、设计、施工、监理等单位提供与建设工程有关的原始资料，原始资料必须真实、准确、齐全。

（4）建设单位不得明示或者暗示设计单位或者施工单位违反工程建设强制性标准，降低建设工程质量。

（5）未经审查批准的施工图设计文件，建设单位不得使用。

（6）实行监理的建设工程，建设单位应当委托具有相应资质等级的工程监理单位进行监理，也可以委托具有工程监理相应资质等级并与被监理工程的施工承包单位没有隶属关系或者其他利害关系的该工程的设计单位进行监理。

（7）建设单位在开工前，应当按照国家有关规定办理工程质量监督手续，工程质量监督手续可以与施工许可证或者开工报告合并办理。

（8）按照合同约定，由建设单位采购建筑材料、建筑构配件和设备的，建设单位应当保证建筑材料、建筑构配件和设备符合设计文件和合同要求，不得明示或者暗示施工单位使用不合格的建筑材料、建筑构配件和设备。

（9）涉及建筑主体和承重结构变动的装修工程，建设单位应当在施工前委托原设计单位或者具有相应资质等级的设计单位提出设计方案，没有设计方案的，不得施工。

（10）建设单位收到建设工程竣工报告后，应当组织设计、施工、监理等有关单位进行竣工验收。建设工程经验收合格的，方可交付使用。

（11）建设单位应当严格按照国家有关档案管理的规定，及时收集、保存建设项目各环节的文件资料，建立、健全建设项目档案，并在建设工程竣工验收后，及时向建设行政主管部门或者其他有关部门移交建设项目档案。

2. 施工单位承担的工程质量责任

（1）施工单位应当依法取得相应等级的资质证书，并在其资质等级许可的范围内承揽工程。禁止施工单位超越本单位资质等级许可的业务范围或者以其他施工单位的名义承揽工程。禁止施工单位允许其他单位或者个人以本单位的名义承揽工程。施工单位不得转包或者违法分包工程。

（2）施工单位应当建立质量责任制，确定工程项目的项目经理、技术负责人和施工管理负责人。建设工程实行总承包的，总承包单位应当对全部建设工程质量负责；建设工程勘察、设计、施工、设备采购的一项或者多项实行总承包的，总承包单位应当对其承包的建设工程或者采购的设备的质量负责。

（3）总承包单位依法将建设工程分包给其他单位的，分包单位应当按照分包合同的约定对其分包工程的质量向总承包单位负责，总承包单位与分包单位对分包工程的质量承担连带责任。

（4）施工单位必须按照工程设计图纸和施工技术标准施工，不得擅自修改工程设计，不得偷工减料。施工单位在施工过程中发现设计文件和图纸有差错的，应当及时提出意见和建议。

（5）施工单位必须按照工程设计要求、施工技术标准和合同约定，对建筑材料、建筑构配件、设备和商品混凝土进行检验，检验应当有书面记录和专人签字；未经检验或者检验不合格的，不得使用。

（6）施工单位必须建立、健全施工质量的检验制度，严格工序管理，作好隐蔽工程的质量检查和记录。隐蔽工程在隐蔽前，施工单位应当通知建设单位和建设工程质量监督机构。

（7）施工人员对涉及结构安全的试块、试件以及有关材料，应当在建设单位或者工程监理单位监督下现场取样，并送具有相应资质等级的质量检测单位进行检测。

（8）施工单位对施工中出现质量问题的建设工程或者竣工验收不合格的建设工程，应当负责返修。

（9）施工单位应当建立、健全教育培训制度，加强对职工的教育培训；未经教育培训或者考核不合格的人员，不得上岗作业。

（四）承担工程质量责任的主要情形

发包人是工程项目的投资者、决策者和组织者，在工程建设活动中居于主导地位,是建设工程品质提升的关键。发包人如果片面追求利益最大化,漠视工程质量,不认真履行质量责任,就将为工程质量问题埋下巨大隐患。承包人作为工程项目的承建者,如果不树立质量第一的意识,片面追求经济利益,偷工减料,就很容易出现工程质量问题。

1. 发包人承担质量责任的主要情形

(1)发包人提供的技术资料存在缺陷,且属于承包人不能发现的缺陷;

(2)发包人提供或指定购买的建筑材料、建筑构配件、设备存在缺陷,承包人履行了检验义务无法发现问题;

(3)发包人擅自变更设计方案;

(4)发包人对全部建设工程进行支解后,以分包的名义分别转给他人施工;

(5)发包人直接指定分包,承包人已依照合同约定履行了总包职责。

2. 承包人承担质量责任的主要情形

(1)不具备施工资质,因资金、技术、设备、管理造成工程质量问题;

(2)因挂靠、违法分包、转包等违法行为引起工程质量问题;

(3)未按施工图纸、施工技术标准施工;

(4)因偷工减料或者材料不合格造成工程质量问题;

(5)对于甲供材料,未经检验合格或者明知不合格而使用;

(6)施工质量管理缺位引起工程质量问题;

(7)对发包人提出的违反法律法规和建筑工程质量、安全标准,降低工程质量的要求,承包人不予拒绝并继续施工;

(8)明知发包人提供的设计图纸、指令存在问题或者在施工过程中发现问题,没有及时提出意见和建议并继续施工;

(9)应当判断却没有判断或者没有提出设计方案和图纸的缺陷。

3. 发包人、承包人承担混合过错质量责任的主要情形

(1)承包人明知发包人提供的技术文件、设计图纸、指令存在缺陷,未及时提出意见而继续施工;

(2)承包人或发包人一方擅自变更工程设计方案,另一方应当提出意见而未提出;

(3)承包人没有检验发包人提供或指定购买的建筑材料、建筑构配件、设备,或者检验后发现不合格仍然使用;

(4)对发包人提出的违反法律法规和建筑工程质量、安全标准,降低工程质量的要求,承包人不拒绝而继续施工;

(5)发包人直接指定分包,承包人未履行总承包职责。

典型案例　发包人造成建设工程质量缺陷，应当承担过错责任的案例

1. 案例来源

（2018）最高法民申2529号民事裁定书。

2. 最高人民法院裁判意见

关于W建设公司应否给付T地基公司工程款的问题。《最高人民法院关于审理建设工程施工合同纠纷案件适用法律问题的解释》第十二条规定："发包人具有下列情形之一，造成建设工程质量缺陷，应当承担过错责任：（一）提供的设计有缺陷；（二）提供或者指定购买的建筑材料、建筑构配件、设备不符合强制性标准；（三）直接指定分包人分包专业工程。承包人有过错的，也应当承担相应的过错责任。"《建筑法》第五十八条规定："建筑施工企业对工程的施工质量负责。建筑施工企业必须按照工程设计图纸和施工技术标准施工，不得偷工减料。工程设计的修改由原设计单位负责，建筑施工企业不得擅自修改工程设计。"本案中，W建设公司与T地基公司签订的《专业承包工程施工合同》是双方当事人的真实意思表示，不违反有关法律、法规的强制性规定，二审法院认定该合同合法有效正确。关于案涉工程质量及施工工艺问题。《专业承包工程施工合同》第12条补充协议约定："由于现场地质条件复杂，部分承台基础桩可能无法进行正常施工，甲方应对上部回填土进行换填处理，处理时如对邻近已施工完毕的基础桩造成质量问题与乙方无关。"在施工前，南票区棚改办出具的专家《论证意见》指出，案涉桩基础工程可以采用预应力管桩和混凝土压灌注桩（即长螺旋钻孔灌注桩）两种施工工艺。《专业承包工程施工合同》中约定的施工工艺是按照设计单位出具的设计图纸确定的，仅要求采用长螺旋钻孔灌注桩一种施工工艺。在施工过程中，T地基公司按照W建设公司提供的图纸进行施工期间，发现由于地质情况的特殊性，桩基础施工存在地下水位高、淤泥层较深且呈流态、桩端进入持力层深度很难满足设计要求等无法保证桩的工程质量的问题，及时向W建设公司出具工作联系函反映施工中遇到的问题，以请求解决方案。T地基公司的工作联系函建议："……为确保工程质量，建议换填土的楼桩基础施工，将长螺旋钻孔压灌桩改为预应力混凝土管桩，请上级领导慎重决策。"但是，W建设公司就施工中发生的关系到工程质量的重大问题，既未对工作联系函作出回应，亦未提出修改设计方案。在此情况下，T地基公司仍按原设计图纸施工，工程完工后经检测出现严重的桩身缺陷，双方对案涉工程质量存在问题的事实均不否认。在案涉工程整改过程中，W建设公司依据《咨询报告》中"补强加固处理意见"采用预应力管桩施工工艺对案涉工程进行了补强加固，使桩基础质量达到合格标准。根据以上情形，二审法院认定W建设公司对于在案涉工程地质条件下仅采用长螺旋钻孔灌注桩一种施工工艺可能无法正常施工

的情形是有预见的，W建设公司提供的设计有缺陷，应承担过错责任，该认定并无不当，本院予以维持。

二、建设工程质量保修

（一）建设工程质量保修制度

建设工程实行质量保修制度。

建设工程质量保修制度是指建设工程经竣工验收合格后，在规定的保修期限内，因勘察、设计、施工、材料等原因造成的质量缺陷，由施工单位负责维修、返工或更换，由责任单位负责赔偿损失的法律制度。

（二）建设工程质量保修责任

承包单位是建设工程质量保修的责任主体。

《建设工程质量管理条例》第四十一条规定："建设工程在保修范围和保修期限内发生质量问题的，施工单位应当履行保修义务，并对造成的损失承担赔偿责任。"

施工单位在向建设单位提交工程竣工验收报告时，应当向建设单位出具质量保修书。质量保修书中应当明确建设工程的保修范围、保修期限和保修责任等。

1. 承包人对建设工程的保修责任并非无限责任，承包人仅需依法承担保修责任

（1）在保修范围、保修期限、保修责任内，承包人对建设工程承担保修责任

质量缺陷出现在承包人提交的质量保修书中所承诺的保修范围、保修期限、保修责任内，且因承包人的施工所致，承包人应当负责保修，并自行承担保修费用；质量缺陷并非因承包人的施工所致，而是因建设单位、监理单位、勘察单位、设计单位原因所致，或他们两家或三家单位共同原因所致，应当由责任方承担质量缺陷责任、保修费用，但仍由施工单位负责保修。

（2）发包人擅自使用未经验收或验收不合格的建设工程，因此造成的质量缺陷由发包人承担责任，承包人只需承担地基基础工程和主体结构所致的质量问题

在发包人擅自使用未经验收或验收不合格的建设工程过程中，发包人如发现使用的部分工程存在质量问题要求承包人承担责任，承包人有权拒绝，因为发包人擅自使用未经验收或验收不合格的建设工程，实际上是免除了承包人对该使用部分工程的修复义务和保修义务。但是承包人仍应当在建设工程的合理使用寿命内，对地基基础工

程和主体结构质量承担民事责任。

2. 承担建设工程质量保修责任的流程

（1）房屋建筑工程在保修期限内出现质量缺陷，建设单位或者房屋建筑所有人应当向施工单位发出保修通知。

（2）发生涉及结构安全的质量缺陷，建设单位或者房屋建筑所有人应当立即向当地建设行政主管部门报告，采取安全防范措施；由原设计单位或者具有相应资质等级的设计单位提出保修方案，施工单位实施保修，原工程质量监督机构负责监督。

（3）保修完后，由建设单位或者房屋建筑所有人组织验收。涉及结构安全的，应当报当地建设行政主管部门备案。

（4）施工单位不按工程质量保修书约定保修的，建设单位可以另行委托其他单位保修，由原施工单位承担相应责任。

（5）保修费由质量缺陷的责任方承担。

（6）在保修期内，因房屋建筑工程质量缺陷造成房屋所有人、使用人或者第三方人身、财产损害的，房屋所有人、使用人或者第三方可以向建设单位提出赔偿要求。

3. 承包人不履行质量保修责任的法律后果

（1）承担民事责任

① 承担修复责任及费用

工程质量缺陷发生在保修范围、保修期限、保修责任内，且因承包人施工所致，发包人通知承包人保修，而承包人在合理期限内未履行保修义务，发包人可自行修复或委托其他单位修复，因此产生的修复费用由承包人承担。

② 承担赔偿责任

因保修人未及时履行保修义务，导致建筑物毁损或者造成人身损害、财产损失的，保修人应当承担赔偿责任。保修人与建筑物所有人或者发包人对建筑物毁损均有过错的，各自承担相应的责任。

③ 发包人拒付或少付工程价款、赔偿损失

质量不合格的建设工程经承包人修复后质量合格，承包人有权请求发包人依照合同约定支付工程价款；承包人拒绝修复质量不合格的建设工程或者修复后的建设工程经验收仍不合格，发包人有权拒付或者少付工程价款，并有权要求承包人赔偿损失。

发包人未要求承包人进行修复，有权向承包人拒付或少付工程价款吗？最高人民法院民一庭认为，承包人向发包人主张工程价款，发包人以承包人拒绝修理、返工或者改建为由扣减工程价款，以发包人先行要求承包人进行修复为适用前提，否则，发包人提出扣减工程价款的抗辩或者反诉请求，难以获得法院支持。发包人认为承包人承建的案涉工程存在质量问题，承包人应当承担违约责任或者赔偿修理、返工、改建的合理费用等损失的,可以另行提起诉讼。

④ 解除合同

承包人承建的建设工程质量不合格,已无修复可能的,承包人无权请求参照合同关于工程价款的约定折价补偿。因发包人已无法实现建设工程施工合同目的,发包人有权依照《民法典》第五百六十三条第一款的规定解除合同。①

（2）承担行政责任

《建筑法》第七十五条规定:"建筑施工企业违反本法规定,不履行保修义务或者拖延履行保修义务的,责令改正,可以处以罚款,并对在保修期内因屋顶、墙面渗漏、开裂等质量缺陷造成的损失,承担赔偿责任。"

（三）保修期和缺陷责任期的区别

缺陷责任期是指承包人按照建设工程施工合同约定承担缺陷修复义务,发包人预留质量保证金的期限。

在缺陷责任期内,因承包人原因造成的缺陷,承包人应当负责维修,并承担维修费用。承包人不维修也不承担维修费用的,发包人可按合同约定直接扣除质量保证金,并由承包人承担相应的违约责任。承包人维修并承担相应费用后,不免除对建设工程的一般损失赔偿责任。

保修期和缺陷责任期主要有以下区别。

1. 由来不同

保修期由法律直接规定,缺陷责任期由当事人自主约定。

2. 期限不同

保修期一般为2～5年,缺陷责任期一般为6～24个月。

3. 与质量保证金的关系不同

保修期与质量保证金无关,缺陷责任期是发包人预留质量保证金的期限。

典型案例　承包人承担质量责任、修复费用的案例

1. 案例来源

（2022）最高法民终192号民事判决书。

---

① 《民法典》第五百六十三条第一款规定"有下列情形之一的,当事人可以解除合同:（一）因不可抗力致使不能实现合同目的的;（二）在履行期限届满前,当事人一方明确表示或者以自己的行为表明不履行主要债务;（三）当事人一方迟延履行主要债务,经催告后在合理期限内仍未履行;（四）当事人一方迟延履行债务或者有其他违约行为致使不能实现合同目的;（五）法律规定的其他情形。"

2. 一审法院裁判意见

案涉工程质量问题，根据H公司的申请，一审法院依法委托X公司进行鉴定，X公司鉴定意见经过双方当事人质证，对双方提出的异议，X公司予以回复，鉴定人出庭接受了质询，鉴定主体适格，鉴定程序合法，鉴定意见应作为本案的定案依据。案涉工程经鉴定存在严重质量缺陷，Z公司应承担相应法律责任，H公司反诉主张修复费用，具有事实和法律依据，对此予以支持。关于修复费用的具体数额，虽然H公司认为鉴定意见难以反映真实的修复费用，但就此X公司在异议回复中进行了解释说明，明确是依据国家标准《混凝土结构工程施工规范》GB 50666—2011作出修复方案，为合理建议，方案严格按质量规范实施后可以达到质量合格标准，H公司对上述意见不能提出充分依据及证据予以推翻，且其反诉请求也列明以鉴定意见明确的费用为准，故修复费用应以鉴定意见确定的9755095.62元为准。就Z公司质量鉴定异议意见，X公司亦予以明确回复不予支持，Z公司就回复意见也不能提出充分依据及证据予以推翻，故对其异议主张亦不予支持。Z公司认为质量修复费用应由双方分摊，因X公司回复意见明确表示，质量问题由施工单位造成，无法得出质量问题是其他单位造成的结论，故Z公司该项主张，缺乏依据，不能成立。

3. 最高人民法院裁判意见

Z公司主张案涉工程质量问题的产生属于多因一果，发包人H公司对工程质量问题也应承担相应责任。H公司主张鉴定单位不具备设计资质，且一审法院未就鉴定单位出具的质量鉴定意见书及异议回复函询征设计单位，程序违法，因此鉴定意见所计算的修复费用不能反映工程的真实修复费用。本院认为，一审法院委托的鉴定机构具备建筑工程质量鉴定和工程造价鉴定资质，出具的鉴定意见经过检材质证、现场勘验、异议答复、鉴定人出庭接受质询等程序，鉴定单位对双方提出的异议也予以答复，鉴定主体适格，鉴定程序合法，故H公司关于工程质量鉴定存在鉴定资质与鉴定程序违法的主张，本院不予支持。关于修复费用的数额，鉴定意见中提出的修复措施是依据《混凝土结构工程施工规范》GB 50666—2011编制的，可以适用本案的工程质量修复。鉴定意见所确定的修复费用是根据陕西省建设工程清单计价规则2009、陕西省消耗量定额2004等规定综合确定的合理预估费用，可以作为本案认定修复费用的依据，若H公司实际修复所产生的费用与鉴定意见预估费用不一致，可另行救济。鉴定机构在异议回复中明确说明，案涉工程质量问题明显属于施工过程质量控制不严造成的，无法得出现场出现的质量问题是其他单位造成的结论，因此Z公司主张H公司也应对工程质量问题承担相应责任，没有事实依据，本院不予支持。

三、建设工程质量纠纷

（一）建设工程质量纠纷常见情形

工程价款、工程质量、建设工期并称为建设工程的"三驾马车"。

在司法实践中，承包人起诉要求发包人支付欠付的工程价款时，发包人往往以建设工程质量不合格为由，提出抗辩或反诉，要求减少工程价款，或者要求承包人承担质量不符合要求的违约责任。

1. 对于发包人提出的工程质量不合格的抗辩、反诉或另行诉讼，承包人可从合同依据、事实依据、法律依据应对

（1）合同依据、事实依据

承包人进行应对的合同依据、事实依据主要有：

① 施工合同是否明确约定工程质量、质量保修范围及质量保证期；

② 承包人是否签订了工程质量保修书；

③ 工程质量保修书是否明确工程质量保修范围、保修期限、保修责任、保修费用等内容；

④ 出现的工程质量问题是否因承包人所致；

⑤ 出现的工程质量问题是否在约定的保修范围、保修期限内；

⑥ 建设工程是否经竣工验收。

（2）法律依据

对于发包人提出的质量不合格抗辩、反诉或另行诉讼，承包人有必要审查发包人的请求与事实理由是否符合法律、法规、司法解释规定，如果不符合，承包人可请求法院驳回其抗辩、反诉或诉讼请求。

2. 建设工程质量纠纷常见情形

建设工程质量标准有国家法定强制标准、合同约定标准之分。正因如此，在建设工程质量纠纷中，常见的争议情形有两大类。

（1）建设工程质量不符合国家建设工程质量验收标准及相关专业验收规范标准，无法通过竣工验收，引起的质量责任承担纠纷及对应的工程价款结算、支付纠纷。

（2）当事人约定的工程质量标准超出国家法定强制标准，最终竣工的建设工程仅达到国家法定强制标准，未达到约定的工程质量标准，而引发的质量纠纷及对应的工程价款结算、支付纠纷。

比如，工程质量符合国家法定强制标准但不符合约定的工程质量标准时，工程质量是否合格？发包人能不能以此为由，对承包人拒付工程价款？承包人是向发包人承担工程质量不符合约定标准的违约责任，还是承担修理、返工或者改建的质量缺陷责任？

3. 在建设工程质量纠纷中，承包人能够证明工程质量合格的主要证据

建设工程质量纠纷大多涉及复杂的工程技术问题，而负责审理建设工程质量纠纷案件的审判员或仲裁员，大多不懂工程知识，无法从工程技术层面对工程质量问题尤其是造成工程质量问题的原因、工程质量责任的分配作出专业判断。他们一般依据建设工程竣工验收材料、承发包双方就质量问题的来往函件、监理日志等书面材料进行判断，以确定建设工程是否存在质量问题、造成工程质量问题的原因、工程质量责任的承担。

建设工程质量纠纷案件有一个共同点：发包人认为建设工程存在质量缺陷。根据"谁主张谁举证"的原则，发包人应当举证证明建设工程质量不合格。不过，为了帮助法官、仲裁员认定工程是否存在质量问题，造成质量问题的原因是什么，工程质量责任由谁承担，承包人也有必要提供能够证明建设工程质量合格的证据，比如：

（1）建设工程竣工验收意见书、竣工验收报告及竣工验收备案文件；

（2）单体工程验收记录；

（3）分部分项工程与检验批验收资料、专项工程验收资料；

（4）隐蔽工程验收材料；

（5）承包人自检合格证明材料；

（6）交工验收报告、工程交付清单材料；

（7）发包人已实际占有、使用建设工程的证据；

（8）工程施工记录；

（9）监理日志；

（10）工程质量洽商记录、签证单或者会议纪要；

（11）现场工艺试验报告；

（12）试车或者试运行报告；

（13）建筑设备安装调试合格证明、设计变更质量检查合格报告等能够证明工程质量合格的证据；

（14）鉴定报告。

承包人无法提供上述证据证明其承建的建设工程质量合格的，在诉讼或者仲裁中，承包人可申请工程质量司法鉴定，以鉴定机构出具的鉴定报告来证明建设工程质量合格。

而且，承包人必要时可以申请工程专家出庭，由工程专家就工程质量所涉及的工程知识向法庭、仲裁庭作出说明，帮助法官、仲裁员理解、提升工程知识，协助法官、仲裁员对工程质量问题及责任承担作出专业判断。

承包人未完成合同约定的承包范围内的施工任务而中途解除合同，无法要求发包人对工程项目进行竣工验收，发包人可能以此为由拒付工程价款。承包人可以提交以下证据证明已完工程质量合格，符合支付工程价款的条件：

（1）建筑材料、构配件、设备进入施工现场时的产品质量合格证明文件；

（2）钢筋、商品混凝土等现场施工过程中各检验批的检验、检测合格的报告；

（3）施工设计文件、合同约定和施工技术规范要求的施工过程质量检查检验合格的证明文件，比如，施工中的无损检测报告、分部分项工程验收记录、主体结构验收记录等。

承包人无法提供上述证据证明已完工程质量合格，或者发包人提出证据证明承包人已完工程存在质量问题的，承包人可以申请对已完工程质量是否合格进行鉴定。

4. 承包人申请工程质量鉴定

工程质量鉴定，是指鉴定机构通过现场勘查，查询施工图纸和工程验收记录、材料进场检验报告、会议纪要、来往函件等文件，分析质量问题、查找质量原因并提出处理质量问题方案的行为。

（1）在诉讼或仲裁阶段，工程质量鉴定的工作流程

① 分析造成质量缺陷的原因，分析工程是否符合设计文件、技术规范，分析各方的过错；

② 针对质量缺陷问题，由鉴定机构提出修复方案；

③ 由造价咨询公司根据修复方案，出具修复费用意见；

④ 人民法院根据鉴定结论，划分当事人的责任。

（2）承包人申请工程质量鉴定需注意的几大问题

① 承包人不要轻易主动申请工程质量鉴定

承包人起诉或申请仲裁，要求发包人支付欠付的工程价款，发包人以工程存在质量问题为由拒付或少付工程价款，根据证据责任分配原则，发包人应当举证证明建设工程存在质量问题。发包人在没有充足证据证明建设工程质量不合格时，应当申请工程质量鉴定，由鉴定机构出具建设工程质量是否合格的鉴定结论。

② 按法律要求申请工程质量鉴定

《证据规定》第三十一条规定："当事人申请鉴定，应当在人民法院指定期间内提出，并预交鉴定费用。逾期不提出申请或者不预交鉴定费用的，视为放弃申请。对需要鉴定的待证事实负有举证责任的当事人，在人民法院指定期间内无正当理由不提出鉴定申请或者不预交鉴定费用，或者拒不提供相关材料，致使待证事实无法查明的，应当承担举证不能的法律后果。"

③ 合理确定工程质量鉴定范围

建设工程质量鉴定范围仅限于存在质量问题争议的未验收部分，而不是全部工程。承包人应当根据承发包双方争议的实际情况，合理确定鉴定范围，既可以节省大笔鉴定费用，又能够达到申请鉴定的目的。

（二）建设工程施工合同解除时质量保证金的返还

建设工程施工合同解除时，承包人已完工程质量合格的，能否要求发包人返还质量保证金？承发包双方对此争议很大。目前我国法律、法规、司法解释都未就此作出明确规定。在司法实践中，各地各级法院或者仲裁机构有以下几种裁判方式。

1. 质量保证金与工程价款余额一并支付或返还

这是目前法院或者仲裁机构的主流观点。

法院或者仲裁机构认定质量保证金与工程价款余额一并支付或返还给承包人的主要理由如下。

（1）因发包人原因导致承包人无法实现合同目的，且无证据证明承包人已完工程质量不合格。工程尚未完工、合同已经解除，发包人向承包人支付全部已完工程价款后，在质量保修期内如发现工程存在质量问题时，发包人仍然可以要求承包人进行保修。

（2）依据《建设工程质量保证金管理办法》第八条"缺陷责任期从工程通过竣工验收之日起计。由于承包人原因导致工程无法按规定期限进行竣工验收的，缺陷责任期从实际通过竣工验收之日起计。由于发包人原因导致工程无法按规定期限进行竣工验收的，在承包人提交竣工验收报告90天后，工程自动进入缺陷责任期"的规定，在当事人没有特别约定的情形下，建设工程缺陷责任期从工程通过竣工验收之日起计算。建设工程施工合同解除时，工程尚未竣工验收的，缺陷责任期尚未起算，质量保证金条款尚未履行，这种情形下，如果双方当事人没有对合同解除后支付工程款时是否扣留质量保证金进行特别约定，则人民法院在认定发包人应付已完工程部分款项的数额和支付时，不宜直接适用原合同中的质量保证金条款作出扣留部分款项的认定。

2. 按照建设工程施工合同的约定返还质量保证金

法院或者仲裁机构认定理由如下。

质量保证金是用以保证承包人在缺陷责任期内对建设工程出现的缺陷进行维修的资金。建设工程施工合同解除并不影响其中的质量保证金条款，该条款仍应约束双方当事人。对建设工程施工合同约定的缺陷责任期已届满的部分质量保证金，应予返还；对于缺陷责任期未届满的质量保证金，应预留至期满再予返还。

3. 法院或者仲裁机构认定质量保证期起算点后，再确定质量保证金的返还时间

司法实践中有以下几种认定方式：

（1）以双方当事人对已完工程进行交接之日为质量保证期起算点；

（2）以项目实际停工之日为质量保证期起算点；

（3）以建设工程施工合同解除之日为质量保证期起算点；

（4）以第三方进场施工之日为质量保证期起算点。

持这种观点的法院或者仲裁机构认定质量保证期起算点，除了依照建设工程施工合同约定外，还会考虑承包人已完工程量与质量、解除合同的原因、双方的过错程度、后续施工的安排等因素。

因此，为避免产生质量保证金返还问题争议，笔者建议：承包人可以与发包人在建设工程施工合同中明确约定清理和结算条款，将返还质量保证金明确列为结算条款；明确约定建设工程施工合同中途解除后如何处理质量保证金，比如，明确约定质量保证金是返还还是暂扣，暂扣多长时间等内容。

典型案例　建设工程施工合同解除后返还质量保证金的案例

1. 案例来源

（2017）最高法民终 252 号民事判决书。

2. 一审法院裁判意见

《工程已完产值审核汇总表》确认的已完工程价款为 255523620 元，其余 14384959.5 元为垫资利息和损失。考虑到该工程毕竟未经竣工验收，且双方在合同中约定了质保金为总工程价款的 5%，返还时间为工程竣工验收合格满二年后的 28 天内。故质保金 255523620 元 ×5%=12776181 元应予暂扣。工程价款 255523620 元扣除 5% 的质保金 12776181 元再减去已付款 3800 万元后，尚欠 204747439 元。

3. 最高人民法院裁判意见

在认定 G 纸业公司应向 X 公司支付的工程欠款数额时，应否扣除质保金的问题。根据双方于 2013 年 12 月 10 日签订的《建设工程施工合同》专用条款第 68 条"质量保证金是用于承包人对工程质量的担保。承包人未按约定及有关法律法规的规定履行质量保修义务的，发包人有权从质量保证金中扣留用于质量返修的各项支出""除专用条款另有约定外，工程竣工验收合格满二年后的 28 天内，发包人应将剩余的质量保证金返还给承包人。剩余质量保证金的返还，并不能解除承包人按合同约定应负的质量保修责任"的约定，G 纸业公司作为发包人返还所扣留的质量保证金的时间是"工程竣工验收合格满二年后的 28 天内"，但这是在工程能够竣工验收合格的情形下。本案中，因资金问题，案涉工程已于 2015 年 1 月停工至今，并且 X 公司在一审时的诉请之一就是解除《建设工程施工合同》，在此情形下，在 X 公司和 G 纸业公司之间，案涉工程不可能再满足竣工这一条件，故有关质量保证金的返还问题不能直接适用上述约定。鉴于案涉工程已于2015年1月停工，至今已经超出两年，在此期间，G纸业公司并未提出证据证明案涉工程存在质量问题以及需要进行质量返修，故其主张应继续扣留质量保证金没有依据，其应按照已经认定的数额向X公司支付工程欠款及损失费用。原审判决对此认定不当，本院予以纠正。

四、防控建设工程质量法律风险

百年大计，质量为本。

前文已谈及，建设工程质量问题及成因很复杂。而且，建设工程一旦出现质量问题，将直接影响承包人的利益：承包人轻则承担修复责任及费用、赔偿损失、少收或延收工程价款，重则被发包人单方解除建设工程施工合同、无法收取工程价款。因此，防控建设工程质量法律风险，是承包人应当十分重视的问题。

（一）承包人应当提高工程质量管理能力

（1）承包人应当重视建设工程的项目经理、技术负责人和施工管理负责人的选拔，全面加强质量管理，提高质量管理能力。

（2）质量管理要求应当落实到每个分部分项工程、岗位和工程项目所有从业人员。

（3）对关键工序、关键部位隐蔽工程实施举牌验收，加强施工记录和验收资料管理，实现质量责任可追溯制度。

《国务院办公厅转发住房城乡建设部关于完善质量保障体系提升建筑工程品质指导意见的通知》（国办函〔2019〕92号）明确要求各企业各项目建立质量责任标识制度，对关键工序、关键部位隐蔽工程实施举牌验收，加强施工记录和验收资料管理，实现质量责任可追溯。

举牌验收制度，是指在建筑工程关键工序、关键部位隐蔽工程及主要节点、分部工程验收时，在施工现场验收部位设立验收公示牌，将验收相关信息在公示牌上进行详细记录，在验收完成后留存验收人员手举质量验收公示牌的照片，实现工程质量责任可追溯。

（二）承包人不得转包、违法分包工程

承包人很难对转包、违法分包工程进行必要的管理，无法控制转承包人、分包工

程承包人再转包、违法分包行为。多层转包、违法分包工程更容易出现偷工减料、违规施工等情况，导致建设工程出现各种质量问题，使承包人面临向发包人承担质量责任、工期延误责任等的法律风险。因此，承包人不得违法分包工程，也不得将其承包的全部建设工程转包给第三人，或者将其承包的全部建设工程支解以后以分包的名义分别转给第三人。

（三）承包人应当加强对分包单位的管理

总承包单位将建设工程合法分包给其他单位的，为了防止分包工程出现质量问题，总承包单位应当加强对分包单位的管理。

（1）对分包单位的资质、垫资能力、管理水平、施工班组等进行必要的审核。

（2）对于劳务分包单位，总承包单位需严格控制分包单位提供的辅助材料质量关。

（3）定期检查分包单位的工程进度、质量安全、资金使用等情况，防范工程质量风险。

（4）对于发包人指定的分包单位，承包人应当按照合同约定对分包单位进行必要的管理，发现分包单位的行为对分包工程存在质量隐患时，承包人需及时要求分包单位进行整改，并在第一时间将情况报告给发包人。

（四）承包人应当拒绝以发包人内部验收标准作为工程质量合格的标准

前文谈及，承发包双方约定的工程质量标准可以高于工程质量法定强制标准。不过，在工程实践中，部分发包人要求将其内部验收标准作为工程质量合格的标准，而这些标准远超工程质量法定强制标准，承包人即使再努力，也几乎无法达到发包人的要求，几乎无法避免向发包人承担质量违约责任的法律后果。

对于发包人提出以其内部验收标准作为工程质量合格的标准的要求，承包人需有风险防范意识，不能随意答应，更不要存有先答应发包人的要求、此后再要求发包人按工程质量法定强制标准进行验收的错误想法。否则，承包人轻则需向发包人承担质量未达约定要求的违约责任，重则无法通过验收，无法进行竣工结算，无法收取工程价款。

（五）严格按照施工图纸、施工技术标准施工

（1）承包人应当严格按照施工图纸、施工技术标准的要求进行施工，不得擅自修改设计文件，否则，即使设计文件存在瑕疵，因此出现的质量问题也由承包人独自承担。

（2）承包人发现发包人提供的设计资料、勘察文件、施工图以及说明书等文件存在瑕疵时，应当及时向发包人、监理单位提出意见、建议。发包人、监理单位仍然要求承包人按图施工的，因此出现的质量问题由发包人承担，与承包人无关。

（3）承包人发现设计文件存在瑕疵，但未及时向发包人、监理单位提出意见和建议，而是继续按设计文件施工，因此出现的建设工程质量问题，由承包人与发包人共同承担责任。

（六）拒绝低价竞标、偷工减料等违法行为

对于发包人迫使承包人以低于成本的价格竞标，任意压缩合理工期，明示或者暗示承包人违反工程建设强制性标准、偷工减料降低工程质量等行为，承包人应当坚决拒绝。

（七）按照法律规定、合同约定验收隐蔽工程

承包人应当建立、健全施工质量检验制度，严格工序管理，做好隐蔽工程的质量检查和记录。隐蔽工程在隐蔽前，承包人应当通知发包人和建设工程质量监督机构。发包人没有及时检查的，承包人可以要求顺延工期，并有权要求发包人赔偿停工、窝工等损失。

（八）按照约定要求检验"甲供材"

（1）按照合同约定由发包人提供建筑材料、建筑构配件和设备的，发包人应当保证建筑材料、建筑构配件和设备符合设计文件和合同要求。发包人不得明示或者暗示承包人使用不合格的建筑材料、建筑构配件和设备。

（2）对发包人提供或者指定购买的建筑材料、建筑构配件、设备，承包人应当按照工程设计要求、施工技术标准和建设工程施工合同约定及时进行检验，作好书面检验记录。对于甲供材，承包人应当要求其提供产品质量合格证明、产品检测合格报告等材料，对于质量不合格的建筑材料、构配件和设备，承包人有权拒收或拒绝使用，要求发包人更换质量合格的建筑材料、构配件和设备；未经承包人检验或者检验不合格的甲供材，承包人不得用于建设工程。

（3）发包人提供或者指定购买的建筑材料、建筑构配件、设备存在质量问题，而承包人未及时进行检验，因此出现的建设工程质量问题，由承包人与发包人承担混合过错责任；承包人按照约定要求对甲供材进行检验但未发现质量问题，此后因甲供材导致的建设工程质量问题由发包人承担，与承包人无关。

（九）购买工程质量保险，预防工程重大责任事故

为了防止发生工程重大责任事故时，承包人无力承担赔偿责任的情况，承包人有必要购买建设工程质量保险。

承包人购买工程质量保险，表面上增加了承包人的经济负担，但实际上，承包人投保工程质量保险后，可以要求发包人不再预留质量保证金，反而能够减轻承包人的经济负担，盘活资金。

第六章

建设工程签证、索赔法律风险防控

一、建设工程签证法律风险防控

大部分建设工程施工合同标的额大、履约时间长、法律关系复杂。在建设工程施工合同履行过程中，因施工图纸问题、设计方案变更、工期调整、突发情况发生等因素的影响，建设工程往往需要根据变更情况，重新调整双方的权利义务关系。这些变更一般需要通过工程签证确认。

工程签证以书面形式记录了施工过程中产生的特殊费用，直接关系到承发包双方的切身利益，尤其是约定固定总价合同的工程，对于因工程变更等因素所产生的工程签证，是否作为工程价款结算的依据，承发包双方争议很大。

<u>工程签证水平直接反映承包人的管理能力。承包人很有必要认识工程签证的重要性，将工程签证当作合同履行的一件大事来抓。在施工过程中，承包人一方面应当有效防控签证法律风险，另一方面需要提高签证水平。</u>

（一）工程签证的含义

工程签证是指在建设工程施工合同履行过程中，承发包人就工程量增减、工程价款增减、工期顺延、材料替换、质量要求变更、计量规则变化、税费变更、额外费用支出补偿、违约责任承担等事项，重新调整双方权利义务关系所达成的书面意见。

（二）工程签证的作用

工程签证是办理工程价款结算的重要依据：承发包双方书面确认的签证，在工程进度款支付、工程价款竣工结算时，都可以作为工程量增减、工程价款增减的依据。因此，合法规范的工程签证，能有效减少工程价款结算争议，避免承包人产生经济损失。

（三）工程签证的有效要件

工程签证是建设工程施工合同履行过程中的常见行为，可以说，每个建设工程项目，都有不同程度的工程签证。

1. 工程签证主体适格

工程签证主体必须是承包人、发包人，或者是承包人、发包人授权的人员。其他人员签署的签证单，事后得到发包人、承包人的追认，才会产生法律效力。

在司法实践中，大部分法院或者仲裁机构对签证主体的认定原则是：承发包双方在建设工程施工合同中对工程量和价款洽商变更等材料进行签证确认的具体人员有明确约定的，依照其约定，没有约定或约定不明，除法定代表人外，其他人员所作的签证确认对当事人不具有约束力，但相对方有理由相信该签证人员有代理权的除外；当事人工作人员所作的签证确认是其职务行为的，对该当事人具有约束力，但该当事人有证据证明相对方知道或应当知道该签证人员没有代理权的除外。

关于签证主体的认定，浙江省高级人民法院的裁判观点明显不同于上述意见。《浙江省高级人民法院民事审判第一庭关于审理建设工程施工合同纠纷案件若干疑难问题的解答》第十一条规定："要严格把握工程施工过程中相关材料的签证和确认。除法定代表人和约定明确授权的人员外，其他人员对工程量和价款等所作的签证、确认，不具有法律效力。没有约定明确授权的，法定代表人、项目经理、现场负责人的签证、确认具有法律效力；其他人员的签证、确认，对发包人不具有法律效力，除非承包人举证证明该人员确有相应权限。"

2. 工程签证内容明确

承包人需按照建设工程施工合同约定的计价条款或者计价方式，填写工程签证单的具体内容，比如，工期顺延、费用增加、违约责任、损失赔偿等内容。

3. 按照约定的时间和程序办理工程签证

承包人未按照约定的时间和程序办理工程签证，但发包人仍然签字盖章确认或有权签证人员签字确认的，此种情况下的签证仍然有效。

因此，工程签证不符合上述三个要件，原则上无效，无法产生增加费用、顺延工期、承担违约责任、赔偿损失等法律效力。

（四）工程签证的法律性质

工程签证是发生在承发包双方之间的法律行为，是建设工程施工合同的补充协议，是承发包双方的真实意思表示。工程签证不是变更建设工程施工合同的当事人，而是变更合同内容，是合同内容变更的一种形式。

建设工程开工后，因设计变更、建设工程规划指标调整等因素，承发包双方需要变更合同内容时，往往通过补充协议、会谈纪要、往来函件、工程签证等形式变更工期、工程价款、工程项目性质。此类情况下的合同内容变更，不属于对中标合同实质性内容的变更，不存在构成黑白合同的法律风险。

（五）工程签证的相关规定

1.《结算暂行办法》规定

《结算暂行办法》第十一条规定："工程价款结算应按合同约定办理，合同未作约定或约定不明的，发、承包双方应依照下列规定与文件协商处理：（一）国家有关法律、法规和规章制度；（二）国务院建设行政主管部门、省、自治区、直辖市或有关部门发布的工程造价计价标准、计价办法等有关规定；（三）建设项目的合同、补充协议、变更签证和现场签证，以及经发、承包人认可的其他有效文件；（四）其他可依据的材料。"

《结算暂行办法》第十四条第（六）项规定："发包人要求承包人完成合同以外零星项目，承包人应在接受发包人要求的 7 天内就用工数量和单价、机械台班数量和单价、使用材料和金额等向发包人提出施工签证，发包人签证后施工，如发包人未签证，承包人施工后发生争议的，责任由承包人自负。"

2.《新建设工程司法解释（一）》规定

《新建设工程司法解释（一）》第十条第一款规定："当事人约定顺延工期应当经发包人或者监理人签证等方式确认，承包人虽未取得工期顺延的确认，但能够证明在合同约定的期限内向发包人或者监理人申请过工期顺延且顺延事由符合合同约定，承包人以此为由主张工期顺延的，人民法院应予支持。"

《新建设工程司法解释（一）》第二十条规定："当事人对工程量有争议的，按照施工过程中形成的签证等书面文件确认。承包人能够证明发包人同意其施工，但未能提供签证文件证明工程量发生的，可以按照当事人提供的其他证据确认实际发生的工程量。"

（六）工程签证的分类

根据工程签证的内容不同，工程签证可以分为：工程经济签证、工程技术签证、工程工期签证、隐蔽工程签证。

1. 工程经济签证

工程经济签证是指对施工过程中发生的各种费用的增减所作的签证。

工程经济签证主要包括：因现场条件、周边环境、设计变更、发包人要求、施工图错误、合同缺陷、违约、招标清单错项或漏项等造成的经济损失、临时设施增补项目、议价材料价格认价单、零星用工、零星工程、停工窝工损失等签证。

2. 工程技术签证

工程技术签证是指承发包双方调整有关施工工艺、施工方法或施工环节等进行的签证。

工程技术签证一般由承包人提出，或者由承包人根据发包人的建议提出，由发包人或监理单位签认。

工程技术签证的主要表现形式为技术联系单。在工程技术签证中，一般需要组织专家进行安全、经济、适用等方面的技术论证，对论证结果进行签证。

3. 工程工期签证

工程工期签证是指对于施工过程中出现的工期调整的签证。

工程工期签证主要包括：因甲供材供应不及时、设备进退场、停水停电、不可抗力及其他非承包人原因造成的延期开工、暂停开工或工期延误的签证。

4. 隐蔽工程签证

隐蔽工程签证是指前一道施工工序完成后被后一道工序覆盖的工程签证。

从土建层面讲，隐蔽工程签证一般是指正负零以下的工程记录或者被覆盖和预埋的后期无从考证的签证。

隐蔽工程签证主要包括：

（1）基坑开挖验槽记录，真实记录其放坡系数及开挖深度签证；

（2）基础换土材质、深度、宽度记录签证；

（3）软地基处理签证；

（4）桩灌入深度及有关出槽量记录签证；

（5）钢筋隐蔽验收记录签证。

隐蔽工程签证必须确保真实性和时效性。承发包双方应当先办理隐蔽工程签证，再覆盖隐蔽工程，这是隐蔽工程签证不变的原则。在隐蔽工程覆盖前，承包人有必要要求发包人的现场代表和监理工程师签字确认。隐蔽工程覆盖后，双方再办理签证手续的，难免产生争议。

承包人办理隐蔽工程的签证，应当以施工图纸为依据，注明被隐蔽部位、项目和工艺、隐蔽工程完成情况等；被隐蔽部位工程量在图纸上不确定的，需标明几何尺寸，并附上简图。

（七）工程签证常见问题

1. 应当办理签证而未办理

部分承包人对于签证缺乏必要的常识，不清楚可以签证确认哪些费用，其提出的签证申请不规范、不明确,最终无法作为承包人结算和索赔的依据。

签证事由发生后,承包人应当办理签证而未办理,有可能造成工期不予顺延、费用不予增加的不利后果。因发包人不配合,承包人事后往往无法补办签证,就需要提供其他证据证明费用增加、工期延误不是因承包人的原因引起,举证难度将加大。

2. 工程签证主体不符合法律规定、合同约定

工程签证主体必须是承发包双方,或双方明确授权的代表。在工程实践中,经常出现发包人现场人员代替发包人签证的情况,而这些人员并非发包人项目经理或现场负责人,且未经发包人书面授权签证,此类签证事后未获发包人追认的,都是无效签证。

3. 工程签证内容不明确

(1)工程签证内容不明确的主要表现

在工程实践中,部分承包人为省事,仅简单、笼统地记载签证事由,或者仅标注总量,而不重视工程签证的具体内容,主要表现在:

① 缺少设计变更、工程联系单、施工方案、施工记录、会议纪要、付款凭证、发票、考勤记录、影像资料等支撑性附件材料;

② 对费用金额、工期顺延日期、具体责任承担等内容约定不明;

③ 不载明签证事由来源,缺少签证原因、时间、数量及原始支撑凭证等关键要素;

④ 没有费用的计算方式;

⑤ 该附图时未附图。

(2)工程签证内容不明确的后果

① 因工程签证内容不明确,双方当事人结算时仍然可能对签证原因、费用、责任承担等存在争议;

② 工程签证只签事实未签具体金额的,当双方当事人产生争议时,承包人需要提交其他证据证明签证事实对应的具体费用金额,否则无法获得法院或者仲裁机构支持。

4. 工程签证形式不规范

部分工程签证因形式不符合法律规定或合同约定的要求而无效,主要表现在:

(1)未办理书面签证,仅有口头签证,而发包人又不认可口头签证;

(2)仅一方当事人签字盖章;

(3)仅项目人员签字但未盖章,或仅盖章但项目人员未签字;

(4)签认代表没有授权签证委托书;

（5）不按照建设工程施工合同约定的签证流程和要求办理签证。

比如，建设工程施工合同中明确约定监理单位"在进行工程变更、经济签证、工期签证、开工、停工、复工、发包人暂定价的认质认价时，需要取得发包人的批准"，即监理单位对于工程量变化、价格认定等事项的签证，经发包人签字盖章后才有效。因此，承包人提交的签证单未经发包人签字盖章，仅有承包人、监理单位签字盖章的，法院或者仲裁机构极有可能认定此类签证未按建设工程施工合同约定的流程和要求办理而无效，其所涉价款不计入工程造价中。

5. 遗漏工程签证

部分发包人随意提高设计标准，导致工程量增加。因设计变更次数太多，承包人难免遗漏办理某些签证，使工程变更事实、变更内容无签证确认，给承包人造成经济损失。

6. 未按时办理签证

按照法律规定、合同约定及时办理签证，是对承包人的基本要求。但在工程实践中，部分承包人签证意识不够，责任心淡薄，甚至认为办理签证没有时间限制，什么时候办理都可以，最后导致签证因逾期办理而无效。

《结算暂行办法》《施工合同（2017示范文本）》对承包人申请工程签证的期限，作出了明确的规定或约定。

（1）《结算暂行办法》对承包人申请工程签证期限的规定

《结算暂行办法》第九条规定："承包人应当在合同规定的调整情况发生后14天内，将调整原因、金额以书面形式通知发包人，发包人确认调整金额后将其作为追加合同价款，与工程进度款同期支付。发包人收到承包人通知后14天内不予确认也不提出修改意见，视为已经同意该项调整。当合同规定的调整合同价款的调整情况发生后，承包人未在规定时间内通知发包人，或者未在规定时间内提出调整报告，发包人可以根据有关资料，决定是否调整和调整的金额，并书面通知承包人。"

（2）《施工合同（2017示范文本）》对承包人申请工程签证期限的约定

《施工合同（2017示范文本）》通用合同条款第10.4.2项约定了变更估价程序："承包人应在收到变更指示后14天内，向监理人提交变更估价申请。监理人应在收到承包人提交的变更估价申请后7天内审查完毕并报送发包人，监理人对变更估价申请有异议，通知承包人修改后重新提交。发包人应在承包人提交变更估价申请后14天内审批完毕。发包人逾期未完成审批或未提出异议的，视为认可承包人提交的变更估价申请。因变更引起的价格调整应计入最近一期的进度款中支付。"

因此，承发包双方未在建设工程施工合同中另行约定签证办理期限的，在上述部门规章规定、施工合同示范文本约定中，承包人办理签证申请的期限都为14天。

超出规定或约定的期限办理签证申请，承包人有可能丧失调整费用或顺延工期的权利。

7. 重视费用签证，忽略工期签证

部分承包人仅重视与费用增加相关的签证，往往忽视影响工期的签证。明明是发包人的原因导致工期延误，但因承包人未办理工期调整签证，而无法确定工期延误的责任方是发包人。当承包人起诉请求发包人支付欠付的工程价款时，发包人有可能反诉承包人，要求承包人承担工期延误的违约责任。

发包人主张工期延误时，只需证明实际的竣工日期晚于约定的竣工日期，发包人的举证责任相对较轻。而承包人却需要提供因发包人原因致工程延误的签证单，或者提交其他能够证明工期延误是发包人原因所致的证据，进行反驳，否则，法院或者仲裁机构极有可能认定承包人向发包人承担工期延误的违约责任。

典型案例　不认可内容不明确的工程签证的案例

1. 案例来源

（2021）最高法民终 449 号民事判决书。

2. 最高人民法院裁判意见

关于停窝工损失。北京 C 公司主张因运城 L 公司违约，给其造成停窝工损失，主张的根据为 30 张签证单。经查看和统计，A1-001 至 A1-015《工程签证单》载明的金额合计为 37956566.22 元。但其中包含了保证金利息损失 1280999.98 元和北京 C 公司退场后计算的停工损失 19851728.14 元，前者北京 C 公司已经单独主张，后者属于不合理计算，故一审法院将这两项金额予以扣除，并根据合同无效后双方当事人过错程度，对损失作出分担并无明显不当。北京 C 公司主张该 37956566.22 元均应作为损失得到赔偿的上诉理由不能成立。对于北京 C 公司提交的 B1-001 至 B1-015《工程签证单》，该 15 份签证单上虽然有北京 C 公司和运城 L 公司的签字盖章，但是签证单中只是记载了工作情况或者工作量，并未载明金额，比如 B1-005 签证单记载"购置 4 台水泵。3 人配合抽水、清理淤泥，共计人工 75 日"，但对于水泵价格、人工价格都无约定。北京 C 公司就该 15 份签证单主张损失时，损失金额是自行计算的数额，运城 L 公司对该数额不予认可，北京 C 公司在一审审理时也未就此申请鉴定，故北京 C 公司所提交的证据不足以证明其所主张数额，一审判决对此认定并无不当。对于北京 C 公司主张的支付给陕西 Y 建筑劳务有限公司和孝昌 G 建筑劳务有限公司的退场损失，首先，北京 C 公司提交的《施工退场协议书》、调解书等证据不足以证明其所主张的损失数额；其次，根据北京 C 公司提交的 A1-001 至 A1-015 签证单的记载以及北京 C

公司在庭审中的认可，上述签证单中已经包含了劳务公司的损失，比如记载"陕西Y建筑劳务有限责任公司窝工1108800元""湖北孝昌G建筑劳务有限公司窝工668360元"等内容，对于其主张的退场损失和《工程签证单》中所记载的损失如何区分，北京C公司未提供充分证据证明，故在此情形下，一审判决没有支持其该项主张并无不当。

（八）承包人办理工程签证的技巧

1. 办成可计量价、责任分明的签证

（1）签证的基本要求

① 能签结果的，不签经过；

② 能签总价的，不签单价；

③ 能签单价的，不签工程量；

④ 能签工程量的，不签图纸；

⑤ 能签图纸的，不签方案；

⑥ 能签文字的，不签图纸。

（2）办理可计量价签证的要求

① 工程签证能确定价格的，优先明确具体金额；

② 对于可调价合同，至少签到量；

③ 对于固定单价合同，至少签到量、单价；

④ 对于固定总价合同，至少签到量、价、费；

⑤ 对于成本加酬金合同，至少签到工、料、机、费。

（3）工程签证单的填写要求

① 承包人需依据签证事由，结合建设工程施工合同约定的签证条款、施工图纸、施工方案等，按照有利于结算工程量价、厘定责任的原则填写工程签证单。

② 承发包双方已签订签证结算协议的，签证单内容需与签证结算协议约定的内容一致；未签订签证结算协议的，签证单的内容需按照建设工程施工合同约定的计价条款或者计价方式填写。签证需注明列入税前造价或税后造价。

③ 承包人办理非己方责任的停工损失签证，需按照停工的实际情况，明确停工与窝工费用、责任承担及机械台班租赁费或折旧费。签证单应当写明停工的原因，停工起始时间，施工现场实际停工人数，现场停工机械设备型号、数量、规格，进场建筑材料的名称、规格、数量、单价等。

2. 争取发包人签发工程联系单或设计单位签发设计变更通知单

擅长办理签证的承包人，往往能充分利用招标文件、设计图纸中的漏洞，在施工过程中，主动申请变更设计方案，由设计单位签发设计变更通知单，或者要求发包人签发工程联系单，达到承包人增加工程利润的目的。在办理工程结算时，发包人签发的工程联系单、设计单位签发的设计变更通知单，可信度高于承包人提起的现场经济签证。

3. 隐蔽工程在被覆盖前，应当先签证

隐蔽工程在被覆盖前，承包人应当通知发包人检查，完成签证工作。发包人没有及时检查的，承包人可以要求顺延工期，并有权要求发包人赔偿停工、窝工等损失。承包人要求顺延工期，赔偿停工、窝工损失，需通过签证方式完成。

承包人应当及时办理隐蔽工程的签证，隐蔽工程覆盖后几乎无法补签。

4. 发包人拒签工程签证单，承包人的应对措施

不管是哪类工程签证，承包人都需送达给发包人，并由发包人签收。送达的主要方式有直接送达、邮寄送达、电子邮箱送达、传真送达、公证送达等。

发包人拒绝签收直接送达的签证单时，承包人应当及时以邮寄送达、传真送达或者公证送达等方式，向发包人送达签证单，并保留送达签证单的证据。

典型案例　发包人在规定时间内未确认签证视为认可的案例

1. 案例来源

（2021）最高法民再297号民事判决书。

2. 二审法院裁判意见

关于南昌S公司上诉主张的未签字部分签证及联系单工程价款调增的问题。对该部分签证及联系单，057、水电05工程量签证单有监理工程师签字及监理单位盖章，其他单证虽然没有B公司以及监理单位签字，但南昌S公司提供的收发文件登记表、文件接收登记表的记载以及签收人签字，能够证明上述单证已经送达B公司，但B公司没有签字或回复。按照补充合同约定，南昌S公司应当按约定要求报送，B公司在15日未予确认视为认可。二审法院认为，南昌S公司已经向B公司报送相关单证，对南昌S公司报送单证是否符合约定要求、是否认可或者提出不同意见，B公司应当按约定期限回复。B公司未按约定期限回复意见，应当视为认可。按照造价鉴定意见，对这部分工程价款1160196.58元，应当计入案涉工程结算价款。

3. 最高人民法院裁判意见

关于未签字部分签证及联系单所涉工程量1160196.58元的问题。南昌S公司提

供的收发文件登记表、文件接收登记表的记载以及签收人签字，能够证明该部分签证及联系单已经送达B公司，而B公司没有签字或回复。补充合同约定："如承包人在规定时间内未提交签证，则发包人不予确认，在规定时间内发包人未确认视为认可。"该部分工程量金额较大且所涉签证及联系单均已送达B公司，若该部分工程量并未实际施工，B公司应当及时提出异议，但其没有签字或者回复，不符合常理。二审判决认定B公司未按约定期限回复意见之行为视为认可，并无不当。

（九）对工程签证的司法认定意见

在司法实践中，工程签证争议最多的是签证主体是否有权签证。常见的争议如下。

1. 法定代表人作出的签证

法定代表人，是指依照法律或公司章程规定代表法人行使职权的负责人，其确认的签证原则上有效。因此，在工程实践中，对于法定代表人签字确认的签证，承发包双方很少产生争议。而且，即使法定代表人超出公司章程的权限签证，大部分法院或者仲裁机构都认定其签证有效。

2. 发包人现场代表、承包人项目经理作出的签证

发包人现场代表，是指由发包人任命并派驻施工现场，在发包人授权范围内行使发包人权利的人。

发包人现场代表负责处理建设工程施工合同履行过程中与发包人相关的事宜。发包人现场代表在授权范围内的行为由发包人承担法律责任。

承包人项目经理，是指由承包人任命并派驻施工现场，在承包人授权范围内负责合同履行，且按照法律规定具有相应资格的项目负责人。

承包人项目经理所签署的文件是否有效，取决于其是否得到承包人的授权。

大部分法院或者仲裁机构对发包人现场代表、承包人项目经理签证的认定意见是：建设工程施工合同有约定的，依照约定；建设工程施工合同未约定的，他们作出的签证原则上有效。理由是：他们的行为可被认定为代表一方当事人履行合同义务的职务行为，或者被认定为表见代理行为，除非对方有证据证明明知该人员无相应权限。

3. 监理人员作出的签证

工程监理，是指具有相应资质的工程监理单位，接受发包人的委托，依据法律、法规规定和委托监理合同约定，代表发包人对承包人的施工质量、建设工期和建设资金使用等方面进行监督管理。

对于<u>监理人员对工程量、工期和工程质量等事实及费用所作的签证是否有效，是否对发包人具有约束力，争议很大</u>。

最高人民法院和大部分高级人民法院认为，建设工程施工合同对监理人员的签证权限有约定的，从其约定。

四川等地高级人民法院认为，工程监理人员依据监理合同的约定以及监理规范实施的签字确认行为，对发包人具有约束力；超越监理合同约定以及监理规范实施的签字确认行为，除承包人有理由相信工程监理人员的签字确认行为未超越其监理合同的约定以及监理规范的以外，对发包人不具有约束力。

北京等地高级人民法院认为，工程监理人员在监理过程中签字确认的签证文件，涉及工程量、工期及工程质量等事实的，原则上对发包人具有约束力；涉及工程价款洽商变更等经济决策的，原则上对发包人不具有约束力，但建设工程施工合同对监理人员的授权另有约定的除外。

4. 承发包双方派驻工地的其他工作人员作出的签证

发包人或承包人派驻工地的其他工作人员，比如，质量员、安全员、资料员、材料员等，一般不参与确定工程量与工程价款的工作，更无确定工程量与工程价款的权利。因此，大部分法院或者仲裁机构对这类人员作出的签证，原则上认定为无效签证，除非对方有证据证明他们被授权进行签证。

5. 实际施工人以承包人项目负责人的名义作出的签证

在存在转包、违法分包或者挂靠关系的建设工程中，实际施工人一般持有建设工程施工合同、项目负责人授权委托书、项目部印章等。实际施工人为了掩盖转包、违法分包或者挂靠违法行为，通常以承包人项目负责人的名义对外签订合同、对内履行建设工程施工合同义务。在此种情形下，<u>大多数法院或者仲裁机构对实际施工人关于工程量、费用等方面的签证，一般会认定为表见代理行为，其签证行为由承包人承担责任</u>。

> **典型案例** 未认定监理签证的案例

1. 案例来源

（2017）最高法民申 4433 号民事裁定书。

2. 最高人民法院裁判意见

《最高人民法院关于审理建设工程施工合同纠纷案件适用法律问题的解释》第二条规定："建设工程施工合同无效，但建设工程经竣工验收合格，承包人请求参照合同约定支付工程价款的，应予支持。"该条规定意指承包人可以请求参照合同约定支付工程价款，并未规定只有承包人可以请求参照合同约定支付工程价款。规定无效建设工程施工合同的承包人可以请求参照合同约定支付工程价款，其目的在于，在工程竣工验收合格的情况下，保障承包人获取劳动报酬。并不意味着承包人因为建设工程施工合同无效，反倒可以获得参照合同约定结算或者依据其他方式结算的选择权。原审判令参照合同约定支付工程价款，是因为双方当事人将原本与他人通过招标投标签订的《建设工程施工合同》，在合同解除后未经重新招标投标的程序，直接订立新的《建设工程施工合同》，该合同因违反法律的强制性规定而无效。合同无效不意味着发包方无需支付工程价款，合同中所约定的结算条款，对确定本案工程价款仍有参考意义。因而，原审判令参照合同约定支付工程价款，既不是因为承包人请求参照合同约定支付工程价款，也不是因为发包人请求参照合同约定支付工程价款，而是参照合同约定，以确定实际的工程价款。H工程处主张只有承包方才可以请求参照合同约定支付工程价款，并要求不按合同约定而是将结算方式改为据实结算，显然对法律和司法解释的规定理解有误，原审参照合同约定确定实际的工程价款并无不当。至于原审未认定H工程处主张的增加工程量，原因有二：首先，H工程处提交的工程量增加部分的结算书为复印件，无法确认真实与否；其次，即使该结算书为真实，结算书中的工程量现场签证单中仅有监理单位的签字盖章，并没有G职业学院的签字盖章，无法确认G职业学院对H工程处主张的增加工程量进行过确认。根据双方签订的《建设工程施工合同》专用条款第二条第4.1项"鉴定单位委托的工程师姓名：崔某。职务：总监理工程师。发包人委托的职权：按照本建设工程监理合同的有关条款执行，监理签证仅限于技术签证，不涉及工程造价、工程量的变更等"的约定，工程量的变更并不属于监理单位的签证范围，故不能认为H工程处提交的增加工程量结算书能够证明实际施工过程中工程量有所增加。本案再审审查中，H工程处的委托诉讼代理人声称有结算书的原件，但在本院要求提交比对的时候，又无法举示原件。结合一审判决书中即已载明H工程处提交证据"贵州G职业学院一期建设工程二三标段（增加部分）结算书复印件一份"，H工程处事实上从未向人民法院举示结算书原件。原审未予认定H工程处主张的增加工程量并无不当，H工程处应对其自身举证不能承担相应的法律后果。

（十）承包人防控工程签证法律风险的措施

在建设工程施工过程中，工程签证无处不在。

工程签证，一般不包含在建设工程施工合同和施工图纸中，也不像设计变更需要遵循严格的程序与变更手续。在工程实务中，发包人经常以口头指示形式，随意变更设计、增加工程量。一旦发包人事后不认可口头签证，或者因时间久远、人员变动等因素，无法补办签证，往往使承包人利益严重受损。

承包人防控工程签证法律风险的主要措施有以下几项。

1. 重视工程签证，确保工程签证有效

在施工过程中发生签证事由后，承包人应当严格按照法律规定和合同约定，及时分析签证原因，厘清责任，确定己方损失，确保签证有效。承包人需安排专人负责签证，签证人员需熟悉施工现场实际情况、合同签证条款，了解与签证相关的法律规定，还要具备一定的工程造价知识，清楚有效签证的要件和审核流程。

2. 工程签证内容需完备

签证单应当注明签证原因、时间、数量、费用计算方式、工程量计算方式等内容，并附上原始资料，比如，技术核定单、设计变更、业主联系单等，否则就无法计算、核实发生的费用。能附上图纸的，一定要附上。对于材料的签证，需注明材料的品牌、规格、型号、数量、单价等。对于一些重大的工程变更，签证材料需附上照片、录像资料等第一手原始资料。

3. 由工程签证主体进行签证

承发包双方在签订建设工程施工合同时，需明确约定工程签证主体。建设工程施工合同未约定工程签证主体的，双方的法定代表人、项目经理或现场负责人一般有权签证；其他人员签证的效力，需考虑其是否有明确授权、权限范围，或者是否构成表见代理或职务行为等因素。

4. 及时签证，一事一签证

根据建设工程的实际情况，比如，前一道工序被后一道工序覆盖，或者在施工过程中需拆除临时设施，或者工程项目承包人或发包人人员变动等，如不及时办理签证，很有可能造成签证事实、费用争议。事后补办签证往往依赖回忆，很难保证签证事实、数据真实、完整、准确。因此，在签证事实发生后，承包人应当及时办理签证，尽可能做到"一事一签""一次一签""工完签完"。

工程签证的时间：建设工程施工合同有约定的，承包人需在约定时间内提出签证，否则很有可能造成逾期签证无效的法律后果；建设工程施工合同未明确约定签证时间的，承包人需在签证事由发生后14天内向发包人提出签证，隐蔽工程一般需在下一道工序施工前完成签证。

5. 口头签证法律风险防控

口头形式属于《民法典》规定的一种合同订立形式，有法律效力。不过，发包人在结算时不认可口头签证，而承包人又无法提供其他证据证明签证事实、费用的，承包人将十分被动。因此，承包人有必要要求发包人发出书面变更指令。发包人因时间紧急等原因，需要发出口头指令的，承包人在事后需及时要求发包人进行书面签证，否则有可能无法主张工期顺延、费用增加等权利。

发包人不同意对口头指令进行签证的，承包人需保留向发包人报送签证的材料、已经完成口头指令相关工程的证据。对于发包人发出的口头指令，承包人未办理签证又无其他证据证明变更情况，需及时通过现场勘验予以补救，对于不具备现场勘验条件的变更项目，承包人很难主张工期顺延、费用增加等权利。

6. 收集、保存与签证相关的证据材料

为避免发包人拒绝签收签证单给承包人带来不利后果，承包人需及时收集、保存能证明签证事实的工程联系单、工程变更单、施工日志、非承包人原因停水、停电凭证、技术资料、会议纪要、补充协议及其他书面材料。在必要时，承包人需拍照、录像固定相关证据。

双方当事人因签证产生争议需要通过诉讼或仲裁方式解决时，承包人持有的上述证据材料，可以作为结算工程量、工程价款的依据，也可作为司法鉴定的依据。

7. 严控分包合同外签证

承包人在与分包人签订分包合同时，需预估分包工程可能出现的签证项目，分包工程的签证标准、签证方式需遵循建设工程施工合同约定的签证范围、签证要求，以尽量减少合同外签证。确有分包合同外的施工范围需要签证，承包人需及时与发包人办理签证手续，以防因事后补办而产生签证争议。

8. 防范项目经理乱签证

项目经理是承包人在工程项目建设与管理上的代表人，其作出的签证一般能代表承包人，会对承包人产生法律约束力。项目经理如果在项目管理中乱签证，将给承包人带来不确定的风险与损失。

（1）项目经理乱签证的主要表现形式

① 恶意签证

恶意签证是指项目经理明知会给承包人带来损失而故意作出的签证。

恶意签证通常会被认定有效，除非承包人能证明项目经理作出的签证出于恶意。

② 过失签证

过失签证是指项目经理因疏忽、重大误解、签证水平有限等原因而无意作出的签证，比如，漏签工程量、少算费用等。过失签证缺陷一般可以通过补签等方式修补。

（2）项目经理乱签证法律风险防控

① 择优选拔项目经理

项目经理需具备一定的建筑、经济、法律知识，需具备一定的项目组织管理能力、综合协调能力、项目驻场工作经验，能够对工程项目的质量、成本、进度等进行有效的控制管理，更需具备良好的道德素养、职业道德、团队协作精神。

② 明确项目经理权限

承包人通过书面授权，明确项目经理在工程项目中的授权事项、授权时间、权限范围，最好将项目经理权限约定在建设工程施工合同、分包合同、材料采购合同、设备租赁合同等合同中，或者将授权委托书作为上述合同的附件，让发包人、分包工程承包人、材料供应商、设备出租方等单位清楚项目经理的权限情况。一旦项目经理超越权限作出签证，影响承包人利益，承包人可以上述单位明知项目经理权限为由，主张项目经理的行为不构成表见代理。

③ 明确项目部印章使用范围

为了防范项目经理乱签证，承包人有必要在建设工程施工合同、分包合同、材料采购合同、设备租赁合同等合同中明确约定项目部印章的使用范围、授权限制，或者在项目部印章上刻上"本印章仅用于项目内部联系，对外签订合同无效"等文字。

二、建设工程索赔法律风险防控

在工程实践中，工程索赔情况很常见，工程索赔争议频发，尤其是索赔期限、索赔程序、索赔条件等引起的争议比较突出。而我国目前法律、法规、司法解释等对工程索赔都没有作出明确的规定，给工程索赔争议的处理带来很大的不确定性。

（一）工程索赔的含义

工程索赔，是指在建设工程施工合同履行过程中，承包人或发包人非因己方的原因而受到工期延误和（或）经济损失，按照法律规定或合同约定，应当由对方当事人承担法律责任，而向对方当事人主张工期延长和（或）费用补偿的行为。

（二）工程索赔的相关规定

关于工程索赔，我国目前法律、法规、司法解释等都没有作出明确的规定。工程索赔在《结算暂行办法》《2013 计价规范》《施工合同（2017 示范文本）》《工程总承包合同（2020 示范文本）》等文件中有所体现。

1. 《结算暂行办法》规定

《结算暂行办法》第十四条规定："工程完工后，双方应按照约定的合同价款及合同价款调整内容以及索赔事项，进行工程竣工结算。"承包人与发包人未能按合同约定履行自己的各项义务或履行义务发生错误，给另一方造成经济损失的，由受损方按合同约定提出索赔，索赔金额按合同约定支付。

以上规定有三层意思：

（1）工程索赔的原因是建设工程施工合同的一方当事人未按照合同约定履行义务或履行义务有误，造成另一方经济损失；

（2）工程索赔金额，建设工程施工合同有约定的，按约定支付；

（3）工程索赔金额，建设工程施工合同没有约定的，按建筑行业的惯例索赔。

2.《2013计价规范》规定

《2013计价规范》第9.13.2条规定："根据合同约定，承包人认为非承包人原因发生的事件造成了承包人的损失，应按下列程序向发包人提出索赔：承包人应在知道或应当知道索赔事件发生后28天内，向发包人提交索赔意向通知书，说明发生索赔事件的事由。承包人逾期未发出索赔意向通知书的，丧失索赔的权利。"

3.《施工合同（2017示范文本）》约定

《施工合同（2017示范文本）》通用合同条款第19条约定了承包人的索赔、对承包人索赔的处理、发包人的索赔、对发包人索赔的处理、提出索赔的期限等内容，其中关于"承包人的索赔"的内容为："根据合同约定，承包人认为有权得到追加付款和（或）延长工期的，应按以下程序向发包人提出索赔：（1）承包人应在知道或应当知道索赔事件发生后28天内，向监理人递交索赔意向通知书，并说明发生索赔事件的事由；承包人未在前述28天内发出索赔意向通知书的，丧失要求追加付款和（或）延长工期的权利。"

4.《工程总承包合同（2020示范文本）》约定

《工程总承包合同（2020示范文本）》通用合同条件第19条约定了索赔的提出、承包人索赔的处理程序、发包人索赔的处理程序、提出索赔的期限等内容，其中关于"索赔的提出"的内容为："根据合同约定，任意一方认为有权得到追加/减少付款、延长缺陷责任期和（或）延长工期的，应按以下程序向对方提出索赔：（1）索赔方应在知道或应当知道索赔事件发生后28天内，向对方递交索赔意向通知书，并说明发生索赔事件的事由；索赔方未在前述28天内发出索赔意向通知书的，丧失要求追加/减少付款、延长缺陷责任期和（或）延长工期的权利。"

后面三项规范或合同示范文本对于索赔有相同的规定或约定：索赔方应在知道或应当知道索赔事件发生后28天内，向对方递交索赔意向通知书，否则丧失索赔的权利。

不过，对于合同未明确约定索赔期限，索赔方超过28天才递交索赔意向书的，是否丧失索赔权，在司法实践中争议很大，理由是：《2013计价规范》是住房和城乡建设部制定的规范性文件，法院一般不会直接依据该规范进行裁判。

（三）工程索赔的法律特征

1. 工程索赔是一种单方请求权

工程索赔与工程签证不同：工程索赔是索赔方向对方单方主张追加或者减少价款和（或）延长工期的权利，需要索赔方提供证据证明己方已发生实际损失，且实际损失非己方原因所造成，但无需证明实际损失与对方的行为存在法律上的因果关系；工程签证是承发包方之间协商一致的行为。

2. 工程索赔是补偿，不是惩罚

索赔方提出索赔请求，以实际损失、损害为前提。实际损失包括费用损失、工期延长，索赔方需有证据证明实际损失已经发生。实际损失是承包人已多支出或确定必须多支出的额外成本，不是承包人向发包人索取的意外费用，工程索赔款属工程价款。

（四）工程索赔的分类

1. 工期索赔和费用索赔

根据工程索赔的目的和要求不同，工程索赔分为费用索赔和工期索赔。

（1）费用索赔

费用索赔，是指在建设工程施工合同履行过程中，承包人非因自身的原因而遭受经济损失，按照法律规定或合同约定，向发包人主张费用补偿的行为。

（2）工期索赔

① 工期索赔的含义

工期索赔，是指在建设工程施工合同履行过程中，承包人非因自身的原因发生工期延误，按照法律规定或合同约定，向发包人主张工期补偿的行为。

② 工期索赔的法律依据

《民法典》第七百九十八条规定："隐蔽工程在隐蔽以前，承包人应当通知发包人检查。发包人没有及时检查的，承包人可以顺延工程日期，并有权请求赔偿停工、窝工等损失。"

《民法典》第八百零三条规定："发包人未按照约定的时间和要求提供原材料、设备、场地、资金、技术资料的，承包人可以顺延工程日期，并有权请求赔偿停工、窝工等损失。"

《民法典》第八百零四条规定："因发包人的原因致使工程中途停建、缓建的，发包人应当采取措施弥补或者减少损失，赔偿承包人因此造成的停工、窝工、倒运、机械设备调迁、材料和构件积压等损失和实际费用。"

《民法典》第八百零五条规定："因发包人变更计划，提供的资料不准确，或者未按照期限提供必需的勘察、设计工作条件而造成勘察、设计的返工、停工或者修改设计，发包人应当按照勘察人、设计人实际消耗的工作量增付费用。"

③工期索赔的意义

承包人提出的工期索赔请求获支持的，可以相应免除承包人向发包人承担工期延误的违约责任，承包人还有可能获得因工期补偿而提前竣工所带来的奖励。

2. 工程延误、赶工、工程变更等索赔

根据工程索赔事件的性质不同，工程索赔可分为工程延误索赔、赶工索赔、工程变更索赔、合同终止索赔、不可预见的不利条件索赔、不可抗力事件的索赔、其他索赔。

3. 合同中明示的索赔、合同中默示的索赔、道义索赔

根据工程索赔的合同依据不同，工程索赔可分为合同中明示的索赔、合同中默示的索赔、道义索赔。

（五）承包人提起工程索赔的情形

1. 发包人行为引起的索赔

（1）招标文件中的错误、漏项或与实际不符，导致实际工程价款超过中标价造成承包人经济损失。

（2）因施工说明等表述不严谨，对设备或材料的名称、规格型号表述不清晰或工程量错误等因素造成的损失。

（3）未按照约定交付场地，办理土地征用、青苗补偿，进行房屋拆迁，清除地面、架空和地下障碍，接通施工所需水、电、电讯线路以及施工通道、主要交通干道等，影响施工顺利进行。

（4）未及时提供施工所需资料，未及时办理建设工程规划审批等手续，未及时组织进行图纸会审等，影响施工顺利进行。

（5）未妥善进行施工现场周围地下管线和邻接建筑物、构筑物的保护，影响施工顺利进行。

（6）未按照约定提供建筑材料、建筑构配件、机械设备等，导致施工超耗增加量差损失，或者"甲供材"未按照约定地点堆放而增加承包人费用，比如，倒运费用、承包人代为卸车、堆放所产生的人工和机械台班费等。

（7）因场地狭窄导致场内运输运距增加所产生的超运距费用。

（8）施工条件变更、设计变更或缺陷所增加的费用。

① 施工实际情况发生变化，比如，在施工中出现流沙流泥、地质断层、天然溶洞、沉陷和地下文物或构筑物等地下不明障碍物，引起施工方法变化、施工材料与设备更换等而增加的费用及降效损失；

② 设计漏项、错误、缺陷或变更设计，造成承包人的损失，比如人工、材料和资金的损失，停工待图、工期延误、返修加固、构件物资积压、改换代用等所致的损失，采取补救措施进行技术处理所增加的额外费用；

③ 设计说明对设备、材料的名称、规格、型号等表述不严谨，造成遗漏和缺陷所致的费用；

④ 因施工条件变更、设计变更或缺陷所增加的其他费用。

（9）赶工导致人工、周转材料、机械设备等费用增加。

（10）未按照约定验收隐蔽工程等，影响施工顺利进行。

（11）未按照合同约定支付工程价款，影响施工顺利进行。

（12）提前占用部分永久工程。

（13）其他。

2. 发包人委托或委派人员的行为引起的索赔

（1）未按照合同约定提前通知承包人，影响施工顺利进行；

（2）未按照合同约定及时向承包人提供指令、图纸或未履行其他义务，影响施工顺利进行；

（3）向承包人发出的指令、通知有误，影响施工顺利进行；

（4）对施工组织进行不合理干预，影响施工顺利进行；

（5）擅自提高工程检查、检验、验收标准，对同一部位反复检查、检验、验收，过分频繁地检查、检验、验收，故意不及时检查、检验、验收，影响施工顺利进行；

（6）其他。

3. 发包人指定的分包人的行为引起的索赔

（1）分包工程出现工程质量不合格、工程进度延误等违约情况；

（2）多个指定的分包人在同一施工现场交叉干扰，引起工效降低，产生额外支出；

（3）其他。

4. 合同条款缺陷引起的索赔

（1）合同条款表述含糊，存在漏洞或前后矛盾；

（2）合同条款隐含较大风险，对于承包人显失公平或可能出现重大误解情形；

（3）其他。

5. 不可抗力以及其他不可预见因素引起的索赔

（1）因自然灾害、异常恶劣气候条件造成已完工程损坏或质量不合格；

（2）因社会动乱、暴乱、战争、放射性污染、核危害、新型冠状病毒感染等引起的损失；

（3）因主要建筑材料价格、人工费大幅度上涨而增加的费用，或者订立合同时无法预见的不属于商业风险的重大变化等引起的损失；

（4）在施工过程中发现文物、古董、古建筑、化石、钱币等有考古、地质研究价值的物品所产生的保护费用；

（5）法律、法规、政策变动所增加的费用，比如，国家有关部门关于在工程中推广或停止使用某些设备、材料的规定，国家对某种设备、建筑材料限制进口、提高关税的规定，导致承包人增加的费用；

（6）其他。

（六）工程索赔的计算

1. 工期索赔计算

（1）非因承包人的原因导致工期延误引起的索赔

非因承包人的原因导致工期延误，且延误的工期属于关键线路，或者延误前是非关键线路但因延误变成关键线路的，承包人可向发包人提出工期索赔要求。延误的工期属于非关键线路，且不因工期延误而变成关键线路的，承包人无权向发包人主张工期索赔。具体包括：

① 因发包人的原因导致关键线路工期延误，承包人可向发包人主张工期索赔，也可提出费用索赔；

② 因第三方或自然条件而非发包人的原因导致关键线路工期延误，承包人向发包人可主张工期索赔，不可提出费用索赔。

（2）工期索赔的计算方法

① 直接法

索赔事件发生在关键线路上，造成建设工程总工期延误，可以直接将该索赔事件所致的实际延误时间作为工期索赔值。

② 比例计算法

索赔事件只影响到某单项工程、单位工程或分部分项工程的工期时，可以采用比例计算法，分析其对建设项目总工期的影响。

③ 网络图分析法

利用施工进度计划的网络图，分析其关键线路。延误的工作为关键工作的，延误的时间为索赔的工期；延误的工作为非关键工作的，当该工作由于延误超过时差限制而成为关键工作时，可以索赔延误时间与时差的差值，若该工作延误后仍为非关键工作，则不存在工期索赔问题。

2. 费用索赔计算

因发包人的原因导致非关键线路工期延误，且不因延误而变成关键线路，承包人不可向发包人主张工期索赔，只可提出费用索赔。

不同索赔事件所致的索赔，承包人索赔的具体费用不完全一样。但一般可归结为人工费、材料费、施工机具使用费、施工管理费、利息、利润、保险费、保函手续费、分包费等。

（1）人工费

①因完成合同约定之外的工作所花费的人工费用；

②超过法定工作时间加班工作，法定人工费增长；

③因非承包人原因导致工效降低所增加的人工费用；

④因非承包人原因导致工程停工的人员窝工费和工资上涨费等。

（2）材料费

①因索赔事件的发生，造成材料实际用量超过计划用量而增加的材料费；

②因发包人原因导致工程延期期间的材料价格上涨和超期储存费用；

③运输费、仓储费以及合理的损耗费用。

这里有两点承包人需注意：一是因承包人管理不善，造成材料损坏失效，不能列入索赔款项内；二是因工期延误导致材料上涨，会造成建设工程成本增加，应当由哪方当事人承担增加的成本，承发包双方常常因此产生纠纷。

（3）施工机具使用费

①因完成合同之外的工作所增加的机械使用费；

②非因承包人原因导致工效降低所增加的机械使用费；

③因发包人或工程师指令错误或迟延导致机械停工的台班停滞费。

（4）现场管理费

包括：承包人完成合同之外的额外工作以及由于发包人原因导致工期延期期间的现场管理费，包括管理人员工资、办公费、通信费、交通费等。

（5）企业管理费

因发包人原因导致工程延期期间所增加的承包人向公司总部提交的管理费，包括总部职工工资、办公大楼折旧、办公用品、财务管理、通信设施以及总部领导人员赴工地检查指导工作等开支。

（6）利息

①发包人拖延支付工程价款利息；

②发包人迟延退还工程质量保证金的利息；

③ 承包人垫资施工的垫资款利息；

④ 发包人错误扣款的利息等。

（7）利润

一般来说，因工程范围变更、发包人提供的文件有缺陷或错误、发包人未能提供施工场地、发包人违约导致的合同终止等事件引起的索赔，承包人都可以列入利润。

（8）分包费用

因发包人的原因导致分包工程费用增加时，分包人可向承包人提出费用索赔，但不能直接向发包人提出索赔。总承包人可向发包人提出包括增加的分包工程费用在内的费用索赔。

（9）保险费

因发包人原因导致工程延期时，承包人需办理工程保险、施工人员意外伤害保险等各项保险的延期手续，对于因此而增加的费用，承包人可以向发包人提出索赔。

（10）保函手续费

因发包人原因导致工程延期时，承包人需办理相关履约保函的延期手续，对于因此而增加的手续费，承包人可以向发包人提出索赔。

3. 停工索赔计算

在施工过程中，停工现象较为突出，其中因发包人原因引起的停工较为普遍。而停工原因复杂多样，处理停工索赔难度相对较大。

因发包人原因引起的停工索赔，根据承包人是否撤离施工现场，分为两种情况：承包人停工不撤场的索赔、承包人停工撤场的索赔。

（1）承包人停工不撤场的索赔

工程停工后，承包人大多不撤场。工程停工的因素消除后，工程可以继续施工。此种情形下，承包人在施工现场原地等待复工通知。承包人有权向发包人提出以下索赔请求。

① 索赔停工等待复工期间的人工费

导致工程停工的因素消除后，工程需要恢复施工，承包人聘请的人员需要待在施工现场等待复工通知，因此造成大量人员窝工。停工等待复工期间工人的工资数额，按照《劳动合同法》与双方合同约定的标准计算。

② 索赔停工等待复工期间周转材料的租赁费

因施工需要承包人租赁了一些周转材料，对于停工期间新增加的材料租赁费，承包人可向发包人提出索赔。

③ 索赔停工等待复工期间的机械费用

承包人可向发包人索赔停工等待复工期间新增的机械租赁费、因停工所致的机械大修费用以及大型机械进出场费用。

④索赔停工等待复工期间的其他直接费

比如：现场排污费、冬雨季防护费等。

⑤索赔停工等待复工期间的间接费

停工等待复工期间的间接费包括施工单位对本工程的管理费及现场管理人员的现场经费等费用。

（2）承包人停工撤场的索赔

建设工程因发包人的原因停工，不能再继续进行施工的，承包人需要撤离施工现场。此种情形下，承包人可以向发包人提出以下费用的索赔。

①承包人撤离施工现场的直接费

包括以下费用：施工工人撤场费；施工现场的周转材料转移费；施工机械转移费。

②承包人撤离施工现场的间接费

包括工程撤场时现场管理人员的工资费用及行政办公费用。

③预期利润

因发包人的原因导致建设工程停工撤场，承包人无法实现本建设项目的预期利润，可就预期利润向发包人提出索赔。

典型案例　发包人逾期付款应当赔偿承包人赶工费、停工、窝工损失的案例

1. 案例来源

（2019）最高法民终1585号民事判决书。

2. 最高人民法院裁判意见

关于一审判决对H高速公司应赔偿北京L公司赶工期间措施费和停工、窝工期间损失的认定是否正确的问题。

根据案涉《项目专用合同条款》第11.6条、《通用合同条款》第11.6条的约定，H高速公司应当承担北京L公司因为了提前竣工，修改合同进度计划而由此增加的费用。在北京L公司提交的赶工措施费索赔中，其项目经理徐某在该《索赔意向通知书》上签名，王某签名确认驻地监理组收到该意向通知书，并进行审核后同意上报。2014年6月18日，北京L公司向X公司递交了第1期《索赔通知书》，项目经理徐某签名，由王某代表驻地监理组签收，并进行审核后同意上报；同日，徐某在《索赔申请单》签名，孔某代表总监办签收；6月21日，林某代表总监办签名，并同意本

次索赔请求45634399元（含税金）；6月25日，聂某代表项目公司（H高速公司）签收；6月23日，王某在《索赔/金额审批单》签名；6月24日，林某代表总监办签字，认可经核算，本次索赔金额为45634390元；6月27日，陈某（时任H高速公司总经理）代表项目公司签字，同意该部分索赔，并报请董事会审批。此外，北京L公司还提交了由杨某制作，项目经理徐某签名的本期《工期缩短赶工措施索赔费用汇总表》，以及《赶工增加临时便道、便桥费用表》《赶工增加圆管涵费用表》《赶工增加临时用电工程费用表》《赶工增加临时用地费用表》《赶工增加场地硬化费用表》《赶工增加模板费用表》等作为证明材料，制表人杨某、复核刘某、驻地监理组长王某、总监办孔某均签名确认。此后，北京L公司继续按照上述索赔程序，通过X公司向H高速公司共计提出5期索赔请求，自2014年4月27日起至2015年4月26日止，H高速公司总经理陈某最终签字审核确认，同意赶工措施费累计索赔金额为146672151元。陈某作为H高速公司总经理，其被公司董事会免除职务的决议时间为2015年12月7日，故陈某在上述《索赔/金额审批单》签名的行为属于履行职务行为，其后果应当由H高速公司承担。二审期间，H高速公司未提交足以推翻上述单据的证据。一审判决以经H高速公司时任总经理陈某审核签字确认的累计赶工索赔金额146672151元，作为认定北京L公司的赶工措施费的最终索赔金额，并无不当。对于H高速公司关于其不应当向北京L公司支付赶工费的上诉理由，本院不予支持。

2015年5月24日，北京L公司根据《通用合同条款》（2007版）第17.3.3条、第22.2.1条、第23.1条的约定，向X公司递交《索赔意向书》，就机械设备停滞费、人员窝工费及工期等事项，提出索赔，项目经理黄某、驻地监理组王某签名，并同意经审核上报。2016年5月26日，北京L公司向X公司递交《索赔通知书》；同日，递交《索赔申请单》，总监办孔某签收；林某代表总监办签名，并同意索赔申请。此后，王某在《索赔时间/金额审批表》上签名，并载明经审核，索赔申请依据合理，证明文件齐全，同意上报；林某亦签名确认，经核算，索赔费用为8731716元，工期顺延28天；2016年6月4日，陈某代表项目公司（H高速公司）签名，并进行审核确认，同意本次索赔金额为8443783元，请董事会审批。此外，北京L公司还提交了由项目经理黄某签名，何某制表的《停工索赔费用汇总表》（2015年4月27日～5月24日），以及机械组长、工区长共同签名的三个工区《机械、设备停滞费用统计表》《路面工区机械、设备停滞费用统计表》，由工区长、监理工程师共同签名的三个工区《民工窝工费》《路面工民工窝工费》统计表，何某制表、刘某复核的《机械设备停滞台班统计表》《人员窝工工日统计表》等证明资料。此后，北京L公司依据上述索赔程序，连续向H高速公司提出停窝工索赔主张，共计19期，累计主张索赔金额334110077元（工期584天），经总监办核算，并经H高速公司总经理陈某签字确认同意的累计索赔金额为323092619元。另外，北京L公司为了配合H高速公司提出的赶工需要，重新编制施工进度计划（原定工期42个月，调整后缩短至28个月），于2014年12月与T重型工程科技股份有限公司订立了《钢箱梁制造、涂装、运输工程施工合同》（编号HL-1-A-QT-20141104），约定合同总价5479831.91元。因H高速公司资金不到位，导致定制钢箱梁不能及时出厂进行安装，所以发生看管维护、场地存放、二次运转等费用。北京L公司依据案涉《通用合同条款》第23.1条向监理人X公司提出索赔意向，时间为自2015年6月11日起至2016年11月10日止，累计索赔申请共计6期，累计申请索赔金额2922441元；相关《索赔通知书》《索赔申请单》《索赔时间/金额审批表》等索赔资料，均经过监理人签证审批，同意上报H高速公司，并最终经H高速公司陈某签字审核，最终核定索赔金额累计2854363元。一审法院对于北京L公司申请索赔但未获H高速公司签字核定的部分损失未予支持。一审法院结合上述事实以及H高速公司迟延支付工程款的事实，认定H高速公司应赔偿北京L公司停工、窝工期间损失325946982元，并无不当。H高速公司上诉主张北京L公司不存在停窝工损失、系由政府行为导致案涉项目停止建设、H高速公司是否拖欠北京L公司工程款不属于本案审理的范围，但未提交充分有效的证据证明其主张，且该主张亦不能推翻上述单据所记载的内容。H高速公司上诉主张，一审法院认定陈某于2015年12月7日被免职，却对截至2016年11月30日陈某签字的停窝工损失予以确认，相互矛盾。但是，H高速公司未提交证据证明其免除陈某职务一事通知了北京L公司，而且H高速公司在二审庭审中也认可在免除陈某职务之后，案涉工程部分工程进度款仍由陈某签字后进行支付。故本案没有证据表明，北京L公司系在知道陈某被免职的情况下，仍向其申报停窝工损失。在这种情况下，H高速公司董事会免除陈某职务的决议不能对抗北京L公司。综上，H高速公司此项上诉理由不能成立，本院不予支持。

（七）工程索赔的程序

住房和城乡建设部制定的规范性文件《2013计价规范》规定了索赔的程序。

1. 承包人向发包人提出索赔的程序

承包人认为非自身原因发生的事件造成了己方的损失，应按照以下程序向发包人提出索赔。

（1）承包人应在知道或应当知道索赔事件发生后28天内，向发包人提交索赔意向通知书，说明发生索赔事件的事由。承包人逾期未发出索赔意向通知书的，丧失索赔的权利。

（2）承包人应在发出索赔意向通知书后28天内，向发包人正式提交索赔通知书。索赔通知书应详细说明索赔理由和要求，并附必要的记录和证明材料。

（3）索赔事件具有连续影响的，承包人应继续提交延续索赔通知，说明连续影响的实际情况和记录。

（4）在索赔事件影响结束后的28天内，承包人应向发包人提交最终索赔通知书，说明最终索赔要求，并附必要的记录和证明材料。

2. 索赔处理程序

（1）发包人收到承包人的索赔通知书后，应及时查验承包人的记录和证明材料。

（2）发包人应在收到索赔通知书或有关索赔的进一步证明材料后的28天内，将索赔处理结果答复承包人，如果发包人逾期未作出答复，视为承包人索赔要求已被发包人认可。

（3）承包人接受索赔处理结果的，索赔款项作为增加合同价款，在当期进度款中进行支付；承包人不接受索赔处理结果的，按合同约定的争议解决方式办理。

（八）工程索赔的技巧

工程索赔是工程造价的管理手段、公关策略、组织艺术的综合体现。因此，承包人在索赔过程中应当注意索赔技巧。

1. 处理好与发包人、监理人的关系

发生索赔事件后，索赔能否协商成功，很大程度上取决于发包人与监理人的态度。承包人需秉承诚信经营、质量至上的理念，建立、完善企业管理体系和质量保证体系，严抓施工质量，树立品牌意识，加大管理力度，诚信履约，赢得发包人与监理人的信任与认可。对于发包人或监理人工作上的过失，承包人需要理解和宽容，用真诚换取对方的信任和理解。在平时的工作合作关系中，相互理解，互相信任，为索赔协商成功扫除感情上的障碍，营造工程索赔的良好气氛。

2. 注重索赔证据收集、保存工作

工程索赔直接关系承包人与发包人的切身利益，花言巧语不可行，胡搅蛮缠搞不定，使用不合法手段更不靠谱。成功索赔必须依赖充足的证据，用事实说话，从双方的合同约定中找依据，以法律为准绳。

工期索赔和工程费用索赔，应当附有该项目工程现场监理工程师认可的记录、计算资料及相关的证明材料等。具体说来，工程索赔的主要依据有以下几项。

（1）招标文件、投标文件、中标通知书、建设工程施工合同、补充协议。

（2）图纸、修改图纸及修改指令。

（3）建筑材料和设备的采购、运输、进场、使用凭证、记录及报表等。

（4）来往函件、书面指令、口头指令。来往函件包括信件、传真、电子邮件等，需保存发送、签收来往函件凭证；书面指令、口头指令主要是指对工程量增减的变更指令、设计变更指令等，对于发包人或监理工程师的口头指令，承包人事后需及时以书面形式报发包人认可。

（5）会议纪要。需经参会各方代表签署才有法律效力。

（6）施工进度计划、实际施工进度记录。包括建设单位、施工单位、分包单位编制的施工总进度计划、详细的进度计划、月进度修改计划和报表、实际施工进度记录等。施工进度计划、实际施工进度记录能够反映工程项目的施工顺序、各工序的完成情况，也能反映人料机的安排计划和现场使用情况。

（7）施工现场工程文件。主要包括施工记录、施工备忘录、施工日报、工长和检查员的工作日记、监理工程师填写的施工记录、工程签证等。施工现场工程文件能够全面客观反映施工现场的人料机等的使用情况，能够反映工程进度、施工质量、合同履行等方面的实际情况。对于引起工期和（或）费用索赔的事件，施工备忘录需详细记载。

（8）工程照片。主要包括能够反映工程进度的照片、隐蔽工程覆盖前的照片、发包人原因造成返工和工程损坏的照片等，照片需显示拍摄的日期。

（9）工程技术鉴定报告、检查验收报告。主要包括工程水文地质勘探报告、土质分析报告、地质承载力试验报告、文物和化石的发现记录、材料设备开箱验收报告、材料试验报告、隐蔽工程验收报告、工程验收报告等。

（10）工地交接记录。包括工地、图纸及其他资料的交接记录，需记载交接时间，交接的详细情况，比如，场地平整情况、水电送停情况、道路开闭情况等，交付人代表、接收人代表需签名。

（11）会计核算资料。主要包括材料购买凭证、机器设备购买或租赁凭证、工程款账单、劳务费、工资与薪金单据、管理费用报表、工程成本报表等。

（12）气象报告。遇到恶劣天气的，承包人应及时作好记录，要求监理工程师签证。

（13）市场行情资料。主要包括市场价格、官方物价指数、工资指数、中央银行的外汇率等。

（14）国家法律、法规、司法解释及规范性文件等。

（15）其他依据。

承发包双方采用《施工合同（2017示范文本）》签订建设工程施工合同的，其中通用合同条款第7.5.1条对承包人提出工程索赔的主要依据进行了具体约定。

在合同履行过程中，因下列情况导致工期延误和（或）费用增加的，由发包人承担由此延误的工期和（或）增加的费用，且发包人应支付承包人合理的利润：

（1）发包人未能按合同约定提供图纸或所提供图纸不符合合同约定的；

（2）发包人未能按合同约定提供施工现场、施工条件、基础资料、许可、批准等开工条件的；

（3）发包人提供的测量基准点、基准线和水准点及其书面资料存在错误或疏漏的；

（4）发包人未能在计划开工日期之日起 7 天内同意下达开工通知的；

（5）发包人未能按合同约定日期支付工程预付款、进度款或竣工结算款的；

（6）监理人未按合同约定发出指示、批准等文件的；

（7）专用合同条款中约定的其他情形。

因发包人原因未按计划开工日期开工的，发包人应按实际开工日期顺延竣工日期，确保实际工期不低于合同约定的工期总日历天数。因发包人原因导致工期延误需要修订施工进度计划的，按照《施工合同（2017 示范文本）》通用合同条款第 7.2.2 项〔施工进度计划的修订〕执行。

3. 灵活提出索赔

（1）对于事实清晰、损失不大的索赔，承包人需快速处理，该让步时要让步；承包人提出的小额索赔不宜过多，否则，会使发包人、监理人反感，当承包人提出大额索赔时，他们往往将不予配合，影响大额索赔的顺利进行。

（2）对损失额较大或对损失事实、原因有争议的项目，承包人不要急于提出索赔，需先收集和整理好索赔的证据，条件成熟时再提出索赔。

4. 讲究索赔谈判技巧

（1）知己知彼，扬长避短

谈判技巧是索赔协商成功的重要因素。

承包人在与发包人进行索赔协商时，不要轻易暴露索赔的意向，更不能轻易暴露索赔的底线。索赔谈判前，需充分分析双方的优劣之处，作好谈判准备，扬长避短，根据实际情况采取灵活多变的策略。

（2）以理服人，求同存异

承包人在索赔谈判中，一味强硬或一味退让都不可取，都无法获得满意的谈判效果。承包人需采取刚柔相济的方式，以理服人，做到进退自如：该坚持原则时要坚持原则，该让步时要主动让步；不能过分刺激对方，更不能伤害对方的自尊心，因势利导，求同存异。

5. 索赔谈判人员需不断提高素质，适应谈判需要

为了促成谈判，索赔谈判人员需具备必要的索赔知识根底：熟悉工程常识、财务

知识，掌握必要的法律知识、税务知识等。

（九）防控工程索赔法律风险的措施

在工程实践中，因建设工程施工合同约定不明确、承包人索赔不及时、索赔意识不足、证据意识不够等因素，导致索赔争议频发。

1. 工程索赔法律风险

（1）建设工程施工合同条款缺陷使索赔变得困难

建设工程施工合同条款表述含糊，存在漏洞或前后矛盾，在合同履行过程中发生索赔事件的，承包人难以提起索赔；建设工程施工合同条款对于承包人显失公平或可能出现重大误解情形的，承包人提起索赔时，面临难以撤销显失公平或重大误解条款的困难。

（2）不按照合同约定及时提出索赔

承包人应当在建设工程施工合同约定的期限内，就相应索赔事件向发包人提出费用和（或）工期顺延要求，否则将丧失索赔权利。

这里有一点需特别注意：承发包双方在进行工程价款结算时，承包人或发包人没有提出相关索赔主张或声明保留，完成工程价款结算后又以对方之前存在违约行为提出索赔主张，依法不予支持。

（3）未将口头指令变成书面确认

因发包人的原因导致工期延误、工程变更、设计变更、赶工期、合同终止等索赔事件发生时，很多发包人往往只是发出口头指令或进行口头承诺。而不少承包人索赔意识不足，或太注重感情因素，先干后谈，在干的过程中，未及时要求发包人将口头指令或口头承诺变成书面确认。一旦发包人事后不配合，双方产生争议诉诸法律时，承包人往往拿不出证明索赔事件发生的证据。对于承包人提出的索赔请求，法院或仲裁机构都会以证据不足为由不予支持。

（4）对于发包人指定分包人的索赔或反索赔重视不够

在工程实践中，经常发生发包人指定分包单位承包专项工程的情况。承包人没有与发包人、分包人签订三方协议，未就索赔事件、索赔金额等索赔事项进行约定。因分包人未按分包合同的约定履行义务导致工期延误或产生费用损失时，承包人未向分包人提出索赔要求，而发包人却向承包人提出索赔要求，使承包人产生经济损失。

还有一种情况较普遍：因发包人的原因导致工期延长、分包人产生费用损失时，承包人未向发包人主张索赔，而分包人却向承包人提出了索赔要求，导致承包人产生经济损失。

典型案例 不支持结算后以对方存在违约行为为由提出索赔主张的案例

1. 案例来源

（2017）最高法民再 97 号民事判决书。

2. 最高人民法院裁判意见

建设工程施工合同当事人在进行工程竣工结算时，应当依照合同约定就对方当事人履行合同是否符合约定进行审核并提出相应索赔。索赔事项及金额，应在结算时一并核定处理。因此，除在结算时因存有争议而声明保留的项目外，竣工结算报告经各方审核确认后的结算意见，属于合同各方进行工程价款清结的最终依据。

---

2. 承包人防控工程索赔法律风险的主要措施

（1）在建设工程施工合同中明确约定索赔条款

在签订建设工程施工合同时，承包人需有索赔意识，要求发包人采用现行通用的《施工合同（2017 示范文本）》签订施工总承包合同，或者采用现行通用的《工程总承包合同（2020 示范文本）》签订工程总承包合同，且保留合同中的索赔条款。

（2）按照合同约定提出索赔

承包人应当严格按照建设工程施工合同约定的索赔时效提出索赔。

索赔时效，是指在建设工程施工合同履行过程中，发生索赔事件后，索赔方应当依照合同约定的期限行使索赔权，否则视为放弃索赔权利，索赔权归于消灭。索赔时效期间，一般为 28 天。

（3）在建设工程施工合同履行过程中，承包人需有索赔意识、证据意识

发生索赔事件后，承包人需及时收集、保存工程变更通知或指令、会议纪要、签证单、支付额外费用的凭证等与索赔有关的证据。当双方因费用变更、工期延长、责任承担等发生争议时，承包人能够拿出对己方有利的证据，而不是临时仓促地去搜集证据。

（4）在建设工程施工合同履行过程中，承包人应当及时通过签证、会议纪要、往来信函、电子邮件等书面形式，固定和确认工程索赔事宜。

（5）在建设工程施工合同履行的全过程中重视索赔工作

① 承包人需认真分析施工图纸，发现图纸中存在遗漏、错误、含糊问题时，需及时反馈给发包人，为日后索赔作准备。

② 发包人不按合同约定提供施工图纸及附说明的技术资料、施工条件、施工场地，造成承包人停工、窝工，承包人应当及时提出索赔要求。

③ 发包人未按时进行图纸会审和设计交底,造成工期延误或者施工错误,承包人需及时作好施工图会审纪要,为日后索赔准备必要的依据。

④ 在工程开工前,发现三通一平情况不符合合同约定,供水、供电情况不满足施工需要,水、电价格超过工程预算价等情况时,需及时向发包人提出索赔要求。

⑤ 施工过程中遇到恶劣天气,发现地下障碍物、软基础或文物,存在征地拆迁、施工条件等外部条件影响施工等情况,承包人需及时向发包人提出索赔要求。

⑥ 甲供材或甲控材或新材料的市场价格高于预算价(或投标价),合同约定允许调整价差的,承包人需及时办理签证。

⑦ 及时作好施工日志,并请现场监理工程师签字确认;必要时需拍照、录像保存现场证据;详细记录停水、停电、下雨情况;详细记录甲供材的进场时间、数量、检查情况、质量等。

⑧ 发包人要求变更设计方案或施工方案、变更施工项目的局部尺寸及数量、调整施工材料、更改施工工艺、赶工或者延迟施工、停水、停电超过合同约定时限等,导致工程量增加、费用增加、工期延长,承包人应当及时提出索赔要求;发包人或监理人发出口头指令或口头承诺进行变更的,承包人应当及时通过书面形式,要求发包人确认变更事项,避免日后产生索赔争议。

⑨ 收集、保存与索赔相关的气象资料、技术鉴定报告、官方物价指数、工资指数、法律、法规、政策、规范性文件等资料。

(6)重视因发包人指定的分包单位引起的索赔与反索赔

当发包人要求指定分包人承包部分工程时,承包人需及时要求发包人、分包人签订三方协议,约定具体的索赔事项。因分包工程出现质量问题、工期延误等情况时,承包人需及时向分包人提出索赔,以免发包人向承包人提出索赔,造成承包人损失。

因发包人的原因导致工期延长、费用增加影响分包人的利益时,承包人需及时向发包人提出索赔,以免分包人向承包人提出索赔,而影响承包人的利益。

典型案例 承包人逾期提出索赔未丧失索赔权利的案例

1. 案例来源

(2020)最高法民终 941 号民事裁定书。

2. 最高人民法院裁判意见

关于 H 建工集团是否索赔失权。

虽然案涉《公路工程专用合同条款》《合同通用条款》对索赔程序进行了约定,但据双方原审中提交的证据,H 建工集团在施工过程中已通过报告、工程联系单、说明等方式向监理单位反映相关情况，已积极主张权利。《最高人民法院关于审理建设工程施工合同纠纷案件适用法律问题的解释（二）》第六条第一款规定："当事人约定顺延工期应当经发包人或者监理人签证等方式确认，承包人虽未取得工期顺延的确认，但能够证明在合同约定的期限内向发包人或者监理人申请过工期顺延且顺延事由符合合同约定，承包人以此为由主张工期顺延的，人民法院应予支持。"据此规定，H建工集团可就因工期顺延而增加的施工费用向G高速集团主张权利。此外，案涉合同对索赔程序的约定仅系双方对于解决纠纷的程序性约定，承包人未在约定时限内主张权利，并非直接丧失实体权利。如果承包人有充分证据证明其权益受损，在未超过法定诉讼时效期间的情况下，不应剥夺其索赔的权利。因此，H建工集团有权就双方争议款项主张权利。原审判决仅以H建工集团未按合同约定的索赔程序索赔而不予支持其权利主张，系认定事实和适用法律错误，本院予以纠正。

第七章

建设工程竣工验收、交付法律风险防控

一、建设工程竣工验收法律风险防控

竣工验收是建设工程交付之前的重要工作，是全面检验建设工程是否符合设计文件、建设工程施工合同要求的重要环节，是工程结算的前提，是缺陷责任期、质量保证金返还时间的起算点。建设工程竣工验收是否合格直接关系到承包人能否获得工程价款。

建设工程完工后，承包人应当向发包人提供完整的竣工资料和竣工验收报告，提请发包人组织竣工验收。发包人收到竣工验收报告后，应当及时组织设计、施工、监理等单位进行竣工验收，检查整个工程项目是否符合设计文件和合同约定的要求，是否符合竣工验收条件。

（一）竣工验收的含义

竣工验收是指建设工程完工后，由建设单位会同勘察、设计、施工、监理等单位，对该建设工程是否符合规划设计要求以及建筑施工和设备安装质量进行全面检验，对工程质量合格作出确认，取得竣工合格资料、数据和凭证的过程。

（二）竣工验收的法律意义

（1）建设工程通过竣工验收后，标志着承包人已经全面履行了建设工程施工合同约定的义务，承包人承建的工程质量合格。

（2）建设工程通过竣工验收后，标志着发包人应当按照合同约定结算工程价款、支付竣工结算余款，实现承包人的合同目的。

（3）建设工程通过竣工验收后，承包人将建设工程交付给发包人，建设工程风险由承包人转移给发包人。

（4）建设工程通过竣工验收后，意味着保修期开始计算。

（三）竣工验收的条件

1. 竣工验收的法定条件

《建设工程质量管理条例》第十六条规定，建设单位收到建设工程竣工报告后，应当组织设计、施工、工程监理等有关单位进行竣工验收。建设工程竣工验收应当具备下列条件：

（1）完成建设工程设计和合同约定的各项内容；

（2）有完整的技术档案和施工管理资料；

（3）有工程使用的主要建筑材料、建筑构配件和设备的进场试验报告；

（4）有勘察、设计、施工、工程监理等单位分别签署的质量合格文件；

（5）有施工单位签署的工程保修书。

《房屋建筑和市政基础设施工程竣工验收规定》第五条对建设工程竣工验收的条件作出了更明确的规定：

（1）完成工程设计和合同约定的各项内容。

（2）施工单位在工程完工后对工程质量进行了检查，确认工程质量符合有关法律、法规和工程建设强制性标准，符合设计文件及合同要求，并提出工程竣工报告。工程竣工报告应经项目经理和施工单位有关负责人审核签字。

（3）对于委托监理的工程项目，监理单位对工程进行了质量评估，具有完整的监理资料，并提出工程质量评估报告。工程质量评估报告应经总监理工程师和监理单位有关负责人审核签字。

（4）勘察、设计单位对勘察、设计文件及施工过程中由设计单位签署的设计变更通知书进行了检查，并提出质量检查报告。质量检查报告应经该项目勘察、设计负责人和勘察、设计单位有关负责人审核签字。

（5）有完整的技术档案和施工管理资料。

（6）有工程使用的主要建筑材料、建筑构配件和设备的进场试验报告，以及工程质量检测和功能性试验资料。

（7）建设单位已按合同约定支付工程款。

（8）有施工单位签署的工程质量保修书。

（9）对于住宅工程，进行分户验收并验收合格，建设单位按户出具《住宅工程质量分户验收表》。

（10）建设主管部门及工程质量监督机构责令整改的问题全部整改完毕。

（11）法律、法规规定的其他条件。

2. 竣工验收的约定条件

现行通用的《施工合同（2017示范文本）》通用合同条款第13.2.1项约定了承包人申请竣工验收的条件：

（1）除发包人同意的甩项工作和缺陷修补工作外，合同范围内的全部工程以及有关工作，包括合同要求的试验、试运行以及检验均已完成，并符合合同要求；

（2）已按合同约定编制了甩项工作和缺陷修补工作清单以及相应的施工计划；

（3）已按合同约定的内容和份数备齐竣工资料。

（四）竣工验收的依据

1.《民法典》规定了建设工程竣工验收的主要依据

《民法典》第七百九十九条规定："建设工程竣工后，发包人应当根据施工图纸及说明书、国家颁发的施工验收规范和质量检验标准及时进行验收。验收合格的，发包人应当按照约定支付价款，并接收该建设工程。建设工程竣工经验收合格后，方可交付使用；未经验收或者验收不合格的，不得交付使用。"

依据上条规定，建设工程竣工验收的主要依据如下。

（1）批准的设计文件、施工图纸及说明书等

这些材料由发包人提供，主要包括：上级批准的设计任务书或可行性研究报告，用地、征地、拆迁文件，地质勘察报告，设计施工图及有关说明等。

（2）施工验收规范和质量验收标准

在施工中需遵循的工程建设规范和标准，主要有施工及验收规范、工程质量检验评定标准等。建设单位对建设工程组织进行竣工验收时，参与竣工验收的各方主体将重点审查建设工程是否符合施工验收规范和质量验收标准。

2.《建筑法》《建设工程质量管理条例》等法律法规规定了建设工程竣工验收的其他依据

（1）承发包双方签订的建设工程施工合同

建设工程施工合同是发包人和承包人为完成商定的施工工程，明确双方权利、义务的协议。《民法典》第七百九十五条规定："施工合同的内容一般包括工程范围、建设工期、中间交工工程的开工和竣工时间、工程质量、工程造价、技术资料交付时间、材料和设备供应责任、拨款和结算、竣工验收、质量保修范围和质量保证期、相互协作等条款。"

承发包双方一般都会在建设工程施工合同中明确约定竣工验收内容，主要包括竣工验收的程序、承包人应负责整理和提交的竣工验收资料、发包人应当提供的材料等具体内容。

（2）设备技术说明书

设备技术说明书是设备安装调试、检验、试车、验收和处理设备质量、技术等问题的重要依据。由发包人提供设备的，承包人在检验、接收设备时，需索取设备合格证明和设备技术说明书，按照施工图纸安装设备；设备由承包人采购的，承包人需对设备质量负责，应当采购符合设计和规范标准要求的设备，要求设备供应商提供设备技术说明书。

（3）设计变更通知书

按照工程设计图纸和施工技术标准施工，是承包人的法定义务。承包人无权擅自修改工程设计。承包人在施工过程中发现设计文件和图纸有差错的，应当及时向发包人、监理单位提出意见和建议。

参与工程建设任何一方提出设计变更申请后，由监理单位对设计工程变更引起的合同工期、质量、进度、造价等要素进行审查后，提出书面设计变更方案意见。发包人审查同意设计变更方案意见后，由原设计单位就设计变更提出设计方案及估算，发包人同意后，由原设计单位负责完成具体的设计变更工作，并签发出正式的设计变更通知书。监理单位对设计变更通知书进行核实，且在设计变更通知书经发包人批准后，对承包人下达工程变更令，由承包人组织实施。

（五）竣工验收的程序

建设单位是组织工程竣工验收、办理竣工验收备案的法定责任主体，施工单位有义务提供竣工验收及备案所需的材料。

工程竣工验收应当按以下程序进行。

1. 提交工程竣工报告

工程完工后，施工单位向建设单位提交工程竣工报告，申请工程竣工验收。实行监理的工程，工程竣工报告需经总监理工程师签署意见。

2. 制定验收方案

建设单位收到工程竣工报告后，对符合竣工验收要求的工程，组织勘察、设计、施工、监理等单位组成验收组，制定验收方案。对于重大工程和技术复杂工程，根据需要可邀请有关专家参加验收组。

3. 通知工程质量监督机构

建设单位应当在工程竣工验收 7 个工作日前将验收的时间、地点及验收组名单书面通知负责监督该工程的工程质量监督机构。

4. 建设单位组织工程竣工验收

（1）建设、勘察、设计、施工、监理单位分别汇报工程合同履约情况和在工程建

设各个环节执行法律、法规和工程建设强制性标准的情况;

(2)审阅建设、勘察、设计、施工、监理单位的工程档案资料;

(3)实地查验工程质量;

(4)对工程勘察、设计、施工、设备安装质量和各管理环节等方面作出全面评价,形成经验收组人员签署的工程竣工验收意见。

<u>参与工程竣工验收的建设、勘察、设计、施工、监理等单位不能形成一致意见时,应当协商提出解决的方法,待意见一致后,重新组织工程竣工验收。</u>

现行通用的《施工合同(2017示范文本)》通用合同条款第13.2.2项约定了竣工验收程序。除专用合同条款另有约定外,承包人申请竣工验收的,应当按照以下程序进行。

(1)承包人向监理人报送竣工验收申请报告,监理人应在收到竣工验收申请报告后14天内完成审查并报送发包人。监理人审查后认为尚不具备验收条件的,应通知承包人在竣工验收前承包人还需完成的工作内容,承包人应在完成监理人通知的全部工作内容后,再次提交竣工验收申请报告。

(2)监理人审查后认为已具备竣工验收条件的,应将竣工验收申请报告提交发包人,发包人应在收到经监理人审核的竣工验收申请报告后28天内审批完毕并组织监理人、承包人、设计人等相关单位完成竣工验收。

(3)竣工验收合格的,发包人应在验收合格后14天内向承包人签发工程接收证书。发包人无正当理由逾期不颁发工程接收证书的,自验收合格后第15天起视为已颁发工程接收证书。

(4)竣工验收不合格的,监理人应按照验收意见发出指示,要求承包人对不合格工程返工、修复或采取其他补救措施,由此增加的费用和(或)延误的工期由承包人承担。承包人在完成不合格工程的返工、修复或采取其他补救措施后,应重新提交竣工验收申请报告,并按本项约定的程序重新进行验收。

(5)工程未经验收或验收不合格,发包人擅自使用的,应在转移占有工程后7天内向承包人颁发工程接收证书;发包人无正当理由逾期不颁发工程接收证书的,自转移占有后第15天起视为已颁发工程接收证书。

除专用合同条款另有约定外,发包人不按照本项约定组织竣工验收、颁发工程接收证书的,每逾期一天,应以签约合同价为基数,按照中国人民银行发布的同期同类贷款基准利率支付违约金。

5. 建设单位办理竣工验收备案手续

(1)建设工程竣工验收备案的含义

建设工程竣工验收备案,是指建设单位在建设工程竣工验收后,将建设工程竣工验收报告和规划、公安消防、环保等部门出具的认可文件或者准许使用文件报建设行政主管部门审核的行为。

《建设工程质量管理条例》第四十九条第一款规定："建设单位应当自建设工程竣工验收合格之日起15日内，将建设工程竣工验收报告和规划、公安消防、环保等部门出具的认可文件或者准许使用文件报建设行政主管部门或者其他有关部门备案。"

（2）办理建设工程竣工验收备案应当提交的文件

① 工程竣工验收备案表。

② 工程竣工验收报告。主要包括工程报建日期，施工许可证号，施工图设计文件审查意见，勘察、设计、施工、工程监理等单位分别签署的质量合格文件及验收人员签署的竣工验收原始文件，市政基础设施的有关质量检测和功能性试验资料以及备案机关认为需要提供的有关资料。

③ 法律、行政法规规定应当由规划、公安消防、环保等部门出具的认可文件或者准许使用文件。

④ 施工单位签署的工程质量保修书。

⑤ 商品住宅还应当提交《住宅质量保证书》和《住宅使用说明书》。

⑥ 法规、规章规定必须提供的其他文件。

（3）承包人不配合办理竣工验收备案的法律后果

办理建设工程竣工验收备案的主体是发包人，承包人有协助办理的义务。

承包人不向发包人移交技术档案、施工管理资料、主要建筑材料和设备的进场实验报告等竣工验收必备的资料，不在竣工验收备案表等资料上盖章，发包人就无法办理竣工验收备案。而建设工程未办理工程竣工验收备案，就无法办理产权证。发包人开发商品房的，未办理建设工程竣工验收备案手续，就不符合向购房人交付房屋的条件。因此，承包人不提供竣工资料、配合办理竣工验收备案，对发包人的影响很大。

有专家认为，在进行竣工验收备案时，建设行政主管部门除了要求五大责任主体提供竣工验收报告之外，还应当要求提供规划、公安消防、环保等部门出具的认可文件或准许使用文件。因此，他们认为，认定建设工程竣工验收合格的依据是办理工程竣工验收备案，而不是经五大责任主体验收合格。

笔者不认同上述观点，理由是，建设工程竣工验收备案是指对特定的建设工程，建设单位向建设行政主管部门报告工程完成竣工验收情况，主管部门进行登记备案，以供检查和监督的行为，是建设行政主管部门对本辖区内的建设工程实施监督和管理的行政行为。建设单位按照行政管理规定，在建设工程竣工验收后，及时收集、整理建设项目各环节的文件资料，建立、健全建设项目档案，报建设行政主管部门或者其他有关部门备案。也就是说，建设行政主管部门并不对工程质量及完成情况进行评定，竣工验收备案属于形式审查，不属于行政许可行为，建设工程是否取得竣工验收备案表，并不是认定建设工程是否已竣工验收的依据。

《建设工程质量管理条例》第四十九条第二款"建设行政主管部门或者其他有关部门发现建设单位在竣工验收过程中有违反国家有关建设工程质量管理规定行为的，责令停止使用，重新组织竣工验收"的规定，是针对建设单位在竣工验收过程中存在违规行为时，要求重新组织竣工验收，并非指建设工程的竣工验收合格，应以取得建设工程竣工验收备案表为依据。建设工程经五大责任主体验收合格后，即可认定为竣工验收合格。两者不能混淆。

即使商品房的交付必须以取得竣工验收备案表为必要条件，也仅能说明未取得竣工验收备案表，不符合交付商品房的条件，不能以此推定未取得竣工验收备案表，建设工程竣工验收不合格。

（4）承包人不配合办理竣工验收及备案手续，发包人的应对措施

① 以起诉或仲裁方式要求承包人履行配合义务

《民法典》《建筑法》《建设工程质量管理条例》等法律、法规明确规定，承包人有协助发包人办理竣工验收、竣工验收备案的义务。承包人不配合办理的，发包人有权以约定的诉讼或仲裁争议解决方式，请求法院或仲裁机构裁决承包人履行配合义务。法院或仲裁机构一般都会以配合办理竣工验收、竣工验收备案是承包人的法定义务为由，支持发包人的主张。目前法院或者仲裁机构的普遍裁判意见是，即使发包人未按照建设工程施工合同约定向承包人支付工程价款，承包人仍应按照约定配合发包人办理工程竣工验收、竣工验收备案。

发包人的诉讼或仲裁请求，不得笼统地写成要求承包人提供竣工验收、竣工验收备案的全部材料，否则，即使法院或者仲裁机构支持发包人的请求，到了强制执行阶段，执行法官也很难执行，比如，全部工程验收资料包括哪些？双方当事人意见不统一时，执行法官无从判断。

因此，对于发包人要求承包人提交竣工验收及备案资料的请求不明确的，人民法院或者仲裁机构应当向发包人释明，要求发包人明确其请求。

为了避免因诉讼或仲裁请求不明确被驳回请求或者在执行阶段受阻，发包人起诉或申请仲裁要求承包人配合办理竣工验收及备案的，其诉讼或仲裁请求中可以表述为：裁决被告或被申请人协助办理案涉工程竣工验收及备案手续，移交竣工资料（包括但不限于：技术档案和施工管理资料、主要建筑材料、建筑构配件和设备的进场试验报告、工程质量检测和功能性试验资料、单位工程验收报告、工程竣工验收报告、房屋建筑工程质量保修书等）。

因承包人不配合办理竣工验收、竣工验收备案造成发包人损失的，发包人有权要

求承包人赔偿损失。人民法院或者仲裁机构一般会结合双方过错程度、过错与损失之间的因果关系等因素作出裁判。

② 以安全性鉴定报告替代竣工验收报告，办理房屋竣工验收备案

因诉讼、仲裁周期长、发包人赢了官司难以执行等因素，很大部分发包人不愿选择诉讼或仲裁方式，请求承包人配合办理竣工验收、竣工验收备案，而希望通过替代方式达到目的。

为了有效遏制施工单位不配合办理竣工验收、竣工验收备案的行为，已有多地出台《竣工验收备案纠纷处理办法》或类似文件，其中规定，施工单位不提供竣工资料的，建设单位可委托有司法鉴定资格的鉴定机构出具房屋建筑安全性鉴定报告，以安全性鉴定报告替代竣工验收报告进行房屋竣工验收备案。此种方式成了建设单位维权的新救济途径。

③ 在招标文件、建设工程施工合同中约定如下条款

一是在招标文件中明确要求施工单位配合竣工验收、提交竣工验收资料，在建设工程施工合同中明确约定施工单位提交竣工验收资料的数量、要求、时间。

二是在建设工程施工合同中明确约定施工单位提供完整的竣工验收资料，是建设单位支付工程价款结算余款的前提条件。

三是在建设工程施工合同中明确约定施工单位不按期提供竣工验收、竣工验收备案资料的违约责任。

典型案例　承包人应当向发包人交付竣工验收备案资料的案例

1. 案例来源

（2019）最高法民终1667号民事判决书。

2. 一审法院裁判意见

关于Z公司是否应当向E税务局交付竣工验收备案资料的问题。一审法院认为，E税务局反诉要求Z公司交付的竣工验收备案资料，包括房屋建筑工程竣工验收备案表、建筑工程竣工验收报告、勘察单位质量检查报告、设计单位质量检查报告、施工单位工程竣工报告、监理单位质量评估报告、单位工程竣工验收原始记录、工程施工许可证或开工报告、施工图设计文件审查合格书、竣工图、工程质量保修书。根据双方签订的《湖北省建设工程施工合同》专用条款第48.3条"承包人提供竣工图及竣工验收资料四套"的约定和住房和城乡建设部《房屋建筑和市政基础设施工程竣工验收备案管理办法》第五条"建设单位办理工程竣工验收备案应当提交下列文件：（一）工程竣工验收备案表；（二）工程竣工验收报告。竣工验收报告应当包括工程报建日期，

施工许可证号、施工图设计文件审查意见、勘察、设计、施工、工程监理等单位分别签署的质量合格文件及验收人员签署的竣工验收原始文件，市政基础设施的有关质量检测和功能性试验资料以及备案机关认为需要提供的有关资料；（三）法律、行政法规规定应当由规划、环保等部门出具的认可文件或者准许使用文件；（四）法律规定应当由公安消防部门出具的对大型的人员密集场所和其他特殊建设工程验收合格的证明文件；（五）施工单位签署的工程质量保修书；（六）法规、规章规定必须提供的其他文件。住宅工程还应当提交《住宅质量保证书》和《住宅使用说明书》"的规定，Z公司应当向E税务局提交相应的竣工验收备案资料。根据查明的事实，经Z公司和E税务局双方确认，Z公司只向E税务局提交了拆除门房的竣工图。Z公司自述其可以移交建筑工程竣工验收报告、施工单位工程竣工报告、监理单位质量评估报告、工程施工许可证、竣工图、工程质量保修书，其他竣工验收备案资料应由E税务局提交或双方配合完成。E税务局已有工程施工许可证。从上述行政规章的规定来看，房屋建筑工程竣工验收备案表、单位工程竣工验收原始记录并非Z公司单独能完成或所有，E税务局也未提供证据证明勘察单位质量检查报告、设计单位质量检查报告、施工图设计文件审查合格书系Z公司所有，故Z公司应当向E税务局交付的竣工验收备案资料，包括建筑工程竣工验收报告、施工单位工程竣工报告、监理单位质量评估报告、竣工图（除拆除门房的竣工图）、工程质量保修书。根据《湖北省房屋建筑工程和市政基础设施工程竣工验收及备案管理办法》第十二条"建设单位办理工程竣工验收备案应当提交下列文件……（八）建设单位按合同支付工程款的证明文件"的规定，Z公司应当在E税务局按照一审法院确定的工程款给付完毕之日起十日内，向E税务局交付上述竣工验收备案资料。承包人对该项判决未提出上诉。

（六）承包人防控竣工验收法律风险

1. 承包人需重视中间验收、分包工程验收、隐蔽工程验收等工作

（1）及时进行中间验收

中间验收，是指承包人自检分部（子分部）工程合格后，将相关验收资料报送监理人或发包人，由总监理工程师组织施工、勘察、设计等单位项目负责人进行验收。

承包人不及时进行中间验收，将直接影响承包人的利益，比如，因工期延误被发包人追究违约责任；无法及时收取工程价款等。

因此，承包人应当严格按照建设工程施工合同的约定，及时向发包人或监理人报送中间验收资料，要求其签收，并保留签收凭证。因非承包人原因导致中间验收延误，承包人应当及时办理相关签证或索赔手续，以免影响工程价款结算。

（2）及时验收分包工程

因未及时验收分包工程导致工期延误，承包人需要向发包人承担工期延误的违约责任。因此，当分包工程符合验收条件时，承包人应当及时将分包工程验收材料报送发包人，要求其及时组织验收分包工程。

（3）重视隐蔽工程验收

隐蔽工程，是指在施工过程中某一道工序所完成的工程实物，被后一道工序形成的工程实物所隐蔽，而且不可以逆向作业的工程。

承包人应当严格遵循隐蔽工程的验收程序：

① 承包人先对工程隐蔽部位进行自检，确认隐蔽工程是否具备覆盖条件；

② 承包人自检隐蔽工程合格后，应当书面通知发包人、监理人检查，通知中载明隐蔽工程检查的内容、时间和地点，附上必要的检查资料；

③ 经发包人、监理人检查确认质量符合隐蔽要求，并在验收记录上签字后，承包人才可进行覆盖，经发包人、监理人检查质量不合格的，承包人应在监理人指示的时间内完成修复，并由发包人、监理人重新检查，由此增加的费用和（或）延误的工期由承包人承担。

现行通用的《施工合同（2017示范文本）》通用合同条款第5.3.2项约定："监理人未按时进行检查，也未提出延期要求的，视为隐蔽工程检查合格，承包人可自行完成覆盖工作，并作相应记录报送监理人，监理人应签字确认。"

对于上述条款约定的内容，笔者表示认同。不过，笔者建议，在监理人未及时检查隐蔽工程，也未提出延期检查要求时，承包人不要急于自行覆盖隐蔽工程，理由如下。

一是工程质量合格是承发包双方共同追求的目标，双方都有义务保障建设工程符合法定、约定的质量标准。隐蔽工程未经发包人、监理人检查，承包人自行覆盖，继续施工下一道工序，有可能给建设工程带来巨大的质量问题隐患。

二是即使发包人、监理人未及时检查隐蔽工程，承包人已自行覆盖，从法律上说，发包人仍然有权检查承包人已覆盖的隐蔽工程。承包人应当按照要求剥露已覆盖的隐蔽工程，并在发包人检查后重新覆盖。已覆盖的隐蔽工程，经发包人检查不符合要求的，发包人有权要求承包人返工，返工合格后重新覆盖，因此产生的费用如检查费、返修费、新增材料费、人工费等都由承包人承担，承包人还应当承担因此导致的工期延误的违约责任。

因此，当发包人、监理人不及时检查隐蔽工程时，笔者建议：

一是承包人先收集、保存发包人、监理人应承担责任的证据，比如，要求发包人、监理人及时检查隐蔽工程的书面通知、邮件、函件等材料，催告发包人、监理人在合理期限内检查隐蔽工程的书面通知、邮件、函件等材料；

二是承包人暂停施工，并书面要求发包人顺延工期，赔偿承包人因此造成的停工、窝工、建筑材料和构配件积压等损失。

《民法典》第七百九十八条规定："隐蔽工程在隐蔽以前，承包人应当通知发包人检查。发包人没有及时检查的，承包人可以顺延工程日期，并有权请求赔偿停工、窝工等损失。"

依据该条规定，发包人未及时检查隐蔽工程的，承包人有权暂停施工，且有权向发包人提出顺延工期、费用索赔要求，而不是自行覆盖隐蔽工程，继续施工下一道工序。

2. 建设工程施工合同中途解除，不管是承包人的原因还是发包人的原因解除，对于已完工程，承包人仍有向发包人交付工程施工资料、配合验收的义务。

3. 及时报送竣工验收申请报告，保存签收凭证

建设工程完工符合竣工验收条件后，承包人应当按照《建设工程质量管理条例》规定和建设工程施工合同的约定，及时向发包人和监理人报送竣工验收申请报告和竣工验收资料。竣工验收申请报告和竣工验收资料应当完整无误，以免发包人和监理人以工程不符合验收条件或者竣工验收申请报告内容不完整、不准确为由，拖延竣工验收，从而达到拖延结算、拖延支付工程价款的目的。

为避免产生争议，承包人报送竣工验收申请报告后，应当要求监理人和发包人或其授权的代表签收，并保存签收凭证。

按照建设工程施工合同约定完成施工，是承包人的主合同义务。承包人履行建设工程施工合同约定的主合同义务后，仍有向发包人交付竣工验收资料、配合竣工验收及竣工验收备案等附随义务。

因承包人的原因使建设工程未能如期完成竣工验收，发包人未能及时取得竣工验收备案表，导致发包人延迟向购房人交付商品房的，承包人应当向发包人承担相应的违约责任。

建设工程因发包人原因无法通过竣工验收的，承包人应当保留相关证据，并及时书面要求发包人采取措施，创造条件，以通过竣工验收。

4. 验收未通过，承包人应当按照发包人要求及时进行整改

发包人组织建设工程各方参与主体对建设工程进行验收，验收未获通过的，发包人有权要求承包人进行整改。承包人可要求发包人出具书面整改通知，明确整改要求。承包人认为发包人提出的整改要求合法合理，应当按照要求及时进行整改，否则将承担因延误整改致工期延误的违约责任；承包人认为建设工程符合竣工验收条件，而发包人提出的整改要求缺乏依据的，可以据理力争，必要时可以向建设工程行政主管部门反映，要求主管部门组织双方协商解决争议，因此产生的工期延长、费用增加，不是承包人的原因造成的，承包人可及时向发包人提出工期和（或）费用索赔。

5. 发包人拖延组织竣工验收法律风险防控

承包人向发包人报送竣工验收申请报告后，发包人无正当理由拖延组织竣工验收，承包人可从以下四个方面应对。

（1）承包人及时采用录像、拍照、取样、公证等方式，对建设工程现状进行证据固定。

（2）承包人及时书面催促发包人在合理期限内组织验收，并告知其拖延验收应当承担的法律后果，并保留相关证据，否则，承包人有可能承担工期延误、结算延迟、丧失建设工程价款优先受偿权、无偿保管工程等责任。

（3）拒绝向发包人交付工程。

《民法典》第七百九十九条第二款规定："建设工程竣工经验收合格后，方可交付使用；未经验收或者验收不合格的，不得交付使用。"

（4）要求以承包人提交竣工验收报告之日为竣工日期。

《新建设工程司法解释（一）》第九条规定："当事人对建设工程实际竣工日期有争议的，人民法院应当分别按照以下情形予以认定：（一）建设工程经竣工验收合格的，以竣工验收合格之日为竣工日期；（二）承包人已经提交竣工验收报告，发包人拖延验收的，以承包人提交验收报告之日为竣工日期；（三）建设工程未经竣工验收，发包人擅自使用的，以转移占有建设工程之日为竣工日期。"

承发包双方采用现行通用的《施工合同（2017示范文本）》签订建设工程施工合同的，其中通用合同条款第13.2.2条明确约定：工程竣工后，施工方应当在合同约定的时间向发包方提交竣工验收报告，发包方应在28天内组织有关单位验收，并在验收后14天内给予认可或提出修改意见，否则视为对施工方验收报告的认可。

6. 工程甩项验收法律风险防控

（1）工程甩项验收的含义

工程甩项验收，是指发包人由于急于交付使用某个单位工程，与承包人约定将工程范围内还没有完成的某些工程细目甩下，而对整个单位工程先行验收。被甩下的工程细目，称为甩项工程。

（2）甩项工程的范围

① 漏项工程；

② 因缺少材料、设备而造成的未完工程；

③ 在验收过程中发现需要返工或修补的工程；

④ 工期延误但发包人急于使用的工程；

⑤ 双方同意进行甩项的其他工程。

（3）工程甩项验收的法律后果

① 工程甩项验收后，发包人可能以全部工程未通过竣工验收为由，拒绝与承包人结算工程价款，拒绝向承包人支付工程价款；

② 承包人仅有权要求发包人结算、支付纳入验收范围且验收合格的工程的相应款项，而对甩项工程，承包人因无法提供验收合格证明，发包人可以拒绝结算、支付甩项工程价款，给承包人带来垫资压力。

（4）承包人防控工程甩项验收法律风险的措施

① 发包人提出甩项验收要求时，承包人应当要求发包人签订甩项验收协议，以防发包人事后追究承包人的工期延误违约责任，或者擅自将未完工程交给其他施工企业完成；

② 甩项验收协议需明确约定甩项工程工期、竣工验收、工程价款结算与支付，甩项工程外的工程价款结算与支付时间等内容，尽早拿回工程价款，解决垫资施工问题，实现施工合同目的。

典型案例　认定甩项验收时间为建设工程竣工日期的案例

1. 案例来源

（2019）最高法民申1564号民事裁定书。

2. 最高人民法院裁判意见

关于二审判决认定2014年1月17日为案涉工程竣工验收日，并以此确定付款进度和逾期付款违约金是否存在错误的问题。从已经查明的事实看，各方当事人均认可案涉工程为甩项验收。D房地产中心再审申请中对甩项验收时间为2014年1月17日亦不否认，仅是主张工程未进行整体竣工验收。对此，本院认为，《合同法》第二百六十九条规定，建设工程合同是承包人进行工程建设，发包人支付价款的合同。D房地产中心作为发包人，对承包人已经建设完成的工程支付相应价款是其基本合同义务。案涉工程甩项验收是双方在合同履行过程中的变更，双方对甩项验收后工程款如何支付没有达成新的约定，但2016年4月15日D房地产中心向Z公司出具《关于催款函的回复》明确："2014年1月17日的工程验收为甩项验收，甩项的部分项目，待条件允许时继续施工。鉴于目前的特殊情况，工程至今尚有许多项目无能力进行施工，我们非常理解贵公司的困难，一直在积极地协调有关部门，努力筹措资金，尽最大的努力解决实际问题。"在甩项的工程因D房地产中心原因不确定何时能够继续施工的情况下，参照合同关于竣工验收的约定确定工程款付款进度及相应责任，符合建设工程合同的本质特征和公平原则，亦不违背双方当事人的本意。二审判决认定已完工程的竣工验收时间为 2014 年 1 月 17 日，并以此确定付款进度和逾期付款违约金，并无不当。

二、建设工程交付法律风险防控

《民法典》《建筑法》《建设工程质量管理条例》等法律、法规明确规定，建设工程交付使用的法定条件是竣工验收合格。

（一）建设工程交付的条件

（1）建设工程施工合同约定范围内的全部建设工程已按设计文件要求完成；

（2）工程质量符合设计文件、有关施工和验收规范规定的标准；

（3）工程交工技术文件齐全，符合检查要求；

（4）交接范围内有碍生产、安全的杂物已清除。

（二）建设工程交付的内容

建设工程的交付，除建筑物本身的交接以外，承包人应同时交付完整的工程技术资料，包括竣工图、材料设备的使用说明和零部件或备件，并符合国家有关工程竣工交付的其他条件。工程交付时承包人未交付相关图纸、资料而发包人未使用工程的，视为未交付；发包人已使用的，承包人承担延期交付工程技术资料的违约责任。[①]

建设工程施工合同是承包人进行建设工程施工，发包人支付价款的合同，承包人的主要义务是按照设计要求、质量标准、合同约定向发包人交付合格的建筑产品。

交付合格的建筑产品，包括交付合格的竣工资料、配合验收，交付合格的建设工程实体。

1. 交付合格的竣工资料、配合验收

（1）向发包人交付建设工程相关技术档案、竣工资料，配合发包人完成建设工程竣工验收，是承包人的法定义务

《民法典》第七百九十九条规定："建设工程竣工后，发包人应当根据施工图纸及

---

① 最高人民法院民事审判第一庭. 最高人民法院新建设工程施工合同司法解释（一）理解与适用 [M]. 北京：人民法院出版社，2021.

说明书、国家颁发的施工验收规范和质量检验标准及时进行验收。验收合格的，发包人应当按照约定支付价款，并接收该建设工程。建设工程竣工经验收合格后，方可交付使用；未经验收或者验收不合格的，不得交付使用。"

《建筑法》第六十一条规定："交付竣工验收的建筑工程，必须符合规定的建筑工程质量标准，有完整的工程技术经济资料和经签署的工程保修书，并具备国家规定的其他竣工条件。建筑工程竣工经验收合格后，方可交付使用；未经验收或者验收不合格的，不得交付使用。"

（2）向发包人交付建设工程相关技术档案、竣工资料，配合发包人完成工程竣工验收，也是承包人的约定义务

根据现行通用的《施工合同（2017示范文本）》通用合同条款第3.1款第（9）项的约定，承包人应当按照法律规定和合同约定编制竣工资料，完成竣工资料立卷及归档，并按专用合同条款约定的竣工资料的套数、内容、时间等要求移交发包人。

2. 交付合格的建设工程实体

建设工程经竣工验收合格后，向发包人交付合格的建设工程实体，同样也是承包人的法定和约定义务。

交付合格的建设工程实体，是指建设工程竣工验收合格后，承包人将施工现场人员、机械、设施、材料等及时清场，将建设工程移交给发包人。

发包人颁发工程接收证书后，承包人应按以下要求对施工现场进行清理：

（1）施工现场内残留的垃圾已全部清除出场；

（2）临时工程已拆除，场地已进行清理、平整或复原；

（3）按合同约定应撤离的人员、承包人施工设备和剩余的材料，包括废弃的施工设备和材料，已按计划撤离施工现场；

（4）施工现场周边及其附近道路、河道的施工堆积物，已全部清理；

（5）施工现场其他场地清理工作已全部完成。

3. 交付合格的建筑产品的时间

我国现行法律、法规未明确规定承包人交付建设工程、发包人接收建设工程的具体时间，仅规定发包人应当按照约定接收建设工程。

现行通用的《施工合同（2017示范文本）》通用条款第13.2.5项约定了"移交、接收全部与部分工程"："除专用合同条款另有约定外，合同当事人应当在颁发工程接收证书后7天内完成工程的移交。发包人无正当理由不接收工程的，发包人自应当接收工程之日起，承担工程照管、成品保护、保管等与工程有关的各项费用，合同当事人可以在专用合同条款中另行约定发包人逾期接收工程的违约责任。承包人无正当理由不移交工程的，承包人应承担工程照管、成品保护、保管等与工程有关的各项费

用，合同当事人可以在专用合同条款中另行约定承包人无正当理由不移交工程的违约责任。"

（二）建设工程交付的程序

（1）承包人根据已获批准的工程项目竣工验收报告，提出工程项目移交报告；

（2）工程项目移交报告经监理单位审核同意后，报发包人批准实施；

（3）承包人按照合同约定提供已获批准的工程项目竣工验收资料；

（4）发包人、监理单位、承包人办理工程移交手续，承包人向发包人正式移交工程；

（5）发包人委托运营公司进行运营的，发包人和运营公司同时办理正式交接手续，并将相应数量的工程竣工验收资料提交给运营公司。

（四）与建设工程交付相关的法律问题

1. 发包人不得以承包人拒绝交付竣工验收和（或）备案资料为由拒付工程价款

向发包人交付竣工验收资料，配合发包人完成建设工程竣工验收、竣工验收备案，是承包人的法定义务、约定义务。不过，发包人不得以承包人拒绝交付竣工验收和（或）备案资料为由拒付工程价款，理由是，在建设工程施工合同法律关系中，发包人的主要义务是依照合同约定，向承包人及时、足额支付工程价款；承包人的主要义务是依照合同约定完成全部工程施工，并将竣工验收合格的工程交付给发包人。而向发包人交付竣工验收和（或）备案资料，配合发包人完成工程竣工验收、竣工验收备案，仅是承包人的附随义务。依据双务合同的性质，合同抗辩的范围仅限于对价义务。支付工程价款与交付竣工和（或）备案资料、配合验收是两种不同性质的义务，二者不具有对等关系。

建设工程已经竣工验收合格，且已具备移交施工资料条件时，承包人应当依照合同约定及时向发包人移交施工资料。承包人无正当理由拒绝向发包人移交施工资料，有违诚信原则，与建筑执业准则相悖，依法依约应当向发包人承担相应的违约责任。

| 典型案例 | 承包人逾期移交施工资料承担违约责任的案例 |

1. 案例来源：

（2018）最高法民再326号民事判决书。

2. 一审法院裁判意见

《工程结算协议书》确定后，Z公司即依约向南通J公司支付全部工程款，而南通J公司在约定期间期满后逾期近三年，才向Z公司交付了地上工程的竣工资料，地下车库的竣工资料（除竣工图外）至今未交付，亦不能陈述合理的原因，显系严重违约。

一审判决主要内容：

（1）南通J公司于判决生效后立即将竣工备案所需资料（地下车库竣工资料两套，具体内容详见后附目录）移交给Z公司，并配合Z公司办理竣工备案手续；

（2）南通J公司向Z公司支付逾期移交竣工备案资料违约金（以7585万元为基数，自2013年4月16日起至实际交付判决主文第一项确定的竣工资料止，按照中国人民银行规定的同期同类贷款利率的四倍计算）。

3. 二审法院裁判意见

关于南通J公司未向Z公司交付全部竣工备案资料是否构成违约的问题。Z公司与南通J公司签订的《工程建设施工合同》以及第一份补充协议、第二份补充协议、《工程结算协议书》均系双方真实意思表示且不违反法律法规强制性规定，均合法有效。上述协议中均对案涉竣工备案资料范围及整理交接问题作出约定。2010年6月9日签订的第一份补充协议第三条约定"承包人（南通J公司）负责整个工程的竣工资料的汇总、整理和组卷"；第四条约定"承包人（南通J公司）提供竣工图的约定：工程竣工验收合格后15日内提供肆套竣工图（含电子版一套）及其他竣工资料（竣工用图由发包人届时提供）"。2011年9月26日签订的第二份补充协议第二条约定"承包范围：施工图纸范围内及本车库组价书范围内所有土建工程、预埋管及预留洞工程、土方工程、配电箱供应与安装、门窗的供应与安装、给水排水、采暖、电气等工程（甲方分包项目除外）"。2013年2月5日签订的《工程结算协议书》第三条第2项约定"乙方（南通J公司）应于2013年4月15日将竣工备案所有资料移交甲方（Z公司）。每逾期一日，乙方（南通J公司）应向甲方（Z公司）支付结算总价0.5%的赔偿金"。从上述约定可以看出，2010年6月9日双方关于竣工备案资料的约定是南通J公司负责整个工程竣工资料汇总、整理和组卷，于工程竣工验收合格后15日内提供肆套竣工图（含电子版一套）及其他竣工资料（竣工用图由发包人届时提供）。2013年2月5日双方对竣工备案资料的约定变更为南通J公司应于2013年4月15日将竣工备案所有资料移交Z公司。根据上述约定，南通J公司应按照2013年2月5日的协议，于2013年4月15日将竣工备案所有资料移交Z公司，无需按2010年6月9日的约定负责整个工程竣工资料汇总、整理和组卷工作。而南通J公司并未将其持有的竣工备案所有资料移交Z公司，原判认定南通J公司构成违约并无不当。南通J公司上诉提出其与Z公司约定的是由南通J公司负责整个工程竣工资料汇总、整理和组卷，而Z公司未将其自行外委施工和自行供料的资料移交给南通J公司，南通J公司不能完成汇总、整理和组卷工作，故不能向Z公司移交所有工程竣工备案资料，南通J公司不存在违约理由。因Z公司与南通J公司在2013年2月5日签订的《工程结算协议书》第三条第2项明确约定"乙方（南通J公司）应于2013年4月15日将竣工备案所有资料移交甲方（Z公司）"，从其文字表述上看并不包括"南通J公司完成汇总、整理和组卷工作"的意思，且Z公司在一审中最后确定的诉请系要求南通J公司向其移交南通J公司手中的竣工备案资料，并不包括Z公司自行外委施工和自行供料的资料，故根据《合同法》第一百二十五条第一款"当事人对合同条款的理解有争议的，应当按照合同所使用的词句、合同的有关条款、合同的目的、交易习惯以及诚实信用原则，确定该条款的真实意思"的规定，原判认定南通J公司应当履行交付其施工的竣工备案资料，无需对整个工程备案资料进行汇总、整理和组卷亦无不当。南通J公司的该上诉理由不能成立，不予支持。

二审判决主要内容：

（1）维持辽宁省沈阳市中级人民法院（2016）辽01民初571号民事判决第一项；

（2）变更辽宁省沈阳市中级人民法院（2016）辽01民初571号民事判决第二项，南通J公司于二审判决生效之日起十日内向Z公司支付逾期移交竣工备案资料违约金1296552.54元。

4. 最高人民法院裁判意见

南通J公司未依约向Z公司交付竣工备案资料已构成违约。Z公司与南通J公司签订的《工程建设施工合同》以及两份补充协议、《工程结算协议书》等施工合同及其补充协议均系双方真实意思表示，不违反法律、行政法规效力性强制性规定，均合法有效。Z公司与南通J公司均应按照合同约定内容全面实际履行。具体到本案，在Z公司已将工程结算款支付给南通J公司的情形下，南通J公司未将竣工备案资料交给Z公司，已构成违约。二审判决生效后，南通J公司仍未按生效法律文书判项内容向Z公司履行移交施工资料的法定义务。再审审查期间，本院两次组织听证并多次要求双方核对并移交竣工备案资料，截至本院裁定提审时，南通J公司仍未移交全部竣工资料给Z公司。本院提审后开庭前，南通J公司将持有的竣工资料邮寄给Z公司，Z公司予以退回。庭审中，在法庭主持下，南通J公司将剩余施工资料交给Z公司，但尚未办妥竣工备案手续。据此，在具备移交施工资料条件的情形下，南通J公司无正当理由拒绝向发包人Z公司依约履行移交施工资料义务，有违诚信原则，主观恶意明显，与建筑业执业准则相悖，依法依约应当承担相应的违约责任。二审判决裁量幅度明显失当，裁判结果未能体现本案是非。

再审判决主要内容：

（1）维持辽宁省高级人民法院（2017）辽民终1052号民事判决第一项；

（2）变更辽宁省高级人民法院（2017）辽民终1052号民事判决第二项，承包人向发包人支付逾期移交竣工备案资料违约金1000万元。

2. 承包人原则上无权留置或拒绝交付建设工程

《民法典》第七百八十三条规定了承揽人对工作成果有留置权或者有权拒绝交付："定作人未向承揽人支付报酬或者材料费等价款的，承揽人对完成的工作成果享有留置权或者有权拒绝交付，但是当事人另有约定的除外。"

《民法典》第八百零八条规定："本章没有规定的，适用承揽合同的有关规定。"

依据上述规定，当发包人未按照建设工程施工合同约定支付工程价款时，承包人似乎对建设工程享有留置权或拒绝交付的权利。不过，建设工程合同毕竟不同于承揽合同，而且《民法典》第四百四十七条规定的留置权只适用于动产，而建设工程属于不动产，原则上不适用留置权。①

在司法实践中，对于承包人以发包人拖延进行竣工结算或欠付工程价款为由拒绝交付工程的，各地法院的普遍裁判意见是：<u>承包人应当通过行使建设工程价款优先受偿权等合法途径追索工程欠款，不得留置建设工程或施工资料，除非建设工程施工合同另有明确约定</u>；而且，承包人依据施工合同约定拒绝向发包人交付工程，其拒绝交付工程的价值不得明显超出发包人欠付的工程价款；承包人拒绝向发包人交付部分工程，不会严重影响发包人使用整个工程；<u>建设工程施工合同终止或工程完工后，承包人以发包人拖欠工程价款为由，继续占有工程、拒绝撤场或者移交施工资料，发包人请求承包人赔偿损失的，应予支持</u>；发包人因此所受的实际损失，应由当事人根据过错程度予以分担。

3. 发包人已占有使用建设工程，不得以承包人未交付竣工资料为由拒绝支付工程价款

在司法实践中，经常发生承包人已将建设工程交付发包人使用，但发包人却以承包人未移交竣工资料或资料不全为由，拒绝向承包人支付工程价款，承包人不得不通过诉讼或仲裁方式追讨工程价款的情况。各地法院或仲裁机构的普遍裁判意见是：支持承包人的请求，除非承发包双方之间的建设工程施工合同明确约定"承包人未按照法律规定和合同约定交付竣工资料，发包人有权拒绝支付工程价款"。

4. 发包人擅自使用未经验收的建设工程，承包人的应对措施

《新建设工程司法解释（一）》第九条规定了在当事人对建设工程实际竣工日期

① 《民法典》第四百四十七条规定："债务人不履行到期债务，债权人可以留置已经合法占有的债务人的动产，并有权就该动产优先受偿。前款规定的债权人为留置权人，占有的动产为留置财产。"

有争议时的认定原则，其中第（三）项规定："建设工程未经竣工验收，发包人擅自使用的，以转移占有建设工程之日为竣工日期。"

建设工程未经竣工验收，发包人擅自使用的，笔者认为，承包人可从以下几方面应对。

（1）要求发包人结算工程价款

发包人擅自使用未经验收的建设工程，建筑物已由发包人占有、获益，发包人已实现建设工程施工合同目的，此时已符合工程结算的条件，承包人有权要求发包人结算工程价款。

（2）要求发包人承担工程质量责任

《民法典》第七百九十九条、《建筑法》第六十一条、《建设工程质量管理条例》第十六条都明确规定：建设工程竣工经验收合格后，方可交付使用；未经验收或者验收不合格的，不得交付使用。这是法律、法规对发包人擅自使用未经验收的建设工程的禁止性规定。

发包人擅自使用未经验收的建设工程，表明发包人已认可承包人承建的建设工程质量，此时建设工程质量责任风险由承包人转移给发包人。承包人仅需在建设工程的合理使用寿命内对地基基础工程和主体结构质量承担民事责任。

不过，对于发包人擅自使用未经竣工验收的建设工程后，发现建设工程存在明显质量问题，发包人能否要求承包人承担建设工程质量责任而不是保修责任，在司法实践中存在很大的争议。

5. 发包人逾期签发工程接收证书，承包人有权要求发包人支付违约金

工程接收证书，是指建设工程竣工验收合格后，发包人向承包人签发的书面确认接收建设工程的文件。

我国目前法律、法规尚未明确规定发包人向承包人签发工程接收证书的期限。

现行通用的《施工合同（2017示范文本）》通用条款第13.2.2项约定："竣工验收合格的，发包人应在验收合格后14天内向承包人签发工程接收证书。发包人无正当理由逾期不颁发工程接收证书的，自验收合格后第15天起视为已颁发工程接收证书。"同时约定了发包人逾期签发工程接收证书应当支付的违约金的计算方式："除专用合同条款另有约定外，发包人不按照本项约定组织竣工验收、颁发工程接收证书的，每逾期一天，应以签约合同价为基数，按照中国人民银行发布的同期同类贷款基准利率支付违约金。"

6. 发包人逾期接收工程，承包人有权要求发包人赔偿损失

《民法典》第七百九十九条第一款规定："建设工程竣工后，发包人应当根据施工图纸及说明书、国家颁发的施工验收规范和质量检验标准及时进行验收。验收合格的，发包人应当按照约定支付价款，并接收该建设工程。"

依照上述规定，对于竣工验收合格的工程，发包人应当按照约定支付工程价款，并接收该建设工程。发包人逾期接收建设工程，属于明显的违约行为，承包人有权追究发包人的违约责任，要求发包人赔偿逾期接收所产生的管理费用，比如，因看护或保管工程所产生的人员费用、水电费用等。因承包人的原因导致发包人逾期接收建设工程的，因此产生的现场看护费、水电费等费用由承包人承担。

7. 发包人有权拒绝接收质量不合格的全部或部分工程

对于竣工验收不合格的全部或部分工程，承包人修理、返工或者改建后，经发包人重新组织验收仍不合格，又无法采取补救措施的，发包人有权拒绝接收，有权拒绝支付拒收工程对应的工程价款，而且，修理、返工或者改建费用都由承包人承担。这是承包人的最大风险，承包人无论如何都要避免。

因承包人承建的部分工程不合格导致其他工程不能正常使用，承包人应当采取合理措施确保其他工程正常使用，因此产生的费用和（或）工期延误由承包人承担。

| 典型案例 | 承发包双方商定在竣工验收之前交付工程的，不属于发包人擅自使用工程，以工程实际验收合格日为竣工日期的案例 |

1. 案例来源

（2019）最高法民申 679 号民事裁定书。

2. 最高人民法院裁判意见

关于案涉工程竣工日期的认定。

《最高人民法院关于审理建设工程施工合同纠纷案件适用法律问题的解释》第十四条规定："当事人对建设工程实际竣工日期有争议的，按照以下情形分别处理：（一）建设工程经竣工验收合格的，以竣工验收合格之日为竣工日期；（二）承包人已经提交竣工验收报告，发包人拖延验收的，以承包人提交验收报告之日为竣工日期；（三）建设工程未经竣工验收，发包人擅自使用的，以转移占有建设工程之日为竣工日期。"本案中，首先，虽然案涉工程是先交付后进行竣工验收，但这并非 H 公司擅自使用未经竣工验收的案涉工程，而是双方协商的结果。其次，2012 年 7 月 5 日，建设单位、监理单位、勘察单位、设计单位、施工单位相关人员共同参加了案涉工程 5#、6# 楼工程质监验收并形成《生态时代 5#、6# 楼工程质监验收会议纪要》，即案涉工程经过了竣工验收，故二审法院以实际验收之日 2012 年 7 月 5 日为竣工日期符合前述司法解释的规定。

（五）承包人防控建设工程交付法律风险的措施

1. 承包人应当按照法定、约定要求交付工程

承包人完成建设工程施工合同约定的施工任务并经验收合格后，为避免向发包人承担违约责任，应当及时与发包人办理工程移交手续，撤出施工现场，将工程移交给发包人占有使用。

发包人没有正当理由拒绝接收建设工程的，承包人应当书面催促发包人在合理期间内履行义务，同时向发包人提出工程保管费用签证要求。承包人应当及时保存相关证据。

2. 为避免发生争议，笔者建议承发包双方在建设工程施工合同中明确约定移交工程档案资料的范围、期限及违约责任，发包人签发工程接收证书的时间，逾期签发、逾期接收工程的违约责任等内容。

3. 建设工程施工合同中途解除时工程交付法律风险防控

在工程实践中，经常发生建设工程施工合同因一方或双方当事人的原因中途解除的情况。

笔者认为，不管施工中途解除合同是哪方当事人的原因，解除建设工程施工合同后，承包人都应当及时与发包人对已完工程进行验收，确认已完工程量，对已完工程价款进行结算，将人员、设备、材料等及时撤出施工现场，或与发包人就人员安置、设备与材料的处置等达成协议，及时将工程及工程档案移交给发包人。

发包人拖延验收已完工程、拖延确认已完工程量、拖延结算已完工程价款的，承包人应当及时书面催促发包人履行义务，并保留相关证据，为日后索赔准备条件。

第八章

建设工程价款结算法律风险防控

建设工程价款结算是指对建设工程的发承包合同价款进行约定和依据合同约定进行工程预付款、工程进度款、工程竣工价款结算的活动。建设工程价款结算是承包人尽快回收资金，实现建设工程施工合同目的的重要环节。

一、建设工程价款结算中的常见法律风险防控

（一）建设工程价款结算中的常见法律风险

1. 建设工程施工合同约定的结算条款对承包人明显不公平

建设工程施工合同的订立必须遵循公平公正原则。不过，因建筑市场僧多粥少，发包人至今仍占据主导地位，所以存在部分建设工程施工合同由发包人事先拟好合同条款的情况。发包人拟定的一些涉及权利义务的条款对于承包人明显不利，强势的发包人又不允许承包人对合同条款作相应调整。承包人为了拿下工程，往往不得不接受发包人拟定的合同条款。

《结算暂行办法》第七条规定了发包人、承包人应当在合同条款中对涉及工程价款结算的约定事项：

（1）预付工程款的数额、支付时限及抵扣方式；

（2）工程进度款的支付方式、数额及时限；

（3）工程施工中发生变更时，工程价款的调整方法、索赔方式、时限要求及金额支付方式；

（4）发生工程价款纠纷的解决方法；

（5）约定承担风险的范围及幅度以及超出约定范围和幅度的调整办法；

（6）工程竣工价款的结算与支付方式、数额及时限；

（7）工程质量保证（保修）金的数额、预扣方式及时限；

（8）安全措施和意外伤害保险费用；

（9）工期及工期提前或延后的奖惩办法；

（10）与履行合同、支付价款相关的担保事项。

在工程实践中，部分建设工程施工合同却不约定上述涉及工程价款结算的内容，或约定不明确，或约定对承包人明显不公平，让承包人在与发包人进行工程价款结算时很被动，甚至导致结算结果对承包人很不利。

另外，因签约时发包人提供的设计图纸往往深度不够，需要在施工过程中进行调整，因此，建设工程施工合同条款尤其是涉及工程价款结算的条款就很难固定。承发包双方需要另行签订补充协议，或者进行相应的签证，但发包人往往不愿意签订补充协议，或者不愿意办理签证手续，导致结算结果对承包人很不利。

2. 承包人未及时提交竣工结算报告、资料

承包人未按照建设工程施工合同约定，及时向发包人提交竣工结算报告及完整的竣工结算资料，使竣工结算延迟，工程结算款延迟支付，承包人无法主张逾期提交竣工结算报告期间的欠付工程款利息及逾期付款违约金。

（1）承包人提交竣工结算申请单的时间

目前我国法律、法规、司法解释都没有明确规定承包人提交竣工结算申请单的时间。

现行通用的《施工合同（2017 示范文本）》第 14.1 款约定了承包人提交竣工结算申请单的时间：除专用合同条款另有约定外，承包人应在工程竣工验收合格后 28 天内向发包人和监理人提交竣工结算申请单，并提交完整的结算资料。

（2）竣工结算申请单的内容

竣工结算申请单一般包括：

① 竣工结算合同价格；

② 发包人已支付承包人的款项；

③ 应扣留的质量保证金，已缴纳履约保证金的或提供其他工程质量担保方式的除外；

④ 发包人应支付承包人的合同价款。

部分承包人在施工过程中，不重视施工资料的收集、保存工作，使工程竣工验收很长时间后，仍然无法编制完成项目竣工结算资料。有些承包人不太清楚工程价款结算需要提交哪些材料，提交的竣工结算资料往往不完整，发包人审核后，需要承包人重新补充，造成工程价款结算工作滞后。

3. 发包人不按法律规定、合同约定进行工程价款结算

《结算暂行办法》第十一条规定了工程价款结算原则，工程价款结算应按合同约定办理，合同未作约定或约定不明的，发、承包双方应依照下列规定与文件协商处理：

（1）国家有关法律、法规和规章制度；

（2）国务院建设行政主管部门、省、自治区、直辖市或有关部门发布的工程造价计价标准、计价办法等有关规定；

（3）施工合同、补充协议、变更签证和现场签证，以及经发、承包人认可的其他有效文件；

（4）其他可依据的材料，比如，招标文件、投标文件、工程预算书、图纸会审纪要、开工报告、甲供材料明细单、经批准的施工组织设计以及设计变更、指令、往来函件、工程洽商记录、会议纪要、工期延期联系单、工程施工图与工程竣工图、竣工验收记录、竣工报告、与索赔、结算有关的通知、结算书等。

部分发包人利用其强势地位，结算时或不按国家、省级文件规定计价，自行制定结算标准，或不配合承包人进行变更签证、现场签证，办理签证后又擅自不认可签证单，或在结算时对影响工程价款的会议纪要视而不见。承包人为了尽快结算、收取工程价款，不得不迎合发包人，放弃部分利益。

4. 发包人拖延竣工结算审核

《建筑工程施工发包与承包计价管理办法》（住房和城乡建设部令第16号）第十八条规定了工程价款结算及结算审核的相关内容："（一）承包方应当在工程完工后的约定期限内提交竣工结算文件。（二）国有资金投资建筑工程的发包方，应当委托具有相应资质的工程造价咨询企业对竣工结算文件进行审核，并在收到竣工结算文件后的约定期限内向承包方提出由工程造价咨询企业出具的竣工结算文件审核意见；逾期未答复的，按照合同约定处理，合同没有约定的，竣工结算文件视为已被认可。非国有资金投资的建筑工程发包方，应当在收到竣工结算文件后的约定期限内予以答复，逾期未答复的，按照合同约定处理，合同没有约定的，竣工结算文件视为已被认可；发包方对竣工结算文件有异议的，应当在答复期内向承包方提出，并可以在提出异议之日起的约定期限内与承包方协商；发包方在协商期内未与承包方协商或者经协商未能与承包方达成协议的，应当委托工程造价咨询企业进行竣工结算审核，并在协商期满后的约定期限内向承包方提出由工程造价咨询企业出具的竣工结算文件审核意见。"

也就是说，承发包双方需在建设工程施工合同中明确约定工程价款结算及结算审核的具体时间。合同没有明确约定的，按国家有关规定执行；国家没有规定具体时间的，可认定期限为 28 日。

按照上述规定要求，现行通用的《施工合同（2017 示范文本）》第 14.2 款约定了竣工结算审核的相关内容："除专用合同条款另有约定外，监理人应在收到竣工结算申请单后 14 天内完成核查并报送发包人。发包人应在收到监理人提交的经审核的竣工结算申请单后 14 天内完成审批，并由监理人向承包人签发经发包人签认的竣工付款证书。监理人或发包人对竣工结算申请单有异议的，有权要求承包人进行修正和提供补充资料，承包人应提交修正后的竣工结算申请单。发包人在收到承包人提交竣工结算申请书后 28 天内未完成审批且未提出异议的，视为发包人认可承包人提交的竣工结算申请单，并自发包人收到承包人提交的竣工结算申请单后第 29 天起视为已签发竣工付款证书。"

不过，在工程实践中，很少有发包人严格按照国家规定、合同约定进行工程价款结算审核，短则拖延几个月，长则拖延一年甚至多年，承包人苦不堪言，这种行为严重损害了承包人的合法权益。

5. 部分审核机构或人员缺乏基本的职业操守，致审核结论于承包人不利

发包方应当委托具有相应资质的工程造价咨询企业对竣工结算文件进行审核。一些造价咨询企业或其工作人员，在进行工程价款结算审核时，违背职业道德、执业纪律，明示或暗示承包人请客送礼，否则在出具审核结论时，违法违规审减费用乃至审减项目，使承包人利益受损。

（二）承包人防控建设工程价款结算中的常见法律风险

1. 克服随意签约心态，摒弃事后补救幻想

发包人即使再强势，承包人在签约时也要坚守相关规定和约定内容。

（1）建设工程施工合同不得违背《民法典》《招标投标法》《建筑法》《审计法》等法律法规的基本要求。

（2）发包人事先已拟好建设工程施工合同条款的，承包人需认真审查合同是否采用现行通用的《施工合同（2017 示范文本）》，是否对通用合同条款进行了修改；承包人尤其需要审查专用合同条款，确定专用合同条款中涉及工程价款结算的内容是否对自身明显不利。承包人发现合同内容对己方明显不公平的，需及时提出修改意见，千万不要草率签字，更不要幻想先签约、在施工过程中再签变更或补充协议，达到权利义务平衡。

承发包双方签订变更或补充协议，需要双方协商一致。即使发包人同意签订变更或补充协议，变更或补充协议也可能被认定为无效，特别是通过招标投标程序确定承包人的项目。

法律明确规定，承包人中标后，双方应当按照招标文件、投标文件、中标通知书等签订中标合同。中标合同签订后，双方又另行签订变更或补充协议，另行约定工程范围、建设工期、工程质量、工程价款等实质性内容，另行签订的变更或补充协议无效，双方都有权要求按中标合同履行。

2. 按照建设工程施工合同约定，及时提交工程价款结算资料

在施工过程中，承包人需安排专业资料员及时收集、保存与工程价款结算相关的资料，造价人员及时跟进，根据施工情况、建设工程施工合同、施工图纸、签证单、索赔情况等编制工程结算书，做到合法合规，专业公平。

承包人应当严格按照合同约定的时间，通过直接送达或邮政快递送达等方式向发包人送达竣工结算报告及完整竣工结算资料，需作好签收记录，保存签收记录和邮政快递单等资料。

如果有可能，承包人可与发包人协商进行过程结算。发包人一般按月向承包人支付工程进度款，双方当事人商定按月结算的，将大大缩短结算时间，降低竣工结算难度。

财政部、住房和城乡建设部发布的《关于完善建设工程价款结算有关办法的通知》（财建〔2022〕183号）第二条规定："当年开工、当年不能竣工的新开工项目可以推行过程结算。发承包双方通过合同约定，将施工过程按时间或进度节点划分施工周期，对周期内已完成且无争议的工程量（含变更、签证、索赔等）进行价款计算、确认和支付，支付金额不得超出已完工部分对应的批复概（预）算。经双方确认的过程结算文件作为竣工结算文件的组成部分，竣工后原则上不再重复审核。"

不过，建设工程推行过程结算，需要承包人不断提升项目管理水平，及时做好约定的施工周期内的工程进度数据统计、结算资料准备工作。

3. 及时催促发包人办理结算审核

发包人未在合同约定的期限内完成工程价款结算审核工作，承包人需及时书面催促发包人在合理期限内履行义务。承包人可以与发包人先确认无争议部分的工程造价，双方就有争议部分另行协商或向法院提起诉讼。发包人一再拖延办理结算审核的，为了维护合法权益，承包人应尽快提起诉讼或仲裁，要求发包人支付欠付工程款及利息。

这里有一点承包人需特别注意：在发包人与承包人约定了逾期不答复视为认可结算文件的情况下，且发包人已违约时，承包人不要再与发包人继续进行结算，也不要再书面催促发包人在合理期限内完成工程价款结算审核工作，否则有可能被视为承包人以行为表示同意继续进行结算，承包人已经提交的结算文件不视为被发包人认可。

承包人正确的做法是：在发包人已逾期答复承包人提交的结算文件时，承包人直接发函给发包人，要求发包人按承包人提交的结算文件支付欠付工程价款，否则承包人将提起诉讼或仲裁主张工程价款。

承包人对发包人委托的工程造价咨询企业作出的竣工结算审核意见有异议的，在接到该审核意见后一个月内，可以向有关工程造价管理机构或者有关行业组织申请调解，调解不成的，承包人可以依法提起诉讼或申请仲裁。

工程竣工结算文件经承发包双方签字确认的，应当作为工程决算的依据。未经承包人同意，发包人不得就已生效的竣工结算文件委托工程造价咨询企业重复审核。发包人应当按照竣工结算文件及时支付竣工结算余款。

4. 结算审计或结算复核法律风险防控

这里有一个困惑很多发包人与承包人的问题：国有资金投资的建设工程，必须以结算审计结论或结算复核结果作为结算依据吗？

不一定，分三种情况分别处理。

（1）双方在建设工程施工合同中明确约定以结算审计结论或结算复核结果作为结算依据，结算审计或结算复核已完成，且结算审计或结算复核程序合法、结算审计结论或结算复核结果合理，就需以结算审计结论或结算复核结果作为结算依据。

（2）双方在建设工程施工合同中明确约定以结算审计结论或结算复核结果作为结算依据，但是发包人故意拖延结算审计或结算复核，然后以此为由拒付工程价款，承包人不必等待结算审计结论或结算复核结果，可直接向法院提起诉讼或向仲裁委员会申请仲裁，通过申请造价鉴定的方式确定工程价款。

（3）双方没有在建设工程施工合同中明确约定以结算审计结论或结算复核结果作为结算依据，发包人坚持以结算审计结论或结算复核结果作为结算依据，对此承包人完全可以拒绝，理由是：建设工程施工合同未明确约定以结算审计结论或结算复核结果作为结算依据的，发包人就不能直接依据地方政府文件确定以结算审计结论或结算复核结果为最终的工程价款结算依据。在这种情况下，即使作出了结算审计结论或结算复核结果，承包人也可不同意以结算审计结论或结算复核结果作为结算依据。

对于承包人来说，发包人拖延结算审核或结算复核，导致给付工程价款延迟，其有可能丧失建设工程价款优先受偿权。法律规定，承包人应当在合理期限内行使建设工程价款优先受偿权，但最长不得超过十八个月，自发包人应当给付建设工程价款之日起算。因此，承包人与发包人约定过长的结算审核、结算复核期限的，或因承包人自身原因导致结算延期，承包人有可能因超期而丧失建设工程价款优先受偿权。

典型案例 审计结论不能作为工程价款结算依据的案例

1. 案例来源

（2021）最高法民申 2691 号民事裁定书。

2. 案情摘要

再审申请人母某因与被申请人高某及二审上诉人 H 路桥公司建设工程施工合同纠纷一案，不服重庆市高级人民法院（2017）渝民终 420 号民事判决，向最高人民法院申请再审。

母某申请再审称，2018 年 12 月，S 审计局、重庆市 X 工程造价咨询有限责任公司出具了《工程结算审核定案表》，由于高某是在工程尚未审计的情况下提起的诉讼，随着该《工程结算审核定案表》的出现，原一、二审判决在认定事实和判决结果方面均存在错误的事实得以证实。H 路桥公司中标的隧道（土建）部分价格为 32446295.57 元，隧道（机电）部分的中标价为 3482580.72 元，合计 36011783.28 元。母某分包给高某的价格是 34580000 元。2018 年 12 月 S 审计局、重庆市 X 工程造价咨询有限责任公司出具的《工程结算审核定案表》及其附件载明，隧道（土建）审定价为 63416736.54 元，增加部分的价款为 63416736.54 元（审定价）－32446295.57 元（合同价）＝30970440.97 元；隧道（机电）审定价为 4011003.26 元，增加部分的价款为 4011003.26 元（审定价）－3482580.74 元（合同价）＝528422.52 元。两部分合计增加金额为 30970440.97 元＋528422.52 元＝31498863.49 元。高某应当得到的金额为 34580000 元－144500 元（减少的四台风机）＋31498863.49 元×80%＝59634590.79 元。原一、二审判决母某多支付给高某的款项为 61004707.048 元－59634590.79 元＝1370116.25 元。

3. 最高人民法院裁判意见

本院经审查认为，本案的焦点问题为：审计结论能否作为支付工程款的依据。

母某申请再审的新证据《工程结算审核定案表》，是当地审计部门委托工程造价咨询公司，并在建设单位和施工单位的参与下，就建设工程价款形成的审计结论。审计部门对建设资金的审计是国家对建设单位基本建设资金的监督管理，不影响建设工程施工合同的效力及履行。根据《最高人民法院关于审理建设工程施工合同纠纷案件适用法律问题的解释》的规定，建设工程施工合同无效，但建设工程经竣工验收合格，承包人请求参照合同约定支付工程价款的，应予支持；当事人对工程量有争议的，按照施工过程中形成的签证等书面文件确认。本案中，母某与高某并未在合同中约定，以审计结论作为计算案涉工程款的依据，原审法院根据《变更报审表》对高某完成合同外变更工程造价的认定，符合上述司法解释的规定，并无不当。母某主张以本案二审终审后才作出的《工程结算审核定案表》为依据，对本案各方当事人的权利义务进行重新认定，缺乏合同依据和法律依据。故本院对母某关于有新的证据，足以推翻原判决的申请再审理由，不予支持。

综上所述，母某的再审申请不符合《民事诉讼法》第二百条第（一）项规定的情形。裁定如下：驳回母某的再审申请。

4. 笔者点评

政府投资的工程，建设单位与施工单位对工程价款进行结算后，一般都需要通过审计部门的审计。审计会造成时间拖延，而且，绝大部分审计结论都会将建设单位与施工单位的结算款打折。那么，审计结论能否作为工程价款结算的依据？审计是审计部门对建设单位进行审计，审计建设单位在工程发包过程中是否存在问题，尤其是财务问题，与施工单位不存在法律关系。审计部门对建设资金的审计属于行政监督性质，其作出的审计报告，并非必然对建设工程施工合同双方当事人产生法律约束力。不过，如果双方当事人在建设工程施工合同中明确约定以审计结论作为工程价款结算依据，那就表示双方当事人同意接受国家审计部门介入民事法律关系，双方当事人都应当受到约定的结算条款的约束，即以审计结论作为工程价款结算依据。

5. 协调好与结算审核、结算审计或结算复核相关单位的关系，顺利开展结算工作

工程价款结算、结算审核、结算审计或结算复核，不仅需要承包人与发包人相互理解、相互配合，还需要监理、设计、造价咨询、复核等单位配合、协助、支持。因此，承包人有必要处理好与这些单位的关系，共同营造公平公正、合法合规的结算、结算审核、结算审计或结算复核环境、规则。对于发包人、结算审核单位、结算审计或结算复核单位的合理合法要求，承包人需积极配合，该让步时要让步，尽量达成共识，扫除结算、结算审核、结算审计或结算复核障碍；而对于其无理或违法要求，承包人应当坚决拒绝，不能一味迎合，委曲求全。

6. 及时拿起法律武器维权

承发包双方采用现行通用的《施工合同（2017示范文本）》签订建设工程施工合同的，通用合同条款中约定的"发包人在收到承包人提交竣工结算申请书后28天内未完成审批且未提出异议的，视为发包人认可承包人提交的竣工结算申请单"，在结算时对承包人有利。不过，有些发包人在与承包人签订建设工程施工合同时，会将该内容从专用合同条款中删除，对此承包人应当坚决拒绝，坚持保留该条款，否则承包人在结算时将很被动。

发包人超过建设工程施工合同约定的期限进行结算审核、结算审计或结算复核，或者是已完成结算审核、结算审计或结算复核工作，但发包人拒绝支付欠付的工程价款，承包人需及时拿起法律武器维权。部分承包人对于针对政府工程使用法律途径维权时有顾虑，担心得罪政府官员。其实大可不必。承包人通过起诉或仲裁方式维权，是对事不对人，针对的不是政府官员，而是欠付工程价款的政府或政府机构。发包人通过起诉或仲裁方式收回工程价款，不但不会得罪政府官员，反而很多时候是帮他们解决了难题，因为承包人起诉或申请仲裁后，就不会再整天去找他们，烦他们。他们签字就担心承担责任，不签字又担心得罪承包人，部分承包人本来就是政府官员的特殊关系户。因此，在政府或政府机构拖欠承包人工程价款时，很多政府官员主动要求承包人去起诉或申请仲裁，他们说的是实话。

二、固定价合同工程价款结算法律风险防控

（一）建设工程施工合同价款的约定方式

建设工程施工合同价款的约定方式主要有：固定总价、固定单价、可调价格、成本加酬金。固定总价和固定单价统称为固定价。

采用上述方式约定合同价款的合同相应被称为固定总价合同、固定单价合同、可调价合同以及成本加酬金合同。固定总价合同、固定单价合同统称为固定价合同。

1. 固定总价合同

固定总价合同，俗称"包死合同""闭口合同"，是指总价款一经约定，除业主增减工程量或设计变更外，价款一律不予调整的合同。

建设规模较小、技术难度较低、工期较短的建设工程，一般采用固定总价合同。

2. 固定单价合同

固定单价合同，是指在合同中约定单位工程量的综合单价，在约定的风险范围内综合单价一次包死，固定不变，不因环境变化和工程量增减而调整的合同。

实行工程量清单计价的建设工程，一般采用固定单价的方式确定合同价款。

3. 可调价格合同

可调价格合同，又称为变动总价合同，是指在合同履行期内，可以调整合同总价或者单价的合同。

可调价格合同一般适用于需要立即开展的项目、新型的工程项目、风险大的项目。

4. 成本加酬金合同

成本加酬金合同，是指由发包人向承包人支付工程项目的实际成本，并按事先约

定的比例支付酬金（含管理费、利润及奖金）的合同。

紧急抢险、救灾以及施工技术特别复杂的建设工程，可以采用成本加酬金合同。

（二）固定价不等于包死价

1. 因设计变更而调整价款

《新建设工程司法解释（一）》第十九条规定："当事人对建设工程的计价标准或者计价方法有约定的，按照约定结算工程价款。因设计变更导致建设工程的工程量或者质量标准发生变化，当事人对该部分工程价款不能协商一致的，可以参照签订建设工程施工合同时当地建设行政主管部门发布的计价方法或者计价标准结算工程价款。"

当事人约定工程价款实行固定价结算，在合同履行过程中，因工程设计变更导致实际工程量变化，当事人要求调整工程价款时，有以下处理方式：

（1）合同对工程价款调整有约定的，依照其约定；

（2）合同对工程价款调整没有约定或约定不明的，当事人可以就工程量增减部分进行协商；

（3）协商不成时，可以参照施工地建设行政主管部门发布的计价方法或者计价标准结算；

（4）上述方式都无法就设计变更导致工程价款增减进行结算，可以通过鉴定方式确定增减工程量、增减工程价款。

主张工程价款调整的当事人应当对合同约定的施工范围、实际工程量增减的原因、数量等事实承担举证责任。

2. 因情势变更原则而调整价款

当事人约定工程价款实行固定价结算，在合同履行过程中，钢材、水泥、混凝土等主要建筑材料价格发生异常波动，超出了正常市场风险范围，对主要建筑材料价格异常变动的风险承担，合同有约定的，依照约定处理；没有约定或约定不明的，当事人可以依据施工地建设行政主管部门发布的建材价格调差文件，协商调整工程价款，也可以委托鉴定机构通过鉴定方式予以确定。

3. 因工程量清单漏项而调整工程价款

《2013计价规范》规定：<u>招标工程量清单必须作为招标文件的组成部分，其准确性和完整性应由招标人负责</u>；招标工程量清单是工程量清单计价的基础，应作为编制招标控制价、投标报价、计算或调整工程量、索赔等的依据之一；合同履行期间，由于招标工程量清单中缺项，新增分部分项工程清单项目的，应按照本规范确定单价，并调整合同价款。

因此，在工程量清单存在漏项、承包人已实际施工的情况下，依据公平公正、等价有偿的原则，承包人有权要求发包人对工程量清单漏项进行签证，相应调整工程价款。

典型案例　因工程量清单漏项调整工程价款的案例

1. 案例来源

（2021）最高法民终1112号民事判决书。

2. 一审法院裁判意见

案涉工程采用工程量清单方式招标投标，《建设工程工程量清单计价规范》GB 50500—2008第4.7.2条规定，若施工中出现施工图纸（含设计变更）与工程量清单项目特征描述不符的，发、承包双方应按新的项目特征确定相应的工程量清单项目的综合单价。第4.7.3条规定，因分部分项工程量清单漏项或非承包人原因的工程变更，造成增加新的工程量清单项目，其对应的综合单价按下列方法确定：合同中已有适用的综合单价，按合同中已有的综合单价确定；合同中有类似的综合单价，参照类似的综合单价确定；合同中没有适用或类似的综合单价，由承包人提出综合单价，经发包人确认后执行。

根据本案查明的事实，Q公司在投标过程中已经发现了工程量清单中存在漏项的问题并在投标文件中进行了说明。Q公司在中标后，双方签订备案合同之前向C公司发函，再次明确提出C公司发布的招标文件工程量清单中存在项目特征表述不清、漏项、计量偏差等问题。其后，双方在签订备案合同时，在专用条款第23.2.1条第三款中又明确了C公司编制的工程量清单中漏项、工程量计算偏差及工程量清单项目特征描述不完整的问题，并对因此实际发生的工程计价进行了明确约定。同时，双方还约定了设计变更、现场签证、有关增量的有效文件资料及实际发生增量按照实际工程量进行调整及相应的计价方法。因此，Q公司在投标文件中并未对工程量清单之外的项目和工程量清单不完整、不准确的项目进行投标报价，双方签订的备案合同专用条款第23.2.1条第三款的约定系双方对Q公司投标文件之外内容重新达成的协议，该协议与Q公司投标文件中相关文本的约定并不矛盾，且符合上述《建设工程工程量清单计价规范》GB 50500—2008的要求。故该约定系双方真实意思表示，依法有效。本案不存在投标文件与备案合同约定的冲突问题，也不涉及组成合同文本的解释顺序问题。

根据鉴定单位出具的鉴定意见分析，涉讼备案合同价款为90585081元，招标图纸工程量及漏项完善造价40052892元，由此可见，Q公司的投标文件中的商务标工程量清单与施工图（不含图纸会审、设计变更和洽商记录）中的工程项目及相应的工程量均存在较大差异。另外，鉴定意见载明设计变更和现场签证造价为77946598元，该部分造价已经占到合同约定价格的86%，由此表明，双方在实际施工过程中对实际施工内容进行了较大变更。因此，如果本案按C公司主张的采用备案合同约定的固定总价来计算案涉工程造价，则会导致承发包双方的利益严重失衡。

综上，C公司主张以固定总价作为计价原则，二次设计（深化设计）及施工图纸增加部分包含的价格增加风险，已包括在投标书工程量清单的单价中，鉴定单位不应再次计价，缺乏事实依据，一审法院不予采信。鉴定单位对C公司编制的工程量清单中漏项、工程量计算偏差及工程量清单项目特征描述不完整的而实际发生的部分进行招标图纸工程量完善部分造价（差价）鉴定，对设计变更、现场签证、实际增量部分造价进行鉴定符合双方约定。因此，鉴定单位采用"原合同造价＋招标图纸工程量完善部分造价（差价）＋变更签证部分造价"的计价方式，按照《2008天津市（相关专业）预算基价》和发生时期的《天津市工程造价信息》中准价（信息价中没有的参照市场价）结算，确定Q公司施工的工程造价为191856928元是正确的，一审法院予以采信。

3. 最高人民法院裁判意见

根据鉴定机构的陈述，C公司在招标阶段提供的施工图和工程量清单存在较大差异，存在漏项和不完善。根据鉴定单位出具的鉴定意见，案涉备案合同价款为90585081元，招标图纸工程量及漏项完善造价40052892元，由此可见，Q公司的投标文件中的商务标工程量清单与施工图（不含图纸会审、设计变更和洽商记录）中的工程项目及相应的工程量均存在较大差异。虽然C公司称其提供的图纸和工程量清单完全一致，但未能提供证据推翻作为专业第三方的鉴定单位的说法。另外，鉴定意见载明设计变更和现场签证造价为77946598元，该部分造价已经占到合同约定价格的86%，表明双方在实际施工过程中对实际施工内容进行了较大变更。关于C公司主张核减深化设计部分造价问题，除上述理由外，根据鉴定单位的陈述，在施工过程中，深化设计部分的图纸都归到了设计变更内容列入了设计变更确认单，并经过了C公司和监理单位的确认。鉴定单位根据设计变更、现场签证资料按照备案合同约定进行计价有事实依据和合同依据，一审法院予以采信，并无不当。

（三）固定价合同价款结算

1. 固定价合同价款结算

建设工程施工合同当事人约定按固定价结算，或者总价包干，或者单价包干的，承包人完成合同约定的工程范围的施工任务后,承发包双方应当按照合同约定的固定价结算工程价款。

固定总价合同结算价＝合同价＋变更签证价。

固定单价合同结算价＝工程实际发生量×单价＋其他未计入工程量的签证费用。

当事人以实际工程量存在增减为由要求调整工程价款的,合同有约定的,按约定处理;没有约定或约定不明,总价包干范围明确的,可相应调整工程价款,总价包干范围约定不明的,主张调整工程价款的当事人应当承担举证责任。

2. 建设工程施工合同中途解除,固定价合同未完工程价款结算

建设工程施工合同约定工程价款实行固定总价结算,承包人未完成合同约定的工程施工任务而中途退场,对于工程价款的结算,目前法律法规、司法解释都没有作出明确的规定。在司法实践中,一般以各地高级人民法院发布的指导性文件作为裁判的依据,以住房和城乡建设部发布的《建设工程造价鉴定规范》GB/T 51262—2017作为已完工程价款的鉴定标准:合同中有约定的,按合同约定进行鉴定;委托人认定承包人违约导致合同解除的,鉴定人可参照工程所在地同时期适用的计价依据计算出未完工程价款,再用合同约定的总价款减去未完工程价款计算;委托人认定发包人违约导致合同解除的,承包人请求按照工程所在地同时期适用的计价依据计算已完工程价款,鉴定人可采用这一方式鉴定,供委托人判断使用。

各地高级人民法院对于固定价合同未完工程价款结算,主要有以下几种处理方式。

(1) 按比例折算

大多数高级人民法院的观点是:由鉴定机构根据工程设计图纸、施工图纸、施工签证、交接记录及现场勘查结论等资料,对已完成工程量占合同工程量比例计算系数,再用合同约定的固定价款乘以该系数,确定发包人应付的工程价款。

最高人民法院的主要裁判观点是:固定价适用的前提是全部工程完工,以固定价格为基础,按比例折算的做法并不合理,应按照合同签订时,当地建设行政主管部门发布的计价方式对已完工程进行计价,主要基于三点原因。

① 各施工阶段利润率不同

因钢筋、水泥、混凝土等主要建筑材料价格偏高,一般的工程项目地下部分、主体结构施工阶段,利润薄甚至亏损,而安装、装修、绿化与道路施工等阶段,风险和成本相对较低,利润较高。在施工中途解除合同时,不考虑不同阶段的利润情况,仅参照合同约定的固定价格结算工程价款,并不合理。

② 按比例折算工程价款导致利益失衡

因施工各阶段利润不同,承包人在工程前期已投入大量的成本,用于购买钢筋、

水泥、混凝土等主要建筑材料，支付人工费用等。合同在施工中途解除，如果按合同约定、按比例折算工程价款，对于承包人来说，很有可能造成巨额亏损，造成双方当事人利益失衡。而且，如果合同因发包人原因而解除，发包人就有可能因违约而获利，违背司法裁判的价值取向。

③ 政府部门发布的定额属于政府指导价

根据实际完成的工程量，以建设行政管理部门发布的定额核定工程价款，按照定额对已完工程据实结算，或者依据定额计算未完工程，再用合同总价减去未完工部分定额价，即为固定价合同解除后结算出的工程价款，符合《民法典》第五百一十一条第（二）项规定："价款或者报酬不明确的，按照订立合同时履行地的市场价格履行；依法应当执行政府定价或者政府指导价的，依照规定履行。"

（2）按定额计算工程款后比照包干价下浮一定比例结算

建设工程施工合同中当事人约定按固定价结算，承包人中途退出，工程未完工，承包人主张按定额计算工程价款，而发包人要求按定额计算工程价款后比照包干价下浮一定比例的，应予支持。重庆市等地的高级人民法院持这种观点。

当事人对已完工程的工程量有争议且不能协商一致的，根据合同约定、设计图纸、撤场交接时的会议纪要、交接记录以及监理材料、后续施工资料等文件确定已完工程的工程量；仍然无法确定的，根据工程撤场时未能办理交接及工程未能完工的原因等因素分配举证责任。

在工程实践中，经常发生这样的情况，承包人需引以为戒：双方签订固定总价合同，在建设工程施工合同履行过程中，双方一直没有出现争议。但在竣工结算时，发包人认为固定总价价格偏高，要求对工程价款进行审价。承包人对此处理不当的，将造成对己方不利的后果。

在固定总价合同履行过程中，没有发生设计变更、工程内容调整、经济签证等情况的，就不存在审价的问题。承包人一旦同意发包人委托审价，就有可能承担合同价款减少的不利后果。因此，在没发生上述引起合同价款调整的情况时，对于发包人就工程价款提出的重新审价的要求，承包人应当坚决拒绝。在工程项目存在设计变更、工程范围变更、经济签证等情形下，双方当事人才可调整合同约定的固定总价，承包人才可就合同价款调整部分同意进行审价。

3. 工程总承包固定价合同解除工程价款结算

工程总承包合同采用总价合同的，除合同约定可以调整的情形外，合同总价一般不予调整。建设单位和工程总承包单位可以在合同中约定工程总承包计量规则和计价方法。

工程总承包固定价合同中途解除后，工程价款如何结算？我国目前法律、法规、司法解释对此都没有作出明确规定。在司法实践中，处理此类纠纷的方式，与施工总承包固定价合同类似，本书在此不再赘述。

（四）承包人防控固定价合同工程价款结算法律风险

在可调价格合同中，建筑市场的工、料、机等价格发生变化时，合同价款相应调整，双方当事人可以有效防控工程造价法律风险。在成本加酬金合同中，工程项目的实际成本由发包人承担，承包人按比例收取管理费、利润及奖金等酬金，双方同样可以有效防控工程造价法律风险。因此，在工程实践中，承发包双方因可调价格合同、成本加酬金合同产生的造价争议较少，而因固定价合同产生的造价争议较多。

1. 固定总价合同的法律风险

（1）工程量增减的法律风险

在固定总价合同中，发包人一般只提供施工图纸和说明，由承包人计算工程量、报价，并由承包人承担工程量风险。发包人提供工程量清单的，一般会声明对工程量的计算错误不负责，工程量漏算、错算的风险由承包人承担。

在合同履行过程中，因双方不可预见的因素导致工程量增减，且不属于法律规定可以调整价款的情况时，由承包人承担工程量增加的风险，发包人承担工程量减少的风险。只有发包人主动要求增加工程量时，承包人才可要求调整合同价款，而且承包人需承担相应的举证责任，否则将承担举证不能的法律后果。

（2）工程价款增减的法律风险

在建设工程施工合同的履行过程中，经常发生主要建筑材料价格、人工费用等大幅波动的情况。这些情况是否可调整价款，如何调整价款，比工程量增减更为复杂，于承包人来说，风险更大。主张调整价款的一方，需承担更重的举证责任，并承担举证不能的法律后果。

（3）法院不支持鉴定的风险

《新建设工程司法解释（一）》第二十八条规定："当事人约定按照固定价结算工程价款，一方当事人请求对建设工程造价进行鉴定的，人民法院不予支持。"

笔者认为，该条规定不能随意适用，需要同时符合两个条件。

① 当事人在合同中明确约定按照固定价结算工程价款

在合同约定价款为暂定价、固定单价依据不明确、固定总价所对应的工程范围不明确等情况下，这些建设工程施工合同都不是清晰、明确的固定价合同，当事人有权请求对工程造价进行鉴定。

② 不予鉴定的范围仅限于建设工程施工合同约定的工程范围

固定价，是指在建设工程施工合同约定的工程范围内总价或单价不变。固定价不予鉴定同样是在建设工程施工合同约定的工程范围内，工程范围以施工图和工程量清单为依据。超出建设工程施工合同约定的工程范围的工程，应当按照建设工程施工合同约定另行计取工程价款；建设工程施工合同没有约定或约定不明，双方当事人又无法协商一致的，可以通过鉴定的方式确定工程价款。

2. 固定单价合同的法律风险

固定单价为完成合同清单项目所需的全部费用，包括人工费、材料费、机械费、脚手架搭拆费、工资性补贴、其他直接费、现场管理费、临时设施费、间接费、利润、税金、材料代用、人工调差、材料价差、机械价差、政策性调整、施工措施费用及合同包含的所有风险费用等。

在固定单价合同中，双方当事人主要承担计价风险。当主要建筑材料价格、大型机械设备价格、人工费用等大幅波动时，发包人有可能承担价格暴跌的法律风险，承包人有可能承担价格暴涨的法律风险。

3. 固定总价合同的法律风险防控

在固定总价合同中，承发包双方约定以施工图及其预算和有关条件结算工程价款，在约定范围内工程总价款不再调整。因此，主要建筑材料价格、大型机械设备价格、人工费用等大幅上涨，对承包人将极为不利。因此，承包人在投标报价、签订建设工程施工合同时，应充分考虑主要建筑材料、大型机械设备价格有可能异常波动等因素，不要盲目压价，不要追求最低价中标。承包人与发包人有必要在建设工程施工合同中，明确约定合同价款所包含的风险范围、风险费用的计算方法以及风险范围以外的合同价款调整方法，特别需明确约定材料价格风险范围和超出风险范围的调整办法。

典型案例　固定单价合同下调减材料价差的案例

1. 案例来源

（2019）最高法民终1667号民事判决书。

2. 一审法院裁判意见

关于材料调差如何认定的问题。Z公司主张，根据省建设厅鄂建文〔2008〕190号文规定，对于超过风险包干幅度以外的部分进行计价，应以协商一致为原则，但在固定单价合同且Z公司不同意调减的情况下，将钢筋价差调减463534.19元，没有法律依据。E税务局未提出异议。对此一审法院认为，根据双方签订的《湖北省建设工程施工合同》第55.2条"合同价格调整方式：采用固定单价合同。合同风险范围如下：市场物价风险，包括水泥、钢材、商品混凝土材料单价变化幅度超过±10%以外按照省建设厅鄂建文〔2008〕190号文执行；±10%以内的风险由承办人承担或受益，合同单价不予调整"的约定，超过±10%风险幅度以外的材料单价要按照省建设厅鄂建文〔2008〕190号文调整。虽然鄂建文〔2008〕190号文第一条规定："超过风险幅度以外部分，本着相互协商、风险共担的原则，双方协商调整"，本案中双方没有协商，但是鄂建文〔2008〕190号文第三条规定："……以上部分材料价差的计算，以合同约定的价格与施工期双方认定的价格或当地建设工程造价管理部门发布的同期市场信息价，计算价差。"故鉴定机构对此予以调减并无不当，对于Z公司的异议，一审法院不予采信。对鉴定机构鉴定的材料调差-463534.19元，一审法院予以确认。

3. 最高人民法院裁判意见

案涉工程造价中应否调减材料价差463534.19元的问题。

Z公司上诉主张，一审法院调减材料价差463534.19元有误。湖北省建设厅鄂建文〔2008〕190号文规定，工程施工合同价格计取了风险包干费用，明确了材料价格风险包干幅度，材料价差调整原则为：施工期间材料价格上涨或下降幅度在风险包干幅度以内的部分，其价差不予调整；超过风险包干幅度以外的部分，本着相互协商、风险共担的原则，应由承发包双方协商调整。因此，对于超过风险包干幅度以外部分的计价，应以协商一致为基本原则。在固定单价合同且Z公司不同意调减的情况下，鉴定机构将钢筋价差调减463534.19元，没有依据。

对此本院认为，根据双方签订的《湖北省建设工程施工合同》第三部分专用条款第55.2条"合同价格调整方式：采用固定单价合同。合同风险范围如下：市场物价风险，包括水泥、钢材、商品混凝土材料单价变化幅度超过±10%以外按照省建设厅鄂建文〔2008〕190号文执行；±10%以内的风险由承包人承担或受益，合同单价不予调整"的约定，超过±10%风险幅度以外的材料单价要按照省建设厅鄂建文〔2008〕190号文调整。鄂建文〔2008〕190号文第一条规定："超过风险幅度以外部分，本着相互协商、风险共担的原则，双方协商调整。"同时鄂建文〔2008〕190号文第三条规定："……以上部分材料价差的计算，以合同约定的价格与施工期双方认定的价格或当地建设工程造价管理部门发布的同期市场信息价，计算价差。"因此，即使双方没有协商一致，鉴定机构可根据前述规定对超过风险幅度以外部分予以调减，一审判决关于案涉工程造价中调减材料价差463534.19元，并无不当。Z公司的此上诉理由不能成立。

三、特殊情形下工程价款结算

（一）无效合同工程价款结算

1. 无效合同工程价款结算

建设工程施工合同无效，但是建设工程经验收合格，承包人或发包人都可以按照《民法典》第七百九十三条第一款的规定，请求参照合同约定确定工程价款，理由是：承包人已将建筑材料、机械设备、人工等物化到建筑物中，应当获得相应的对价。

不过，《民法典》第七百九十三条第一款规定中的"参照"不同于"按照"，比如，在建设工程施工合同无效的情况下，发包人未履行合同约定的付款义务，承包人仅可要求发包人支付欠付的工程价款及逾期付款利息，而无法追究发包人的违约责任。

2. 建设工程施工合同无效且建设工程经验收不合格时工程价款的结算

建设工程施工合同无效且建设工程经验收不合格，修复后的建设工程经验收合格的，发包人可以请求承包人承担修复费用；修复后的建设工程经验收不合格的，承包人无权请求参照合同关于工程价款的约定折价补偿。

承包人辛辛苦苦承建的建设工程经验收不合格，修复后仍然无法通过验收，发包人无法实现建设工程施工合同的目的，承包人就无权请求参照合同约定支付工程价款。承包人因此投入的建筑材料费用、人工费用及其他费用，打了水漂，于承包人来说，这是最大的风险，简直是灭顶之灾。承包人务必尽最大的努力避免。

3. 数份无效合同工程价款结算

承发包双方就同一建设工程订立的数份建设工程施工合同均无效，但建设工程质量合格，当事人有权请求参照实际履行的合同关于工程价款的约定折价补偿承包人。实际履行的合同难以确定的，参照最后签订的合同关于工程价款的约定折价补偿承包人。

判断实际履行的合同的标准是：结合承包人、发包人、监理人在合同履行过程中产生的各种签证、会议记录、联络函、通知单等文件，主要从施工范围、质量要求、建设工期、工期顺延、工程价款及结算等角度作出综合判断。

4. 黑白合同工程价款结算

当事人在中标合同之外，另行签订建设工程施工合同，如果约定的工程范围、建设工期、工程质量、工程价款等实质性内容与中标合同不一致，或者在中标合同之外就明显高于市场价格购买承建房产、无偿建设住房配套设施、让利、向建设单位捐赠财物等另行签订合同，变相降低工程价款，不管中标合同有没有办理备案登记手续，都应以中标合同作为工程价款的结算依据。

（二）按照竣工结算文件结算工程价款

建设工程施工合同明确约定发包人应在承包人提交竣工结算文件后一定期限内予以答复，逾期未答复则视为认可竣工结算文件的，承包人可以请求按照竣工结算文件进行工程价款结算。

这里有一点承包人需注意：建设工程施工合同约定发包人应在承包人提交竣工结算文件后一定期限内予以答复，但未约定逾期不答复则视为认可竣工结算文件的，承包人不能请求按照竣工结算文件确定工程价款。

建设工程施工合同约定发包人在承包人提交竣工结算文件后未答复则视为认可竣工结算文件，但未约定答复期限，经承包人催告后，发包人仍不予答复的，人民法院可根据实际情况确定合理的答复期限。

《施工合同（2017示范文本）》通用合同条款第14.2款对此有约定："发包人在收到承包人提交竣工结算申请书后28天内未完成审批且未提出异议的，视为发包人认可承包人提交的竣工结算申请单，并自发包人收到承包人提交的竣工结算申请单后第29天起视为已签发竣工付款证书。"

（三）施工中途合同解除，已完工程价款的结算

在建设工程施工合同履行过程中，经常发生承包人因各种原因中途解除合同的情况。双方当事人无法就工程价款结算达成一致意见的，可以通过鉴定方式确定工程价款。

在工程造价鉴定程序中，如果依据实际施工人确定的已完工程施工范围进行鉴定，得出的案涉工程造价与依据发包人提供的施工范围确定的造价之间差额较大的，最高人民法院普遍的裁判意见是：以实际施工人提供的施工范围确定的工程造价进行结算。理由是：实际施工人系工程建造的实际履约者，其根据工程进度提供相应施工资料，能比较客观反映已完工程的具体情况，因此按照实际施工人提供的施工范围确定的工程造价进行结算，符合案件实际情况。

典型案例　按照实际施工人提供的施工范围确定工程造价进行结算的案例

1. 案例来源

（2020）最高法民申5591号民事裁定书。

2. 最高人民法院裁判意见

案涉工程施工中途J公司撤场，H学校已将后续工程交由案外人施工，应视为H

学校对J公司已施工部分的工程质量无异议,据此对已完工部分的工程,一、二审判决认为应据实结算。依据J公司确定的标的物已完工程施工范围进行鉴定,案涉工程造价为23281915.33元;依据H学校提供的施工范围确定造价为15760168.33元。因J公司系案涉工程的实际施工人,其根据工程进度提供相应施工资料,能比较客观反映已完工程的具体情况,故一、二审判决确定以按照J公司提供的施工范围确定的工程造价进行结算,符合本案实际情况,并无不妥。H学校申请再审认为不应采信该鉴定意见的理由不能成立,本院不予支持。同时,H学校申请再审认为鉴定程序存在鉴定组织、鉴定依据不合法及错将他人施工内容计入等问题。经审查,案涉鉴定意见系一审法院依J公司申请,按照法定程序委托Q规划设计研究院所作出,因H学校对该鉴定意见有异议,二审法院又委托该鉴定机构对鉴定意见进一步补充说明,各方当事人亦发表了质证意见,结合各方提交的证据,二审判决认为该鉴定意见程序合法、结论正确并予以采信,并无不妥。

(四)未约定变更或签证价格时工程价款的结算

双方当事人采用现行通用的《施工合同(2017示范文本)》签订建设工程施工合同的,对于变更或签证的价格,首先应当依照变更估价三原则确定,即有相同按相同,有类似参照类似,无相同或相似按照合理的成本加利润的原则确定。双方当事人仍不能达成一致意见时,按照当地定额加信息价的方法确定。

《新建设工程司法解释(一)》第十九条对此有规定:"因设计变更导致建设工程的工程量或者质量标准发生变化,当事人对该部分工程价款不能协商一致的,可以参照签订建设工程施工合同时当地建设行政主管部门发布的计价方法或者计价标准结算工程价款。"

(五)发包人已签批认可材料价格工程价款的结算

《建设工程造价鉴定规范》GB/T 51262—2017第5.6.4条规定:"① 材料价格在采购前经发包人或其代表签批认可的,应按签批的材料价格进行鉴定;② 材料采购前未报发包人或其代表认质认价的,应按合同约定的价格进行鉴定。"

《民法典》第五百一十条规定:"合同生效后,当事人就质量、价款或者报酬、履行地点等内容没有约定或者约定不明确的,可以协议补充;不能达成补充协议的,按照合同相关条款或者交易习惯确定。"

依法成立的合同对双方当事人均有法律约束力。在建设工程施工合同履行过程中，承包人与发包人通过认质认价确定了材料价格，就在双方之间达成了补充协议。补充协议独立于建设工程施工合同，即使建设工程施工合同约定了材料价格的下浮率，承包人也有权要求不再受原建设工程施工合同下浮率的限制。

第九章
建设工程税务法律风险防控

长期以来，建筑业是我国国民经济的支柱产业，建设工程企业对国内生产总值的贡献很高。但是，建设工程大多具有工程量大、周期长、造价高、资金周转慢等特点，建设工程企业所承担的涉税负担、风险相对较重。防控税务法律风险，早已成为建设工程企业无法回避的课题、难题。

本书仅从造价、法律、合规管理角度探讨建设工程税务法律风险防控问题，至于建设工程企业如何具体进行税务管理，如何纳税申报等，是税务专业人士的工作，不在本书研讨范围。

一、建设工程企业税务法律风险的含义、产生原因

（一）建设工程企业税务法律风险的含义

建设工程企业税务法律风险，是指在我国现有的税收制度下，建设工程企业的税务行为不符合税收法律法规的规定，而导致企业有可能产生的利益损失。

（二）建设工程企业税务法律风险的产生原因

1. 建设工程企业的税务行为不符合税收法律法规的规定

比如，建设工程企业存在应纳税而未纳税、少纳税的行为，有可能面临补缴税款、罚款、加收滞纳金、声誉受损、刑事处罚等法律风险。

建设工程企业的税务行为不符合税收法律法规的规定，有多方面的因素。

（1）内部因素

①建设工程企业防范税务法律风险意识不够

建设工程企业的经营者及管理人员往往认为，企业自成立以来，从来没有因税务

问题被处罚，其他建设工程企业也很少因税务问题被处罚，因此，今后我们企业也不会因税务问题被处罚。有这类想法的建设工程企业不重视税务法律风险的防控，不安排税务专业人士管控税务法律风险，不愿意投入税务法律风险防范费用，更不可能将税务法律风险管理提高至企业战略管理层面。

部分建设工程企业平时不重视防控税务法律风险，等出了税务问题，面临各种处罚时，希望通过找关系摆平。殊不知此类处理方式，除成本高昂、风险极高外，还有太多不确定因素，甚至有可能使企业上当受骗，让面临处罚的建设工程企业雪上加霜。

有这些想法的建设工程企业，出现税务法律风险，只是迟早的事；或者已经出现税务法律风险，只是缺少一个着火点而已，有了着火点，税务法律风险将立即大爆发。

②建设工程企业负责税务工作的人员专业水平不够

负责税务工作的人员只知处理纳税申报、缴纳税款等简单税务事项，不知企业经营的哪些环节有可能出现税务法律风险，不知如何提前分析、防范税务法律风险，更不清楚如何控制税务法律风险；或者建设工程企业负责税务工作的人员跟不上税务法律法规、监管政策变化的步伐，未及时调整涉税工作重点，给企业带来税务法律风险。

（2）外部因素

①国家经济形势尤其市场环境、融资环境变化；

②产业政策调整；

③税务法律法规、部门规章、地方规章等更新，税收监管政策变化；

④某些税务行政主管部门、执法人员随意执法。

上述内外因素都有可能给建设工程企业带来难以预见的税务法律风险。

2. 建设工程企业的经营行为不完全符合税收法律法规的规定，适用税法不当，给企业带来税务法律风险。

二、建设工程企业税务法律风险宏观防控

（一）加强税务法律风险防控意识

（1）建设工程企业应当树立依法纳税的理念，在生产经营中重视税务管理工作。

（2）建设工程企业的经营者、实际控制人、管理者需高度重视企业税务法律风险防控工作，将税务法律风险防控、管理提升至企业战略管理高度，从源头上、制度上防控税务法律风险。

（3）建设工程企业需引导全体员工尤其是财务管理人员、合同管理人员、法务人

员、销售人员等,参与到税务法律风险防控工作中。

(二)建设工程企业有必要成立税务法律风险防控部门

税务问题归根到底都是法律问题。

建设工程企业只要出现税务问题,就几乎无小事。建设工程企业怎么防控税务法律风险,都不过分。建设工程企业有必要成立税务法律风险防控部门,安排税务人才、法律人才等专业人才开展税务法律风险防控工作,针对建设工程企业涉及的不同税种,重点分析具体税种的主要风险来源、控制点,最大程度防控税务法律风险,避免造成建设工程企业不必要的损失。

(三)突破税务法律风险防控的薄弱环节、重点与难点

建设工程企业需根据本行业、本企业的实际情况,分析、研究本企业税务法律风险防控的薄弱环节,分析、研究企业税务法律风险防控重点、难点,有的放矢,有针对性地采取防控措施。

(四)吃透税务法律法规、部门规章、地方规章、监管政策等

建设工程企业的经营者、税务管理人员等需结合内外经济形势的变化,全面学习、理解税务法律法规、部门规章、地方规章、监管政策等法律文件,尤其需关注其变化、调整的内容。对于不太理解的内容,可寻求税务师事务所或税务代理机构的帮助,及时调整本企业的税务管理细则,做到未雨绸缪,防患于未然,将企业的税务法律风险控制在可控范围。建设工程企业还可以自己或通过委托税务师事务所或税务代理机构,进行必要的税务筹划,合理合法节税,但不要过分依赖税务筹划。

(五)重视税务法律风险高发环节

1. 投标报价环节

2016年2月19日,住房和城乡建设部办公厅发布《关于做好建筑业营改增建设工程计价依据调整准备工作的通知》(建办标〔2016〕4号),其中第二条规定"工程造价可按以下公式计算:工程造价=税前工程造价×(1+11%)。其中,11%为建筑业拟征增值税税率,税前工程造价为人工费、材料费、施工机具使用费、企业管理费、利润和规费之和,各费用项目均以不包含增值税可抵扣进项税额的价格计算,相应计价依据按上述方法调整。"①

---

① 自2018年4月11日起,建筑业拟征增值税税率由11%调整为10%。

依据上述规定，建设工程企业在参与建设工程投标时，应改变原有的工程造价计算方式。投标报价时需先估算不含增值税的可抵扣进项税额，后形成税前工程造价，再按上述计算方式算出投标报价金额，否则，报高了没有机会中标，报低了可能涉嫌低价中标而承担相应的法律责任。

2. 签订合同环节

建设工程施工合同涉税条款直接关系到承发包双方的税务利益。建设工程施工合同对涉税条款约定不明确的，双方当事人极容易产生涉税争议。

为避免产生涉税争议，承发包双方在签订建设工程施工合同时，需重点注意：

（1）合同业务内容与税务内容是否匹配；

（2）建设工程施工合同、分包合同的税务体系是否匹配；

（3）是否价税分离；

（4）发票类型、税率是否明确；

（5）收款节点是否明确；

（6）建设工程施工合同是否分项列明不同税率的项目；

（7）建设工程施工合同是否明确税率变动的风险承担责任；

（8）是采用一般计税方法还是简易计税方法；

（9）资金流、货物流、发票流是否一致。

这里有一点承包人需特别注意：建设工程施工合同大多约定了奖惩条款，符合约定的奖惩条件的，承发包双方在办理结算时，将兑现奖惩条款，发包人给予承包人一定的奖金或进行一定的罚款。承包人获得的奖金属于价外费用，需向发包人开具相应的增值税发票并按工程价款缴纳增值税。罚款的性质属于违约金，视同工程价款打了折扣。对于大额的罚款，承包人应当向发包人开具红字增值税发票；对于小额的罚款，承发包双方可商定不进行开票处理，发包人将罚款作为营业外收入，承包人将罚款作为营业外支出即可。奖金与罚款发生在同一期间的，承发包双方最好商定按差额处理，承包人向发包人开具相应的增值税发票或红字增值税发票。

为避免日后产生争议，承发包双方在约定奖惩条款时，对于奖金或罚款，应当明确是含增值税价还是不含增值税价。

劳务分包合同中约定的奖惩条款，按照上述内容操作。

3. 劳务分包环节

（1）施工企业在选择分包单位时，有必要要求拟分包单位提供工程承包或建筑劳务资质证明、能够开具增值税专用发票的证明文件（如增值税一般纳税人资格证明）。存在多个劳务分包单位时，需统一劳务结算形式、支付方式。在与劳务分包单位进行结算时，需将结算单、工资表及支付明细保存，或者与劳务发票一起附于凭证后面，以备税务稽查。

（2）施工总承包单位需与分包单位依法订立书面分包合同，约定工程价款计量周期、工程价款进度结算办法，按月对工程量进行结算，由劳务分包单位开具增值税发票，办理工程价款支付手续。

（3）施工总承包单位应当按照规定开设农民工工资专用账户，专项用于支付该工程项目农民工工资。施工总承包单位不通过劳务分包单位直接将农民工工资转入农民工工资专用账户的，不属于资金流、货物流、发票流不一致的情况，只要结算手续完备，就不存在虚开增值税发票的风险。不过，施工总承包单位内部承包人通过劳务分包单位提取报酬的，就存在虚开增值税发票的风险。

（六）防控增值税纳税义务发生时间引起的税务法律风险

1. 增值税纳税义务发生时间

《增值税暂行条例》（国务院令第691号）第十九条规定："增值税纳税义务发生时间：（一）发生应税销售行为，为收讫销售款项或者取得销售款项凭据的当天；先开具发票的，为开具发票的当天。（二）进口货物，为报关进口的当天。增值税扣缴义务发生时间为纳税人增值税纳税义务发生的当天。"

2. 建设工程企业的增值税纳税义务时间

建设工程企业的增值税纳税义务时间按照开票时间、收款时间和合同约定的付款时间孰先的原则确认。在已确认工程量但发包人尚未付款时，根据合同约定的付款时间进行判断，分两种情况：

（1）按照合同约定已到付款时间，发包人尚未付款的，增值税纳税义务已发生，承包人应开具发票，申报、缴纳增值税；

（2）尚未到合同约定的付款时间，发包人未付款，承包人没有开具发票的，增值税纳税义务还未发生，不需要申报、缴纳增值税。

建设工程企业务必注意：合同约定的付款时间已到，即使发包人未按合同约定的节点支付价款，承包人的增值税纳税义务时间仍是合同约定的付款时间，需按约定开具发票，申报纳税，或者与发包人另行约定付款时间；付款时间协议延迟后，增值税纳税义务时间相应延迟，否则，承包人就将承担滞纳税款税务风险。

发包人不同意与承包人另行约定付款时间的，承包人应当按照约定及时开具增值税发票，缴纳增值税。发包人不接收增值税发票的，承包人应进行无票收入纳税申报，避免后期因税务稽查被处以补税、罚款等处罚。

3. 建设工程企业防控增值税纳税义务发生时间引起的税务法律风险的措施

为了防控增值税纳税义务发生时间导致的税务法律风险，建设工程企业有必要定期进行以下四个方面的纳税自查：

（1）核对发票开具、工程进度款支付、工程价款结算等事实，确定是否存在已收款未开票、未缴纳增值税情况；

（2）按照项目核对建设工程施工合同，对照合同约定的收款时间，核对实际收款情况，核对是否与增值税计税收入存在差异；

（3）核对建设工程施工合同约定的收款时间、工程进度款支付凭证、工程价款结算凭证，落实增值税实际应申报计税依据；

（4）对挂靠经营项目，无法确认收入明细账的，可以根据建设工程施工合同约定的收款时间、工程进度款支付凭证、工程价款结算凭证等，核对企业纳税情况。

三、建设工程企业常见税务法律风险防控

《最高人民法院关于为加快建设全国统一大市场提供司法服务和保障的意见》（法发〔2022〕22号）第23条规定："研究制定审理涉税犯罪案件司法解释，依法惩处逃税、抗税、骗税、虚开增值税专用发票等违法犯罪行为，加大对利用'阴阳合同'逃税、文娱领域高净值人群逃税等行为的惩处力度。加强与税务、公安等部门执法司法协同，推动完善税收监管制度。"

（一）虚开增值税专用发票税务法律风险防控

1. 虚开增值税专用发票

虚开增值税专用发票，是指行为人违反国家税收管理规定，为他人虚开、为自己虚开、让他人为自己虚开、介绍他人虚开增值税专用发票，造成国家利益损失的行为。

虚开增值税专用发票是建设工程企业最大的税务法律风险，也是后果最为严重的建设工程企业税务违法行为。

2. 虚开增值税专用发票的情形

根据《发票管理办法》的规定，虚开增值税专用发票包括以下情形：

（1）为他人开具与实际经营业务情况不符的增值税专用发票；

（2）为自己开具与实际经营业务情况不符的增值税专用发票；

（3）让他人为自己开具与实际经营业务情况不符的增值税专用发票；

（4）介绍他人开具与实际经营业务情况不符的增值税专用发票。

3. 虚开增值税专用发票的法律后果

在工程实践中，存在大量的挂靠、违法分包、转包等违法行为。而在挂靠、违法分包、转包关系中，经常发生虚开增值税专用发票的情况。

虚开增值税发票的主要法律后果如下。

（1）行政责任

① 纳税人未按照规定期限缴纳税款的，扣缴义务人未按照规定期限扣缴税款的，除限期缴纳外，从滞纳税款之日起，按日加收滞纳税款5‰的滞纳金。

② 税务机关有权对虚开增值税专用发票行为人处以罚款、追究直接责任人员行政责任。

（2）刑事责任

虚开增值税专用发票情节严重构成犯罪的，由司法机关依法追究其刑事责任。

虚开增值税专用发票罪，是指为了牟取非法经济利益，故意违反国家发票管理规定，虚开增值税专用发票，给国家造成损失的行为。

《刑法》第二百零五条规定："虚开增值税专用发票或者虚开用于骗取出口退税、抵扣税款的其他发票的，处三年以下有期徒刑或者拘役，并处二万元以上二十万元以下罚金；虚开的税款数额较大或者有其他严重情节的，处三年以上十年以下有期徒刑，并处五万元以上五十万元以下罚金；虚开的税款数额巨大或者有其他特别严重情节的，处十年以上有期徒刑或者无期徒刑，并处五万元以上五十万元以下罚金或者没收财产。单位犯本条规定之罪的，对单位判处罚金，并对其直接负责的主管人员和其他直接责任人员，处三年以下有期徒刑或者拘役；虚开的税款数额较大或者有其他严重情节的，处三年以上十年以下有期徒刑；虚开的税款数额巨大或者有其他特别严重情节的，处十年以上有期徒刑或者无期徒刑。虚开增值税专用发票或者虚开用于骗取出口退税、抵扣税款的其他发票，是指有为他人虚开、为自己虚开、让他人为自己虚开、介绍他人虚开行为之一的。"

4. 建筑劳务公司向施工总承包单位开具增值税发票税务法律风险防控

施工总承包单位承接工程后，可以将劳务合法分包给建筑劳务公司。建筑劳务公司如何向施工总承包单位开具增值税发票，才可有效防控税务法律风险？

（1）建筑劳务公司需与施工总承包单位签订劳务分包合同，明确约定增值税发票开具细节，比如，劳务公司向施工总承包单位开具3%增值税专用或者普通发票，需在增值税发票"备注栏"上注明工程项目所在地的县、市（区）和项目的名称。施工企业取得劳务公司开具的发票后，就可以在缴纳企业所得税前扣除和抵扣增值税进项税额。

（2）施工总承包单位、建筑劳务公司约定施工总承包单位通过其设立的农民工工资专用账户或通过其基本账户代发劳务公司聘请的农民工工资的，双方需另签一份《劳务公司委托施工企业代发农民工工资协议》；劳务公司开具增值税发票时，需在发票"备注栏"上注明"施工总承包单位通过农民工工资专用账户或通过其基本账户代发农民工工资若干元"的字样。

5. 虚开增值税专用发票税务法律风险防控措施

（1）建立健全建设工程企业内部发票管理制度，尽可能做到货物流、资金流、发票流、合同流四流一致，降低虚开增值税专用发票的法律风险。

（2）按照国家发票管理规定，严格审核发票，取得或开具合法、合规的增值税专用发票，不接受、不开具不符合要求的增值税专用发票，开具的增值税专用发票不符合要求时，要求开票方重新开具。

建设工程企业需注意：业务真实但取得或开具增值税专用发票违反国家发票管理规定，同样会给企业带来税务法律风险。因此，在业务真实的情况下，建设工程企业需认真审查：

① 是否按照商品税收分类编码开具发票；

② 发票内容是否按照真实业务如实开具；

③ 汇总开具的发票是否有明细清单等。

（二）建设工程母公司（总公司）中标、子公司（分公司）施工税务法律风险防控

根据《建筑工程施工发包与承包违法行为认定查处管理办法》（建市规〔2019〕1号）第八条的规定，母公司承接建筑工程后，将所承接工程交由具有独立法人资格的子公司施工的，属于转包，是违法行为。

不过，税务机关在对建设工程企业的税务管理上，一般不考虑建设工程企业是否存在转包、违法分包、挂靠等违法行为。对于母公司（总公司）中标建设工程后交由子公司（分公司）施工所涉税务问题，《国家税务总局关于进一步明确营改增有关征管问题的公告》（国家税务总局公告2017年第11号）第二条规定："建筑企业与发包方签订建筑合同后，以内部授权或者三方协议等方式，授权集团内其他纳税人（以下称'第三方'）为发包方提供建筑服务，并由第三方直接与发包方结算工程款的，由第三方缴纳增值税并向发包方开具增值税发票，与发包方签订建筑合同的建筑企业不缴纳增值税。发包方可凭实际提供建筑服务的纳税人开具的增值税专用发票抵扣进项税额。"

根据上述规定，对于存在总分公司体制和母子（孙）公司体制的建设工程企业，国家税务总局认可母公司（总公司）中标、子公司（分公司）施工的情况。

母公司（总公司）中标、子公司（分公司）施工税务法律风险防控措施如下。

（1）母公司（总公司）参加建设工程的招标投标活动，母公司（总公司）中标后，与发包人签订建设工程施工合同。

（2）母公司（总公司）、子公司（分公司）、发包人签订三方协议，明确约定以下内容：

①母公司（总公司）授权子公司（分公司）为发包人提供建设工程施工服务；

②子公司（分公司）直接与发包人结算工程价款；

③子公司（分公司）直接向发包人开具增值税发票、缴纳增值税。

通过上述防控措施，子公司（分公司）是向发包人开具增值税发票、缴纳增值税的主体，母公司（总公司）无需向发包人开具增值税发票、缴纳增值税。发包人可以凭子公司（分公司）开具的增值税专用发票抵扣进项税额。

（三）建设工程黑白合同税务法律风险防控

《税收征收管理法实施细则》第三条第二款规定："纳税人应当依照税收法律、行政法规的规定履行纳税义务；其签订的合同、协议等与税收法律、行政法规相抵触的，一律无效。"

不过，发包人为了避税，往往要求承包人签订两份或多份合同，由此，黑白合同产生。

1. 黑白合同的含义

黑白合同是一个通俗称呼，并非法律术语。黑白合同的名称仍未出现在法律、法规、司法解释的规定中。

黑白合同又称阴阳合同，是指承包人与发包人就同一个建设工程项目订立两份或多份实质性内容不一致的合同，其中一份是对外合同，是白合同或阳合同，通常用于备案或者逃避国家税收；另一份是对内合同，是黑合同或阴合同，是双方当事人实际履行的合同。

黑白合同是违法行为，不同于合法避税的税务筹划行为。

不过，在目前的司法实践中，并非黑合同或阴合同即为无效合同，还需审查黑合同或阴合同是不是双方当事人的真实意思表示，其内容是否合法，是否违反法律、行政法规效力强制性规定。而且，目前法院或者仲裁机构一般也不会以黑白合同涉嫌逃税为由认定黑合同或阴合同是无效合同。

不过，对于通过招标投标方式确定承包人的建设工程，法院对于黑白合同的效力认定与上段文字内容不同。

《新建设工程司法解释（一）》第二条规定："招标人和中标人另行签订的建设工程施工合同约定的工程范围、建设工期、工程质量、工程价款等实质性内容，与中标合同不一致，一方当事人请求按照中标合同确定权利义务的，人民法院应予支持。招标人和中标人在中标合同之外就明显高于市场价格购买承建房产、无偿建设住房配套设施、让利、向建设单位捐赠财物等另行签订合同,变相降低工程价款,一方当事人以该合同背离中标合同实质性内容为由请求确认无效的,人民法院应予支持。"

《新建设工程司法解释(一)》第二十三条规定:"发包人将依法不属于必须招标的建设工程进行招标后,与承包人另行订立的建设工程施工合同背离中标合同的实质性内容,当事人请求以中标合同作为结算建设工程价款依据的,人民法院应予支持,但发包人与承包人因客观情况发生了在招标投标时难以预见的变化而另行订立建设工程施工合同的除外。"

2. 黑白合同税务法律风险

(1)通过签订黑白合同方式逃避税款缴纳,构成偷税行为,税务机关将追缴不缴或者少缴的税款、滞纳金,并处罚款

《税收征收管理法》第六十三条第一款规定:"纳税人伪造、变造、隐匿、擅自销毁帐簿、记帐凭证,或者在帐簿上多列支出或者不列、少列收入,或者经税务机关通知申报而拒不申报或者进行虚假的纳税申报,不缴或者少缴应纳税款的,是偷税。对纳税人偷税的,由税务机关追缴其不缴或者少缴的税款、滞纳金,并处不缴或者少缴的税款百分之五十以上五倍以下的罚款;构成犯罪的,依法追究刑事责任。"

(2)行为人采取欺骗、隐瞒手段进行虚假纳税申报或者不申报,情节严重的,构成逃税罪

《刑法》第二百零一条规定了逃税罪:"纳税人采取欺骗、隐瞒手段进行虚假纳税申报或者不申报,逃避缴纳税款数额较大并且占应纳税额百分之十以上的,处三年以下有期徒刑或者拘役,并处罚金;数额巨大并且占应纳税额百分之三十以上的,处三年以上七年以下有期徒刑,并处罚金。扣缴义务人采取前款所列手段,不缴或者少缴已扣、已收税款,数额较大的,依照前款的规定处罚。对多次实施前两款行为,未经处理的,按照累计数额计算。有第一款行为,经税务机关依法下达追缴通知后,补缴应纳税款,缴纳滞纳金,已受行政处罚的,不予追究刑事责任;但是,五年内因逃避缴纳税款受过刑事处罚或者被税务机关给予二次以上行政处罚的除外。"

《最高人民检察院、公安部关于公安机关管辖的刑事案件立案追诉标准的规定(二)》第五十二条规定了逃税案的立案标准:"(一)纳税人采取欺骗、隐瞒手段进行虚假纳税申报或者不申报,逃避缴纳税款,数额在十万元以上并且占各税种应纳税总额百分之十以上,经税务机关依法下达追缴通知后,不补缴应纳税款、不缴纳滞纳金或者不接受行政处罚的;(二)纳税人五年内因逃避缴纳税款受过刑事处罚或者被税务机关给予二次以上行政处罚,又逃避缴纳税款,数额在五万元以上并且占各税种应纳税总额百分之十以上的;(三)扣缴义务人采取欺骗、隐瞒手段,不缴或者少缴已扣、已收税款,数额在五万元以上的。纳税人在公安机关立案后再补缴应纳税款、

缴纳滞纳金或者接受行政处罚的，不影响刑事责任的追究。"

（3）接受多部门联合惩戒

2016年12月30日，国家发展和改革委员会、中国人民银行、国家税务总局、最高人民法院、公安部、财政部、住房和城乡建设部等34个部门联合发布《关于对重大税收违法案件当事人实施联合惩戒措施的合作备忘录（2016年版）》（发改财金〔2016〕2798号），针对涉及重大税收违法的纳税人，规定了28项惩戒措施，涉及经营、投融资、取得政府供应土地、进出口、出入境、注册新公司、工程招标投标、政府采购、获得荣誉、安全许可、生产许可、从业任职资格、资质审核等方面。其中税务方面的惩戒措施很严厉：纳税信用级别直接判为D级，适用《纳税信用管理办法（试行）》关于D级纳税人的管理措施，税务方面的具体惩戒措施为：

① 公开D级纳税人及其直接责任人员名单，对直接责任人员注册登记或者负责经营的其他纳税人纳税信用直接判为D级；

② 增值税专用发票领用按辅导期一般纳税人政策办理，普通发票的领用实行交（验）旧供新、严格限量供应；

③ 将出口企业退税管理类别直接定为四类，并按《出口退（免）税企业分类管理办法》中对四类出口企业申报退税审核管理的规定从严审核办理退税；

④ 缩短纳税评估周期，严格审核其报送的各种资料；

⑤ 列入重点监控对象，提高监督检查频次，发现税收违法违规行为的，不得适用规定处罚幅度内的最低标准；

⑥ 将纳税信用评价结果通报相关部门，按照法律法规等有关规定，在经营、投融资、取得政府供应土地、进出口、出入境、注册新公司、工程招标投标、政府采购、获得荣誉、安全许可、生产许可、从业任职资格、资质审核等方面予以限制或禁止；

⑦ D级评价保留2年，第三年纳税信用不得评价为A级；

⑧ 税务机关与相关部门实施的联合惩戒措施，以及结合实际情况依法采取的其他严格管理措施。

而且，为达到联合惩戒的目的，税务机关会通过全国信用信息共享平台、地方信用信息共享平台等信息技术手段定期向签署本备忘录的部门和单位提供重大税收违法案件及当事人信息。同时，相关名单信息在税务机关门户网站、"信用中国"网站和国家企业信用信息公示系统进行公示，供社会查阅。相关部门和单位收到相关名单后，根据本备忘录约定的内容对其实施惩戒，并及时或定期将联合惩戒措施的实施情况通过全国信用信息共享平台联合惩戒子系统反馈至国家发展和改革委员会、国家税务总局。

（四）建设工程公司转款到股东个人账户的税务法律风险防控

公司、股东个人是不同的法律主体，两者人格不能混同，财务不能混同。在建设工程公司的生产经营中，经常发生公司账户转款给股东个人的情况。建设工程公司转款到股东个人账户操作不当的，有可能给公司或股东个人带来税务法律风险。

1. 股东从公司借款税务法律风险防控

（1）股东从公司借款税务法律风险

在一个纳税年度内自然人股东从其投资的公司借款，在该纳税年度终了后既不归还，又未用于公司生产经营的，其未归还的借款视为公司对该股东的红利分配，依照"利息、股息、红利所得"项目计征个人所得税。股东个人所得税按照20%的税率缴纳，股东所在公司具有代扣代缴股东个人所得税的义务。扣缴义务人应扣未扣、应收而不收税款的，由税务机关向纳税人追缴税款，对扣缴义务人处应扣未扣、应收未收税款50%以上3倍以下的罚款。

（2）股东从公司借款税务法律风险防控措施

① 整理、保存能够证明公司与股东个人存在借贷法律关系的证据，比如，借款合同、付款凭证、收款收据等；借款用于公司生产经营的，需在付款凭证、收款收据上注明借款用途，比如，发放工人工资、购买材料、机器设备等，并整理、保存能够证明借款用途的证据，比如，支付工人工资的转款单、工资签收单、购买材料、机器设备的凭证。

② 公司财务人员需如实记账；

③ 借款之日起一年内股东需将借款偿还给公司；

④ 股东不能在借款之日起一年内偿还借款的，公司需按税收管理规定代扣代缴股东个人所得税。

2. 股东从公司获取分红或工资薪金税务法律风险防控

（1）股东从公司获取分红或工资薪金税务法律风险

股东从其公司获取分红或工资薪金，应当按照股息或红利所得或工资薪金所得缴纳个人所得税，其公司对于股东个人所得税具有代扣代缴的义务；公司不代扣代缴个人所得税的，税务机关向股东追缴个人所得税，对公司处应扣未扣税额的50%以上3倍以下的罚款。

（2）股东从公司获取分红或工资薪金税务法律风险防控措施

① 股东从其公司获取分红或工资薪金，公司需如实记账；

② 公司向股东发放分红或工资薪金时，需按照税收管理规定履行代扣代缴股东个人所得税的义务。

3. 股东或员工代公司支付费用税务法律风险防控

（1）股东或员工代公司支付费用税务法律风险

在公司生产经营中，经常发生股东或员工代公司支付各种成本费用，股东或员工凭支付凭证向公司报销款项的情况。股东或员工代公司支付成本费用属实的，一般不会产生税务法律风险。不过，股东或员工提供的增值税发票或其他付款凭证，与公司的生产经营无关，是虚假交易的，则属于虚开增值税发票、偷税的行为，将承担行政责任乃至刑事责任。

（2）股东或员工代公司支付费用税务法律风险防控措施

① 确保股东或员工代付的费用属于公司的真实交易；

② 股东或员工代公司支付成本费用时，要求交易方开具收款发票，及时将收款发票、付款凭证、合同等材料提交给公司，办理报销手续。

第十章

建设工程实际施工人法律风险防控

在司法实践中，与实际施工人有关的法律问题，一直都是难点。为了平衡被挂靠人、违法分包人、转包人与实际完成施工任务的单位或个人之间的利益，保障农民工合法权益，最高人民法院通过司法解释创设了"实际施工人"的概念。

一、实际施工人的含义、特征

（一）实际施工人的含义

《最高人民法院关于审理建设工程施工合同纠纷案件适用法律问题的解释》（法释〔2004〕14号）创设了"实际施工人"的概念，《最高人民法院关于审理建设工程施工合同纠纷案件适用法律问题的解释（二）》（法释〔2018〕20号）继续沿用了"实际施工人"的概念，《新建设工程司法解释（一）》完善了实际施工人制度。

目前法律、法规都没有明确定义实际施工人，上述三份与实际施工人相关的司法解释也没有明确实际施工人的含义。

对于实际施工人含义的理解主要有以下几种。

1. 最高人民法院就《关于审理建设工程施工合同纠纷案件适用法律问题的解释》答记者问

对"实际施工人"的阐释是："承包人与发包人订立建设工程施工合同后，往往又将建设工程转包或者违法分包给第三人，第三人就是实际施工人。"

2.《最高人民法院建设工程施工合同司法解释的理解与适用》（最高人民法院民事审判第一庭编著，人民法院出版社出版）

实际施工人是指无效合同的承包人，即转包人、违法分包合同的承包人、没有资质借用有资质的建筑施工企业的名义与他人签订建设工程施工合同的承包人。

3.《最高人民法院关于统一建设工程施工合同纠纷中"实际施工人"的司法认定条件的建议的答复》

实际施工人是指依照法律规定被认定为无效的施工合同中实际完成工程建设的主体，包括施工企业、施工企业分支机构、包工头等法人和非法人组织、公民个人等，是为区别于合法承包人、施工人而创设的概念。

4.《最高人民法院新建设工程施工合同司法解释（一）理解与适用》（最高人民法院民事审判第一庭编著，人民法院出版社出版）

实际施工人一般是无效合同的承包人，即转承包人、违法分包合同的承包人、没有资质借用有资质的建筑施工企业的名义与他人签订建筑工程施工合同的承包人。通俗地讲，实际施工人就是在上述违法情形中完成了施工义务的单位或者个人。建设工程层层多手转包的，实际施工人一般指最终投入资金、人工、材料、机械设备实际进行施工的施工人。

5.《山东省高级人民法院关于审理建设工程施工合同纠纷案件若干问题的解答》

实际施工人是指依照法律规定被认定为无效的施工合同中实际完成工程建设的施工主体，包括转承包人、违法分包的承包人等。当事人以实际施工人身份主张权利的，应当对其实际投入工程的资金、设备、材料、人工等事实进行举证。

6.《北京市高级人民法院关于审理建设工程施工合同纠纷案件若干疑难问题的解答》

"实际施工人"是指无效建设工程施工合同的承包人，即违法的专业工程分包和劳务作业分包合同的承包人、转承包人、借用资质的施工人（挂靠施工人）；建设工程经数次转包的，实际施工人应当是最终实际投入资金、材料和劳力进行工程施工的法人、非法人企业、个人合伙、包工头等民事主体。

（二）实际施工人的特征

（1）实际施工人将资金、人工、材料、机械设备等投入到建设工程中，且组织工程施工。提供纯劳务的单位或个人不是实际施工人。

（2）实际施工人存在于转包、违法分包、挂靠等违法行为中，在合法的施工总承包、专业分包、劳务分包等关系中不存在实际施工人。

（3）实际施工人与发包人之间不存在名义上的合同关系，实际施工人与转包人或者违法分包人或者被挂靠人签订的合同都是无效合同。

（4）实际施工人与转包人或者违法分包人或者被挂靠人之间不存在劳动或劳务等隶属关系。

二、实际施工人的表现形式

（一）实际施工人的主要表现形式

实际施工人的主要表现形式有：（1）转包合同中的承包人；（2）违法分包合同中的承包人；（3）未取得建筑施工企业资质的承包人；（4）超越建筑施工企业资质等级的承包人；（5）没有资质借用有资质的建筑施工企业名义施工的承包人。

有人认为：建设工程必须进行招标而未招标或者中标无效的承包人、低于成本报价的建设工程施工合同中的承包人也应当被认定为实际施工人。笔者不赞同该观点，理由是：（1）并非全部建设工程施工合同关系中都会出现实际施工人，只有承包人存在转包、违法分包、挂靠等违法行为时，才会产生实际施工人；（2）发包人和承包人之间的建设工程施工合同被认定无效，而不涉及其他合同主体的，承包人不应当被认定为实际施工人。

（二）不能被认定为实际施工人的主体

（1）总承包单位的下属分支机构、内部职工不能被认定为实际施工人。比如，工程项目管理人、内部承包人不能被认定为实际施工人，理由是：工程项目管理人、内部承包人是总承包单位的下属分支机构、在职职工或者聘用的劳务人员，双方一般存在劳动或劳务等隶属关系。

（2）与转包人、违法分包人没有建立建设工程施工合同关系的农民工、建筑工人不能被认定为实际施工人。

（3）建筑行业俗称的包工头、施工队或施工班组是不是实际施工人，需区分两种情况：

① 包工头、施工队或施工班组与转包人、违法分包人建立了建设工程施工合同关系，承担建设工程施工合同义务，且自行雇请农民工或者建筑工人、支付农民工或者建筑工人工资的，应当被认定为实际施工人；

② 包工头、施工队或施工班组仅负责雇请农民工或者建筑工人，而由转承包人或者违法分包中的承包人支付农民工或者建筑工人工资的，不应被认定为实际施工人。

三、实际施工人的认定

《最高人民法院关于审理建设工程施工合同纠纷案件适用法律问题的解释》（法释〔2004〕14号）创设"实际施工人"概念的主要目的是：解决挂靠、违法分包、转包等情形下拖欠建筑工人或者农民工工资问题。

（一）认定实际施工人的原则

对于如何认定实际施工人，目前法律、法规、司法解释都未作出明确的规定。在司法实践中，认定实际施工人有四个原则。

（1）实际施工人是独立于发包人与承包人之外的第三人。承包人与发包人签订建设工程施工合同后，承包人将合同约定的工程范围交给第三人施工，该第三人独立于发包人与承包人，是合同约定的施工任务的实际承担者，即实际施工人。

（2）实际施工人是转包、违法分包、挂靠等无效合同的产物，其承担施工任务违反了法律、法规的规定或建设工程施工合同的约定。

（3）实际施工人完成的施工任务是独立的单项工程，仅完成分部分项工程的，一般不能被认定为实际施工人。

（4）实际施工人是最终实际完成建设工程施工任务的民事主体，即投入资金、人工、材料、机械设备等完成施工的主体，并通过独立完成建设工程的施工任务获得收益。

（二）最高人民法院对于实际施工人的认定意见

2023年1月9日，最高人民法院发布《对十三届全国人大五次会议第3784号建议的答复》，即"关于完善建筑业实际施工人司法解释及项目内部承包责任合法化建议的答复"，对于实际施工人的认定提出了如下意见。

2004年10月25日公布的《最高人民法院关于审理建设工程施工合同纠纷案件适用法律问题的解释》第二十六条规定："实际施工人以转包人、违法分包人为被告起诉的，人民法院应当依法受理。实际施工人以发包人为被告主张权利的，人民法院可以追加转包人或者违法分包人为本案当事人。发包人只在欠付工程价款范围内对实际施工人承担责任。"之所以突破合同相对性作如此规定，是为了保护从事建筑业的农民工的合法权益。按照司法解释，实际施工人与转包人、违法分包人相对应。依据国务院发布的《建设工程质量管理条例》第七十八条规定，转包与违法分包有明确的界定。因而，司法解释中的实际施工人范围应是确定的，仅指与依《建设工程质量管理条例》认定的转包人或者违法分包人对应的、建设工程发包人与承包人之外的第三人，不应当包括依照法律规定实行"企业内部项目经济责任制承包"（即内部承包）的人。虽然现行法律、行政法规对建筑业内部承包未作直接规定，但既然称内部承包，则内部承包人应属于建筑企业的工作人员。参照《民事诉讼法解释》第八十六条对《民事诉讼法》第六十一条第二款第（二）项中当事人的"工作人员"的解释，建筑企业的工作人员应指与建筑企业"有合法劳动人事关系的职工"。如何判断与认定"内部承包人"与建筑企业是否存在合法劳动关系应当依照《劳动合同法》及人力资源社会保障主管部门相关政策文件。只有如此，才能依法保护用人单位与劳动者双方合法权益，并防止一些建筑企业以"内部承包"之名行转包、出借资质（挂靠）之实。当然，"内部承包"人与普通员工的认定标准是否应当有所区别以及如何区别，需要总结实践经验并与行业主管部门协调。

（三）认定实际施工人应当考虑的因素

人民法院或者仲裁机构认定民事主体是否属于实际施工人，重点审查该民事主体是否全面履行建设工程施工合同约定的义务，是否与发包人形成了事实上的建设工程施工合同关系。

具体考虑的主要因素为：

（1）是否参与合同签订，比如，是否以被挂靠人名义与发包人签订合同，是不是转包、违法分包合同中的承包人；

（2）是否存在组织、管理工程，购买材料，租赁机械设备，支付水电费等实际施工行为；

（3）是否享有施工支配权，比如，对项目部人、财、物是否有独立支配权，对工程结算是否有决定权，是否有直接向材料供应商、机械设备供应商或出租商、施工班组等支付款项的权利；

（4）是否存在投资或收款行为；

（5）与转包人、违法分包人或出借资质的建筑施工企业之间是否存在劳动关系。

典型案例	不能证明存在自行组织施工、购买材料、发放工人工资等事实的主体，无法被认定为实际施工人的案例

1. 案例来源

（2021）最高法民申1676号民事裁定书。

2. 最高人民法院裁判意见

判断实际施工人应根据其是否签订转包、挂靠或者其他形式的合同承接工程施工，是否将施工工程的人工、机器设备、材料等投入物化为相应成本，并最终承担该成本等综合因素确定。本案中，郑某提交了《施工项目经营、管理责任承包合同》《项目安全生产目标责任书》及H高速公司出具的情况说明来证实其为实际施工人。经审查，郑某提交的证据仅能证明其与H高速公司存在合同关系，并不能证明其在签订合同后，就案涉工程自行组织施工、购买材料、发放工人工资等事实，亦未提供证据证明其与H高速公司之间关于案涉工程款的资金往来情况。本案案涉工程的施工资料及工程签证中也未出现郑某的姓名，故一审认定现有证据尚不足以证实郑某系案涉工程的实际施工人，并无不当，本院予以维持。

3. 笔者点评

对实际施工人进行认定时，需要法院或者仲裁机构依据案件的全部证据材料进行综合判定，比如，主体是否参与了发包人与施工总承包单位之间的建设工程施工合同的签订，是否为转包合同、违法分包合同的主体，是否存在垫资施工行为，是否存在管理工程，购买材料，购买或承租机械设备，支付水电费、劳务费、农民工工资等实际施工行为。

四、实际施工人的权利

（一）实际施工人有权直接向发包人主张权利

《新建设工程司法解释（一）》第四十三条规定："实际施工人以转包人、违法分包人为被告起诉的，人民法院应当依法受理。实际施工人以发包人为被告主张权利的，人民法院应当追加转包人或者违法分包人为本案第三人，在查明发包人欠付转包人或者违法分包人建设工程价款的数额后，判决发包人在欠付建设工程价款范围内对实际施工人承担责任。"

该规定为实际施工人维权提供了特殊救济途径，赋予了实际施工人在一定条件下可以突破合同相对性原则，向没有合同关系的发包人主张权利，请求发包人在欠付建设工程价款范围内承担责任。

最高人民法院作出该规定的目的是，避免承发包双方恶意串通，或者承包人怠于向发包人主张工程价款，或者与实际施工人存在合同关系的相对人因下落不明、破产、资信状况恶化等原因导致其缺乏支付能力，损害实际施工人的合法权益，最终是为了保护农民工的合法权益。

适用该规定需注意以下几点。

1. 有权直接向发包人主张权利的实际施工人不包括借用资质及多层转包和违法分包关系中的实际施工人

《最高人民法院民事审判第一庭2021年第20次专业法官会议纪要》指出，《新建设工程司法解释（一）》第四十三条规定："实际施工人以转包人、违法分包人为被告起诉的，人民法院应当依法受理。实际施工人以发包人为被告主张权利的，人民法院应当追加转包人或者违法分包人为本案第三人，在查明发包人欠付转包人或者违法分包人建设工程价款的数额后，判决发包人在欠付建设工程价款范围内对实际施工人承担责任。"本条解释涉及三方当事人两个法律关系：一是发包人与承包人之间的建设工程施工合同关系；二是承包人与实际施工人之间的转包或者违法分包关系。原则上，当事人应当依据各自的法律关系，请求各自的债务人承担责任。本条解释为保护农民工等建筑工人的利益，突破合同相对性原则，允许实际施工人请求发包人在欠付工程款范围内承担责任。对该条解释的适用应当从严把握。该条解释只规范转包和违法分包两种关系，未规定借用资质的实际施工人以及多层转包和违法分包关系中的实际施工人有权请求发包人在欠付工程款范围内承担责任。

《最高人民法院民一庭关于实际施工的人能否向与其无合同关系的转包人、违法分包人主张工程款问题的电话答复》（〔2021〕最高法民他103号）提出："《中华人民共和国民法典》和《中华人民共和国建筑法》均规定，承包人不得将其承包的全部建设工程转包给第三人或者将其承包的全部建设工程支解以后以分包的名义分别转包给第三人。禁止承包人将工程分包给不具备相应资质条件的单位。禁止分包单位将其承包的工程再分包。因此，基于多次分包或者转包而实际施工的人，向与其无合同关系的人主张因施工而产生折价补偿款没有法律依据。"

而且，虽然实际施工人可以突破合同相对性向发包人主张权利，但并不意味着实际施工人可以直接向与其没有合同关系的转包人、分包人主张工程价款。

关于转承包人与挂靠人向发包人主张权利的区别问题，最高人民法院在（2021）最高法民终394号民事判决书中的裁判意见具有代表性：

本院认为，转包关系中的转承包人（即和承包人建立合同关系的实际施工主体）和挂靠关系中的挂靠人均可为实际施工人，但两者产生的法律效果并不完全相同，故只有区分不同类型的实际施工人，才能准确适用法律，确定当事人的权利义务。

住房和城乡建设部发布的《建筑工程施工发包与承包违法行为认定查处管理办法》第七条规定："本办法所称转包，是指承包单位承包工程后，不履行合同约定的责任和义务，将其承包的全部工程或者将其承包的全部工程肢解后以分包的名义分别转给其他单位或个人施工的行为。"可见，在转包关系中，对发包人而言，转包人以承包合同的相对方出现，其自身承接工程后，将全部工程转给其他主体施工，但并未脱离这一合同链条关系，仍是建设工程连环合同的一部分。在实际施工过程中，转包人作为中转环节，对工程具有较强的管理、支配地位。发包人通过转包人进行施工指示、进度款支付等工作，作为实际施工人的转承包人则通过转包人开展报送工程量、工程进展等工作。转承包人除能依据合同关系向转包人主张权利外，还能根据相关司法解释突破合同相对性规定，直接向发包人主张相应权利。

住房和城乡建设部上述管理办法第九条又规定："本办法所称挂靠，是指单位或个人以其他有资质的施工单位的名义承揽工程的行为。前款所称承揽工程，包括参与投标、订立合同、办理有关施工手续、从事施工等活动。"一般而言，在施工挂靠关系中，出借资质的一方即被挂靠人并不实际参与工程的施工，由借用资质的一方即挂靠人和发包人直接进行接触，全程参与投标、订立合同、进行施工。实践中，挂靠又可分为发包人明知和不明知两种情形。前一种挂靠情形，尽管建设工程施工合同名义上的"承包人"还是被挂靠人，但实质上挂靠人已和发包人之间建立事实上的合同关系。根据合同相对性原则，被挂靠人对挂靠人的施工行为无法产生实质性影响，施工过程中也往往由挂靠人越过被挂靠人，和发包人直接进行联系。而在后一种挂靠情形下，法律、司法解释并未赋予挂靠人可突破合同相对性原则。根据案件的具体情况，挂靠人一般无权直接向发包人主张权利，这与转包关系中的转承包人权利不同。

从上述规定与案例裁判意见中可以得出：法律并非无条件保护实际施工人的利益，而是设置了一定的限制条件。因此，实际施工人在承接工程前，应当具备风险防范意识，需提前预估收不到工程价款的风险。实际施工人一旦无法直接向发包人主张权利，就将面临承担巨额财产损失的风险。

2. 具备一定条件时，借用资质的实际施工人有权请求发包人对其施工工程折价补偿

借用资质的实际施工人无权依据《新建设工程司法解释（一）》第四十三条的规定，直接向发包人主张权利，不过，当具备一定条件时，借用资质的实际施工人有权请求发包人对其施工工程折价补偿。

《最高人民法院民事审判第一庭2021年第20次专业法官会议纪要》指出："没有资质的实际施工人借用有资质的建筑施工企业名义与发包人签订建设工程施工合同，在发包人知道或者应当知道系借用资质的实际施工人进行施工的情况下，发包人与借用资质的实际施工人之间形成事实上的建设工程施工合同关系。该建设工程施工合同因违反法律的强制性规定而无效。"

《民法典》第七百九十三条第一款规定："建设工程施工合同无效，但是建设工程经验收合格的，可以参照合同关于工程价款的约定折价补偿承包人。"

因此，在借用资质的实际施工人与发包人之间形成事实上的建设工程施工合同关系且建设工程经验收合格的情况下，借用资质的实际施工人有权请求发包人参照合同关于工程价款的约定折价补偿。

3. 《新建设工程司法解释（一）》第四十三条规定中的"发包人"仅指建设单位

该条规定中的"发包人"应当理解为建设单位，不包括违法分包关系中的发包人、转包关系中的转包人。

最高人民法院《全国民事审判工作会议纪要》（法办〔2011〕442号）第28条明确规定："人民法院在受理建设工程施工合同纠纷时，不能随意扩大《关于审理建设工程施工合同纠纷案件适用法律问题的解释》第二十六条第二款的适用范围，要严格控制实际施工人向与其没有合同关系的转包人、违法分包人、总承包人、发包人提起的民事诉讼，且发包人只在欠付工程价款范围内对实际施工人承担责任。"该条规定将转包人、违法分包人、总承包人、发包人并列，由此可以说明最高人民法院认为"发包人"系狭义的发包人，即建设单位。

4. 实际施工人可以将发包人、转包人或者违法分包人列为共同被告主张权利

实际施工人起诉转包人或者违法分包人而未起诉发包人的，人民法院一般不主动依职权追加发包人作为共同被告参加诉讼，理由是：实际施工人只起诉转包人或者违法分包人，未起诉发包人的，视为实际施工人对其权利的处分；实际施工人以发包人为被告主张权利的，人民法院应当追加转包人或者违法分包人为本案第三人参与诉讼，发包人在欠付工程价款范围内对实际施工人承担责任。

5. 发包人以其未欠付转包人或者违法分包人工程价款为由提出抗辩的，应当承担举证责任。

6. 承包人已经起诉请求发包人支付工程价款的，实际施工人可以申请作为第三人参加诉讼，但不能另行起诉请求发包人在欠付工程款范围内承担责任

司法实践中存在承包人与实际施工人分别起诉请求发包人承担民事责任的情况。为防止不同生效判决判令发包人就同一债务分别向承包人和实际施工人清偿的情形，需要对承包人和实际施工人的起诉做好协调。在承包人已经起诉发包人支付工程价款的情况下，实际施工人可以在一审辩论终结前申请作为第三人参加诉讼，其另诉请求发包人在欠付工程价款范围内承担责任的，法院不予受理。实际施工人作为第三人参加诉讼后，如果请求发包人在欠付工程价款范围内承担责任，应当将承包人的诉讼请求和实际施工人的诉讼请求合并审理。

7. 对于《新建设工程司法解释（一）》第四十三条规定中的"建设工程价款范围"是否包括利息、规费、利润、税金、损失等，目前尚无明确规定，司法实践中也有不同观点。

8. 实际施工人不享有建设工程价款优先受偿权

《最高人民法院民事审判第一庭2021年第20次专业法官会议纪要》指出："建设

工程价款优先受偿权是指在发包人经承包人催告支付工程款后的合理期限内仍未支付工程款的情况下，承包人享有的与发包人协议将该工程折价或者请求人民法院将该工程依法拍卖，并就该工程折价或者拍卖的价款优先受偿的权利。"

《民法典》第八百零七条规定："发包人未按照约定支付价款的，承包人可以催告发包人在合理期限内支付价款。发包人逾期不支付的，除根据建设工程的性质不宜折价、拍卖外，承包人可以与发包人协议将该工程折价，也可以请求人民法院将该工程依法拍卖。建设工程的价款就该工程折价或者拍卖的价款优先受偿。"

《新建设工程司法解释（一）》第三十五条规定："与发包人订立建设工程施工合同的承包人，依据民法典第八百零七条的规定请求其承建工程的价款就工程折价或者拍卖的价款优先受偿的，人民法院应予支持。"

依据上述法律、司法解释、会议纪要的规定，只有与发包人订立建设工程施工合同的承包人才享有建设工程价款优先受偿权，而实际施工人并非与发包人订立建设工程施工合同的承包人，因此，实际施工人不享有建设工程价款优先受偿权。

典型案例	在层层转包、多次违法分包、挂靠后再次转包或违法分包等情形下，认定最后进场施工的民事主体为实际施工人的案例

1. 案例来源

（2021）最高法民申 5114 号民事裁定书。

2. 最高人民法院裁判意见

本院认为二审认定凯某不是实际施工人并不缺乏事实和法律依据。实际施工人是通过筹集资金、组织人员机械、支付农民工工资或劳务报酬等实际从事工程项目建设的主体，包括挂靠、转包、违法分包、支解分包等情形下的自然人、法人或其他组织，有别于承包人、施工班组、农民工个体等。在层层转包、多次违法分包、挂靠后再次转包或违法分包等情形下，实际施工人仅指最后进场施工的民事主体，工程承包流转中的仅为其中流转一环的转包人、违法分包人、挂靠人等不属于实际施工人，无权突破合同相对性，越过其合同相对方直接向发包人主张工程款。本案凯某作为委托人以重庆 D 公司名义与 P 管委会在前期签订了数份案涉工程合同，结合《工程项目内部承包经营合同》内容，其与重庆 D 公司形成了挂靠关系，但凯某又通过违法分包或支解分包等方式将案涉工程交由他人实际施工。在 2015 年 12 月案涉项目引进贵州 S 公司作为投资主体后，凯某并未再以重庆 D 公司代理人身份参与合同签订。大量的另案诉讼生效法律文书表明案涉工程被重庆 D 公司支解分包或非法分包，存在着多位实际施工人，凯某主张其为唯一实际施工人缺乏事实依据，反而印证其实质上为案涉工程承包多次流转中的中间一环或其仅为重庆D公司的项目管理人员。《最高人民法院关于审理建设工程施工合同纠纷案件适用法律问题的解释（二）》第二十四条规定："实际施工人以发包人为被告主张权利的，人民法院应当追加转包人或者违法分包人为本案第三人，在查明发包人欠付转包人或者违法分包人建设工程价款的数额后，判决发包人在欠付建设工程价款范围内对实际施工人承担责任。"该规定只赋予了实际施工人能够突破合同相对性的权利，工程多次流转环节中的有关人员或项目管理人员无权以自己名义独立起诉发包人。另外，凯某向本院提交的"新证据"银行流水并未显示款项往来主体，更无法证明款项直接用于案涉工程，故不能推翻二审裁定。

（二）实际施工人有权行使代位权主张工程价款

《新建设工程司法解释（一）》第四十四条规定："实际施工人依据民法典第五百三十五条规定，以转包人或者违法分包人怠于向发包人行使到期债权或者与该债权有关的从权利，影响其到期债权实现，提起代位权诉讼的，人民法院应予支持。"①

依据上述规定，转包人或者违法分包人未及时向实际施工人支付工程价款，又怠于向发包人行使到期债权的，实际施工人可以提起代位权诉讼，直接向发包人主张权利。

（三）实际施工人有权请求参照合同约定折价补偿

在建设工程施工合同无效情形下，工程经验收合格的，实际施工人有权参照合同约定请求支付工程价款；工程经验收不合格，修复后验收合格的，实际施工人有权请求参照合同关于工程价款的约定折价补偿。

《民法典》第七百九十三条规定："建设工程施工合同无效，但是建设工程经验收合格的，可以参照合同关于工程价款的约定折价补偿承包人。建设工程施工合同无效，且建设工程经验收不合格的，按照以下情形处理：（一）修复后的建设工程经验收合格的，发包人可以请求承包人承担修复费用；（二）修复后的建设工程经验收不

---

① 《民法典》第五百三十五条规定："因债务人怠于行使其债权或者与该债权有关的从权利，影响债权人的到期债权实现的，债权人可以向人民法院请求以自己的名义代位行使债务人对相对人的权利，但是该权利专属于债务人自身的除外。代位权的行使范围以债权人的到期债权为限。债权人行使代位权的必要费用，由债务人负担。相对人对债务人的抗辩，可以向债权人主张。"

合格的，承包人无权请求参照合同关于工程价款的约定折价补偿。发包人对因建设工程不合格造成的损失有过错的，应当承担相应的责任。"

实际施工人是无效合同的产物。实际施工人因涉及建设工程转包、挂靠、违法分包等法律禁止的情形，因此签订的合同依法都属于无效合同。不过，实际施工人已将人力、材料、机械设备等物化到其承建的建设工程中，只要建设工程经竣工验收合格的，实际施工人就有权请求参照合同关于工程价款的约定折价补偿。

实际施工人对案涉工程由其施工负有举证证明义务。《民事诉讼法解释》第九十一条规定："人民法院应当依照下列原则确定举证证明责任的承担，但法律另有规定的除外：（一）主张法律关系存在的当事人，应当对产生该法律关系的基本事实承担举证证明责任；（二）主张法律关系变更、消灭或者权利受到妨害的当事人，应当对该法律关系变更、消灭或者权利受到妨害的基本事实承担举证证明责任。"第一百零八条规定："对负有举证证明责任的当事人提供的证据，人民法院经审查并结合相关事实，确信待证事实的存在具有高度可能性的，应当认定该事实存在。对一方当事人为反驳负有举证证明责任的当事人所主张事实而提供的证据，人民法院经审查并结合相关事实，认为待证事实真伪不明的，应当认定该事实不存在。法律对于待证事实所应达到的证明标准另有规定的，从其规定。"

根据上述司法解释的规定，认为自己是实际施工人的民事主体对案涉工程由其施工的"法律关系存在"负有举证证明义务，且举证应达到"高度可能性"标准；提交的证据未能达到直接证明或间接形成链条证明其主张成立的高度可能性的，属于未完成举证证明义务，依法应当承担举证不能的不利后果。

（四）实际施工人主张工程价款的范围

1. 实际施工人主张的工程价款不包括违约金、损失、赔偿等

最高人民法院民事审判第一庭在其编著的《最高人民法院新建设工程施工合同司法解释（一）理解与适用》一书中提出：实际施工人可以突破合同相对性原则向发包人主张的款项范围应当限定为工程价款，不包括违约金、损失、赔偿等。因此，在司法实践中，实际施工人在工程价款之外，向发包人主张违约金、损失、赔偿等，被法院或者仲裁机构支持的可能性不大。

2. 实际施工人主张工程价款利息争议很大

最高人民法院民事审判第一庭在其编著的《最高人民法院新建设工程施工合同司法解释（一）理解与适用》一书中提出：对于工程款利息是否可以要求发包人在欠付工程款范围内承担责任，实践中争议较大。工程价款结算中，人工费占比一般在15%~20%之间，从保护农民工工资的本意出发，发包人在欠付工程款范围内承担责任,在数额上足以保障农民工工资的支付,故倾向性意见对工程款利息不予支持。

不过,在最高人民法院办理的案件中,至今仍有两种不同的裁判意见:一是支持实际施工人主张利息的请求;二是驳回该类请求。

典型案例　认定欠付工程价款应当包括合理利息的案例

1. 案例来源

(2021)最高法民终983号民事判决书。

2. 一审法院裁判意见

关于逾期付款利息如何确定的问题。

根据最高人民法院(2016)最高法民终750号民事裁定书对本案作出的认定,冷某、蒋某和黄某之所以有权向H城投公司主张支付工程款系基于《最高人民法院关于审理建设工程施工合同纠纷案件适用法律问题的解释》第二十六条之特别规定,即H城投公司作为发包人在欠付Y建筑公司工程款范围内对实际施工人冷某、蒋某和黄某负有支付责任。而H城投公司与冷某、蒋某和黄某并无直接的合同关系,本不负有直接向冷某、蒋某和黄某支付工程款的义务,且上述司法解释仅规定发包人在欠付工程款范围内对实际施工人承担支付责任,而未规定应当向实际施工人支付利息。因此,冷某、蒋某和黄某请求H城投公司向其支付工程款利息于法无据,一审法院对此不予支持。

3. 最高人民法院裁判意见

H城投公司是否应承担逾期付款利息问题。

《最高人民法院关于审理建设工程施工合同纠纷案件适用法律问题的解释》第二十六条第二款规定的"欠付工程款"应当包括欠付工程款产生的合理利息,冷某、蒋某和黄某关于H城投公司应当支付逾期付款利息的上诉理由成立。关于逾期付款利息计算标准,因《BT合同》违反法律、法规强制性规定无效,冷某、蒋某和黄某主张依据合同约定按年利率7.8%计算利息,本院对此不予支持,利息应按照中国人民银行发布的同期同类贷款利率计算。2013年1月6日,案涉工程进入回购期。根据《BT合同》6.2.1条约定,H城投公司应在回购期二年内付清建筑安装工程费,即2015年1月6日前付清,现冷某、蒋某和黄某主张自2015年1月7日起计算利息,符合合同约定,应予支持。

五、实际施工人的证明责任

（一）证明实际施工人的身份

1. 在已签订书面建设工程施工合同的情况下，实际施工人的举证责任

实际施工人是最终投入资金、人员、材料、机械设备等进行施工的主体。实际施工人需要提供证据证明施工关系、施工内容，以此证明实际施工人的身份，比如，建设工程施工合同以其名义签订的证据，垫资支付劳务费、材料款、机械设备款项的证据，聘请施工班组的证据，组织、管理工地及人员的证据，完成施工任务的证据等。

2. 在未签订书面建设工程施工合同的情况下，实际施工人的举证责任

实际施工人更需要提供证据证明施工关系、施工内容，以此证明实际施工人的身份，比如，缴纳履约保证金的凭证，支付材料款、劳务费、农民工工资的凭证，购买或承租机械设备的凭证，施工日志、监理日志、工程签证单、工作联系函、会议纪要、工程形象进度记录、请款单，证明施工关系与施工内容的证人证言等。

（二）证明承建工程质量合格

1. 实际施工人承建的工程已完工的，需要提交竣工验收报告、竣工验收备案表、发包人提前使用等证据，用以证明工程质量合格。

2. 工程未完工中途撤场的，实际施工人需要提交已完工程质量合格的证据，比如，分部分项工程验收记录、隐蔽工程验收记录、中间验收记录、发包人已使用已完工程的证据等。

（三）证明发包人欠付工程价款

实际施工人依据《新建设工程司法解释（一）》第四十三条的规定，直接向发包人主张权利，发包人并非无条件对实际施工人承担责任，而是在查明发包人欠付转包人或者违法分包人建设工程价款的数额后，裁决发包人在欠付建设工程价款范围内对实际施工人承担责任。人民法院或者仲裁机构根据当事人提交的证据，无法查明发包人是否欠付工程价款及欠付价款具体数额的，由实际施工人承担举证不能的法律后果。

| 典型案例 | 案涉工程未结算，工程价款数额不确定，发包人无法向实际施工人付款的案例 |

1. 案例来源

（2021）最高法民申 4930 号民事裁定书。

2. 申请再审事实与理由

（1）原审判决认定事实缺乏证据证明。本案中，C 公司、N 土储中心人员混同，二者系同一责任主体，该两方签订案涉《南江县黄金新城 B 区安置房（黄金亲和苑）BT 模式投资建设合同》无需经过招标投标程序。李某系在原投资人兼施工人邹某部分退出案涉项目的投资、施工后成为实际投资人和施工人，原审判决对该事实未予认定，属于基本事实认定不清。N 土储中心、C 公司均明知李某系实际投资人和实际施工人，N 土储中心应当直接对李某承担回购义务，原审判决对此未予认定错误。原审法院虽判决 N 土储中心作为发包人应在欠付 C 公司的工程款范围内对李某承担支付责任，但未查明 N 土储中心欠付工程款的具体数额，致使上述判项无法执行。（2）原审判决适用法律错误。首先，案涉合同即便未经招标投标程序，也不会全部无效。案涉合同并非单纯的建设工程施工合同，该合同包括投资回购和建设施工两部分内容，其中投资回购部分系政府的融资行为，法律并未规定合同签订必须经招标投标程序，因此，李某作为投资人，为政府项目融资不违反法律禁止性规定，依法应当认定案涉合同中有关融资（投资回购）部分的约定有效。其次，由于案涉工程已竣工验收合格，应参照合同约定支付工程款及违约金。再次，即便案涉合同整体无效，但当事人已支付和结算的违约金以及就此形成的文件，属于对无效合同履行后果的约定，依法应当认定有效。综上，本案符合《民事诉讼法》第（二）项、第（六）项规定的情形，应予再审。

3. 最高人民法院裁判意见

本院经审查认为，原审法院基于对 N 土储中心系案涉项目的发包方、回购方且尚欠 C 公司工程款及投资收益等事实的认定，依据《最高人民法院关于审理建设工程施工合同纠纷案件适用法律问题的解释（二）》第二十四条的规定，判决 N 土储中心在欠付 C 公司工程款范围内就 C 公司应向李某支付的回购款本息及投资收益承担支付责任。但是，根据上述规定，建设工程施工合同纠纷案件中，判决发包人在欠付建设工程价款范围内对实际施工人承担责任，应以查明发包人欠付转包人或者违法分包人工程款数额为前提。本案中，根据原审查明的事实，截至原审法院作出判决时，N 土储中心与 C 公司并未就案涉工程进行结算，N 土储中心所欠 C 公司的工程款数额尚不确定。在此情形下，原审法院判决 N 土储中心承担本案支付责任，属于认定基本事实不清。据此，李某的再审申请符合《民事诉讼法》第二百条第（二）项规定的情形。裁定如下：（1）指令四川省高级人民法院再审本案；（2）再审期间，中止原判决的执行。

4. 笔者点评

在工程价款已结算的情况下，由发包人对已付工程价款或者工程价款已付清承担举证责任，实际施工人有异议的，应当举证证明发包人的实际付款情况。发包人认为工程价款仍未结算的，应当证明工程价款未结算的事实、已付款数额；实际施工人应当对发包人欠付工程价款及欠付价款数额承担最终举证责任，否则，将承担举证不能的不利后果，人民法院或者仲裁机构将不支持实际施工人要求发包人承担付款责任的请求。

六、实际施工人防控法律风险

（一）实际施工人的法律风险

1. 承担行政责任的风险

实际施工人是转包、违法分包、挂靠等违法行为的产物，面临被相关行政主管部门处以没收违法所得、责令改正、并处罚款、责令停业整顿、降低资质等级、吊销资质证书、吊销营业执照等行政处罚的法律风险。

2. 承担民事责任的风险

（1）无法被认定为实际施工人的风险

实际施工人是最终实际完成建设工程施工任务的民事主体，即投入资金、人工、材料、机械设备等完成施工的主体。而对实际施工人的认定，目前各地各级法院或者仲裁机构并无统一标准。相关民事主体主张自己为建设工程的实际施工人的，需提供其是建设工程的组织者、管理者、出资者的材料，以此证明其是实际施工人的身份。民事主体无法证明其为实际施工人的，就无权依据《新建设工程司法解释（一）》第四十三条规定，直接向发包人主张工程价款。

（2）因转包、违法分包、挂靠等合同被认定为无效后，实际施工人因此取得的财产应返还给对方，不能返还或者没有必要返还的应当折价补偿。同时，有过错的一方应当赔偿对方因此所受到的损失，双方都有过错的，应当各自承担相应责任。

（3）承担质量责任的风险

因建设工程质量问题产生纠纷时，发包人可将实际施工人与转包人或者违法分包人或者被挂靠人列为共同被告提起诉讼，要求其承担连带责任。

建设工程质量问题是实际施工人原因造成的，实际施工人作为具体负责施工的单位或个人，需要承担最终责任，即转包人或者违法分包人或者被挂靠人承担连带责任后，可向实际施工人追偿。建设工程质量问题不是实际施工人原因造成的，实际施工人承担责任后，可向质量问题责任人追偿。

（4）收不到工程价款的法律风险

在转包、违法分包、挂靠等违法关系中，与发包人办理结算、收取工程价款的一般都是转包人、违法分包人或者被挂靠人。转包人、违法分包人或者被挂靠人扣除管理费或者挂靠费、税费等费用后，将工程价款余额支付给转承包人、违法分包中的承包人或者挂靠人等实际施工人。转包人、违法分包人或者被挂靠人掌握了支付工程价款的主动权，如果他们不讲诚信，或者出现下落不明、破产、资信状况恶化等情况导致他们缺乏支付能力，转承包人、违法分包中的承包人或者挂靠人等实际施工人就面临收不到工程价款的法律风险。

在层层转包或者违法分包的情形下，实际施工人收不到工程价款的风险更大，理由是：实际施工人可能未与转包人或违法分包人签订书面合同，有可能不清楚中间环节的转包人，更不清楚发包人向转包人或者违法分包人支付工程价款的情况，实际施工人举证难度加大。

典型案例　民事主体未被认定为实际施工人的案例

1. 案例来源

（2021）最高法民申 4627 号民事裁定书。

2. 申请再审事实与理由

首先，张某、郑某与F公司之间虽未签订建设工程承包合同，但张某、郑某提交了其提供人（施工人员）、财（支付施工人员劳务费、管理费、差旅费等）、物（建材）等以包工包料形式完成案涉工程施工和管理工作的证据，能够证明张某、郑某对案涉工程进行了实际施工，与F公司之间存在事实合同关系。张某、郑某向黑龙江省牡丹江市中级人民法院（以下简称一审法院）提交的录音光盘、录音书面文字、手机短信文件截屏，显示相应录音文件所对应的对方通话手机号及名字，在开庭时出示了录音原始载体，证据形式要件符合法律要求，真实性应予以确认。一、二审判决割裂张某、郑某提交的证据之间的关联性，否定张某、郑某与F公司之间的建设工程施工合同关系，却不能对张某、郑某提交的证据作出合理解释，认定事实明显缺少证据证明。其次，F公司的工作人员证明，F公司未向张某、郑某采购过工程材料。为便于节省工程施工成本，二人将采购水电施工材料的发票直接开具给F公司，冲抵工程款项费用发票，降低税负成本，符合工程施工实际情况。张某、郑某提交的证据能够能够证明F公司支付的1000万元款项性质为工程款而不是材料款。一审法院仅根据张某、郑某向F公司开具发票载明"材料款"单一证据，认定F公司向张某、郑某支付的款项性质为材料款，采信了F公司主张"双方是材料买卖关系"，对本案基本事实的认定错误，且缺少证据证明。最后，张某、郑某向一审法院提出调查取证申请，一审法院向F公司发出了书面限期举证通知，但未对F公司拒不提供相应证据的行为进行处置，没有达到实际调查收集证据的效果。

3. 最高人民法院裁判意见

《民事诉讼法解释》第九十一条规定，主张法律关系存在的当事人应当对产生该法律关系的基本事实承担举证证明责任。本案中，张某、郑某主张其为案涉工程实际施工人，故其二人应就与F公司成立建设工程施工合同关系承担举证责任。张某、郑某自认其与F公司之间并未签订书面建设工程施工合同，其作为实际施工人，与F公司形成事实上的施工合同关系。本院经审查认为，实际施工人一般是指，对相对独立的单项工程，通过筹集资金、组织人员机械等进场施工，在工程竣工验收合格后，与业主方、被挂靠单位、转承包人进行单独结算的自然人、法人或其他组织。本案中，张某、郑某一、二审举示的证据均无法证明其与F公司之间形成事实上的建设工程施工合同关系。一审时其虽提交了几十份工程签证原件，但原件中仅有两份有郑某签字，内容与合同、结算均无关联。其在再审审查时提交的有关张某、郑某起诉鲁某、田某不当得利纠纷的另案材料，仅能证明其二人与他人之间的往来，不能作为确定其与F公司之间建设工程施工合同关系成立或施工内容、价款的依据。张某、郑某一审举示的相关录音证据亦不能证明F公司对欠付其工程款事实表示认可。综上，张某、郑某未能提供案涉项目与其二人相关的施工记录、范围、材料报验单、工程验收单等施工过程中产生的凭证材料，以证明其进行施工、请款并与F公司独立进行工程结算等事实，故一、二审法院认定张某、郑某主张其为案涉工程实际施工人、F公司尚欠其工程款依据不足，并无不当。

（二）实际施工人防控法律风险的措施

1. 实际施工人需重点审查合同相对方、合同内容

如前所述，实际施工人一般是指无效合同的承包人，包括转承包人、违法分包合同的承包人、没有资质借用有资质的建筑施工企业的名义与他人签订建设工程施工合同的承包人等。建设工程层层分包、转包的，实际施工人一般指最终投入资金、人工、材料、机械设备实际进行施工的施工人。因此，实际施工人在拿下工程项目前，需了解与己方签约的主体是否为建设工程施工合同的总承包人，实际施工人与其签订的合同是转包合同，还是违法分包合同或者挂靠合同，合同是否明确约定了工程范围、工程价款支付、工程质量要求、工期、双方的权利义务等内容；需重点审查合同相对方的经营状况、资金实力、信誉度、诉讼风险等，避免以后因合同相对方的原因影响实际施工人的利益。

2. 实际施工人需加强质量管理

实际施工人收取工程价款的前提是：承建的建设工程质量合格。实际施工人承建的建设工程经修复后验收仍不合格的，发包人有权拒绝支付工程价款，实际施工人所投入的人工、材料、机械设备等将化为乌有。因此，实际施工人应当严格按照《建筑法》《建设工程质量管理条例》等法律、法规的规定及建设工程施工合同约定的质量要求进行施工。在整个施工过程中，应当树立质量第一的理念，加强质量管理，严禁偷工减料，严格检查建筑材料质量，确保工程质量验收合格。

3. 及时收集、保存相关证据

为避免产生争议，或者争议出现后因举证不能而承担不利法律后果，实际施工人应有证据意识，及时收集、保存证明实际施工人身份的证据，比如，合同或协议、垫资支付人工费、材料款、机械设备费用凭证，收取工程价款凭证，组织与管理施工班组的证据等；及时收集、保存证明施工内容的证据，比如，补充协议、施工日志、监理日志、工程变更指令、签证单、会议纪要、来往函件、结算材料等；及时收集、保存证明承建的工程质量合格的证据，比如，分部分项工程验收记录、隐蔽工程验收记录、中间验收记录、竣工验收报告、竣工验收备案表、发包人提前使用建筑物的证据等；及时收集、保存其他能够证明施工关系、施工内容的证据。

4. 及时拿起法律武器维权

实际施工人投入资金、人工、材料、机械设备等进行施工，目的是收取工程价款，赚取合理的利润。在施工过程中发生发包人或合同相对方拖延支付工程价款的情况时，实际施工人应当有风险防范意识：及时咨询专业律师，必要时对合同相对方、发包人的经济状况等情况进行尽职调查，发现合同相对方或者发包人的履约能力出现严重问题时，实际施工人需及时中止施工、撤场，以防损失扩大；无法达成结算协议或相关主体无故拖延结算、拖延付款时，实际施工人需及时通过诉讼或仲裁方式维权。

七、防控实际施工人带来的法律风险

（一）实际施工人带来的法律风险

1. 实际施工人承建的建设工程质量问题带来的风险

《新建设工程司法解释（一）》第十五条规定："因建设工程质量发生争议的，发包人可以以总承包人、分包人和实际施工人为共同被告提起诉讼。"

总承包人、分包人和实际施工人都应当依法对建设工程质量负责，他们就建设工程质量对发包人承担连带责任，发包人可以以总承包人、分包人和实际施工人为共同被告提起诉讼。

2. 实际施工人为完成施工任务对外进行买卖、租赁、借贷、雇佣等经营活动带来的法律风险

在施工过程中，实际施工人为完成施工任务，需要购买建筑材料，购买或承租机械设备，聘用施工班组或农民工，垫资施工等，由此可能给总承包人带来相应的法律风险。

（1）实际施工人以转包人、违法分包人或者被挂靠人的名义进行买卖、租赁、借贷、雇佣等经营活动的，实际施工人的行为一般会被认定为职务行为，由转包人、违法分包人或者被挂靠人承担实际施工人对外经营活动所产生的法律后果。

在工程实践中，经常发生实际施工人恶意将其对外债务转化为转包人、违法分包人或者被挂靠人债务的情形，让转包人、违法分包人或者被挂靠人防不胜防。

合同相对人能够证明实际施工人债务转化的主要证据材料有：建设工程施工合同、施工许可证、项目部印章、工程概况牌、管理人员名单及监督电话牌、消防保卫制度牌、安全生产牌、文明施工和环境保护牌、社保缴费凭证、材料、设备采购或租赁合同、送货单、已付款凭证、发票等。

（2）实际施工人以自己的名义对外进行买卖、租赁、借贷、雇佣等经营活动，其行为构成表见代理的，转包人、违法分包人或者被挂靠人承担实际施工人对外经营活动所产生的法律后果。

法院或者仲裁机构认定实际施工人的行为是否构成表见代理，主要从以下几方面进行判断：

① 发包人与总承包人签订的建设工程施工合同；
② 总承包人是否存在转包、违法分包、挂靠等违法行为；
③ 对外经营活动是否真实，是以总承包人还是实际施工人的名义进行；
④ 购买或承租的建筑材料或机械设备是否用在涉案工程项目上；
⑤ 其他相关依据。

（3）转包人、违法分包人或者被挂靠人对外承担责任后，很难向实际施工人追偿。

主要理由是：

① 实际施工人与转包人、违法分包人或者被挂靠人签订的合同都是无效合同，而且双方当事人都有过错，应当各自承担相应的法律责任；

② 实际施工人相对来说支付能力欠缺。

| 典型案例 | 多层违法分包下，实际施工人的雇员在劳务中受伤，相关主体承担连带责任的案例 |

1. 案例来源

（2022）京民申 1835 号民事裁定书。

2. 申请再审事实与理由

Y 公司申请再审称，一、二审责任比例划分不合理。陈某受伤时并非是工作时间，应自行承担后果。陈某系自行出院，与张某签订承诺书，约定一切损失由其自行承担。本案判决张某承担 70% 责任，对 Y 公司来说责任分配过重。陈某的损失与 S 公司、H 公司及 Y 公司无关，Y 公司不应承担连带责任。张某是实际施工人，陈某受雇于张某，S 公司作为承包方将工程分包给张某，H 公司代张某开发票，Y 公司代张某的员工投保，Y 公司既不是发包人也不是分包人，与本案无关，不应承担连带责任。据此，现依据《民事诉讼法》的相关规定申请再审。

3. 再审法院裁判意见

S 公司将案涉工程分包给不具备合法资质的 H 公司，H 公司又将部分工程分包给不具备合法资质的 Y 公司，张某借用 Y 公司名义与 H 公司签订分包合同，陈某为张某提供劳务，对于陈某在提供劳务过程中遭受人身损害的后果，张某应承担相应的责任，S 公司、H 公司、Y 公司应与张某承担连带赔偿责任。S 公司、H 公司、Y 公司主张不应承担连带赔偿责任，缺乏依据。关于责任比例，应结合案件事实，按照各自的过错进行认定。事发时陈某系从事地下施工工作，危险性较大，张某未提供安全生产条件和劳动保护，在指挥和监督等方面均未履行法定的雇主义务，应承担主要责任。陈某在下梯时未保持高度谨慎致使自身摔伤，亦有过错，应承担次要责任。张某未履行《承诺书》，且《承诺书》系陈某在不知晓其伤情构成残疾的情况下签订，明显加重了雇员责任、免除了雇主义务，显失公平，不能据此免除张某的赔偿责任。综合在案证据，一、二审确定的各项赔偿范围及数额，并无不当。综上，Y 公司的再审申请不符合《民事诉讼法》第二百零七条规定的情形，本院不予支持。

（二）防控实际施工人带来的法律风险的措施

1. 对于实际施工人带来的法律风险，总承包人的最佳防控措施

实际施工人是转包合同、违法分包合同、挂靠合同等无效合同的产物。建设工程施工合同的总承包人防控实际施工人带来的法律风险的最佳措施是：消灭实际施工人，即总承包人按照合同约定，全面履行合同约定的义务，不对外转包，不违法分包，不允许其他施工企业或者个人借用其资质承包，从源头上杜绝实际施工人存在。

2. 考察实际施工人的综合实力

总承包人因自身经济状况或业绩需要等实际情况，确实需要对外转包工程、违法分包工程或出借资质时，应当考察实际施工人的综合实力，比如，资金状况、施工能力、诚信度、有无恶意追讨工程价款行为等，否则很难避免实际施工人带来的质量问题风险，以及对外买卖、租赁、借贷、雇佣等经营活动所致风险。

3. 重视合同内容

（1）明确约定实际施工人的权限范围、责任承担

明确约定实际施工人以自己或总承包人的名义进行的对外经营活动，经总承包人审核后才可进行；明确约定实际施工人对外经营活动所产生的人工费、材料费、机械设备费等费用本金及利息、违约金等费用，都由实际施工人承担，与总承包人无关，法院或仲裁机构认定总承包人支付上述费用的，总承包人有权直接从工程价款中扣除，无需实际施工人授权或确认。

（2）明确约定未经总承包人书面同意，实际施工人不得再转包、分包

实际施工人拿下工程项目后转包、分包的，总承包人更难管理、监督工程质量，更难防范对外经营活动所带来的风险。

（3）明确约定"背靠背"条款

明确约定发包人未按合同约定向总承包人支付工程预付款、工程进度款、结算余款时，总承包人有权向实际施工人拒付或延付相应的款项。

（4）明确约定总承包人可以代为支付人工费、材料款、机械设备费等费用，且从工程价款中直接扣除。

（5）明确约定项目部印章使用范围

明确约定项目部印章仅适用于工程量签证单、会议纪要、工程资料、与发包人的来往函件等，不适用于实际施工人对外签订买卖合同、租赁合同、借款合同、劳务合同等。明确约定项目部印章使用范围后，一旦实际施工人与其合同相对方产生纠纷，总承包人可以此提出抗辩意见，要求人民法院或仲裁机构不认定实际施工人的行为为职务行为或表见代理行为。

(6)明确约定质量管理要求

① 总承包人可以随时对实际施工人承建的工程进行质量检查、抽查,实际施工人应当积极配合;

② 总承包人直接安排质量管理人员常驻施工现场,预防质量问题,且约定由实际施工人承担相关费用;

③ 实际施工人质量管理不当时,总承包人有权及时采取防控措施,以免出现质量问题;

④ 明确约定对实际施工人的现场负责人的资质、业绩、专业水平等方面的要求,对于不符合要求的现场负责人,总承包人有权要求实际施工人进行更换。

(7)明确约定工期及逾期完工的损失赔偿责任。

4. 加强工程质量管理

不管是转包、违法分包还是挂靠,总承包人都不能对工程质量甩手不管。为了防止出现工程质量问题,避免与实际施工人对发包人承担连带责任,总承包人需加强对工程质量的监督、管理,督促实际施工人严抓工程质量,防止实际施工人偷工减料。

5. 加强工程价款管理

为了防止承担实际施工人对外经营活动引发的法律责任,总承包人应当加强对实际施工人使用工程价款的监管力度,使资金优先用于支付相关工程项目的材料款、劳务费、机械设备费等,必要时总承包人可以按照合同约定,代为支付上述费用。

进行农民工工资的发放时,总承包人需直接将工资支付至农民工工资专用账户,不得委托实际施工人发放,否则,对于总承包人来说,是个巨大的风险点,随时有扯不清的麻烦。

6. 及时收集、保存相关证据

涉及实际施工人的工程项目争议最多。总承包人在与实际施工人合作前,需有风险防范意识,及时收集、保存与实际施工人相关的证据,比如,约定双方权利义务的合同或补充协议,代为支付材料款、人工费、机械设备费等费用的凭证,监督、管理工程质量、工程价款支付的函件,整改通知、现场签证单、会议纪要、授权委托书等。

第十一章

建设工程劳务用工法律风险防控

建设工程领域的农民工工资来源于工程款中的人工费用部分。发包人在资金没有保障的情况下盲目开工建设,不能及时支付工程价款是导致拖欠农民工工资案件高发的重要原因。

《保障农民工工资支付条例》(国务院令第724号)已于2020年5月1日起正式施行。该条例施行前,我国主要依据部门规章、规范性文件、地方性法规等治理拖欠农民工工资问题,存在很大的局限性;该条例施行后,成为法院裁决劳务用工纠纷案件的法律依据,我国开启了依据行政法规根治农民工欠薪问题的新阶段。

《建筑工人实名制管理办法(试行)》的修订,很大程度上解决了大龄建筑工人生存、就业问题,缓解了建筑企业用工成本不断升高的压力。

建筑施工企业劳务用工有哪些法律风险,如何防控劳务用工法律风险,如何有效避免劳务用工纠纷,是每个建筑施工企业需要积极面对的问题。

一、建筑施工企业用工的主要模式

建筑施工企业工作的特殊性,使其用工具有密集性、分散性、短期性、流动性、形式多样性等特点,导致建筑施工企业的用工模式呈现多样化的发展态势。

(一)建筑施工企业用工的主要模式

自2019年3月1日起,住房和城乡建设部、人力资源和社会保障部联合印发的《建筑工人实名制管理办法(试行)》正式施行。建筑工人实名制管理工作在全国范围内正式开展,建筑企业应与招用的建筑工人依法签订劳动合同。

《建筑工人实名制管理办法(试行)》施行后,多地出台"建筑施工企业禁止以任何形式招录或使用60周岁以上人员进入施工现场从事施工作业"等类似规定,导致大量大龄建筑工人被清退，建筑企业用工紧张。

为了进一步促进就业，保障建筑工人合法权益，2022年8月2日，住房和城乡建设部、人力资源和社会保障部修改《建筑工人实名制管理办法（试行）》，将原第八条规定修改为："全面实行建筑工人实名制管理制度。建筑企业应与招用的建筑工人依法签订劳动合同，对不符合建立劳动关系情形的，应依法订立用工书面协议。建筑企业应对建筑工人进行基本安全培训，并在相关建筑工人实名制管理平台上登记，方可允许其进入施工现场从事与建筑作业相关的活动。"

《建筑工人实名制管理办法（试行）》修订后，不再要求建筑企业必须与建筑工人签订劳动合同，对不符合建立劳动关系情形的，可订立用工书面协议，很大程度上解决了大龄建筑工人生存、就业问题，缓解了建筑企业用工成本不断升高的压力。

建筑施工企业用工的主要模式有：劳动合同工、劳务派遣用工、劳务外包用工等。

1. 劳动合同工

劳动合同工是建筑施工企业的正式员工，他们与建筑施工企业签订了正式的劳动合同，由建筑施工企业直接进行管理。劳动合同工享有最低工资、法定休息、加班费、带薪年休假、带薪病假、工伤保险待遇等权利，建筑施工企业还承担为劳动者缴纳社会保险、未签订劳动合同支付双倍工资、解除劳动合同进行补偿或赔偿等法律责任。

劳动合同工一般是建筑施工企业的骨干及工程项目管理人员，比如，项目经理、施工员、资料员、质检员、安全员、材料员、技术工人等。

总承包企业一般将劳务工程分包给劳务分包企业，很少直接招聘建筑工人。专业承包企业因技术要求较高，一般会直接招用部分技术工人，与技术工人签订劳动合同。

2. 劳务派遣用工

劳务派遣用工是指劳务派遣单位与被派遣劳动者订立劳动合同后，依据劳务派遣单位与用工单位订立的劳务派遣协议，将被派遣劳动者派遣到用工单位，被派遣劳动者在用工单位的指挥、监督下从事劳动的用工形式。

劳动合同用工是我国的企业基本用工形式。劳务派遣用工是补充形式，只能在临时性、辅助性或者替代性的工作岗位上实施。临时性工作岗位是指存续时间不超过6个月的岗位；辅助性工作岗位是指为主营业务岗位提供服务的非主营业务岗位；替代性工作岗位是指在用工单位的劳动者因脱产学习、休假等原因无法工作的一定期间内，可以由其他劳动者替代工作的岗位。用工单位应当严格控制劳务派遣用工数量，使用的被派遣劳动者数量不得超过其用工总量的10%。

劳务派遣用工模式可以有效降低建筑施工企业的招工费用，降低使用和管理劳动者的成本，还能有效减少劳动争议纠纷，因此，该用工模式被广泛应用于建设工程领域。

3. 劳务外包用工

建筑行业总承包单位采用的劳务外包用工模式有两种：一是分包给具备施工资质的建筑劳务公司；二是分包给不具备施工资质的施工班组或包工头。

（1）将劳务分包给具备施工资质的建筑劳务公司

建筑劳务公司从施工总承包单位分包劳务作业，由建筑劳务公司直接招收、管理和使用务工人员。劳务分包单位直接招聘部分建筑工人，大多数情形下根据工种分包给施工班组（包工头）。施工班组（包工头）安排零散用工到工地劳动的情况很普遍，零散用工人员几乎都不签订劳动合同或劳务合同，仅购买商业第三人责任意外险。

发包人将工程发包给承包人，承包人又转包或分包给实际施工人，实际施工人招用的劳动者请求确认与发包人之间存在劳动关系的，不予支持。

（2）分包给不具备施工资质的施工班组或包工头

总承包单位将劳务分包给不具备施工资质的施工班组或包工头，由施工班组或包工头招用农民工队伍进行施工。这种用工模式简单灵活、成本相对较低，更能满足总承包单位的施工需要。

不过对于总承包单位来说，该用工模式的法律风险最高。因为施工班组或包工头不具备用工单位资质，一旦施工班组或包工头与招用的劳动者产生争议，劳动者主张其与总承包单位成立劳动关系，总承包单位将面临向劳动者承担支付工资、提供工伤保险待遇等责任的法律风险。

二、建筑施工企业劳务用工法律风险

（一）承担行政责任的法律风险

1. 因拖欠农民工工资承担的行政责任

建筑施工企业拖欠农民工工资的，根据《保障农民工工资支付条例》第四十八条至第六十二条规定，将面临被列入拖欠农民工工资失信联合惩戒对象名单、被责令限期改正、责令项目停工、罚款、限制承接新工程、降低资质等级、吊销资质证书等处罚的法律风险。受处罚的对象包括建筑施工企业及其法定代表人、主要负责人、直接负责的主管人员和其他直接责任人员。

2. 因未签订劳动合同承担的行政责任

建筑施工企业未与工程项目部的项目经理、施工员、资料员、质检员、安全员、材料员、技术工人等人员签订劳动合同的，很容易被行政主管部门认定存在转包、违法分包、挂靠等违法行为，依法给予相应的行政处罚。

3. 因侵害劳动者人身权益承担的行政责任

《劳动合同法》第八十八条规定："用人单位有下列情形之一的，依法给予行政处罚；构成犯罪的，依法追究刑事责任；给劳动者造成损害的，应当承担赔偿责任：（一）以暴力、威胁或者非法限制人身自由的手段强迫劳动的；（二）违章指挥或者强令冒险作业危及劳动者人身安全的；（三）侮辱、体罚、殴打、非法搜查或者拘禁劳动者的；（四）劳动条件恶劣、环境污染严重，给劳动者身心健康造成严重损害的。"

（二）承担民事责任的法律风险

1. 总承包单位先行清偿农民工工资的法律风险

总承包单位根据转包合同、分包合同或挂靠协议的约定，将工程价款、劳务费、农民工工资等支付给转承包人、分包人或挂靠人后，认为己方已完全履行了合同约定的义务，即使转承包人、分包人或挂靠人倒闭或跑路，未及时足额支付农民工工资，总承包单位也无需承担责任。可法律规定并非如此。

《保障农民工工资支付条例》第三十条规定："分包单位拖欠农民工工资的，由施工总承包单位先行清偿，再依法进行追偿。工程建设项目转包，拖欠农民工工资的，由施工总承包单位先行清偿，再依法进行追偿。"

《保障农民工工资支付条例》第三十六条规定："建设单位或者施工总承包单位将建设工程发包或者分包给个人或者不具备合法经营资格的单位，导致拖欠农民工工资的，由建设单位或者施工总承包单位清偿。施工单位允许其他单位和个人以施工单位的名义对外承揽建设工程，导致拖欠农民工工资的，由施工单位清偿。"

2. 总承包单位承担支付双倍工资及赔偿经济补偿金等法律风险

总承包单位将建设工程劳务违法分包给劳务分包单位或者施工班组（包工头），一旦劳务分包单位支付能力受限或包工头收款后跑路，收不到工资的农民工就会要求总承包单位支付工资、支付未签订劳动合同的双倍工资、补缴社会保险费、支付经济补偿金等。部分法院或者仲裁机构仍会依据原劳动和社会保障部《关于确立劳动关系有关事项的通知》第四条"建筑施工、矿山企业等用人单位将工程（业务）或经营权发包给不具备用工主体资格的组织或自然人，对该组织或自然人招用的劳动者，由具备用工主体资格的发包方承担用工主体责任"的规定，认定农民工与用工单位之间存在事实劳动关系，裁决总承包单位向农民工支付工资、未签订劳动合同的双倍工资、经济补偿金等。

3. 总承包单位承担工伤保险责任的法律风险

依据《工伤保险条例》第二条第二款规定，企业职工依法享受工伤保险待遇。与建筑施工企业形成劳动关系的建筑工人因工伤亡，不论施工企业是否为其缴纳社会保险，均可依据《工伤保险条例》得到救济。

施工班组长（实际施工人）与其招用人员建立劳务关系，这些人员与总承包单位并不成立劳动关系。不过，为了保障建筑工人的权益，《人力资源和社会保障部关于执行〈工伤保险条例〉若干问题的意见》（人社部发〔2013〕34号）第七条、《最高人民法院关于审理工伤保险行政案件若干问题的规定》第三条都明确规定由具有用工主体资格的施工企业承担工伤保险责任，大大增加了建筑施工企业的用工风险。

《人力资源和社会保障部关于执行〈工伤保险条例〉若干问题的意见》第七条规定："具备用工主体资格的承包单位违反法律、法规规定，将承包业务转包、分包给不具备用工主体资格的组织或者自然人，该组织或者自然人招用的劳动者从事承包业务时因工伤亡的，由该具备用工主体资格的承包单位承担用人单位依法应承担的工伤保险责任。"

《最高人民法院关于审理工伤保险行政案件若干问题的规定》第三条第一款规定："社会保险行政部门认定下列单位为承担工伤保险责任单位的，人民法院应予支持……（四）用工单位违反法律、法规规定将承包业务转包给不具备用工主体资格的组织或者自然人，该组织或者自然人聘用的职工从事承包业务时因工伤亡的，用工单位为承担工伤保险责任的单位。"

根据上述规定，在建设工程领域，职工受伤不以是否存在劳动关系为前提，只要是在工作时间工作岗位因工作原因受伤，受伤的职工都应当依法按照相关规定享受工伤保险待遇。即使总承包单位将建设工程分包或转包给个人，总承包单位仍然是工伤保险责任承担主体，该责任不因其与分包工程承包人、转承包人之间存在协议而被排除。

典型案例　由具有用工主体资格的施工企业承担工伤保险责任的案例

1. 案例来源

（2021）最高法行再1号行政判决书。

2. 最高人民法院裁判意见

J公司应否承担梁某的工伤保险责任。

《人力资源和社会保障部关于执行〈工伤保险条例〉若干问题的意见》（人社部发〔2013〕34号）第七条规定："具备用工主体资格的承包单位违反法律、法规规定，将承包业务转包、分包给不具备用工主体资格的组织或者自然人，该组织或者自然人招用的劳动者从事承包业务时因工伤亡的，由该具备用工主体资格的承包单位承担用人单位依法应承担的工伤保险责任。"《最高人民法院关于审理工伤保险行政案件若干问题的规定》第三条第一款规定："社会保险行政部门认定下列单位为承担工伤保险责任单位的，人民法院应予支持……（四）用工单位违反法律、法规规定将承包业务转包给不具备用工主体资格的组织或者自然人，该组织或者自然人聘用的职工从事承包业务时因工伤亡的，用工单位为承担工伤保险责任的单位；（五）个人挂靠其他单位对外经营，其聘用的人员因工伤亡的，被挂靠单位为承担工伤保险责任的单位。"

本案中，Y市政府和J公司认为，即使J公司与梁某之间存在项目转包或者挂靠关系，但相关法律规范仅规定"包工头"招用的劳动者或者"包工头"聘用的职工因工伤亡的，J公司才可能承担工伤保险责任；梁某作为"包工头"，而非其"招用的劳动者"或"聘用的职工"，其因工伤亡不应由J公司承担工伤保险责任。本院认为，对法律规范的解释，应当结合具体案情，综合运用文义解释、体系解释、目的解释等多种解释方法。

首先，建设工程领域具备用工主体资格的承包单位承担其违法转包、分包项目上因工伤亡职工的工伤保险责任，并不以存在法律上的劳动关系或事实上的劳动关系为前提条件。为保障建筑行业中不具备用工主体资格的组织或自然人聘用的职工因工伤亡后的工伤保险待遇，加强对劳动者的倾斜保护和对违法转包、分包单位的惩戒，现行工伤保险制度确立了因工伤亡职工与违法转包、分包的承包单位之间推定形成拟制劳动关系的规则，即直接将违法转包、分包的承包单位视为用工主体，并由其承担工伤保险责任。

其次，将"包工头"纳入工伤保险范围，符合建筑工程领域工伤保险发展方向。针对建筑行业的特点，建筑施工企业对相对固定的职工，应按用人单位参加工伤保险；对不能按用人单位参保、建筑项目使用的建筑业职工特别是农民工，按项目参加工伤保险。因此，保证包括"包工头"在内的所有劳动者按项目参加工伤保险，扩展建筑企业工伤保险参保覆盖面，符合建设工程领域工伤保险制度发展方向。

再次，将"包工头"纳入工伤保险对象范围，符合"应保尽保"的工伤保险制度立法目的。无论是工伤保险制度的建立本意，还是工伤保险法规的具体规定，均没有也不宜将"包工头"排除在工伤保险范围之外。"包工头"作为劳动者，处于违法转包、分包利益链条的最末端，参与并承担着施工现场的具体管理工作，有的还直接参与具体施工；其同样可能存在工作时间、工作地点因工作原因而伤亡的情形。"包工头"因工伤亡，与其聘用的施工人员因工伤亡，就工伤保险制度和工伤保险责任而言，并不存在本质区别。如人为限缩《工伤保险条例》的适用范围，不将"包工头"

纳入工伤保险范围，将形成实质上的不平等，而将"包工头"等特殊主体纳入工伤保险范围，则有利于实现对全体劳动者的倾斜保护，彰显社会主义工伤保险制度的优越性。

最后，"包工头"违法承揽工程的法律责任，与其参加社会保险的权利之间并不冲突。工伤保险作为社会保险制度的一个重要组成部分，由国家通过立法强制实施，是国家对职工履行的社会责任，也是职工应该享受的基本权利。不能因为"包工头"违法承揽工程违反建筑领域法律规范，而否定其享受社会保险的权利。承包单位以自己的名义和资质承包建设项目，又由不具备资质条件的主体实际施工，从违法转包、分包或者挂靠中获取利益，由其承担相应的工伤保险责任，符合公平正义理念。当然，承包单位依法承担工伤保险责任后，在符合法律规定的情况下，可以依法另行要求相应责任主体承担相应的责任。

总之，将"包工头"纳入工伤保险范围，并在其因工伤亡时保障其享受工伤保险待遇的权利，由具备用工主体资格的承包单位承担用人单位依法应承担的工伤保险责任，符合工伤保险制度的建立初衷，也符合《工伤保险条例》及相关规范性文件的立法目的。Y市人社局认定梁某在工作时间和工作岗位突发疾病死亡，应由J公司承担工伤保险责任，具有事实和法律依据，本院予以支持。

判决如下：

（1）撤销广东省高级人民法院（2019）粤行终390号行政判决；

（2）撤销广东省清远市中级人民法院（2018）粤18行初42号行政判决；

（3）撤销广东省英德市人民政府作出的英府复决〔2018〕2号《行政复议决定书》；

（4）恢复广东省英德市人力资源和社会保障局作出的英人社工认〔2017〕194号《关于梁某视同工亡认定决定书》的效力。

4. 劳务派遣用工形式的法律风险

在劳务派遣关系中存在三个主体：劳务派遣单位、劳动者、用工单位。劳务派遣单位是劳动法上的用人单位，必须与被派遣劳动者签订劳动合同，与被派遣劳动者成立劳动关系；实际使用劳动者的是用工单位，劳务派遣单位与用工单位签订劳务派遣协议。

劳务派遣最大的特点是劳动关系与用工关系相分离，表现为：被派遣劳动者与劳务派遣单位之间存在劳动关系但不存在用工关系，与用工单位之间存在用工关系但不存在劳动关系。

劳务派遣用工形式的主要法律风险如下。

（1）混岗同工不同酬的法律风险

《劳动合同法》第六十三条规定："被派遣劳动者享有与用工单位的劳动者同工同酬的权利。用工单位应当按照同工同酬原则，对被派遣劳动者与本单位同类岗位的劳动者实行相同的劳动报酬分配办法。用工单位无同类岗位劳动者的，参照用工单位所在地相同或者相近岗位劳动者的劳动报酬确定。劳务派遣单位与被派遣劳动者订立的劳动合同和与用工单位订立的劳务派遣协议，载明或者约定的向被派遣劳动者支付的劳动报酬应当符合前款规定。"

不过，目前大多数建筑施工企业无法按照上述规定，给予被派遣劳动者同工同酬的待遇，由此给施工企业带来了大量的劳动争议纠纷。

（2）用工单位承担被派遣劳动者致人损害的赔偿责任的法律风险

《民事诉讼法解释》第五十八条规定："在劳务派遣期间，被派遣的工作人员因执行工作任务造成他人损害的，以接受劳务派遣的用工单位为当事人。当事人主张劳务派遣单位承担责任的，该劳务派遣单位为共同被告。"

（3）与被派遣劳动者形成事实劳动关系的法律风险

与用工单位签订劳务派遣协议的劳务派遣企业不具备资质的，劳务派遣协议依法被认定为无效。当被派遣劳动者与用工单位产生争议时，法院或者仲裁机构一般会认定被派遣劳动者与用工单位之间形成事实上的劳动关系。

另有一种情况，法院或仲裁机构一般也会认定被派遣劳动者与用工单位之间形成事实上的劳动关系：用工单位向被派遣劳动者代发工资及代缴社会保险。

（4）承担因劳务派遣协议约定不明导致的赔偿责任的法律风险

劳务派遣单位与用工单位之间的劳务派遣协议，应当约定派遣岗位和人员数量、派遣期限、劳动报酬和社会保险费的数额与支付方式以及违反协议的责任。在工程实践中，经常发生因劳务派遣协议约定不明导致依法应由劳务派遣单位承担或者双方共同承担的赔偿责任，由用工单位独自承担的情况。

5. 劳务外包用工形式的法律风险

（1）劳务外包的含义

劳务外包是指发包单位将部分业务或工作内容发包给承包单位，由承包单位按照发包单位的要求，自行安排人员完成相应的业务或工作内容，发包单位向承包单位支付外包费用，承包单位对其雇用的劳动者进行管理和支配的用工形式。

（2）劳务外包关系中的主体

在劳务外包关系中存在三方主体：发包单位、承包单位、劳动者。发包单位与承包单位之间是合同关系，类似于承揽合同关系；承包单位与劳动者之间是用工关系，表现为劳动关系或者劳务关系，法律对此未作出强制性规定，由承包单位和劳动者自行协商；发包单位与劳动者之间不存在任何关系，发包单位无权管理与支配劳动者，一般也无需对劳动者承担责任。

（3）劳务派遣与劳务外包的主要区别

① 主体资质要求不同

经营劳务派遣业务需要一定的资质，比如，注册资本不得少于人民币200万元，应当向劳动行政部门依法申请行政许可；经营劳务外包业务没有特别的资质要求，劳务外包的项目不涉及国家规定的特许内容的，无需办理行政许可。

② 岗位要求不同

劳务派遣用工只能在临时性、辅助性或者替代性岗位上实施；劳务外包用工对岗位没有特殊限定和要求。

③ 法律适用、涉及法律关系不同

劳务派遣主要适用《劳动合同法》《劳务派遣行政许可实施办法》《劳务派遣暂行规定》；劳务外包主要适用《民法典》。

劳务派遣涉及三方面的关系：劳务派遣单位与用工单位之间的劳务派遣合同关系，劳务派遣单位与被派遣劳动者之间的劳动合同关系，用工单位与被派遣劳动者之间的实际用工关系。劳务外包涉及两方面的关系：发包单位与承包单位之间的合同关系，承包单位与劳动者之间的劳动或劳务关系，发包单位与劳动者之间不存在任何关系。

④ 管理与支配不同

这是劳务派遣与劳务外包的最大区别。

劳务派遣的用工单位对被派遣劳动者的日常劳动直接进行管理与支配，被派遣劳动者受用工单位的规章制度约束。在建设工程领域，被派遣劳动者需接受总承包人的调度管理和作业指导，按照总承包人的工作规范和要求进行施工。

劳务外包的发包单位无权管理与支配劳动者，由承包单位直接对劳动者进行管理与支配。在建设工程领域，劳务外包中的劳动者受劳务分包单位的统一管理、指挥、支配，劳务分包公司按照施工计划和要求，安排和指导劳动者的工作，总承包人不直接管理、支配劳动者。

⑤ 结算费用的方式不同

在劳务派遣关系中，用工单位根据劳务派遣单位派遣的劳动者数量、工作内容和时间等与被派遣劳动者直接相关的要素，向劳务派遣单位支付服务费，一般是按照派遣的时间和费用标准，根据约定派遣的人数结算费用。

在劳务外包关系中，发包单位根据外包业务的完成情况向承包单位支付外包费用，一般按照事先确定的劳务单价根据劳务承包单位完成的工作量结算，与承包单位使用的劳动者数量、工作时间等没有直接关系。

⑥承担的法律责任不同

在劳务派遣关系中，用工单位给被派遣劳动者造成损害的，劳务派遣单位与用工单位承担连带赔偿责任；在劳务外包关系中，发包单位一般对承包单位招用的劳动者不承担法律责任。

（4）劳务外包的法律风险

①发包单位被认定为与劳动者成立事实上的劳动关系的法律风险

承包单位未与其招用的劳动者签订劳动合同或劳务合同，即安排到发包单位处工作，而发包单位又对这些劳动者进行了必要的管理，且办理了工作证，发放了工作服等，发包单位很有可能会被认定为与这些劳动者成立了事实上的劳动关系，需要承担用人单位责任。

②发包单位与承包单位之间的合同被认定为"假外包、真派遣"的法律风险

发包单位以外包、承揽等名义使用劳动者，有可能被认定为劳务派遣用工的情形有：承包单位的劳动者在发包单位的生产经营场所使用发包单位的设施设备、按照发包单位安排的工作内容提供劳动或者以发包单位的名义提供劳动；发包单位直接对被派遣劳动者进行指挥监督，劳动者的工作时间、休息休假、日常考核等与劳动者相关的事项由发包单位监督管理；劳动者需遵守发包单位制定的劳动纪律，也要遵守承包单位的劳动纪律。

发包单位被认定按劳务派遣用工形式使用劳动者的，劳务派遣期间，被派遣的劳动者因执行工作任务造成他人损害的，由接受劳务派遣的用工单位承担侵权责任；劳务派遣单位有过错的，承担相应的责任，即发包单位与承包单位之间的关系被认定为劳务派遣关系的，发包单位需依法承担用工单位责任。

（三）承担刑事责任的法律风险

建筑施工企业涉及劳务用工的犯罪主要有：拒不支付劳动报酬罪、强迫劳动罪、雇用童工从事危重劳动罪等。

1. 拒不支付劳动报酬罪

（1）含义

拒不支付劳动报酬罪，是指以转移财产、逃匿等方法逃避支付劳动者的劳动报酬或者有能力支付而不支付劳动者的劳动报酬，数额较大，经政府有关部门责令支付仍不支付的行为。

（2）法律规定

《刑法》第二百七十六条之一规定："以转移财产、逃匿等方法逃避支付劳动者

的劳动报酬或者有能力支付而不支付劳动者的劳动报酬，数额较大，经政府有关部门责令支付仍不支付的，处三年以下有期徒刑或者拘役，并处或者单处罚金；造成严重后果的，处三年以上七年以下有期徒刑，并处罚金。单位犯前款罪的，对单位判处罚金，并对其直接负责的主管人员和其他直接责任人员，依照前款的规定处罚。有前两款行为，尚未造成严重后果，在提起公诉前支付劳动者的劳动报酬，并依法承担相应赔偿责任的，可以减轻或者免除处罚。"

（3）犯罪构成要件

① 犯罪主体要件

本罪犯罪主体为一般主体，既可以是单位，也可以是自然人。

② 犯罪主观方面

本罪在主观方面表现为故意，包括直接故意和间接故意。行为人明确拒绝支付劳动者劳动报酬的，应当认定为故意。行为人虽然表示应当支付，但其实施的行为明显是为不支付找借口的，应当认定故意，比如：无正当理由转移财产，造成其无支付能力假象的；用人单位主要负责人指使发放劳动者劳动报酬的工作人员逃匿，造成无法支付假象的；非法克扣工资或罚款的。

③ 犯罪客体要件

本罪犯罪客体是双重客体，犯本罪的，既侵犯劳动者的财产权，又妨碍了正常的劳动用工关系，侵犯了社会主义市场经济秩序。

④ 犯罪客观方面

本罪在客观方面表现为以转移财产、逃匿等方法逃避支付劳动者的劳动报酬或者有能力支付而不支付劳动者的劳动报酬的行为。

（4）立案标准

① 拒不支付 1 名劳动者 3 个月以上的劳动报酬且数额在 5 千元至 2 万元以上的；

② 拒不支付 10 名以上劳动者的劳动报酬且数额累计在 3 万元至 10 万元以上的；

③ 隐匿财产、恶意清偿、虚构债务、虚假破产、虚假倒闭或者以其他方法转移、处分财产的；

④ 逃跑、藏匿的；

⑤ 隐匿、销毁或者篡改账目、职工名册、工资支付记录、考勤记录等与劳动报酬相关的材料的；

⑥ 以其他方法逃避支付劳动报酬的。

2. 强迫劳动罪

（1）含义

强迫劳动罪，是指自然人或者单位以暴力、威胁或者限制人身自由的方法强迫他人劳动，或者明知他人以暴力、威胁或者限制人身自由的方法强迫他人劳动，而为其招募、运送人员或者以其他方式协助强迫他人劳动的行为。

（2）法律规定

《刑法》第二百四十四条规定："以暴力、威胁或者限制人身自由的方法强迫他人劳动的，处三年以下有期徒刑或者拘役，并处罚金；情节严重的，处三年以上十年以下有期徒刑，并处罚金。明知他人实施前款行为，为其招募、运送人员或者有其他协助强迫他人劳动行为的，依照前款的规定处罚。单位犯前两款罪的，对单位判处罚金，并对其直接负责的主管人员和其他直接责任人员，依照第一款的规定处罚。"

（3）犯罪构成要件

① 犯罪主体要件

本罪犯罪主体为特殊主体，即用人单位，对单位判处罚金，并对其直接负责的主管人员和其他直接责任人员追究刑事责任。

② 犯罪主观方面

本罪在主观方面表现为必须出于直接故意。

③ 犯罪客体要件

本罪犯罪客体是双重客体，犯本罪的，既侵犯劳动者的人身自由，又侵犯了国家劳动管理制度。

④ 客观方面

本罪在客观方面表现为违反劳动管理法规，实施以暴力、威胁或者限制人身自由的方法强迫他人劳动的行为。

（4）立案标准

本罪是行为犯，只要行为人实施了以暴力、威胁或者限制人身自由的方法强迫他人劳动的行为，原则上就构成犯罪，应当立案追诉。

3. 雇用童工从事危重劳动罪

（1）含义

雇用童工从事危重劳动罪，是指违反劳动管理法规，雇用未满十六周岁的未成年人从事超强度体力劳动的，或者从事高空、井下作业的，或者在爆炸性、易燃性、放射性、毒害性等危险环境下从事劳动，情节严重的行为。

（2）法律规定

《刑法》第二百四十四条之一规定："违反劳动管理法规，雇用未满十六周岁的未成年人从事超强度体力劳动的，或者从事高空、井下作业的，或者在爆炸性、易燃性、放射性、毒害性等危险环境下从事劳动，情节严重的，对直接责任人员，处三年以下有期徒刑或者拘役，并处罚金；情节特别严重的，处三年以上七年以下有期徒刑，并处罚金。有前款行为，造成事故，又构成其他犯罪的，依照数罪并罚的规定处罚。"

（3）犯罪构成要件

① 犯罪主体要件

本罪犯罪主体为一般主体，既可以是单位，也可以是自然人，单位犯该罪的，只追究直接责任人员（包括直接负责的主管人员和其他直接责任人员）的刑事责任。

② 犯罪主观方面

本罪在主观方面表现为故意，包括直接故意和间接故意。

③ 犯罪客体要件

本罪犯罪客体是未成年人的身心健康。

④ 客观方面

本罪在客观方面表现为违反劳动管理法规，雇用未满十六周岁的未成年人从事超强度体力劳动，或者高空、井下作业，或者在爆炸性、易燃性、放射性、毒害性等危险环境下从事劳动、情节严重的行为。

（4）立案标准

① 造成未满十六周岁的未成年人伤亡或者对其身体健康造成严重危害的；

② 雇用未满十六周岁的未成年人三人以上的；

③ 以强迫、欺骗等手段雇用未满十六周岁的未成年人从事危重劳动的；

④ 其他情节严重的情形。

典型案例 拒不支付劳动报酬罪的案例

1. 案例来源

（2019）新21刑终52号刑事判决书。

2. 一审法院裁判意见

被告单位新疆L建设工程有限公司有能力支付而不支付、逃避支付工人工资305000元，数额较大，经政府有关部门责令支付仍不支付；被告人安某作为新疆L建设工程有限公司直接负责的主管人员、直接责任人，对单位有能力支付而不支付、逃避支付工人工资305000元应承担直接责任。二被告的行为已构成拒不支付劳动报酬罪，公诉机关指控罪名成立，原审法院依法予以确认。被告人除拖欠此工资外，仍在社会上有大量欠款，造成了恶劣的社会影响。在提起公诉前，被告单位新疆L建设工程有限公司将拖欠的305000元工人工资支付完毕，可酌情从轻处罚。据此，根据被告人安某的认罪态度和对社会的危害性，本着惩罚和教育相结合的目的，依据《刑法》第二百七十六条之一第二款之规定判决：（1）被告单位新疆L建设工程有限公司犯拒不支付劳动报酬罪，单处罚金人民币30000元；（2）被告人安某犯拒不支付劳动报酬罪，判处有期徒刑六个月，并处罚金人民币10000元（罚金已交纳）。

3. 上诉人上诉意见

宣判后，上诉人新疆L建设工程有限公司、安某均不服一审判决，向二审法院提出上诉，其上诉称：一审认定事实错误，请求撤销一审判决，改判上诉人新疆L建设工程有限公司、安某无罪。事实和理由：新疆L建设工程有限公司与潘某、黄某等人无劳动合同法律关系，没有支付劳动报酬的法律义务，不能成为拒不支付劳动报酬罪的主体，安某作为法定代表人亦不是该罪的主体；新疆L建设工程有限公司与王某之间是非法转包关系，王某与龚某之间是劳务分包关系，龚某与潘某、黄某等人之间或为雇佣关系或为合作关系；新疆L建设工程有限公司一直以来仅向贺某支付工程款，未向龚某支付过工程款或劳动报酬，也未向潘某、黄某等人支付过劳动报酬。

4. 二审法院裁判意见

原审被告单位新疆L建设工程有限公司有能力支付而不支付、逃避支付工人工资305000元，数额较大，经政府有关部门责令支付仍不支付，其行为构成拒不支付劳动报酬罪，对直接负责的主管人员原审被告人安某判处刑罚。原审被告单位新疆L建设工程有限公司、原审被告人安某提出被告单位与农民工之间不存在劳动关系，不应承担用工主体责任，所以不应支付劳动报酬的辩护意见。经查，劳动和社会保障部《关于确立劳动关系有关事项的通知》第四条规定："建筑施工、矿山企业等用人单位将工程（业务）或经营权发包给不具备用工主体资格的组织或自然人，对该组织或自然人招用的劳动者，由具备用工主体资格的发包方承担用工主体责任。"根据原审被告人安某的供述及相关证人证言，综合全案的证据，可以形成证据链证实原审被告单位新疆L建设工程有限公司将工程发包给不具备用工主体资格的自然人后，其有能力支付而不支付、逃避支付工人工资，数额较大，经政府有关部门责令支付仍不支付，原审被告单位的行为均构成拒不支付劳动报酬罪。故对该辩解和辩护意见本院不予采纳。原审被告单位新疆L建设工程有限公司、原审被告人安某在提起公诉前，将拖欠的305000元工人工资支付完毕，尚未造成严重后果，依法可以减轻或者免除处罚。原审认定事实清楚，但对原审被告人安某量刑偏重。据此，经本院2019年第八次审判委员会研究，依照《刑法》第二百七十六条之一、《刑事诉讼法》第二百三十六条第一款第（二）项之规定判决如下：

（1）维持鄯善县人民法院（2019）新2122刑初33号刑事判决第一项，即被告单位新疆L建设工程有限公司犯拒不支付劳动报酬罪，单处罚金人民币30000元（罚金二审期间已交纳）；

（2）撤销鄯善县人民法院（2019）新2122刑初33号刑事判决第二项，即被告人安某犯拒不支付劳动报酬罪，判处有期徒刑六个月，并处罚金人民币10000元（罚金已交纳）；

（3）被告人安某犯拒不支付劳动报酬罪，单处罚金人民币10000元（罚金已交纳）。

三、防控建设工程劳务用工法律风险

建筑施工企业防控劳务用工法律风险，需不断加强对管理层、施工现场人员等的用工法律风险宣传、劳务用工方面的法律培训，提高劳务用工管理水平，提高劳务用工法律风险防范意识与能力。

（一）不同用工模式法律风险防控

建筑企业应当依法建立、完善劳动用工制度，加强劳动合同管理，按照劳动合同法的规定，与必须成立劳动关系的劳动者签订劳动合同；对于其他劳动者，需以劳务外包或劳务派遣等形式确定劳动或劳务关系，防控劳务用工法律风险。

1. 严格按照《建筑工人实名制管理办法（试行）》的规定，签订劳动合同或用工协议，对建筑工人进行实名制管理

《建筑工人实名制管理办法（试行）》修改后，建筑企业有必要重新梳理建筑工人的劳动合同、用工协议。对于依法需要签订劳动合同的建筑工人，建筑企业应当及时与其签订劳动合同，明确约定双方之间的权利义务；对不符合建立劳动关系的建筑工人，建筑企业应当及时与其订立用工书面协议。不管是劳动合同还是用工书面协议，建筑企业都应当对建筑工人严格执行实名制管理规定。

2. 劳动合同工法律风险防控

（1）施工企业需根据情况与劳动者签订劳动合同

① 对于工作相对稳定的劳动者，比如，项目管理人员、财务管理人员等，施工企业可与其签订固定期限的劳动合同；

② 为避免频繁更换而影响施工企业的稳定发展，对于特殊人才，比如，高级管理人员、专业技术性强的特种作业持证人员等，施工企业需与其签订无固定期限劳动合同，使之能长期稳定为施工企业服务，实现双赢的目的；

③ 对于一般的施工现场工作人员，因其工作流动性强，为便于管理，不适合与

其签订固定期限劳动合同，双方适合签订以完成一定工作任务为期限的劳动合同，既能有效减轻施工企业用工压力，又能避免施工企业与其签订无固定期限劳动合同的法律风险；

④ 对于一线施工人员、工勤类人员，因其工种临时性强且工伤风险较大，建议采用劳务外包或劳务派遣等用工方式。

（2）按照法律规定及时与劳动者签订劳动合同

在劳动合同中明确约定劳动期限（固定期限、无固定期限、以完成一定工作任务为期限）、工作内容、工资（基本工资、绩效工资、加班工资等）、社会保险、工作时间（标准工时制、综合工时制、非全日制）、休息休假、工作地点（固定、流动、公司安排）、劳动保护、劳动条件和职业危害防护、劳动纪律、劳动合同的变更、劳动合同的解除等内容。

施工企业应当根据工作岗位、工种以及劳动者的实际情况，明确约定上述内容。对于不愿意签订劳动合同的职工，施工企业为了避免用工风险，需说服其签订书面劳动合同；对于经说服仍不愿意签订劳动合同的职工，笔者建议最好不要聘用，否则很有可能给施工企业带来不签订劳动合同的法律后果，尤其是对于恶意不签订劳动合同谋求不法利益的务工人员。

这里有一点施工企业需特别注意：可以依照法律规定申请综合计时和不定时工作制。建筑行业因其工作、工种的特殊性，很难按照固定工作时间用工。施工企业可以根据本企业、工程项目的实际需要，依法向劳动行政部门申请实行不定时工作制和综合计算工时工作制，灵活使用劳动者，有效避免承担加班费的风险。

3. 劳务派遣用工法律风险防控

（1）从事临时性、辅助性或者可替代性工作的员工，可以通过劳务派遣的方式规避劳务用工风险。

（2）选择合适的劳务派遣单位

建筑施工企业选择劳务派遣单位，可以从以下几个方面重点审查。

① 审查其是否符合劳务派遣的条件：注册资本不得少于人民币200万元，有与开展业务相适应的固定经营场所和设施，有符合法律、行政法规规定的劳务派遣管理制度，法律、行政法规规定的其他条件。

② 审查劳务派遣单位的综合实力、信誉、社会评价度、涉诉风险等情况，评估其风险承担能力、服务能力是否能满足施工企业的需求，有效规避事后承担连带责任的风险。

（3）劳务派遣协议明确约定双方及被派遣劳动者的权利义务

为避免产生争议，劳务派遣协议需明确约定派遣内容，劳动条件和劳动保护，被派遣劳动者的岗位安排、人员管理、用工关系、报酬支付方式、时间、社会保险缴纳、发生工伤、侵权、劳动争议等责任的承担，派遣工作关系的解除和终止，补偿金支付等。

这里有个细节施工企业需特别注意：劳务派遣协议中有关被派遣劳动者的权利义务关系的内容，需与劳务派遣单位与被派遣劳动者之间签订的劳动合同的内容一致。

（4）完善被派遣劳动者的招聘及薪酬管理制度

① 由劳务派遣单位负责招聘被派遣劳动者，招聘广告等材料上应避免出现施工企业的信息，以免被派遣劳动者产生误解；

② 在有关被派遣劳动者的工资支付及社会保险缴纳方面，由劳务派遣单位负责工资、社会保险核算及表单制作，并盖章确认，交由施工企业代发工资、代缴社会保险；

③ 建筑施工企业在使用被派遣劳动者前，需要确认其与劳务派遣单位是否已签订劳动合同，劳务派遣单位是否已按规定为其缴纳社会保险，避免与被派遣劳动者形成事实上的劳动关系，避免承担连带责任的风险。

4. 劳务外包用工法律风险防控

（1）选择合适的劳务分包单位。建筑施工企业为了降低劳务用工风险，将劳务分包给有资质、综合实力较强、信誉度好、涉诉风险低的劳务分包单位，是个不错的选择。

建筑施工企业需审查劳务分包单位是否具备合法的劳务作业法定资质，劳务资质许可的内容、范围是否与实际承揽的施工任务一致。建筑施工企业与无资质、超越资质的企业或个人签订的劳务分包合同无效，在合同履行过程中，有可能导致建筑施工企业的利益受损。

（2）劳务分包合同明确约定工期、工程质量、劳务费结算和支付、建筑工人劳动合同的签订、建筑工人管理、工资支付、工伤责任承担、安全事故责任承担、代为付款、分包人中途退场、印章和介绍信的管理、委托授权、违约责任等内容。

劳务分包合同内容仅限于劳务作业，应将劳务作业内容与建筑材料、机械设备严格区分，合同内容需避免出现包工包料的约定，避免发生转包、违法分包情况。

（3）监督劳务分包单位与劳动者依照法律规定签订劳动合同，办理工伤、医疗或者综合保险等社会保险。

在劳务分包合法的情况下，劳动者发生工伤事故，劳务分包单位作为用人单位，依法承担相应的法律责任，能有效避免建筑施工企业承担法律责任。

（4）为避免建筑工人工资支付争议，必要时建筑施工企业可以代付建筑工人工资。

建筑施工企业先与劳务分包单位签订委托代付建筑工人工资协议，再按照劳务分包单位提供的建筑工人名册,将建筑工人工资代付至其本人银行卡号。

(5)将劳务分包给不具备相应资质的施工班组或包工头的,总承包单位应要求施工班组或包工头与招用的劳动者签订劳务合同,制作劳务人员名单,经总承包单位核实后,按照与施工班组或包工头之间的代付劳务报酬协议,向劳务人员代付劳务报酬,以免施工班组或包工头卷款潜逃后,劳务人员要求总承包单位支付劳务报酬。劳务人员收到总承包单位代付的劳动报酬后,应当与施工班组或包工头签名确认收款金额。

这里有个细节总承包单位需特别注意:应当严格要求实行实名制管理和工资代付制度,付清建筑工人工资前,不要向施工班组(包工头)支付劳务费,避免因建筑工人闹薪而造成超付款项的不利局面。

(二)总承包单位先行清偿建筑工人工资的法律风险防控

1. 要求分包单位提供建筑工人工资支付履约保证金

总承包单位分包劳务时,应当明确要求分包单位提供建筑工人工资支付履约保证金,专项用于分包单位无力支付建筑工人工资时向建筑工人支付工资,以免总承包单位承担先行清偿建筑工人工资的责任。

2. 监督劳务分包单位按规定发放建筑工人工资

(1)劳务分包单位每次提交月进度款请款手续时,要求其提交上一月度资金使用情况说明,尤其是建筑工人工资支付的情况。

(2)总承包单位向劳务分包单位付款前,先要求劳务分包单位如实提交建筑工人工资表,审查建筑工人工资表所载数据是否属实,人员与实际进入工地的施工人员是否一致,防止冒名顶替、虚报工时与费用等情况发生。总承包单位确认后再向劳务分包单位支付劳务费,并监督其及时将建筑工人工资发放至建筑工人工资专用账户,避免包工头卷款潜逃。未开设建筑工人工资专用账户需要以现金形式发放工资的,总承包单位需监督劳务分包单位向建筑工人本人发放工资,由建筑工人签名确认收款金额,严禁代签、代领情况发生。

3. 必要时建筑施工企业代付建筑工人工资

建筑施工企业发现劳务分包单位出现资金周转困难,有可能无法保障建筑工人工资支付时,需及时按照与劳务分包单位之间的委托代付协议,向建筑工人代付工资。转款时需注明"代付建筑工人工资",转款后要求劳务分包单位与建筑工人进行确认。

(三)总承包单位承担工伤保险责任的法律风险防控

1. 加强施工现场安全教育

总承包单位需不断进行施工现场安全教育,定期举办安全宣传活动,确保施工人员按照规定安全施工。

2. 强化施工现场安全管理

安全工作无小事。安全管理工作必须常抓不懈。总承包单位应当高度重视安全生产管理工作，督促劳务分包单位严抓安全施工工作，严格要求施工人员按章施工，从源头上防范工伤事故发生。

3. 劳务分包合同明确约定工伤责任的承担

总承包单位需与劳务分包单位在劳务分包合同中明确约定工伤事故责任承担问题：由劳务分包单位自行承担其招用的劳动者的工伤、工亡赔偿、补偿责任，总承包单位垫付的费用有权向劳务分包单位追偿；总承包单位被有关部门认定为工伤保险责任承担主体的，承担工伤保险责任后，有权向劳务分包单位追偿，有权直接从劳务费中扣除相关款项。

4. 总承包单位应当要求劳务分包单位为其招用的劳动者缴纳社会保险

5. 协助人力资源和社会保障部门认定工伤工作

劳动者发生受伤、死亡事故后，总承包单位需积极协助人力资源和社会保障部门认定工伤工作：及时提交劳务分包合同、劳务分包单位的资质证明、营业执照、劳务分包单位与劳动者之间的劳动合同、缴纳社会保险凭证等材料，并书面说明劳动关系归属情况，书面说明劳动者受伤、死亡事实情况，避免出现因消极处理而被认定为工伤保险责任主体的不利局面。

典型案例	总承包单位将建设工程分包给包工头，被判清偿拖欠的农民工工资的案例

1. 案例来源

（2020）闽06民终1232号民事判决书。

2. 一审法院认定事实

D公司承包建设漳州市Y房地产开发有限公司位于云霄县元光中学北侧的怡景阳光小区工程。2014年3月10日，D公司作为甲方与作为乙方的王某签订《项目承包管理协议书》1份，合同约定主要内容如下：D公司将云霄县元光中学北侧怡景阳光小区工程转包给王某，王某为项目部负责人；承包方式为包工包料，工程总造价99960000元；工程款支付时，甲方从建设方的工程款中扣除1%管理费，按进度拨款给乙方；王某出具《不拖欠农民工工资承诺书》等。王某没有建筑工程资质。之后，D公司将该工程交由王某具体负责。陈某受王某招用，在该项目担任现场施工员。第三人王某勇是D公司项目部财务负责人，系王某的弟弟。2016年8月20日，第三人王某勇与陈某结算，并出具一张结算单，载明：2014年3月至2015年4月工资112000元，已付57000元，余55000元整未付，其中另补工资10000元，合计未付工资65000元。王某在该结算单上签名确认。2017年1月26日和2月14日，D公司通过其财务蔡某的私人账户向陈某转账共计18000元。2018年11月8日，建设单位（业主、发包人）漳州市Y房地产开发有限公司与施工单位D公司盖章确认《工程决算书》1份，王某以施工单位负责人的名义在合同上签名确认：本案案涉工程款结算金额为65934540.22元。2019年1月28日，D公司作为甲方在作为乙方的怡景阳光项目部1~7#工程项目部的《工程决算书》一份上盖章（没有法定代表人或他人签名），结算书内容如下：（1）合同总价65380000元；（2）结算金额65934540.22元；（3）开发商留防水保修金200000元；（4）累计拨款65734540.22元，甲方扣除税收管理费后款项已全额拨付项目部。D公司、王某没有提交相关工程款支付凭证。陈某于2019年2月1日向福建省云霄县劳动保障监察大队投诉D公司拖欠工资，云霄县劳动保障监察大队根据《劳动保障监察条例》第二十条之规定不予受理，建议当事人申请仲裁或向法院起诉。

3. 一审法院裁判意见

原劳动和社会保障部、建设部《建设领域农民工工资支付管理暂行办法》（劳社部发〔2004〕22号）第十二条规定："工程总承包企业不得将工程违反规定发包、分包给不具备用工主体资格的组织或个人，否则应承担清偿拖欠工资连带责任。"查明的事实可以证实，D公司将怡景阳光小区工程项目发包给不具备用工主体资格且无资质的王某，王某以D公司怡景阳光小区工程项目的名义招用陈某担任该项目的现场施工员。经王某确认，欠陈某工资为65000元，虽经D公司财务人员蔡某转账支付给陈某18000元，但仍欠47000元，据此，作为工程总承包企业的D公司，应承担清偿拖欠工资的连带责任。陈某诉请王某、D公司支付拖欠的工资共计47000元的主张有事实和法律依据，应予支持。

4. 二审法院裁判意见

《保障农民工工资支付条例》（国务院令第724号）已于2020年5月1日起施行。《保障农民工工资支付条例》第三十六条规定："建设单位或者施工总承包单位将建设工程发包或者分包给个人或者不具备合法经营资格的单位，导致拖欠农民工工资的，由建设单位或者施工总承包单位清偿。"本案查明的事实可以证实，D公司系云霄县元光中学北侧的怡景阳光小区工程的建设单位，其将该工程转包给王某。陈某受王某招用，在该项目担任现场施工员，经结算，王某未付给陈某工资47000元。据此，依法应由作为建设单位的D公司对王某拖欠陈某工资47000元进行清偿。鉴于王某对一审判决其应支付陈某劳务费47000元未提起上诉，本案可以维持。据此，D公司已经将怡景阳光小区工程项目转包给王某,陈某系王某雇请的工人;D公司就案涉工程与王某结算完毕;一审判决D公司承担连带责任将导致D公司重复支付陈某的工资;一审适用《建设领域农民工工资支付管理暂行办法》错误等上诉主张,均与查明的事实不符,亦于法无据,对其不予支持。D公司的上诉请求不能成立,不予支持。

附 录

建设工程常用法律、法规、规章、规范性文件、司法解释

一、中华人民共和国民法典（节录）
（2020年5月28日第十三届全国人民代表大会第三次会议通过）

第三编 合同

第一分编 通则

第一章 一般规定

第四百六十三条 本编调整因合同产生的民事关系。

第四百六十四条 合同是民事主体之间设立、变更、终止民事法律关系的协议。

婚姻、收养、监护等有关身份关系的协议，适用有关该身份关系的法律规定；没有规定的，可以根据其性质参照适用本编规定。

第四百六十五条 依法成立的合同，受法律保护。

依法成立的合同，仅对当事人具有法律约束力，但是法律另有规定的除外。

第四百六十六条 当事人对合同条款的理解有争议的，应当依据本法第一百四十二条第一款的规定，确定争议条款的含义。

合同文本采用两种以上文字订立并约定具有同等效力的，对各文本使用的词句推定具有相同含义。各文本使用的词句不一致的，应当根据合同的相关条款、性质、目的以及诚信原则等予以解释。

第四百六十七条 本法或者其他法律没有明文规定的合同，适用本编通则的规定，并可以参照适用本编或者其他法律最相类似合同的规定。

在中华人民共和国境内履行的中外合资经营企业合同、中外合作经营企业合同、中外合作勘探开发自然资源合同，适用中华人民共和国法律。

第四百六十八条 非因合同产生的债权债务关系，适用有关该债权债务关系的法律规定；没有规定的，适用本编通则的有关规定，但是根据其性质不能适用的除外。

第二章 合同的订立

第四百六十九条 当事人订立合同，可以采用书面形式、口头形式或者其他形式。

书面形式是合同书、信件、电报、电传、传真等可以有形地表现所载内容的形式。

以电子数据交换、电子邮件等方式能够有形地表现所载内容，并可以随时调取查用的数据电文，视为书面形式。

第四百七十条　合同的内容由当事人约定，一般包括下列条款：

（一）当事人的姓名或者名称和住所；

（二）标的；

（三）数量；

（四）质量；

（五）价款或者报酬；

（六）履行期限、地点和方式；

（七）违约责任；

（八）解决争议的方法。

当事人可以参照各类合同的示范文本订立合同。

第四百七十一条　当事人订立合同，可以采取要约、承诺方式或者其他方式。

第四百七十二条　要约是希望与他人订立合同的意思表示，该意思表示应当符合下列条件：

（一）内容具体确定；

（二）表明经受要约人承诺，要约人即受该意思表示约束。

第四百七十三条　要约邀请是希望他人向自己发出要约的表示。拍卖公告、招标公告、招股说明书、债券募集办法、基金招募说明书、商业广告和宣传、寄送的价目表等为要约邀请。

商业广告和宣传的内容符合要约条件的，构成要约。

第四百七十四条　要约生效的时间适用本法第一百三十七条的规定。

第四百七十五条　要约可以撤回。要约的撤回适用本法第一百四十一条的规定。

第四百七十六条　要约可以撤销，但是有下列情形之一的除外：

（一）要约人以确定承诺期限或者其他形式明示要约不可撤销；

（二）受要约人有理由认为要约是不可撤销的，并已经为履行合同做了合理准备工作。

第四百七十七条　撤销要约的意思表示以对话方式作出的，该意思表示的内容应当在受要约人作出承诺之前为受要约人所知道；撤销要约的意思表示以非对话方式作出的，应当在受要约人作出承诺之前到达受要约人。

第四百七十八条　有下列情形之一的，要约失效：

（一）要约被拒绝；

（二）要约被依法撤销；

（三）承诺期限届满，受要约人未作出承诺；

（四）受要约人对要约的内容作出实质性变更。

第四百七十九条　承诺是受要约人同意要约的意思表示。

第四百八十条　承诺应当以通知的方式作出；但是，根据交易习惯或者要约表明可以通过行为作出承诺的除外。

第四百八十一条　承诺应当在要约确定的期限内到达要约人。

要约没有确定承诺期限的，承诺应当依照下列规定到达：

（一）要约以对话方式作出的，应当即时作出承诺；

（二）要约以非对话方式作出的，承诺应当在合理期限内到达。

第四百八十二条　要约以信件或者电报作出的，承诺期限自信件载明的日期或者电报交发之日开始计算。信件未载明日期的，自投寄该信件的邮戳日期开始计算。要约以电话、传真、电子邮件等快速通讯方式作出的，承诺期限自要约到达受要约人时开始计算。

第四百八十三条　承诺生效时合同成立，但是法律另有规定或者当事人另有约定的除外。

第四百八十四条　以通知方式作出的承诺，生效的时间适用本法第一百三十七条的规定。

承诺不需要通知的，根据交易习惯或者要约的要求作出承诺的行为时生效。

第四百八十五条　承诺可以撤回。承诺的撤回适用本法第一百四十一条的规定。

第四百八十六条　受要约人超过承诺期限发出承诺，或者在承诺期限内发出承诺，按照通常情形不能及时到达要约人的，为新要约；但是，要约人及时通知受要约人该承诺有效的除外。

第四百八十七条　受要约人在承诺期限内发出承诺，按照通常情形能够及时到达要约人，但是因其他原因致使承诺到达要约人时超过承诺期限的，除要约人及时通知受要约人因承诺超过期限不接受该承诺外，该承诺有效。

第四百八十八条　承诺的内容应当与要约的内容一致。受要约人对要约的内容作出实质性变更的，为新要约。有关合同标的、数量、质量、价款或者报酬、履行期限、履行地点和方式、违约责任和解决争议方法等的变更，是对要约内容的实质性变更。

第四百八十九条　承诺对要约的内容作出非实质性变更的，除要约人及时表示反对或者要约表明承诺不得对要约的内容作出任何变更外，该承诺有效，合同的内容以承诺的内容为准。

第四百九十条　当事人采用合同书形式订立合同的，自当事人均签名、盖章或者按指印时合同成立。在签名、盖章或者按指印之前，当事人一方已经履行主要义务，对方接受时，该合同成立。

法律、行政法规规定或者当事人约定合同应当采用书面形式订立，当事人未采用书面形式但是一方已经履行主要义务，对方接受时，该合同成立。

第四百九十一条　当事人采用信件、数据电文等形式订立合同要求签订确认书的，签订确认书时合同成立。

当事人一方通过互联网等信息网络发布的商品或者服务信息符合要约条件的，对方选择该商品或者服务并提交订单成功时合同成立，但是当事人另有约定的除外。

第四百九十二条　承诺生效的地点为合同成立的地点。

采用数据电文形式订立合同的，收件人的主营业地为合同成立的地点；没有主营业地的，其住所地为合同成立的地点。当事人另有约定的，按照其约定。

第四百九十三条　当事人采用合同书形式订立合同的，最后签名、盖章或者按指印的地点为合同成立的地点，但是当事人另有约定的除外。

第四百九十四条　国家根据抢险救灾、疫情防控或者其他需要下达国家订货任务、指令性任务的，有关民事主体之间应当依照有关法律、行政法规规定的权利和义务订立合同。

依照法律、行政法规的规定负有发出要约义务的当事人，应当及时发出合理的要约。

依照法律、行政法规的规定负有作出承诺义务的当事人，不得拒绝对方合理的订立合同要求。

第四百九十五条　当事人约定在将来一定期限内订立合同的认购书、订购书、预订书等，构成预约合同。

当事人一方不履行预约合同约定的订立合同义务的，对方可以请求其承担预约合同的违约责任。

第四百九十六条　格式条款是当事人为了重复使用而预先拟定，并在订立合同时未与对方协商的条款。

采用格式条款订立合同的，提供格式条款的一方应当遵循公平原则确定当事人之间的权利和义务，并采取合理的方式提示对方注意免除或者减轻其责任等与对方有重大利害关系的条款，按照对方的要求，对该条款予以说明。提供格式条款的一方未履行提示或者说明义务，致使对方没有注意或者理解与其有重大利害关系的条款的，对方可以主张该条款不成为合同的内容。

第四百九十七条　有下列情形之一的，该格式条款无效：

（一）具有本法第一编第六章第三节和本法第五百零六条规定的无效情形；

（二）提供格式条款一方不合理地免除或者减轻其责任、加重对方责任、限制对方主要权利；

（三）提供格式条款一方排除对方主要权利。

第四百九十八条　对格式条款的理解发生争议的，应当按照通常理解予以解释。对格式条款有两种以上解释的，应当作出不利于提供格式条款一方的解释。格式条款和非格式条款不一致的，应当采用非格式条款。

第四百九十九条　悬赏人以公开方式声明对完成特定行为的人支付报酬的，完成该行为的人可以请求其支付。

第五百条　当事人在订立合同过程中有下列情形之一，造成对方损失的，应当承担赔偿责任：

（一）假借订立合同，恶意进行磋商；

（二）故意隐瞒与订立合同有关的重要事实或者提供虚假情况；

（三）有其他违背诚信原则的行为。

第五百零一条　当事人在订立合同过程中知悉的商业秘密或者其他应当保密的信息，无论合同是否成立，不得泄露或者不正当地使用；泄露、不正当地使用该商业秘密或者信息，造成对方损失的，应当承担赔偿责任。

第三章　合同的效力

第五百零二条　依法成立的合同，自成立时生效，但是法律另有规定或者当事人另有约定的除外。

依照法律、行政法规的规定，合同应当办理批准等手续的，依照其规定。未办理批准等手续影响合同生效的，不影响合同中履行报批等义务条款以及相关条款的效力。应当办理申请批准等手续的当事人未履行义务的，对方可以请求其承担违反该义务的责任。

依照法律、行政法规的规定，合同的变更、转让、解除等情形应当办理批准等手续的，适用前款规定。

第五百零三条　无权代理人以被代理人的名义订立合同，被代理人已经开始履行合同义务或者接受相对人履行的，视为对合同的追认。

第五百零四条　法人的法定代表人或者非法人组织的负责人超越权限订立的合同，除相对人知道或者应当知道其超越权限外,该代表行为有效,订立的合同对法人或者非法人组织发生效力。

第五百零五条　当事人超越经营范围订立的合同的效力,应当依照本法第一编第六章第三节和本编的有关规定确定,不得仅以超越经营范围确认合同无效。

第五百零六条　合同中的下列免责条款无效:

(一)造成对方人身损害的;

(二)因故意或者重大过失造成对方财产损失的。

第五百零七条　合同不生效、无效、被撤销或者终止的,不影响合同中有关解决争议方法的条款的效力。

第五百零八条　本编对合同的效力没有规定的,适用本法第一编第六章的有关规定。

第四章　合同的履行

第五百零九条　当事人应当按照约定全面履行自己的义务。

当事人应当遵循诚信原则,根据合同的性质、目的和交易习惯履行通知、协助、保密等义务。

当事人在履行合同过程中,应当避免浪费资源、污染环境和破坏生态。

第五百一十条　合同生效后,当事人就质量、价款或者报酬、履行地点等内容没有约定或者约定不明确的,可以协议补充;不能达成补充协议的,按照合同相关条款或者交易习惯确定。

第五百一十一条　当事人就有关合同内容约定不明确,依据前条规定仍不能确定的,适用下列规定:

(一)质量要求不明确的,按照强制性国家标准履行;没有强制性国家标准的,按照推荐性国家标准履行;没有推荐性国家标准的,按照行业标准履行;没有国家标准、行业标准的,按照通常标准或者符合合同目的的特定标准履行。

(二)价款或者报酬不明确的,按照订立合同时履行地的市场价格履行;依法应当执行政府定价或者政府指导价的,依照规定履行。

(三)履行地点不明确,给付货币的,在接受货币一方所在地履行;交付不动产的,在不动产所在地履行;其他标的,在履行义务一方所在地履行。

(四)履行期限不明确的,债务人可以随时履行,债权人也可以随时请求履行,但是应当给对方必要的准备时间。

(五)履行方式不明确的,按照有利于实现合同目的的方式履行。

(六)履行费用的负担不明确的,由履行义务一方负担;因债权人原因增加的履行费用,由债权人负担。

第五百一十二条　通过互联网等信息网络订立的电子合同的标的为交付商品并采用快递物流方式交付的,收货人的签收时间为交付时间。电子合同的标的为提供服务的,生成的电子凭证或者实物凭证中载明的时间为提供服务时间;前述凭证没有载明时间或者载明时间与实际提供服务时间不一致的,以实际提供服务的时间为准。

电子合同的标的物为采用在线传输方式交付的,合同标的物进入对方当事人指定的特定系统且能够检索识别的时间为交付时间。

电子合同当事人对交付商品或者提供服务的方式、时间另有约定的,按照其约定。

第五百一十三条 执行政府定价或者政府指导价的，在合同约定的交付期限内政府价格调整时，按照交付时的价格计价。逾期交付标的物的，遇价格上涨时，按照原价格执行；价格下降时，按照新价格执行。逾期提取标的物或者逾期付款的，遇价格上涨时，按照新价格执行；价格下降时，按照原价格执行。

第五百一十四条 以支付金钱为内容的债，除法律另有规定或者当事人另有约定外，债权人可以请求债务人以实际履行地的法定货币履行。

第五百一十五条 标的有多项而债务人只需履行其中一项的，债务人享有选择权；但是，法律另有规定、当事人另有约定或者另有交易习惯的除外。

享有选择权的当事人在约定期限内或者履行期限届满未作选择，经催告后在合理期限内仍未选择的，选择权转移至对方。

第五百一十六条 当事人行使选择权应当及时通知对方，通知到达对方时，标的确定。标的确定后不得变更，但是经对方同意的除外。

可选择的标的发生不能履行情形的，享有选择权的当事人不得选择不能履行的标的，但是该不能履行的情形是由对方造成的除外。

第五百一十七条 债权人为二人以上，标的可分，按照份额各自享有债权的，为按份债权；债务人为二人以上，标的可分，按照份额各自负担债务的，为按份债务。

按份债权人或者按份债务人的份额难以确定的，视为份额相同。

第五百一十八条 债权人为二人以上，部分或者全部债权人均可以请求债务人履行债务的，为连带债权；债务人为二人以上，债权人可以请求部分或者全部债务人履行全部债务的，为连带债务。

连带债权或者连带债务，由法律规定或者当事人约定。

第五百一十九条 连带债务人之间的份额难以确定的，视为份额相同。

实际承担债务超过自己份额的连带债务人，有权就超出部分在其他连带债务人未履行的份额范围内向其追偿，并相应地享有债权人的权利，但是不得损害债权人的利益。其他连带债务人对债权人的抗辩，可以向该债务人主张。

被追偿的连带债务人不能履行其应分担份额的，其他连带债务人应当在相应范围内按比例分担。

第五百二十条 部分连带债务人履行、抵销债务或者提存标的物的，其他债务人对债权人的债务在相应范围内消灭；该债务人可以依据前条规定向其他债务人追偿。

部分连带债务人的债务被债权人免除的，在该连带债务人应当承担的份额范围内，其他债务人对债权人的债务消灭。

部分连带债务人的债务与债权人的债权同归于一人的，在扣除该债务人应当承担的份额后，债权人对其他债务人的债权继续存在。

债权人对部分连带债务人的给付受领迟延的，对其他连带债务人发生效力。

第五百二十一条 连带债权人之间的份额难以确定的，视为份额相同。

实际受领债权的连带债权人，应当按比例向其他连带债权人返还。

连带债权参照适用本章连带债务的有关规定。

第五百二十二条 当事人约定由债务人向第三人履行债务，债务人未向第三人履行债务或者履行债务不符合约定的，应当向债权人承担违约责任。

法律规定或者当事人约定第三人可以直接请求债务人向其履行债务，第三人未在合理期限内明确拒绝，债务人未向第三人履行债务或者履行债务不符合约定的，第三人可以请求债务人承担违约责任；债务人对债权人的抗辩，可以向第三人主张。

第五百二十三条　当事人约定由第三人向债权人履行债务，第三人不履行债务或者履行债务不符合约定的，债务人应当向债权人承担违约责任。

第五百二十四条　债务人不履行债务，第三人对履行该债务具有合法利益的，第三人有权向债权人代为履行；但是，根据债务性质、按照当事人约定或者依照法律规定只能由债务人履行的除外。

债权人接受第三人履行后，其对债务人的债权转让给第三人，但是债务人和第三人另有约定的除外。

第五百二十五条　当事人互负债务，没有先后履行顺序的，应当同时履行。一方在对方履行之前有权拒绝其履行请求。一方在对方履行债务不符合约定时，有权拒绝其相应的履行请求。

第五百二十六条　当事人互负债务，有先后履行顺序，应当先履行债务一方未履行的，后履行一方有权拒绝其履行请求。先履行一方履行债务不符合约定的，后履行一方有权拒绝其相应的履行请求。

第五百二十七条　应当先履行债务的当事人，有确切证据证明对方有下列情形之一的，可以中止履行：

（一）经营状况严重恶化；

（二）转移财产、抽逃资金，以逃避债务；

（三）丧失商业信誉；

（四）有丧失或者可能丧失履行债务能力的其他情形。

当事人没有确切证据中止履行的，应当承担违约责任。

第五百二十八条　当事人依据前条规定中止履行的，应当及时通知对方。对方提供适当担保的，应当恢复履行。中止履行后，对方在合理期限内未恢复履行能力且未提供适当担保的，视为以自己的行为表明不履行主要债务，中止履行的一方可以解除合同并可以请求对方承担违约责任。

第五百二十九条　债权人分立、合并或者变更住所没有通知债务人，致使履行债务发生困难的，债务人可以中止履行或者将标的物提存。

第五百三十条　债权人可以拒绝债务人提前履行债务，但是提前履行不损害债权人利益的除外。

债务人提前履行债务给债权人增加的费用，由债务人负担。

第五百三十一条　债权人可以拒绝债务人部分履行债务，但是部分履行不损害债权人利益的除外。

债务人部分履行债务给债权人增加的费用，由债务人负担。

第五百三十二条　合同生效后，当事人不得因姓名、名称的变更或者法定代表人、负责人、承办人的变动而不履行合同义务。

第五百三十三条　合同成立后，合同的基础条件发生了当事人在订立合同时无法预见的、不属于商业风险的重大变化，继续履行合同对于当事人一方明显不公平的，受不利影响的当事人可以与对方重新协商；在合理期限内协商不成的，当事人可以请求人民法院或者仲裁机构变更或者解除合同。

人民法院或者仲裁机构应当结合案件的实际情况，根据公平原则变更或者解除合同。

第五百三十四条　对当事人利用合同实施危害国家利益、社会公共利益行为的，市场监督管理和其他有关行政主管部门依照法律、行政法规的规定负责监督处理。

第五章　合同的保全

第五百三十五条　因债务人怠于行使其债权或者与该债权有关的从权利，影响债权人的到期债权实现的，债权人可以向人民法院请求以自己的名义代位行使债务人对相对人的权利，但是该权利专属于债务人自身的除外。

代位权的行使范围以债权人的到期债权为限。债权人行使代位权的必要费用，由债务人负担。

相对人对债务人的抗辩，可以向债权人主张。

第五百三十六条　债权人的债权到期前，债务人的债权或者与该债权有关的从权利存在诉讼时效期间即将届满或者未及时申报破产债权等情形，影响债权人的债权实现的，债权人可以代位向债务人的相对人请求其向债务人履行、向破产管理人申报或者作出其他必要的行为。

第五百三十七条　人民法院认定代位权成立的，由债务人的相对人向债权人履行义务，债权人接受履行后，债权人与债务人、债务人与相对人之间相应的权利义务终止。债务人对相对人的债权或者与该债权有关的从权利被采取保全、执行措施，或者债务人破产的，依照相关法律的规定处理。

第五百三十八条　债务人以放弃其债权、放弃债权担保、无偿转让财产等方式无偿处分财产权益，或者恶意延长其到期债权的履行期限，影响债权人的债权实现的，债权人可以请求人民法院撤销债务人的行为。

第五百三十九条　债务人以明显不合理的低价转让财产、以明显不合理的高价受让他人财产或者为他人的债务提供担保，影响债权人的债权实现，债务人的相对人知道或者应当知道该情形的，债权人可以请求人民法院撤销债务人的行为。

第五百四十条　撤销权的行使范围以债权人的债权为限。债权人行使撤销权的必要费用，由债务人负担。

第五百四十一条　撤销权自债权人知道或者应当知道撤销事由之日起一年内行使。自债务人的行为发生之日起五年内没有行使撤销权的，该撤销权消灭。

第五百四十二条　债务人影响债权人的债权实现的行为被撤销的，自始没有法律约束力。

第六章　合同的变更和转让

第五百四十三条　当事人协商一致，可以变更合同。

第五百四十四条　当事人对合同变更的内容约定不明确的，推定为未变更。

第五百四十五条　债权人可以将债权的全部或者部分转让给第三人，但是有下列情形之一的除外：

（一）根据债权性质不得转让；

（二）按照当事人约定不得转让；

（三）依照法律规定不得转让。

当事人约定非金钱债权不得转让的，不得对抗善意第三人。当事人约定金钱债权不得转让的，不得对抗第三人。

第五百四十六条　债权人转让债权，未通知债务人的，该转让对债务人不发生效力。

债权转让的通知不得撤销，但是经受让人同意的除外。

第五百四十七条　债权人转让债权的，受让人取得与债权有关的从权利，但是该从权利专属于债权人自身的除外。

受让人取得从权利不因该从权利未办理转移登记手续或者未转移占有而受到影响。

第五百四十八条　债务人接到债权转让通知后，债务人对让与人的抗辩，可以向受让人主张。

第五百四十九条　有下列情形之一的，债务人可以向受让人主张抵销：

（一）债务人接到债权转让通知时，债务人对让与人享有债权，且债务人的债权先于转让的债权到期或者同时到期；

（二）债务人的债权与转让的债权是基于同一合同产生。

第五百五十条　因债权转让增加的履行费用，由让与人负担。

第五百五十一条　债务人将债务的全部或者部分转移给第三人的，应当经债权人同意。

债务人或者第三人可以催告债权人在合理期限内予以同意，债权人未作表示的，视为不同意。

第五百五十二条　第三人与债务人约定加入债务并通知债权人，或者第三人向债权人表示愿意加入债务，债权人未在合理期限内明确拒绝的，债权人可以请求第三人在其愿意承担的债务范围内和债务人承担连带债务。

第五百五十三条　债务人转移债务的，新债务人可以主张原债务人对债权人的抗辩；原债务人对债权人享有债权的，新债务人不得向债权人主张抵销。

第五百五十四条　债务人转移债务的，新债务人应当承担与主债务有关的从债务，但是该从债务专属于原债务人自身的除外。

第五百五十五条　当事人一方经对方同意，可以将自己在合同中的权利和义务一并转让给第三人。

第五百五十六条　合同的权利和义务一并转让的，适用债权转让、债务转移的有关规定。

第七章　合同的权利义务终止

第五百五十七条　有下列情形之一的，债权债务终止：

（一）债务已经履行；

（二）债务相互抵销；

（三）债务人依法将标的物提存；

（四）债权人免除债务；

（五）债权债务同归于一人；

（六）法律规定或者当事人约定终止的其他情形。

合同解除的，该合同的权利义务关系终止。

第五百五十八条　债权债务终止后，当事人应当遵循诚信等原则，根据交易习惯履行通知、协助、保密、旧物回收等义务。

第五百五十九条　债权债务终止时，债权的从权利同时消灭，但是法律另有规定或者当事人另有约定的除外。

第五百六十条 债务人对同一债权人负担的数项债务种类相同，债务人的给付不足以清偿全部债务的，除当事人另有约定外，由债务人在清偿时指定其履行的债务。

债务人未作指定的，应当优先履行已经到期的债务；数项债务均到期的，优先履行对债权人缺乏担保或者担保最少的债务；均无担保或者担保相等的，优先履行债务人负担较重的债务；负担相同的，按照债务到期的先后顺序履行；到期时间相同的，按照债务比例履行。

第五百六十一条 债务人在履行主债务外还应当支付利息和实现债权的有关费用，其给付不足以清偿全部债务的，除当事人另有约定外，应当按照下列顺序履行：

（一）实现债权的有关费用；

（二）利息；

（三）主债务。

第五百六十二条 当事人协商一致，可以解除合同。

当事人可以约定一方解除合同的事由。解除合同的事由发生时，解除权人可以解除合同。

第五百六十三条 有下列情形之一的，当事人可以解除合同：

（一）因不可抗力致使不能实现合同目的；

（二）在履行期限届满前，当事人一方明确表示或者以自己的行为表明不履行主要债务；

（三）当事人一方迟延履行主要债务，经催告后在合理期限内仍未履行；

（四）当事人一方迟延履行债务或者有其他违约行为致使不能实现合同目的；

（五）法律规定的其他情形。

以持续履行的债务为内容的不定期合同，当事人可以随时解除合同，但是应当在合理期限之前通知对方。

第五百六十四条 法律规定或者当事人约定解除权行使期限，期限届满当事人不行使的，该权利消灭。

法律没有规定或者当事人没有约定解除权行使期限，自解除权人知道或者应当知道解除事由之日起一年内不行使，或者经对方催告后在合理期限内不行使的，该权利消灭。

第五百六十五条 当事人一方依法主张解除合同的，应当通知对方。合同自通知到达对方时解除；通知载明债务人在一定期限内不履行债务则合同自动解除，债务人在该期限内未履行债务的，合同自通知载明的期限届满时解除。对方对解除合同有异议的，任何一方当事人均可以请求人民法院或者仲裁机构确认解除行为的效力。

当事人一方未通知对方，直接以提起诉讼或者申请仲裁的方式依法主张解除合同，人民法院或者仲裁机构确认该主张的，合同自起诉状副本或者仲裁申请书副本送达对方时解除。

第五百六十六条 合同解除后，尚未履行的，终止履行；已经履行的，根据履行情况和合同性质，当事人可以请求恢复原状或者采取其他补救措施，并有权请求赔偿损失。

合同因违约解除的，解除权人可以请求违约方承担违约责任，但是当事人另有约定的除外。

主合同解除后，担保人对债务人应当承担的民事责任仍应当承担担保责任，但是担保合同另有约定的除外。

第五百六十七条 合同的权利义务关系终止，不影响合同中结算和清理条款的效力。

第五百六十八条 当事人互负债务，该债务的标的物种类、品质相同的，任何一方可以将自己的债务与对方的到期债务抵销；但是，根据债务性质、按照当事人约定或者依照法律规定不得抵销的除外。

当事人主张抵销的，应当通知对方。通知自到达对方时生效。抵销不得附条件或者附期限。

第五百六十九条 当事人互负债务，标的物种类、品质不相同的，经协商一致，也可以抵销。

第五百七十条 有下列情形之一，难以履行债务的，债务人可以将标的物提存：

（一）债权人无正当理由拒绝受领；

（二）债权人下落不明；

（三）债权人死亡未确定继承人、遗产管理人，或者丧失民事行为能力未确定监护人；

（四）法律规定的其他情形。

标的物不适于提存或者提存费用过高的，债务人依法可以拍卖或者变卖标的物，提存所得的价款。

第五百七十一条 债务人将标的物或者将标的物依法拍卖、变卖所得价款交付提存部门时，提存成立。

提存成立的，视为债务人在其提存范围内已经交付标的物。

第五百七十二条 标的物提存后，债务人应当及时通知债权人或者债权人的继承人、遗产管理人、监护人、财产代管人。

第五百七十三条 标的物提存后，毁损、灭失的风险由债权人承担。提存期间，标的物的孳息归债权人所有。提存费用由债权人负担。

第五百七十四条 债权人可以随时领取提存物。但是，债权人对债务人负有到期债务的，在债权人未履行债务或者提供担保之前，提存部门根据债务人的要求应当拒绝其领取提存物。

债权人领取提存物的权利，自提存之日起五年内不行使而消灭，提存物扣除提存费用后归国家所有。但是，债权人未履行对债务人的到期债务，或者债权人向提存部门书面表示放弃领取提存物权利的，债务人负担提存费用后有权取回提存物。

第五百七十五条 债权人免除债务人部分或者全部债务的，债权债务部分或者全部终止，但是债务人在合理期限内拒绝的除外。

第五百七十六条 债权和债务同归于一人的，债权债务终止，但是损害第三人利益的除外。

第八章 违约责任

第五百七十七条 当事人一方不履行合同义务或者履行合同义务不符合约定的，应当承担继续履行、采取补救措施或者赔偿损失等违约责任。

第五百七十八条 当事人一方明确表示或者以自己的行为表明不履行合同义务的，对方可以在履行期限届满前请求其承担违约责任。

第五百七十九条 当事人一方未支付价款、报酬、租金、利息，或者不履行其他金钱债务的，对方可以请求其支付。

第五百八十条 当事人一方不履行非金钱债务或者履行非金钱债务不符合约定的，对方可以请求履行，但是有下列情形之一的除外：

（一）法律上或者事实上不能履行；

（二）债务的标的不适于强制履行或者履行费用过高；

（三）债权人在合理期限内未请求履行。

有前款规定的除外情形之一，致使不能实现合同目的的，人民法院或者仲裁机构可以根据当事人的请求终止合同权利义务关系，但是不影响违约责任的承担。

第五百八十一条　当事人一方不履行债务或者履行债务不符合约定，根据债务的性质不得强制履行的，对方可以请求其负担由第三人替代履行的费用。

第五百八十二条　履行不符合约定的，应当按照当事人的约定承担违约责任。对违约责任没有约定或者约定不明确，依据本法第五百一十条的规定仍不能确定的，受损害方根据标的的性质以及损失的大小，可以合理选择请求对方承担修理、重作、更换、退货、减少价款或者报酬等违约责任。

第五百八十三条　当事人一方不履行合同义务或者履行合同义务不符合约定的，在履行义务或者采取补救措施后，对方还有其他损失的，应当赔偿损失。

第五百八十四条　当事人一方不履行合同义务或者履行合同义务不符合约定，造成对方损失的，损失赔偿额应当相当于因违约所造成的损失，包括合同履行后可以获得的利益；但是，不得超过违约一方订立合同时预见到或者应当预见到的因违约可能造成的损失。

第五百八十五条　当事人可以约定一方违约时应当根据违约情况向对方支付一定数额的违约金，也可以约定因违约产生的损失赔偿额的计算方法。

约定的违约金低于造成的损失的，人民法院或者仲裁机构可以根据当事人的请求予以增加；约定的违约金过分高于造成的损失的，人民法院或者仲裁机构可以根据当事人的请求予以适当减少。

当事人就迟延履行约定违约金的，违约方支付违约金后，还应当履行债务。

第五百八十六条　当事人可以约定一方向对方给付定金作为债权的担保。定金合同自实际交付定金时成立。

定金的数额由当事人约定；但是，不得超过主合同标的额的百分之二十，超过部分不产生定金的效力。实际交付的定金数额多于或者少于约定数额的，视为变更约定的定金数额。

第五百八十七条　债务人履行债务的，定金应当抵作价款或者收回。给付定金的一方不履行债务或者履行债务不符合约定，致使不能实现合同目的的，无权请求返还定金；收受定金的一方不履行债务或者履行债务不符合约定，致使不能实现合同目的的，应当双倍返还定金。

第五百八十八条　当事人既约定违约金，又约定定金的，一方违约时，对方可以选择适用违约金或者定金条款。

定金不足以弥补一方违约造成的损失的，对方可以请求赔偿超过定金数额的损失。

第五百八十九条　债务人按照约定履行债务，债权人无正当理由拒绝受领的，债务人可以请求债权人赔偿增加的费用。

在债权人受领迟延期间，债务人无须支付利息。

第五百九十条　当事人一方因不可抗力不能履行合同的，根据不可抗力的影响，部分或者全部免除责任，但是法律另有规定的除外。因不可抗力不能履行合同的，应当及时通知对方，以减轻可能给对方造成的损失，并应当在合理期限内提供证明。

当事人迟延履行后发生不可抗力的，不免除其违约责任。

第五百九十一条　当事人一方违约后，对方应当采取适当措施防止损失的扩大；没有采取适当措施致使损失扩大的，不得就扩大的损失请求赔偿。

当事人因防止损失扩大而支出的合理费用，由违约方负担。

第五百九十二条　当事人都违反合同的，应当各自承担相应的责任。

当事人一方违约造成对方损失，对方对损失的发生有过错的，可以减少相应的损失赔偿额。

第五百九十三条　当事人一方因第三人的原因造成违约的，应当依法向对方承担违约责任。当事人一方和第三人之间的纠纷，依照法律规定或者按照约定处理。

第五百九十四条　因国际货物买卖合同和技术进出口合同争议提起诉讼或者申请仲裁的时效期间为四年。

第二分编　典型合同

第十八章　建设工程合同

第七百八十八条　建设工程合同是承包人进行工程建设，发包人支付价款的合同。

建设工程合同包括工程勘察、设计、施工合同。

第七百八十九条　建设工程合同应当采用书面形式。

第七百九十条　建设工程的招标投标活动，应当依照有关法律的规定公开、公平、公正进行。

第七百九十一条　发包人可以与总承包人订立建设工程合同，也可以分别与勘察人、设计人、施工人订立勘察、设计、施工承包合同。发包人不得将应当由一个承包人完成的建设工程支解成若干部分发包给数个承包人。

总承包人或者勘察、设计、施工承包人经发包人同意，可以将自己承包的部分工作交由第三人完成。第三人就其完成的工作成果与总承包人或者勘察、设计、施工承包人向发包人承担连带责任。承包人不得将其承包的全部建设工程转包给第三人或者将其承包的全部建设工程支解以后以分包的名义分别转包给第三人。

禁止承包人将工程分包给不具备相应资质条件的单位。禁止分包单位将其承包的工程再分包。建设工程主体结构的施工必须由承包人自行完成。

第七百九十二条　国家重大建设工程合同，应当按照国家规定的程序和国家批准的投资计划、可行性研究报告等文件订立。

第七百九十三条　建设工程施工合同无效，但是建设工程经验收合格的，可以参照合同关于工程价款的约定折价补偿承包人。

建设工程施工合同无效，且建设工程经验收不合格的，按照以下情形处理：

（一）修复后的建设工程经验收合格的，发包人可以请求承包人承担修复费用；

（二）修复后的建设工程经验收不合格的，承包人无权请求参照合同关于工程价款的约定折价补偿。

发包人对因建设工程不合格造成的损失有过错的，应当承担相应的责任。

第七百九十四条　勘察、设计合同的内容一般包括提交有关基础资料和概预算等文件的期限、质量要求、费用以及其他协作条件等条款。

第七百九十五条　施工合同的内容一般包括工程范围、建设工期、中间交工工程的开工和竣工时间、工程质量、工程造价、技术资料交付时间、材料和设备供应责任、拨款和结算、竣工验收、质量保修范围和质量保证期、相互协作等条款。

第七百九十六条　建设工程实行监理的，发包人应当与监理人采用书面形式订立委托监理合同。发包人与监理人的权利和义务以及法律责任，应当依照本编委托合同以及其他有关法律、行政法规的规定。

第七百九十七条　发包人在不妨碍承包人正常作业的情况下，可以随时对作业进度、质量进行检查。

第七百九十八条　隐蔽工程在隐蔽以前，承包人应当通知发包人检查。发包人没有及时检查的，承包人可以顺延工程日期，并有权请求赔偿停工、窝工等损失。

第七百九十九条　建设工程竣工后，发包人应当根据施工图纸及说明书、国家颁发的施工验收规范和质量检验标准及时进行验收。验收合格的，发包人应当按照约定支付价款，并接收该建设工程。

建设工程竣工经验收合格后，方可交付使用；未经验收或者验收不合格的，不得交付使用。

第八百条　勘察、设计的质量不符合要求或者未按照期限提交勘察、设计文件拖延工期，造成发包人损失的，勘察人、设计人应当继续完善勘察、设计，减收或者免收勘察、设计费并赔偿损失。

第八百零一条　因施工人的原因致使建设工程质量不符合约定的，发包人有权请求施工人在合理期限内无偿修理或者返工、改建。经过修理或者返工、改建后，造成逾期交付的，施工人应当承担违约责任。

第八百零二条　因承包人的原因致使建设工程在合理使用期限内造成人身损害和财产损失的，承包人应当承担赔偿责任。

第八百零三条　发包人未按照约定的时间和要求提供原材料、设备、场地、资金、技术资料的，承包人可以顺延工程日期，并有权请求赔偿停工、窝工等损失。

第八百零四条　因发包人的原因致使工程中途停建、缓建的，发包人应当采取措施弥补或者减少损失，赔偿承包人因此造成的停工、窝工、倒运、机械设备调迁、材料和构件积压等损失和实际费用。

第八百零五条　因发包人变更计划，提供的资料不准确，或者未按照期限提供必需的勘察、设计工作条件而造成勘察、设计的返工、停工或者修改设计，发包人应当按照勘察人、设计人实际消耗的工作量增付费用。

第八百零六条　承包人将建设工程转包、违法分包的，发包人可以解除合同。

发包人提供的主要建筑材料、建筑构配件和设备不符合强制性标准或者不履行协助义务，致使承包人无法施工，经催告后在合理期限内仍未履行相应义务的，承包人可以解除合同。

合同解除后，已经完成的建设工程质量合格的，发包人应当按照约定支付相应的工程价款；已经完成的建设工程质量不合格的，参照本法第七百九十三条的规定处理。

第八百零七条　发包人未按照约定支付价款的，承包人可以催告发包人在合理期限内支付价款。发包人逾期不支付的，除根据建设工程的性质不宜折价、拍卖外，承包人可以与发包人协议将该工程折价，也可以请求人民法院将该工程依法拍卖。建设工程的价款就该工程折价或者拍卖的价款优先受偿。

第八百零八条　本章没有规定的，适用承揽合同的有关规定。

二、最高人民法院关于审理建设工程施工合同纠纷案件适用法律问题的解释（一）

（法释〔2020〕25号）

为正确审理建设工程施工合同纠纷案件，依法保护当事人合法权益，维护建筑市场秩序，促进建筑市场健康发展，根据《中华人民共和国民法典》《中华人民共和国建筑法》《中华人民共和国招标投标法》《中华人民共和国民事诉讼法》等相关法律规定，结合审判实践，制定本解释。

第一条　建设工程施工合同具有下列情形之一的，应当依据民法典第一百五十三条第一款的规定，认定无效：

（一）承包人未取得建筑业企业资质或者超越资质等级的；

（二）没有资质的实际施工人借用有资质的建筑施工企业名义的；

（三）建设工程必须进行招标而未招标或者中标无效的。

承包人因转包、违法分包建设工程与他人签订的建设工程施工合同，应当依据民法典第一百五十三条第一款及第七百九十一条第二款、第三款的规定，认定无效。

第二条　招标人和中标人另行签订的建设工程施工合同约定的工程范围、建设工期、工程质量、工程价款等实质性内容，与中标合同不一致，一方当事人请求按照中标合同确定权利义务的，人民法院应予支持。

招标人和中标人在中标合同之外就明显高于市场价格购买承建房产、无偿建设住房配套设施、让利、向建设单位捐赠财物等另行签订合同，变相降低工程价款，一方当事人以该合同背离中标合同实质性内容为由请求确认无效的，人民法院应予支持。

第三条　当事人以发包人未取得建设工程规划许可证等规划审批手续为由，请求确认建设工程施工合同无效的，人民法院应予支持，但发包人在起诉前取得建设工程规划许可证等规划审批手续的除外。

发包人能够办理审批手续而未办理，并以未办理审批手续为由请求确认建设工程施工合同无效的，人民法院不予支持。

第四条　承包人超越资质等级许可的业务范围签订建设工程施工合同，在建设工程竣工前取得相应资质等级，当事人请求按照无效合同处理的，人民法院不予支持。

第五条　具有劳务作业法定资质的承包人与总承包人、分包人签订的劳务分包合同，当事人请求确认无效的，人民法院依法不予支持。

第六条　建设工程施工合同无效，一方当事人请求对方赔偿损失的，应当就对方过错、损失大小、过错与损失之间的因果关系承担举证责任。

损失大小无法确定，一方当事人请求参照合同约定的质量标准、建设工期、工程价款支付时间等内容确定损失大小的，人民法院可以结合双方过错程度、过错与损失之间的因果关系等因素作出裁判。

第七条　缺乏资质的单位或者个人借用有资质的建筑施工企业名义签订建设工程施工合同，发包人请求出借方与借用方对建设工程质量不合格等因出借资质造成的损失承担连带赔偿责任的，人民法院应予支持。

第八条　当事人对建设工程开工日期有争议的，人民法院应当分别按照以下情形予以认定：

（一）开工日期为发包人或者监理人发出的开工通知载明的开工日期；开工通知发出后，尚不具备开工条件的，以开工条件具备的时间为开工日期；因承包人原因导致开工时间推迟的，以开工通知载明的时间为开工日期。

（二）承包人经发包人同意已经实际进场施工的，以实际进场施工时间为开工日期。

（三）发包人或者监理人未发出开工通知，亦无相关证据证明实际开工日期的，应当综合考虑开工报告、合同、施工许可证、竣工验收报告或者竣工验收备案表等载明的时间，并结合是否具备开工条件的事实，认定开工日期。

第九条 当事人对建设工程实际竣工日期有争议的，人民法院应当分别按照以下情形予以认定：

（一）建设工程经竣工验收合格的，以竣工验收合格之日为竣工日期；

（二）承包人已经提交竣工验收报告，发包人拖延验收的，以承包人提交验收报告之日为竣工日期；

（三）建设工程未经竣工验收，发包人擅自使用的，以转移占有建设工程之日为竣工日期。

第十条 当事人约定顺延工期应当经发包人或者监理人签证等方式确认，承包人虽未取得工期顺延的确认，但能够证明在合同约定的期限内向发包人或者监理人申请过工期顺延且顺延事由符合合同约定，承包人以此为由主张工期顺延的，人民法院应予支持。

当事人约定承包人未在约定期限内提出工期顺延申请视为工期不顺延的，按照约定处理，但发包人在约定期限后同意工期顺延或者承包人提出合理抗辩的除外。

第十一条 建设工程竣工前，当事人对工程质量发生争议，工程质量经鉴定合格的，鉴定期间为顺延工期期间。

第十二条 因承包人的原因造成建设工程质量不符合约定，承包人拒绝修理、返工或者改建，发包人请求减少支付工程价款的，人民法院应予支持。

第十三条 发包人具有下列情形之一，造成建设工程质量缺陷，应当承担过错责任：

（一）提供的设计有缺陷；

（二）提供或者指定购买的建筑材料、建筑构配件、设备不符合强制性标准；

（三）直接指定分包人分包专业工程。

承包人有过错的，也应当承担相应的过错责任。

第十四条 建设工程未经竣工验收，发包人擅自使用后，又以使用部分质量不符合约定为由主张权利的，人民法院不予支持；但是承包人应当在建设工程的合理使用寿命内对地基基础工程和主体结构质量承担民事责任。

第十五条 因建设工程质量发生争议的，发包人可以以总承包人、分包人和实际施工人为共同被告提起诉讼。

第十六条 发包人在承包人提起的建设工程施工合同纠纷案件中，以建设工程质量不符合合同约定或者法律规定为由，就承包人支付违约金或者赔偿修理、返工、改建的合理费用等损失提出反诉的，人民法院可以合并审理。

第十七条 有下列情形之一，承包人请求发包人返还工程质量保证金的，人民法院应予支持：

（一）当事人约定的工程质量保证金返还期限届满；

（二）当事人未约定工程质量保证金返还期限的，自建设工程通过竣工验收之日起满二年；

（三）因发包人原因建设工程未按约定期限进行竣工验收的，自承包人提交工程竣工验收报告九十日后当事人约定的工程质量保证金返还期限届满；当事人未约定工程质量保证金返还期限的，自承包人提交工程竣工验收报告九十日后起满二年。

发包人返还工程质量保证金后，不影响承包人根据合同约定或者法律规定履行工程保修义务。

第十八条　因保修人未及时履行保修义务，导致建筑物毁损或者造成人身损害、财产损失的，保修人应当承担赔偿责任。

保修人与建筑物所有人或者发包人对建筑物毁损均有过错的，各自承担相应的责任。

第十九条　当事人对建设工程的计价标准或者计价方法有约定的，按照约定结算工程价款。

因设计变更导致建设工程的工程量或者质量标准发生变化，当事人对该部分工程价款不能协商一致的，可以参照签订建设工程施工合同时当地建设行政主管部门发布的计价方法或者计价标准结算工程价款。

建设工程施工合同有效，但建设工程经竣工验收不合格的，依照民法典第五百七十七条规定处理。

第二十条　当事人对工程量有争议的，按照施工过程中形成的签证等书面文件确认。承包人能够证明发包人同意其施工，但未能提供签证文件证明工程量发生的，可以按照当事人提供的其他证据确认实际发生的工程量。

第二十一条　当事人约定，发包人收到竣工结算文件后，在约定期限内不予答复，视为认可竣工结算文件的，按照约定处理。承包人请求按照竣工结算文件结算工程价款的，人民法院应予支持。

第二十二条　当事人签订的建设工程施工合同与招标文件、投标文件、中标通知书载明的工程范围、建设工期、工程质量、工程价款不一致，一方当事人请求将招标文件、投标文件、中标通知书作为结算工程价款的依据的，人民法院应予支持。

第二十三条　发包人将依法不属于必须招标的建设工程进行招标后，与承包人另行订立的建设工程施工合同背离中标合同的实质性内容，当事人请求以中标合同作为结算建设工程价款依据的，人民法院应予支持，但发包人与承包人因客观情况发生了在招标投标时难以预见的变化而另行订立建设工程施工合同的除外。

第二十四条　当事人就同一建设工程订立的数份建设工程施工合同均无效，但建设工程质量合格，一方当事人请求参照实际履行的合同关于工程价款的约定折价补偿承包人的，人民法院应予支持。

实际履行的合同难以确定，当事人请求参照最后签订的合同关于工程价款的约定折价补偿承包人的，人民法院应予支持。

第二十五条　当事人对垫资和垫资利息有约定，承包人请求按照约定返还垫资及其利息的，人民法院应予支持，但是约定的利息计算标准高于垫资时的同类贷款利率或者同期贷款市场报价利率的部分除外。

当事人对垫资没有约定的，按照工程欠款处理。

当事人对垫资利息没有约定，承包人请求支付利息的，人民法院不予支持。

第二十六条　当事人对欠付工程价款利息计付标准有约定的，按照约定处理。没有约定的，按照同期同类贷款利率或者同期贷款市场报价利率计息。

第二十七条 利息从应付工程价款之日开始计付。当事人对付款时间没有约定或者约定不明的，下列时间视为应付款时间：

（一）建设工程已实际交付的，为交付之日；

（二）建设工程没有交付的，为提交竣工结算文件之日；

（三）建设工程未交付，工程价款也未结算的，为当事人起诉之日。

第二十八条 当事人约定按照固定价结算工程价款，一方当事人请求对建设工程造价进行鉴定的，人民法院不予支持。

第二十九条 当事人在诉讼前已经对建设工程价款结算达成协议，诉讼中一方当事人申请对工程造价进行鉴定的，人民法院不予准许。

第三十条 当事人在诉讼前共同委托有关机构、人员对建设工程造价出具咨询意见，诉讼中一方当事人不认可该咨询意见申请鉴定的，人民法院应予准许，但双方当事人明确表示受该咨询意见约束的除外。

第三十一条 当事人对部分案件事实有争议的，仅对有争议的事实进行鉴定，但争议事实范围不能确定，或者双方当事人请求对全部事实鉴定的除外。

第三十二条 当事人对工程造价、质量、修复费用等专门性问题有争议，人民法院认为需要鉴定的，应当向负有举证责任的当事人释明。当事人经释明未申请鉴定，虽申请鉴定但未支付鉴定费用或者拒不提供相关材料的，应当承担举证不能的法律后果。

一审诉讼中负有举证责任的当事人未申请鉴定，虽申请鉴定但未支付鉴定费用或者拒不提供相关材料，二审诉讼中申请鉴定，人民法院认为确有必要的，应当依照民事诉讼法第一百七十条第一款第三项的规定处理。

第三十三条 人民法院准许当事人的鉴定申请后，应当根据当事人申请及查明案件事实的需要，确定委托鉴定的事项、范围、鉴定期限等，并组织当事人对争议的鉴定材料进行质证。

第三十四条 人民法院应当组织当事人对鉴定意见进行质证。鉴定人将当事人有争议且未经质证的材料作为鉴定依据的，人民法院应当组织当事人就该部分材料进行质证。经质证认为不能作为鉴定依据的，根据该材料作出的鉴定意见不得作为认定案件事实的依据。

第三十五条 与发包人订立建设工程施工合同的承包人，依据民法典第八百零七条的规定请求其承建工程的价款就工程折价或者拍卖的价款优先受偿的，人民法院应予支持。

第三十六条 承包人根据民法典第八百零七条规定享有的建设工程价款优先受偿权优于抵押权和其他债权。

第三十七条 装饰装修工程具备折价或者拍卖条件，装饰装修工程的承包人请求工程价款就该装饰装修工程折价或者拍卖的价款优先受偿的，人民法院应予支持。

第三十八条 建设工程质量合格，承包人请求其承建工程的价款就工程折价或者拍卖的价款优先受偿的，人民法院应予支持。

第三十九条 未竣工的建设工程质量合格，承包人请求其承建工程的价款就其承建工程部分折价或者拍卖的价款优先受偿的，人民法院应予支持。

第四十条 承包人建设工程价款优先受偿的范围依照国务院有关行政主管部门关于建设工程价款范围的规定确定。

承包人就逾期支付建设工程价款的利息、违约金、损害赔偿金等主张优先受偿的，人民法院不予支持。

第四十一条　承包人应当在合理期限内行使建设工程价款优先受偿权，但最长不得超过十八个月，自发包人应当给付建设工程价款之日起算。

第四十二条　发包人与承包人约定放弃或者限制建设工程价款优先受偿权，损害建筑工人利益，发包人根据该约定主张承包人不享有建设工程价款优先受偿权的，人民法院不予支持。

第四十三条　实际施工人以转包人、违法分包人为被告起诉的，人民法院应当依法受理。

实际施工人以发包人为被告主张权利的，人民法院应当追加转包人或者违法分包人为本案第三人，在查明发包人欠付转包人或者违法分包人建设工程价款的数额后，判决发包人在欠付建设工程价款范围内对实际施工人承担责任。

第四十四条　实际施工人依据民法典第五百三十五条规定，以转包人或者违法分包人怠于向发包人行使到期债权或者与该债权有关的从权利，影响其到期债权实现，提起代位权诉讼的，人民法院应予支持。

第四十五条　本解释自2021年1月1日起施行。

三、住房和城乡建设部关于印发建筑工程施工发包与承包违法行为认定查处管理办法的通知

（建市规〔2019〕1号）

各省、自治区住房和城乡建设厅，直辖市住房和城乡建设（管）委，新疆生产建设兵团住房和城乡建设局：

为规范建筑工程施工发包与承包活动，保证工程质量和施工安全，有效遏制违法发包、转包、违法分包及挂靠等违法行为，维护建筑市场秩序和建设工程主要参与方的合法权益，我部制定了《建筑工程施工发包与承包违法行为认定查处管理办法》，现印发给你们，请遵照执行。在执行中遇到的问题，请及时函告我部建筑市场监管司。

中华人民共和国住房和城乡建设部
2019年1月3日

（此件主动公开）

建筑工程施工发包与承包违法行为认定查处管理办法

第一条　为规范建筑工程施工发包与承包活动中违法行为的认定、查处和管理，保证工程质量和施工安全，有效遏制发包与承包活动中的违法行为，维护建筑市场秩序和建设工程主要参与方的合法权益，根据《中华人民共和国建筑法》《中华人民共和国招标投标法》《中华人民共和国合同法》《建设工程质量管理条例》《建设工程安全生产管理条例》《中华人民共和国招标投标法实施条例》等法律法规，以及《全国人大法工委关于对建筑施工企业母公司承接工程后交由子公司实施是否属于转包以及行政处罚两年追溯期认定法律适用问题的意见》（法工办发〔2017〕223号），结合建筑活动实践，制定本办法。

第二条　本办法所称建筑工程，是指房屋建筑和市政基础设施工程及其附属设施和与其配套的线路、管道、设备安装工程。

第三条　住房和城乡建设部对全国建筑工程施工发包与承包违法行为的认定查处工作实施统一监督管理。

县级以上地方人民政府住房和城乡建设主管部门在其职责范围内具体负责本行政区域内建筑工程施工发包与承包违法行为的认定查处工作。

本办法所称的发包与承包违法行为具体是指违法发包、转包、违法分包及挂靠等违法行为。

第四条　建设单位与承包单位应严格依法签订合同，明确双方权利、义务、责任，严禁违法发包、转包、违法分包和挂靠，确保工程质量和施工安全。

第五条　本办法所称违法发包，是指建设单位将工程发包给个人或不具有相应资质的单位、肢解发包、违反法定程序发包及其他违反法律法规规定发包的行为。

第六条　存在下列情形之一的，属于违法发包：

（一）建设单位将工程发包给个人的；

（二）建设单位将工程发包给不具有相应资质的单位的；

（三）依法应当招标未招标或未按照法定招标程序发包的；

（四）建设单位设置不合理的招标投标条件，限制、排斥潜在投标人或者投标人的；

（五）建设单位将一个单位工程的施工分解成若干部分发包给不同的施工总承包或专业承包单位的。

第七条　本办法所称转包，是指承包单位承包工程后，不履行合同约定的责任和义务，将其承包的全部工程或者将其承包的全部工程肢解后以分包的名义分别转给其他单位或个人施工的行为。

第八条　存在下列情形之一的，应当认定为转包，但有证据证明属于挂靠或者其他违法行为的除外：

（一）承包单位将其承包的全部工程转给其他单位（包括母公司承接建筑工程后将所承接工程交由具有独立法人资格的子公司施工的情形）或个人施工的；

（二）承包单位将其承包的全部工程肢解以后，以分包的名义分别转给其他单位或个人施工的；

（三）施工总承包单位或专业承包单位未派驻项目负责人、技术负责人、质量管理负责人、安全管理负责人等主要管理人员，或派驻的项目负责人、技术负责人、质量管理负责人、安全管理负责人中一人及以上与施工单位没有订立劳动合同且没有建立劳动工资和社会养老保险关系，或派驻的项目负责人未对该工程的施工活动进行组织管理，又不能进行合理解释并提供相应证明的；

（四）合同约定由承包单位负责采购的主要建筑材料、构配件及工程设备或租赁的施工机械设备，由其他单位或个人采购、租赁，或施工单位不能提供有关采购、租赁合同及发票等证明，又不能进行合理解释并提供相应证明的；

（五）专业作业承包人承包的范围是承包单位承包的全部工程，专业作业承包人计取的是除上缴给承包单位"管理费"之外的全部工程价款的；

（六）承包单位通过采取合作、联营、个人承包等形式或名义，直接或变相将其承包的全部工程转给其他单位或个人施工的；

（七）专业工程的发包单位不是该工程的施工总承包或专业承包单位的，但建设单位依约作为发包单位的除外；

（八）专业作业的发包单位不是该工程承包单位的；

（九）施工合同主体之间没有工程款收付关系，或者承包单位收到款项后又将款项转拨给其他单位和个人，又不能进行合理解释并提供材料证明的。

两个以上的单位组成联合体承包工程，在联合体分工协议中约定或者在项目实际实施过程中，联合体一方不进行施工也未对施工活动进行组织管理的，并且向联合体其他方收取管理费或者其他类似费用的，视为联合体一方将承包的工程转包给联合体其他方。

第九条　本办法所称挂靠，是指单位或个人以其他有资质的施工单位的名义承揽工程的行为。

前款所称承揽工程，包括参与投标、订立合同、办理有关施工手续、从事施工等活动。

第十条　存在下列情形之一的，属于挂靠：

（一）没有资质的单位或个人借用其他施工单位的资质承揽工程的；

（二）有资质的施工单位相互借用资质承揽工程的，包括资质等级低的借用资质等级高的，资质等级高的借用资质等级低的，相同资质等级相互借用的；

（三）本办法第八条第一款第（三）至（九）项规定的情形，有证据证明属于挂靠的。

第十一条　本办法所称违法分包，是指承包单位承包工程后违反法律法规规定，把单位工程或分部分项工程分包给其他单位或个人施工的行为。

第十二条　存在下列情形之一的，属于违法分包：

（一）承包单位将其承包的工程分包给个人的；

（二）施工总承包单位或专业承包单位将工程分包给不具备相应资质单位的；

（三）施工总承包单位将施工总承包合同范围内工程主体结构的施工分包给其他单位的，钢结构工程除外；

（四）专业分包单位将其承包的专业工程中非劳务作业部分再分包的；

（五）专业作业承包人将其承包的劳务再分包的；

（六）专业作业承包人除计取劳务作业费用外，还计取主要建筑材料款和大中型施工机械设备、主要周转材料费用的。

第十三条　任何单位和个人发现违法发包、转包、违法分包及挂靠等违法行为的，均可向工程所在地县级以上人民政府住房和城乡建设主管部门进行举报。

接到举报的住房和城乡建设主管部门应当依法受理、调查、认定和处理，除无法告知举报人的情况外，应当及时将查处结果告知举报人。

第十四条　县级以上地方人民政府住房和城乡建设主管部门如接到人民法院、检察机关、仲裁机构、审计机关、纪检监察等部门转交或移送的涉及本行政区域内建筑工程发包与承包违法行为的建议或相关案件的线索或证据，应当依法受理、调查、认定和处理，并把处理结果及时反馈给转交或移送机构。

第十五条　县级以上人民政府住房和城乡建设主管部门对本行政区域内发现的违法发包、转包、违法分包及挂靠等违法行为，应当依法进行调查，按照本办法进行认定，并依法予以行政处罚。

（一）对建设单位存在本办法第五条规定的违法发包情形的处罚：

1. 依据本办法第六条（一）、（二）项规定认定的，依据《中华人民共和国建筑法》第六十五条、《建设工程质量管理条例》第五十四条规定进行处罚；

2. 依据本办法第六条（三）项规定认定的，依据《中华人民共和国招标投标法》第四十九条、《中华人民共和国招标投标法实施条例》第六十四条规定进行处罚；

3. 依据本办法第六条（四）项规定认定的，依据《中华人民共和国招标投标法》第五十一条、《中华人民共和国招标投标法实施条例》第六十三条规定进行处罚。

4. 依据本办法第六条（五）项规定认定的，依据《中华人民共和国建筑法》第六十五条、《建设工程质量管理条例》第五十五条规定进行处罚。

5. 建设单位违法发包，拒不整改或者整改后仍达不到要求的，视为没有依法确定施工企业，将其违法行为记入诚信档案，实行联合惩戒。对全部或部分使用国有资金的项目，同时将建设单位违法发包的行为告知其上级主管部门及纪检监察部门，并建议对建设单位直接负责的主管人员和其他直接责任人员给予相应的行政处分。

（二）对认定有转包、违法分包违法行为的施工单位，依据《中华人民共和国建筑法》第六十七条、《建设工程质量管理条例》第六十二条规定进行处罚。

（三）对认定有挂靠行为的施工单位或个人，依据《中华人民共和国招标投标法》第五十四条、《中华人民共和国建筑法》第六十五条和《建设工程质量管理条例》第六十条规定进行处罚。

（四）对认定有转让、出借资质证书或者以其他方式允许他人以本单位的名义承揽工程的施工单位，依据《中华人民共和国建筑法》第六十六条、《建设工程质量管理条例》第六十一条规定进行处罚。

（五）对建设单位、施工单位给予单位罚款处罚的，依据《建设工程质量管理条例》第七十三条、《中华人民共和国招标投标法》第四十九条、《中华人民共和国招标投标法实施条例》第六十四条规定，对单位直接负责的主管人员和其他直接责任人员进行处罚。

（六）对认定有转包、违法分包、挂靠、转让出借资质证书或者以其他方式允许他人以本单位的名义承揽工程等违法行为的施工单位，可依法限制其参加工程投标活动、承揽新的工程项目，并对其企业资质是否满足资质标准条件进行核查，对达不到资质标准要求的限期整改，整改后仍达不到要求的，资质审批机关撤回其资质证书。

对2年内发生2次及以上转包、违法分包、挂靠、转让出借资质证书或者以其他方式允许他人以本单位的名义承揽工程的施工单位，应当依法按照情节严重情形给予处罚。

（七）因违法发包、转包、违法分包、挂靠等违法行为导致发生质量安全事故的，应当依法按照情节严重情形给予处罚。

第十六条　对于违法发包、转包、违法分包、挂靠等违法行为的行政处罚追溯期限，应当按照法工办发〔2017〕223号文件的规定，从存在违法发包、转包、违法分包、挂靠的建筑工程竣工验收之日起计算；合同工程量未全部完成而解除或终止履行合同的，自合同解除或终止之日起计算。

第十七条　县级以上人民政府住房和城乡建设主管部门应将查处的违法发包、转包、违法分包、挂靠等违法行为和处罚结果记入相关单位或个人信用档案，同时向社会公示，并逐级上报至住房和城乡建设部，在全国建筑市场监管公共服务平台公示。

第十八条　房屋建筑和市政基础设施工程以外的专业工程可参照本办法执行。省级人民政府住房和城乡建设主管部门可结合本地实际，依据本办法制定相应实施细则。

第十九条　本办法中施工总承包单位、专业承包单位均指直接承接建设单位发包的工程的单位；专业分包单位是指承接施工总承包或专业承包企业分包专业工程的单位；承包单位包括施工总承包单位、专业承包单位和专业分包单位。

第二十条　本办法由住房和城乡建设部负责解释。

第二十一条　本办法自2019年1月1日起施行。2014年10月1日起施行的《建筑工程施工转包违法分包等违法行为认定查处管理办法（试行）》（建市〔2014〕118号）同时废止。

四、建设工程价款结算暂行办法

（财建〔2004〕369号）

第一章　总则

第一条　为加强和规范建设工程价款结算，维护建设市场正常秩序，根据《中华人民共和国合同法》、《中华人民共和国建筑法》、《中华人民共和国招标投标法》、《中华人民共和国预算法》、《中华人民共和国政府采购法》、《中华人民共和国预算法实施条例》等有关法律、行政法规制订本办法。

第二条　凡在中华人民共和国境内的建设工程价款结算活动，均适用本办法。国家法律法规另有规定的，从其规定。

第三条　本办法所称建设工程价款结算（以下简称"工程价款结算"），是指对建设工程的发承包合同价款进行约定和依据合同约定进行工程预付款、工程进度款、工程竣工价款结算的活动。

第四条　国务院财政部门、各级地方政府财政部门和国务院建设行政主管部门、各级地方政府建设行政主管部门在各自职责范围内负责工程价款结算的监督管理。

第五条　从事工程价款结算活动，应当遵循合法、平等、诚信的原则，并符合国家有关法律、法规和政策。

第二章　工程合同价款的约定与调整

第六条　招标工程的合同价款应当在规定时间内，依据招标文件、中标人的投标文件，由发包人与承包人（以下简称"发、承包人"）订立书面合同约定。

非招标工程的合同价款依据审定的工程预（概）算书由发、承包人在合同中约定。

合同价款在合同中约定后，任何一方不得擅自改变。

第七条　发包人、承包人应当在合同条款中对涉及工程价款结算的下列事项进行约定：

（一）预付工程款的数额、支付时限及抵扣方式；

（二）工程进度款的支付方式、数额及时限；

（三）工程施工中发生变更时，工程价款的调整方法、索赔方式、时限要求及金额支付方式；

（四）发生工程价款纠纷的解决方法；

（五）约定承担风险的范围及幅度以及超出约定范围和幅度的调整办法；

（六）工程竣工价款的结算与支付方式、数额及时限；

（七）工程质量保证（保修）金的数额、预扣方式及时限；

（八）安全措施和意外伤害保险费用；

（九）工期及工期提前或延后的奖惩办法；

（十）与履行合同、支付价款相关的担保事项。

第八条 发、承包人在签订合同时对于工程价款的约定，可选用下列一种约定方式：

（一）固定总价。合同工期较短且工程合同总价较低的工程，可以采用固定总价合同方式。

（二）固定单价。双方在合同中约定综合单价包含的风险范围和风险费用的计算方法，在约定的风险范围内综合单价不再调整。风险范围以外的综合单价调整方法，应当在合同中约定。

（三）可调价格。可调价格包括可调综合单价和措施费等，双方应在合同中约定综合单价和措施费的调整方法，调整因素包括：

1、法律、行政法规和国家有关政策变化影响合同价款；

2、工程造价管理机构的价格调整；

3、经批准的设计变更；

4、发包人更改经审定批准的的施工组织设计（修正错误除外）造成费用增加；

5、双方约定的其他因素。

第九条 承包人应当在合同规定的调整情况发生后14天内，将调整原因、金额以书面形式通知发包人，发包人确认调整金额后将其作为追加合同价款，与工程进度款同期支付。发包人收到承包人通知后14天内不予确认也不提出修改意见，视为已经同意该项调整。

当合同规定的调整合同价款的调整情况发生后，承包人未在规定时间内通知发包人，或者未在规定时间内提出调整报告，发包人可以根据有关资料，决定是否调整和调整的金额，并书面通知承包人。

第十条 工程设计变更价款调整

（一）施工中发生工程变更，承包人按照经发包人认可的变更设计文件，进行变更施工，其中，政府投资项目重大变更，需按基本建设程序报批后方可施工。

（二）在工程设计变更确定后14天内，设计变更涉及工程价款调整的，由承包人向发包人提出，经发包人审核同意后调整合同价款。变更合同价款按下列方法进行：

1、合同中已有适用于变更工程的价格，按合同已有的价格变更合同价款；

2、合同中只有类似于变更工程的价格，可以参照类似价格变更合同价款；

3、合同中没有适用或类似于变更工程的价格，由承包人或发包人提出适当的变更价格，经对方确认后执行。如双方不能达成一致的，双方可提请工程所在地工程造价管理机构进行咨询或按合同约定的争议或纠纷解决程序办理。

（三）工程设计变更确定后14天内，如承包人未提出变更工程价款报告，则发包人可根据所掌握的资料决定是否调整合同价款和调整的具体金额。重大工程变更涉及工程价款变更报告和确认的时限由发承包双方协商确定。

收到变更工程价款报告一方，应在收到之日起14天内予以确认或提出协商意见，自变更工程价款报告送达之日起14天内，对方未确认也未提出协商意见时，视为变更工程价款报告已被确认。

确认增（减）的工程变更价款作为追加（减）合同价款与工程进度款同期支付。

第三章 工程价款结算

第十一条 工程价款结算应按合同约定办理，合同未作约定或约定不明的，发、承包双方应依照下列规定与文件协商处理：

（一）国家有关法律、法规和规章制度；

（二）国务院建设行政主管部门、省、自治区、直辖市或有关部门发布的工程造价计价标准、计价办法等有关规定；

（三）建设项目的合同、补充协议、变更签证和现场签证，以及经发、承包人认可的其他有效文件；

（四）其他可依据的材料。

第十二条 工程预付款结算应符合下列规定：

（一）包工包料工程的预付款按合同约定拨付，原则上预付比例不低于合同金额的10%，不高于合同金额的30%，对重大工程项目，按年度工程计划逐年预付。计价执行《建设工程工程量清单计价规范》（GB 50500—2003）的工程，实体性消耗和非实体性消耗部分应在合同中分别约定预付款比例。

（二）在具备施工条件的前提下，发包人应在双方签订合同后的一个月内或不迟于约定的开工日期前的7天内预付工程款，发包人不按约定预付，承包人应在预付时间到期后10天内向发包人发出要求预付的通知，发包人收到通知后仍不按要求预付，承包人可在发出通知14天后停止施工，发包人应从约定应付之日起向承包人支付应付款的利息（利率按同期银行贷款利率计），并承担违约责任。

（三）预付的工程款必须在合同中约定抵扣方式，并在工程进度款中进行抵扣。

（四）凡是没有签订合同或不具备施工条件的工程，发包人不得预付工程款，不得以预付款为名转移资金。

第十三条 工程进度款结算与支付应当符合下列规定：

（一）工程进度款结算方式

1、按月结算与支付。即实行按月支付进度款，竣工后清算的办法。合同工期在两个年度以上的工程，在年终进行工程盘点，办理年度结算。

2、分段结算与支付。即当年开工、当年不能竣工的工程按照工程形象进度，划分不同阶段支付工程进度款。具体划分在合同中明确。

（二）工程量计算

1、承包人应当按照合同约定的方法和时间，向发包人提交已完工程量的报告。发包人接到报告后14天内核实已完工程量，并在核实前1天通知承包人，承包人应提供条件并派人参加核实，承包人收到通知后不参加核实，以发包人核实的工程量作为工程价款支付的依据。发包人不按约定时间通知承包人，致使承包人未能参加核实，核实结果无效。

2、发包人收到承包人报告后14天内未核实完工程量，从第15天起，承包人报告的工程量即视为被确认，作为工程价款支付的依据，双方合同另有约定的，按合同执行。

3、对承包人超出设计图纸（含设计变更）范围和因承包人原因造成返工的工程量，发包人不予计量。

（三）工程进度款支付

1、根据确定的工程计量结果，承包人向发包人提出支付工程进度款申请，14天内，发包人应按不低于工程价款的60%，不高于工程价款的90%向承包人支付工程进度款。按约定时间发包人应扣回的预付款，与工程进度款同期结算抵扣。

2、发包人超过约定的支付时间不支付工程进度款，承包人应及时向发包人发出要求付款的通知，发包人收到承包人通知后仍不能按要求付款，可与承包人协商签订延期付款协议，经承包人同意后可延期支付，协议应明确延期支付的时间和从工程计量结果确认后第15天起计算应付款的利息（利率按同期银行贷款利率计）。

3、发包人不按合同约定支付工程进度款，双方又未达成延期付款协议，导致施工无法进行，承包人可停止施工，由发包人承担违约责任。

第十四条　工程完工后，双方应按照约定的合同价款及合同价款调整内容以及索赔事项，进行工程竣工结算。

（一）工程竣工结算方式

工程竣工结算分为单位工程竣工结算、单项工程竣工结算和建设项目竣工总结算。

（二）工程竣工结算编审

1、单位工程竣工结算由承包人编制，发包人审查；实行总承包的工程，由具体承包人编制，在总包人审查的基础上，发包人审查。

2、单项工程竣工结算或建设项目竣工总结算由总（承）包人编制，发包人可直接进行审查，也可以委托具有相应资质的工程造价咨询机构进行审查。政府投资项目，由同级财政部门审查。单项工程竣工结算或建设项目竣工总结算经发、承包人签字盖章后有效。

承包人应在合同约定期限内完成项目竣工结算编制工作，未在规定期限内完成的并且提不出正当理由延期的，责任自负。

（三）工程竣工结算审查期限

单项工程竣工后，承包人应在提交竣工验收报告的同时，向发包人递交竣工结算报告及完整的结算资料，发包人应按以下规定时限进行核对（审查）并提出审查意见。

	工程竣工结算报告金额	审查时间
1	500万元以下	从接到竣工结算报告和完整的竣工结算资料之日起20天
2	500万元～2000万元	从接到竣工结算报告和完整的竣工结算资料之日起30天
3	2000万元～5000万元	从接到竣工结算报告和完整的竣工结算资料之日起45天
4	5000万元以上	从接到竣工结算报告和完整的竣工结算资料之日起60天

建设项目竣工总结算在最后一个单项工程竣工结算审查确认后15天内汇总，送发包人后30天内审查完成。

（四）工程竣工价款结算

发包人收到承包人递交的竣工结算报告及完整的结算资料后，应按本办法规定的期限（合同约定有期限的，从其约定）进行核实，给予确认或者提出修改意见。发包人根据确认的竣工结算报告向承包人支付工程竣工结算价款，保留5%左右的质量保证（保修）金，待工程交付使用一年质保期到期后清算（合同另有约定的，从其约定），质保期内如有返修，发生费用应在质量保证（保修）金内扣除。

（五）索赔价款结算

发承包人未能按合同约定履行自己的各项义务或发生错误，给另一方造成经济损失的，由受损方按合同约定提出索赔，索赔金额按合同约定支付。

（六）合同以外零星项目工程价款结算

发包人要求承包人完成合同以外零星项目，承包人应在接受发包人要求的7天内就用工数量和单价、机械台班数量和单价、使用材料和金额等向发包人提出施工签证，发包人签证后施工，如发包人未签证，承包人施工后发生争议的，责任由承包人自负。

第十五条　发包人和承包人要加强施工现场的造价控制，及时对工程合同外的事项如实纪录并履行书面手续。凡由发、承包双方授权的现场代表签字的现场签证以及发、承包双方协商确定的索赔等费用，应在工程竣工结算中如实办理，不得因发、承包双方现场代表的中途变更改变其有效性。

第十六条　发包人收到竣工结算报告及完整的结算资料后，在本办法规定或合同约定期限内，对结算报告及资料没有提出意见，则视同认可。

承包人如未在规定时间内提供完整的工程竣工结算资料，经发包人催促后14天内仍未提供或没有明确答复，发包人有权根据已有资料进行审查，责任由承包人自负。

根据确认的竣工结算报告，承包人向发包人申请支付工程竣工结算款。发包人应在收到申请后15天内支付结算款，到期没有支付的应承担违约责任。承包人可以催告发包人支付结算价款，如达成延期支付协议，承包人应按同期银行贷款利率支付拖欠工程价款的利息。如未达成延期支付协议，承包人可以与发包人协商将该工程折价，或申请人民法院将该工程依法拍卖，承包人就该工程折价或者拍卖的价款优先受偿。

第十七条　工程竣工结算以合同工期为准，实际施工工期比合同工期提前或延后，发、承包双方应按合同约定的奖惩办法执行。

第四章　工程价款结算争议处理

第十八条　工程造价咨询机构接受发包人或承包人委托，编审工程竣工结算，应按合同约定和实际履约事项认真办理，出具的竣工结算报告经发、承包双方签字后生效。当事人一方对报告有异议的，可对工程结算中有异议部分，向有关部门申请咨询后协商处理，若不能达成一致的，双方可按合同约定的争议或纠纷解决程序办理。

第十九条　发包人对工程质量有异议，已竣工验收或已竣工未验收但实际投入使用的工程，其质量争议按该工程保修合同执行；已竣工未验收且未实际投入使用的工程以及停工、停建工程的质量争议，应当就有争议部分的竣工结算暂缓办理，双方可就有争议的工程委托有资质的检测鉴定机构进行检测，根据检测结果确定解决方案，或按工程质量监督机构的处理决定执行，其余部分的竣工结算依照约定办理。

第二十条　当事人对工程造价发生合同纠纷时，可通过下列办法解决：

（一）双方协商确定；

（二）按合同条款约定的办法提请调解；

（三）向有关仲裁机构申请仲裁或向人民法院起诉。

第五章　工程价款结算管理

第二十一条　工程竣工后，发、承包双方应及时办清工程竣工结算，否则，工程不得交付使用，有关部门不予办理权属登记。

第二十二条　发包人与中标的承包人不按照招标文件和中标的承包人的投标文件订立合同的，或者发包人、中标的承包人背离合同实质性内容另行订立协议，造成工程价款结算纠纷的，另行订立的协议无效，由建设行政主管部门责令改正，并按《中华人民共和国招标投标法》第五十九条进行处罚。

第二十三条　接受委托承接有关工程结算咨询业务的工程造价咨询机构应具有工程造价咨询单位资质，其出具的办理拨付工程价款和工程结算的文件，应当由造价工程师签字，并应加盖执业专用章和单位公章。

第六章　附则

第二十四条　建设工程施工专业分包或劳务分包，总（承）包人与分包人必须依法订立专业分包或劳务分包合同，按照本办法的规定在合同中约定工程价款及其结算办法。

第二十五条　政府投资项目除执行本办法有关规定外，地方政府或地方政府财政部门对政府投资项目合同价款约定与调整、工程价款结算、工程价款结算争议处理等事项，如另有特殊规定的，从其规定。

第二十六条　凡实行监理的工程项目，工程价款结算过程中涉及监理工程师签证事项，应按工程监理合同约定执行。

第二十七条　有关主管部门、地方政府财政部门和地方政府建设行政主管部门可参照本办法，结合本部门、本地区实际情况，另行制订具体办法，并报财政部、建设部备案。

第二十八条　合同示范文本内容如与本办法不一致，以本办法为准。

第二十九条　本办法自公布之日起施行。

五、最高人民法院关于民事诉讼证据的若干规定

（法释〔2019〕19号）

一、当事人举证

第一条　原告向人民法院起诉或者被告提出反诉，应当提供符合起诉条件的相应的证据。

第二条　人民法院应当向当事人说明举证的要求及法律后果，促使当事人在合理期限内积极、全面、正确、诚实地完成举证。

当事人因客观原因不能自行收集的证据，可申请人民法院调查收集。

第三条　在诉讼过程中，一方当事人陈述的于己不利的事实，或者对于己不利的事实明确表示承认的，另一方当事人无需举证证明。

在证据交换、询问、调查过程中，或者在起诉状、答辩状、代理词等书面材料中，当事人明确承认于己不利的事实的，适用前款规定。

第四条　一方当事人对于另一方当事人主张的于己不利的事实既不承认也不否认，经审判人员说明并询问后，其仍然不明确表示肯定或者否定的，视为对该事实的承认。

第五条　当事人委托诉讼代理人参加诉讼的，除授权委托书明确排除的事项外，诉讼代理人的自认视为当事人的自认。

当事人在场对诉讼代理人的自认明确否认的，不视为自认。

第六条　普通共同诉讼中，共同诉讼人中一人或者数人作出的自认，对作出自认的当事人发生效力。

必要共同诉讼中，共同诉讼人中一人或者数人作出自认而其他共同诉讼人予以否认的，不发生自认的效力。其他共同诉讼人既不承认也不否认，经审判人员说明并询问后仍然不明确表

示意见的，视为全体共同诉讼人的自认。

第七条　一方当事人对于另一方当事人主张的于己不利的事实有所限制或者附加条件予以承认的，由人民法院综合案件情况决定是否构成自认。

第八条　《最高人民法院关于适用〈中华人民共和国民事诉讼法〉的解释》第九十六条第一款规定的事实，不适用有关自认的规定。

自认的事实与已经查明的事实不符的，人民法院不予确认。

第九条　有下列情形之一，当事人在法庭辩论终结前撤销自认的，人民法院应当准许：

（一）经对方当事人同意的；

（二）自认是在受胁迫或者重大误解情况下作出的。

人民法院准许当事人撤销自认的，应当作出口头或者书面裁定。

第十条　下列事实，当事人无须举证证明：

（一）自然规律以及定理、定律；

（二）众所周知的事实；

（三）根据法律规定推定的事实；

（四）根据已知的事实和日常生活经验法则推定出的另一事实；

（五）已为仲裁机构的生效裁决所确认的事实；

（六）已为人民法院发生法律效力的裁判所确认的基本事实；

（七）已为有效公证文书所证明的事实。

前款第二项至第五项事实，当事人有相反证据足以反驳的除外；第六项、第七项事实，当事人有相反证据足以推翻的除外。

第十一条　当事人向人民法院提供证据，应当提供原件或者原物。如需自己保存证据原件、原物或者提供原件、原物确有困难的，可以提供经人民法院核对无异的复制件或者复制品。

第十二条　以动产作为证据的，应当将原物提交人民法院。原物不宜搬移或者不宜保存的，当事人可以提供复制品、影像资料或者其他替代品。

人民法院在收到当事人提交的动产或者替代品后，应当及时通知双方当事人到人民法院或者保存现场查验。

第十三条　当事人以不动产作为证据的，应当向人民法院提供该不动产的影像资料。

人民法院认为有必要的，应当通知双方当事人到场进行查验。

第十四条　电子数据包括下列信息、电子文件：

（一）网页、博客、微博客等网络平台发布的信息；

（二）手机短信、电子邮件、即时通信、通讯群组等网络应用服务的通信信息；

（三）用户注册信息、身份认证信息、电子交易记录、通信记录、登录日志等信息；

（四）文档、图片、音频、视频、数字证书、计算机程序等电子文件；

（五）其他以数字化形式存储、处理、传输的能够证明案件事实的信息。

第十五条　当事人以视听资料作为证据的，应当提供存储该视听资料的原始载体。

当事人以电子数据作为证据的，应当提供原件。电子数据的制作者制作的与原件一致的副本，或者直接来源于电子数据的打印件或其他可以显示、识别的输出介质，视为电子数据的原件。

第十六条 当事人提供的公文书证系在中华人民共和国领域外形成的,该证据应当经所在国公证机关证明,或者履行中华人民共和国与该所在国订立的有关条约中规定的证明手续。

中华人民共和国领域外形成的涉及身份关系的证据,应当经所在国公证机关证明并经中华人民共和国驻该国使领馆认证,或者履行中华人民共和国与该所在国订立的有关条约中规定的证明手续。

当事人向人民法院提供的证据是在香港、澳门、台湾地区形成的,应当履行相关的证明手续。

第十七条 当事人向人民法院提供外文书证或者外文说明资料,应当附有中文译本。

第十八条 双方当事人无争议的事实符合《最高人民法院关于适用〈中华人民共和国民事诉讼法〉的解释》第九十六条第一款规定情形的,人民法院可以责令当事人提供有关证据。

第十九条 当事人应当对其提交的证据材料逐一分类编号,对证据材料的来源、证明对象和内容作简要说明,签名盖章,注明提交日期,并依照对方当事人人数提出副本。

人民法院收到当事人提交的证据材料,应当出具收据,注明证据的名称、份数和页数以及收到的时间,由经办人员签名或者盖章。

二、证据的调查收集和保全

第二十条 当事人及其诉讼代理人申请人民法院调查收集证据,应当在举证期限届满前提交书面申请。

申请书应当载明被调查人的姓名或者单位名称、住所地等基本情况、所要调查收集的证据名称或者内容、需要由人民法院调查收集证据的原因及其要证明的事实以及明确的线索。

第二十一条 人民法院调查收集的书证,可以是原件,也可以是经核对无误的副本或者复制件。是副本或者复制件的,应当在调查笔录中说明来源和取证情况。

第二十二条 人民法院调查收集的物证应当是原物。被调查人提供原物确有困难的,可以提供复制品或者影像资料。提供复制品或者影像资料的,应当在调查笔录中说明取证情况。

第二十三条 人民法院调查收集视听资料、电子数据,应当要求当事人提供原始载体。

提供原始载体确有困难的,可以提供复制件。提供复制件的,人民法院应当在调查笔录中说明其来源和制作经过。

人民法院对视听资料、电子数据采取证据保全措施的,适用前款规定。

第二十四条 人民法院调查收集可能需要鉴定的证据,应当遵守相关技术规范,确保证据不被污染。

第二十五条 当事人或者利害关系人根据民事诉讼法第八十一条的规定申请证据保全的,申请书应当载明需要保全的证据的基本情况、申请保全的理由以及采取何种保全措施等内容。

当事人根据民事诉讼法第八十一条第一款的规定申请证据保全的,应当在举证期限届满前向人民法院提出。

法律、司法解释对诉前证据保全有规定的,依照其规定办理。

第二十六条 当事人或者利害关系人申请采取查封、扣押等限制保全标的物使用、流通等保全措施,或者保全可能对证据持有人造成损失的,人民法院应当责令申请人提供相应的担保。

担保方式或者数额由人民法院根据保全措施对证据持有人的影响、保全标的物的价值、当事人或者利害关系人争议的诉讼标的金额等因素综合确定。

第二十七条 人民法院进行证据保全,可以要求当事人或者诉讼代理人到场。

根据当事人的申请和具体情况，人民法院可以采取查封、扣押、录音、录像、复制、鉴定、勘验等方法进行证据保全，并制作笔录。

在符合证据保全目的的情况下，人民法院应当选择对证据持有人利益影响最小的保全措施。

第二十八条　申请证据保全错误造成财产损失，当事人请求申请人承担赔偿责任的，人民法院应予支持。

第二十九条　人民法院采取诉前证据保全措施后，当事人向其他有管辖权的人民法院提起诉讼的，采取保全措施的人民法院应当根据当事人的申请，将保全的证据及时移交受理案件的人民法院。

第三十条　人民法院在审理案件过程中认为待证事实需要通过鉴定意见证明的，应当向当事人释明，并指定提出鉴定申请的期间。

符合《最高人民法院关于适用〈中华人民共和国民事诉讼法〉的解释》第九十六条第一款规定情形的，人民法院应当依职权委托鉴定。

第三十一条　当事人申请鉴定，应当在人民法院指定期间内提出，并预交鉴定费用。逾期不提出申请或者不预交鉴定费用的，视为放弃申请。

对需要鉴定的待证事实负有举证责任的当事人，在人民法院指定期间内无正当理由不提出鉴定申请或者不预交鉴定费用，或者拒不提供相关材料，致使待证事实无法查明的，应当承担举证不能的法律后果。

第三十二条　人民法院准许鉴定申请的，应当组织双方当事人协商确定具备相应资格的鉴定人。当事人协商不成的，由人民法院指定。

人民法院依职权委托鉴定的，可以在询问当事人的意见后，指定具备相应资格的鉴定人。

人民法院在确定鉴定人后应当出具委托书，委托书中应当载明鉴定事项、鉴定范围、鉴定目的和鉴定期限。

第三十三条　鉴定开始之前，人民法院应当要求鉴定人签署承诺书。承诺书中应当载明鉴定人保证客观、公正、诚实地进行鉴定，保证出庭作证，如作虚假鉴定应当承担法律责任等内容。

鉴定人故意作虚假鉴定的，人民法院应当责令其退还鉴定费用，并根据情节，依照民事诉讼法第一百一十一条的规定进行处罚。

第三十四条　人民法院应当组织当事人对鉴定材料进行质证。未经质证的材料，不得作为鉴定的根据。

经人民法院准许，鉴定人可以调取证据、勘验物证和现场、询问当事人或者证人。

第三十五条　鉴定人应当在人民法院确定的期限内完成鉴定，并提交鉴定书。

鉴定人无正当理由未按期提交鉴定书的，当事人可以申请人民法院另行委托鉴定人进行鉴定。人民法院准许的，原鉴定人已经收取的鉴定费用应当退还；拒不退还的，依照本规定第八十一条第二款的规定处理。

第三十六条　人民法院对鉴定人出具的鉴定书，应当审查是否具有下列内容：

（一）委托法院的名称；

（二）委托鉴定的内容、要求；

（三）鉴定材料；

（四）鉴定所依据的原理、方法；

（五）对鉴定过程的说明；

（六）鉴定意见；

（七）承诺书。

鉴定书应当由鉴定人签名或者盖章，并附鉴定人的相应资格证明。委托机构鉴定的，鉴定书应当由鉴定机构盖章，并由从事鉴定的人员签名。

第三十七条　人民法院收到鉴定书后，应当及时将副本送交当事人。

当事人对鉴定书的内容有异议的，应当在人民法院指定期间内以书面方式提出。

对于当事人的异议，人民法院应当要求鉴定人作出解释、说明或者补充。人民法院认为有必要的，可以要求鉴定人对当事人未提出异议的内容进行解释、说明或者补充。

第三十八条　当事人在收到鉴定人的书面答复后仍有异议的，人民法院应当根据《诉讼费用交纳办法》第十一条的规定，通知有异议的当事人预交鉴定人出庭费用，并通知鉴定人出庭。有异议的当事人不预交鉴定人出庭费用的，视为放弃异议。

双方当事人对鉴定意见均有异议的，分摊预交鉴定人出庭费用。

第三十九条　鉴定人出庭费用按照证人出庭作证费用的标准计算，由败诉的当事人负担。因鉴定意见不明确或者有瑕疵需要鉴定人出庭的，出庭费用由其自行负担。

人民法院委托鉴定时已经确定鉴定人出庭费用包含在鉴定费用中的，不再通知当事人预交。

第四十条　当事人申请重新鉴定，存在下列情形之一的，人民法院应当准许：

（一）鉴定人不具备相应资格的；

（二）鉴定程序严重违法的；

（三）鉴定意见明显依据不足的；

（四）鉴定意见不能作为证据使用的其他情形。

存在前款第一项至第三项情形的，鉴定人已经收取的鉴定费用应当退还。拒不退还的，依照本规定第八十一条第二款的规定处理。

对鉴定意见的瑕疵，可以通过补正、补充鉴定或者补充质证、重新质证等方法解决的，人民法院不予准许重新鉴定的申请。

重新鉴定的，原鉴定意见不得作为认定案件事实的根据。

第四十一条　对于一方当事人就专门性问题自行委托有关机构或者人员出具的意见，另一方当事人有证据或者理由足以反驳并申请鉴定的，人民法院应予准许。

第四十二条　鉴定意见被采信后，鉴定人无正当理由撤销鉴定意见的，人民法院应当责令其退还鉴定费用，并可以根据情节，依照民事诉讼法第一百一十一条的规定对鉴定人进行处罚。当事人主张鉴定人负担由此增加的合理费用的，人民法院应予支持。

人民法院采信鉴定意见后准许鉴定人撤销的，应当责令其退还鉴定费用。

第四十三条　人民法院应当在勘验前将勘验的时间和地点通知当事人。当事人不参加的，不影响勘验进行。

当事人可以就勘验事项向人民法院进行解释和说明，可以请求人民法院注意勘验中的重要事项。

人民法院勘验物证或者现场，应当制作笔录，记录勘验的时间、地点、勘验人、在场人、勘验的经过、结果，由勘验人、在场人签名或者盖章。对于绘制的现场图应当注明绘制的时间、方位、测绘人姓名、身份等内容。

第四十四条 摘录有关单位制作的与案件事实相关的文件、材料，应当注明出处，并加盖制作单位或者保管单位的印章，摘录人和其他调查人员应当在摘录件上签名或者盖章。

摘录文件、材料应当保持内容相应的完整性。

第四十五条 当事人根据《最高人民法院关于适用〈中华人民共和国民事诉讼法〉的解释》第一百一十二条的规定申请人民法院责令对方当事人提交书证的，申请书应当载明所申请提交的书证名称或者内容、需要以该书证证明的事实及事实的重要性、对方当事人控制该书证的根据以及应当提交该书证的理由。

对方当事人否认控制书证的，人民法院应当根据法律规定、习惯等因素，结合案件的事实、证据，对于书证是否在对方当事人控制之下的事实作出综合判断。

第四十六条 人民法院对当事人提交书证的申请进行审查时，应当听取对方当事人的意见，必要时可以要求双方当事人提供证据、进行辩论。

当事人申请提交的书证不明确、书证对于待证事实的证明无必要、待证事实对于裁判结果无实质性影响、书证未在对方当事人控制之下或者不符合本规定第四十七条情形的，人民法院不予准许。

当事人申请理由成立的，人民法院应当作出裁定，责令对方当事人提交书证；理由不成立的，通知申请人。

第四十七条 下列情形，控制书证的当事人应当提交书证：

（一）控制书证的当事人在诉讼中曾经引用过的书证；

（二）为对方当事人的利益制作的书证；

（三）对方当事人依照法律规定有权查阅、获取的书证；

（四）账簿、记账原始凭证；

（五）人民法院认为应当提交书证的其他情形。

前款所列书证，涉及国家秘密、商业秘密、当事人或第三人的隐私，或者存在法律规定应当保密的情形的，提交后不得公开质证。

第四十八条 控制书证的当事人无正当理由拒不提交书证的，人民法院可以认定对方当事人所主张的书证内容为真实。

控制书证的当事人存在《最高人民法院关于适用〈中华人民共和国民事诉讼法〉的解释》第一百一十三条规定情形的，人民法院可以认定对方当事人主张以该书证证明的事实为真实。

三、举证时限与证据交换

第四十九条 被告应当在答辩期届满前提出书面答辩，阐明其对原告诉讼请求及所依据的事实和理由的意见。

第五十条 人民法院应当在审理前的准备阶段向当事人送达举证通知书。

举证通知书应当载明举证责任的分配原则和要求、可以向人民法院申请调查收集证据的情形、人民法院根据案件情况指定的举证期限以及逾期提供证据的法律后果等内容。

第五十一条 举证期限可以由当事人协商，并经人民法院准许。

人民法院指定举证期限的，适用第一审普通程序审理的案件不得少于十五日，当事人提供新的证据的第二审案件不得少于十日。适用简易程序审理的案件不得超过十五日，小额诉讼案件的举证期限一般不得超过七日。

举证期限届满后,当事人提供反驳证据或者对已经提供的证据的来源、形式等方面的瑕疵进行补正的,人民法院可以酌情再次确定举证期限,该期限不受前款规定的期间限制。

第五十二条 当事人在举证期限内提供证据存在客观障碍,属于民事诉讼法第六十五条第一款规定的"当事人在该期限内提供证据确有困难"的情形。

前款情形,人民法院应当根据当事人的举证能力、不能在举证期限内提供证据的原因等因素综合判断。必要时,可以听取对方当事人的意见。

第五十三条 诉讼过程中,当事人主张的法律关系性质或者民事行为效力与人民法院根据案件事实作出的认定不一致的,人民法院应当将法律关系性质或者民事行为效力作为焦点问题进行审理。但法律关系性质对裁判理由及结果没有影响,或者有关问题已经当事人充分辩论的除外。

存在前款情形,当事人根据法庭审理情况变更诉讼请求的,人民法院应当准许并可以根据案件的具体情况重新指定举证期限。

第五十四条 当事人申请延长举证期限的,应当在举证期限届满前向人民法院提出书面申请。

申请理由成立的,人民法院应当准许,适当延长举证期限,并通知其他当事人。延长的举证期限适用于其他当事人。

申请理由不成立的,人民法院不予准许,并通知申请人。

第五十五条 存在下列情形的,举证期限按照如下方式确定:

(一)当事人依照民事诉讼法第一百二十七条规定提出管辖权异议的,举证期限中止,自驳回管辖权异议的裁定生效之日起恢复计算;

(二)追加当事人、有独立请求权的第三人参加诉讼或者无独立请求权的第三人经人民法院通知参加诉讼的,人民法院应当依照本规定第五十一条的规定为新参加诉讼的当事人确定举证期限,该举证期限适用于其他当事人;

(三)发回重审的案件,第一审人民法院可以结合案件具体情况和发回重审的原因,酌情确定举证期限;

(四)当事人增加、变更诉讼请求或者提出反诉的,人民法院应当根据案件具体情况重新确定举证期限;

(五)公告送达的,举证期限自公告期届满之次日起计算。

第五十六条 人民法院依照民事诉讼法第一百三十三条第四项的规定,通过组织证据交换进行审理前准备的,证据交换之日举证期限届满。

证据交换的时间可以由当事人协商一致并经人民法院认可,也可以由人民法院指定。当事人申请延期举证经人民法院准许的,证据交换日相应顺延。

第五十七条 证据交换应当在审判人员的主持下进行。

在证据交换的过程中,审判人员对当事人无异议的事实、证据应当记录在卷;对有异议的证据,按照需要证明的事实分类记录在卷,并记载异议的理由。通过证据交换,确定双方当事人争议的主要问题。

第五十八条 当事人收到对方的证据后有反驳证据需要提交的,人民法院应当再次组织证据交换。

第五十九条 人民法院对逾期提供证据的当事人处以罚款的,可以结合当事人逾期提供证据的主观过错程度、导致诉讼迟延的情况、诉讼标的金额等因素，确定罚款数额。

四、质证

第六十条　当事人在审理前的准备阶段或者人民法院调查、询问过程中发表过质证意见的证据，视为质证过的证据。

当事人要求以书面方式发表质证意见，人民法院在听取对方当事人意见后认为有必要的，可以准许。人民法院应当及时将书面质证意见送交对方当事人。

第六十一条　对书证、物证、视听资料进行质证时，当事人应当出示证据的原件或者原物。但有下列情形之一的除外：

（一）出示原件或者原物确有困难并经人民法院准许出示复制件或者复制品的；

（二）原件或者原物已不存在，但有证据证明复制件、复制品与原件或者原物一致的。

第六十二条　质证一般按下列顺序进行：

（一）原告出示证据，被告、第三人与原告进行质证；

（二）被告出示证据，原告、第三人与被告进行质证；

（三）第三人出示证据，原告、被告与第三人进行质证。

人民法院根据当事人申请调查收集的证据，审判人员对调查收集证据的情况进行说明后，由提出申请的当事人与对方当事人、第三人进行质证。

人民法院依职权调查收集的证据，由审判人员对调查收集证据的情况进行说明后，听取当事人的意见。

第六十三条　当事人应当就案件事实作真实、完整的陈述。

当事人的陈述与此前陈述不一致的，人民法院应当责令其说明理由，并结合当事人的诉讼能力、证据和案件具体情况进行审查认定。

当事人故意作虚假陈述妨碍人民法院审理的，人民法院应当根据情节，依照民事诉讼法第一百一十一条的规定进行处罚。

第六十四条　人民法院认为有必要的，可以要求当事人本人到场，就案件的有关事实接受询问。

人民法院要求当事人到场接受询问的，应当通知当事人询问的时间、地点、拒不到场的后果等内容。

第六十五条　人民法院应当在询问前责令当事人签署保证书并宣读保证书的内容。

保证书应当载明保证据实陈述，绝无隐瞒、歪曲、增减，如有虚假陈述应当接受处罚等内容。当事人应当在保证书上签名、捺印。

当事人有正当理由不能宣读保证书的，由书记员宣读并进行说明。

第六十六条　当事人无正当理由拒不到场、拒不签署或宣读保证书或者拒不接受询问的，人民法院应当综合案件情况，判断待证事实的真伪。待证事实无其他证据证明的，人民法院应当作出不利于该当事人的认定。

第六十七条　不能正确表达意思的人，不能作为证人。

待证事实与其年龄、智力状况或者精神健康状况相适应的无民事行为能力人和限制民事行为能力人，可以作为证人。

第六十八条　人民法院应当要求证人出庭作证，接受审判人员和当事人的询问。证人在审理前的准备阶段或者人民法院调查、询问等双方当事人在场时陈述证言的，视为出庭作证。

双方当事人同意证人以其他方式作证并经人民法院准许的，证人可以不出庭作证。

无正当理由未出庭的证人以书面等方式提供的证言，不得作为认定案件事实的根据。

第六十九条　当事人申请证人出庭作证的，应当在举证期限届满前向人民法院提交申请书。

申请书应当载明证人的姓名、职业、住所、联系方式，作证的主要内容，作证内容与待证事实的关联性，以及证人出庭作证的必要性。

符合《最高人民法院关于适用〈中华人民共和国民事诉讼法〉的解释》第九十六条第一款规定情形的，人民法院应当依职权通知证人出庭作证。

第七十条　人民法院准许证人出庭作证申请的，应当向证人送达通知书并告知双方当事人。通知书中应当载明证人作证的时间、地点，作证的事项、要求以及作伪证的法律后果等内容。

当事人申请证人出庭作证的事项与待证事实无关，或者没有通知证人出庭作证必要的，人民法院不予准许当事人的申请。

第七十一条　人民法院应当要求证人在作证之前签署保证书，并在法庭上宣读保证书的内容。但无民事行为能力人和限制民事行为能力人作为证人的除外。

证人确有正当理由不能宣读保证书的，由书记员代为宣读并进行说明。

证人拒绝签署或者宣读保证书的，不得作证，并自行承担相关费用。

证人保证书的内容适用当事人保证书的规定。

第七十二条　证人应当客观陈述其亲身感知的事实，作证时不得使用猜测、推断或者评论性语言。

证人作证前不得旁听法庭审理，作证时不得以宣读事先准备的书面材料的方式陈述证言。

证人言辞表达有障碍的，可以通过其他表达方式作证。

第七十三条　证人应当就其作证的事项进行连续陈述。

当事人及其法定代理人、诉讼代理人或者旁听人员干扰证人陈述的，人民法院应当及时制止，必要时可以依照民事诉讼法第一百一十条的规定进行处罚。

第七十四条　审判人员可以对证人进行询问。当事人及其诉讼代理人经审判人员许可后可以询问证人。

询问证人时其他证人不得在场。

人民法院认为有必要的，可以要求证人之间进行对质。

第七十五条　证人出庭作证后，可以向人民法院申请支付证人出庭作证费用。证人有困难需要预先支取出庭作证费用的，人民法院可以根据证人的申请在出庭作证前支付。

第七十六条　证人确有困难不能出庭作证，申请以书面证言、视听传输技术或者视听资料等方式作证的，应当向人民法院提交申请书。申请书中应当载明不能出庭的具体原因。

符合民事诉讼法第七十三条规定情形的，人民法院应当准许。

第七十七条　证人经人民法院准许，以书面证言方式作证的，应当签署保证书；以视听传输技术或者视听资料方式作证的，应当签署保证书并宣读保证书的内容。

第七十八条　当事人及其诉讼代理人对证人的询问与待证事实无关，或者存在威胁、侮辱证人或不适当引导等情形的，审判人员应当及时制止。必要时可以依照民事诉讼法第一百一十条、第一百一十一条的规定进行处罚。

证人故意作虚假陈述，诉讼参与人或者其他人以暴力、威胁、贿买等方法妨碍证人作证，或者在证人作证后以侮辱、诽谤、诬陷、恐吓、殴打等方式对证人打击报复的，人民法院应当根据情节，依照民事诉讼法第一百一十一条的规定，对行为人进行处罚。

第七十九条　鉴定人依照民事诉讼法第七十八条的规定出庭作证的，人民法院应当在开庭审理三日前将出庭的时间、地点及要求通知鉴定人。

委托机构鉴定的，应当由从事鉴定的人员代表机构出庭。

第八十条　鉴定人应当就鉴定事项如实答复当事人的异议和审判人员的询问。当庭答复确有困难的，经人民法院准许，可以在庭审结束后书面答复。

人民法院应当及时将书面答复送交当事人，并听取当事人的意见。必要时，可以再次组织质证。

第八十一条　鉴定人拒不出庭作证的，鉴定意见不得作为认定案件事实的根据。人民法院应当建议有关主管部门或者组织对拒不出庭作证的鉴定人予以处罚。

当事人要求退还鉴定费用的，人民法院应当在三日内作出裁定，责令鉴定人退还；拒不退还的，由人民法院依法执行。

当事人因鉴定人拒不出庭作证申请重新鉴定的，人民法院应当准许。

第八十二条　经法庭许可，当事人可以询问鉴定人、勘验人。

询问鉴定人、勘验人不得使用威胁、侮辱等不适当的言语和方式。

第八十三条　当事人依照民事诉讼法第七十九条和《最高人民法院关于适用〈中华人民共和国民事诉讼法〉的解释》第一百二十二条的规定，申请有专门知识的人出庭的，申请书中应当载明有专门知识的人的基本情况和申请的目的。

人民法院准许当事人申请的，应当通知双方当事人。

第八十四条　审判人员可以对有专门知识的人进行询问。经法庭许可，当事人可以对有专门知识的人进行询问，当事人各自申请的有专门知识的人可以就案件中的有关问题进行对质。

有专门知识的人不得参与对鉴定意见质证或者就专业问题发表意见之外的法庭审理活动。

五、证据的审核认定

第八十五条　人民法院应当以证据能够证明的案件事实为根据依法作出裁判。

审判人员应当依照法定程序，全面、客观地审核证据，依据法律的规定，遵循法官职业道德，运用逻辑推理和日常生活经验，对证据有无证明力和证明力大小独立进行判断，并公开判断的理由和结果。

第八十六条　当事人对于欺诈、胁迫、恶意串通事实的证明，以及对于口头遗嘱或赠与事实的证明，人民法院确信该待证事实存在的可能性能够排除合理怀疑的，应当认定该事实存在。

与诉讼保全、回避等程序事项有关的事实，人民法院结合当事人的说明及相关证据，认为有关事实存在的可能性较大的，可以认定该事实存在。

第八十七条　审判人员对单一证据可以从下列方面进行审核认定：

（一）证据是否为原件、原物，复制件、复制品与原件、原物是否相符；

（二）证据与本案事实是否相关；

（三）证据的形式、来源是否符合法律规定；

（四）证据的内容是否真实；

（五）证人或者提供证据的人与当事人有无利害关系。

第八十八条　审判人员对案件的全部证据，应当从各证据与案件事实的关联程度、各证据之间的联系等方面进行综合审查判断。

第八十九条 当事人在诉讼过程中认可的证据，人民法院应当予以确认。但法律、司法解释另有规定的除外。

当事人对认可的证据反悔的，参照《最高人民法院关于适用〈中华人民共和国民事诉讼法〉的解释》第二百二十九条的规定处理。

第九十条 下列证据不能单独作为认定案件事实的根据：

（一）当事人的陈述；

（二）无民事行为能力人或者限制民事行为能力人所作的与其年龄、智力状况或者精神健康状况不相当的证言；

（三）与一方当事人或者其代理人有利害关系的证人陈述的证言；

（四）存有疑点的视听资料、电子数据；

（五）无法与原件、原物核对的复制件、复制品。

第九十一条 公文书证的制作者根据文书原件制作的载有部分或者全部内容的副本，与正本具有相同的证明力。

在国家机关存档的文件，其复制件、副本、节录本经档案部门或者制作原本的机关证明其内容与原本一致的，该复制件、副本、节录本具有与原本相同的证明力。

第九十二条 私文书证的真实性，由主张以私文书证证明案件事实的当事人承担举证责任。

私文书证由制作者或者其代理人签名、盖章或捺印的，推定为真实。

私文书证上有删除、涂改、增添或者其他形式瑕疵的，人民法院应当综合案件的具体情况判断其证明力。

第九十三条 人民法院对于电子数据的真实性，应当结合下列因素综合判断：

（一）电子数据的生成、存储、传输所依赖的计算机系统的硬件、软件环境是否完整、可靠；

（二）电子数据的生成、存储、传输所依赖的计算机系统的硬件、软件环境是否处于正常运行状态，或者不处于正常运行状态时对电子数据的生成、存储、传输是否有影响；

（三）电子数据的生成、存储、传输所依赖的计算机系统的硬件、软件环境是否具备有效的防止出错的监测、核查手段；

（四）电子数据是否被完整地保存、传输、提取，保存、传输、提取的方法是否可靠；

（五）电子数据是否在正常的往来活动中形成和存储；

（六）保存、传输、提取电子数据的主体是否适当；

（七）影响电子数据完整性和可靠性的其他因素。

人民法院认为有必要的，可以通过鉴定或者勘验等方法，审查判断电子数据的真实性。

第九十四条 电子数据存在下列情形的，人民法院可以确认其真实性，但有足以反驳的相反证据的除外：

（一）由当事人提交或者保管的于己不利的电子数据；

（二）由记录和保存电子数据的中立第三方平台提供或者确认的；

（三）在正常业务活动中形成的；

（四）以档案管理方式保管的；

（五）以当事人约定的方式保存、传输、提取的。

电子数据的内容经公证机关公证的,人民法院应当确认其真实性,但有相反证据足以推翻的除外。

第九十五条　一方当事人控制证据无正当理由拒不提交,对待证事实负有举证责任的当事人主张该证据的内容不利于控制人的,人民法院可以认定该主张成立。

第九十六条　人民法院认定证人证言,可以通过对证人的智力状况、品德、知识、经验、法律意识和专业技能等的综合分析作出判断。

第九十七条　人民法院应当在裁判文书中阐明证据是否采纳的理由。

对当事人无争议的证据,是否采纳的理由可以不在裁判文书中表述。

六、其他

第九十八条　对证人、鉴定人、勘验人的合法权益依法予以保护。

当事人或者其他诉讼参与人伪造、毁灭证据,提供虚假证据,阻止证人作证,指使、贿买、胁迫他人作伪证,或者对证人、鉴定人、勘验人打击报复的,依照民事诉讼法第一百一十条、第一百一十一条的规定进行处罚。

第九十九条　本规定对证据保全没有规定的,参照适用法律、司法解释关于财产保全的规定。

除法律、司法解释另有规定外,对当事人、鉴定人、有专门知识的人的询问参照适用本规定中关于询问证人的规定;关于书证的规定适用于视听资料、电子数据;存储在电子计算机等电子介质中的视听资料,适用电子数据的规定。

第一百条　本规定自 2020 年 5 月 1 日起施行。

本规定公布施行后,最高人民法院以前发布的司法解释与本规定不一致的,不再适用。

后记
——挑战自我，兑现承诺

这几年我一直有一个狂妄的想法：围绕建设工程全过程，为建设工程企业写一部集工程造价、工程法律、合规管理于一体的专著。这个想法源于：在服务建设工程企业的过程中，尤其是为建设工程企业提供建设工程全过程专项法律服务时，我发现大部分建设工程企业法律风险防范意识普遍不足，法律风险防控能力更是欠缺，合规管理薄弱甚至未起步，而法律风险、合规管理又直接关系到工程造价。如果写一部将建设工程全过程的工程造价、工程法律、合规管理融为一体的专著，定能帮助到更多建设工程企业解决实际问题，实现可持续发展。

有了想法以后，在写作工程造价书《穿透工程价款——建设工程承包人收取工程价款实战指南》（2020年9月，法律出版社出版）时，我即着手准备新书的素材。2022年7月，中国建筑工业出版社的编辑老师约我写一本工程造价的新书。我提出了前面的想法。编辑老师很支持。

尽管这几年收集了不少写作素材，但正式写这本书时，难度比我想象的大多了。一是市场上尚无此类作品可供参考，完全是凭经验写作；二是建设工程全过程的工程造价、工程法律本就十分复杂，专业性极强，建设工程企业及建设工程全过程的合规管理更是新生事物，而要将工程造价、工程法律、合规管理无缝对接，完美融合，难上加难。

不过，再难也要迎难而上，这不仅是挑战自我，更是对建设工程企业兑现承诺，他们太渴望这类作品了。

感谢中国建筑工业出版社的编辑老师对本书的加工及润色；感谢本书的设计、排版、校对及其他相关老师对本书的支持、付出。

感谢中山市市政行业协会吴云城会长及其他专家对本书提供工程技术支持。

感谢我的团队龙灏律师、李玉琴律师等对本书所给予的大量协助。

特别感谢我的妻子。在写作的一年里，我没有节假日，几乎每晚写书到深夜，基本没干过家务事,全由妻子包揽;在写作的一年里,我几乎没管过孩子们的学习、生活,也全由妻子包揽。妻子辛苦了。

慎始而敬终,行稳致远。

本书的写作可以说是摸着石头过河,难免有疏漏甚至错误之处,敬请工程专家、法律专家、合规管理专家及广大读者朋友不吝指教,提出宝贵意见及建议。

最后,谨以此书献给妻子、孩子们及千千万万工程人。

作者
二〇二三年七月一日于中山